NUR DER NAME WAR GEBLIEBEN

Armin Hermann

NUR DER NAME WAR GEBLIEBEN

Die abenteuerliche Geschichte der Firma Carl Zeiss

Deutsche Verlags-Anstalt · Stuttgart

CIP-Titelaufnahme der Deutschen Bibliothek

Hermann, Armin:
Nur der Name war geblieben : die abenteuerliche
Geschichte der Firma Carl Zeiss /
Armin Hermann. – 2. Aufl. –
Stuttgart : Deutsche Verlags-Anstalt, 1989
ISBN 3-421-06515-2

1. Auflage September 1989
2. Auflage November 1989

Lektorat: Margot Adrion
Typographische Gestaltung: Christine Wegener
Satz: Setzerei Lihs, Ludwigsburg
Druck und Binden: May & Co, Darmstadt
Printed in Germany

Gewidmet dem Gedenken an
Dr. Heinz Küppenbender
(23. Februar 1901 – 4. Juli 1989)
dem ganz wesentlich der Wiederaufbau
von Carl Zeiss West Germany
zu danken ist.

INHALT

»Das Zeisswerk ist keine Fabrik wie tausend andere,
es ist der Rahmen für eine Gemeinschaft von Menschen, die die
Schöpfung Ernst Abbes täglich mit neuem Inhalt füllt.«

Dr. Norbert Günther
Physiker und Betriebsratsvorsitzender
1946–1955

Erstes Kapitel

»WE TAKE THE BRAIN«

Von der Plattform des Zeiss-Hochhauses im 15. Stock hatte man die beste Sicht auf die bewaldeten Berge rings um die Stadt. Im Osten war die Sonne aufgegangen, und in dem nach Westen gerichteten Scherenfernrohr konnte man die von blühenden Kirschbäumen umgebenen Häuser jenseits der Stadtmauer deutlich erkennen. In langen Kolonnen kamen die amerikanischen Soldaten die Abhänge herunter, und auf der Straße im Mühltal rückten Panzer vor. Die für ihre Tiefenplastik und das große Gesichtsfeld berühmte Optik verschaffte Heinz Küppenbender einen ausgezeichneten Überblick über den tief gestaffelten Aufmarsch.

In der Nacht hatte das Artilleriefeuer aufgehört, und jetzt war alles ruhig. Die deutschen Truppen hatten die Saale-Brücken gesprengt und waren nach Osten abgezogen.

Der Geschäftsleiter fühlte eine ungeheure Erleichterung. Zwar wußte niemand, was die Amerikaner in Jena vorhatten; erst einmal aber waren die Carl-Zeiss-Werke gerettet.

Zuletzt hatte sich die Rachsucht des Diktators gegen das eigene Volk gewendet. Es war Befehl erteilt, die Industrieanlagen vollständig zu zerstören, bevor sie den Alliierten in die Hände fielen. Bewußt verfolgte Adolf Hitler in seinen letzten Wochen die Absicht, dem eigenen Volk die Lebensgrundlage zu entziehen: Die Deutschen hätten sich als unwert erwiesen, weiter zu existieren.

Küppenbender hatte von dem Führerbefehl erfahren und war daraufhin sofort zu Albert Speer gegangen. Obwohl nicht viel gesprochen wurde bei dieser Unterredung, wußte er, daß der Reichsminister auf seiner Seite stand, aber nicht mehr viele Möglichkeiten zum Eingreifen besaß.

So war es auch bei Zeiss dazu gekommen, daß man die Amerikaner mehr als Retter empfand denn als Feinde. Wie aber würde sich der Einmarsch der Sieger abspielen? Das konnte sich keiner der etwa achtzig Männer so recht vorstellen, die am Vormittag des 13. April 1945 in der Eingangshalle des Hochhauses warteten. Furcht hatten sie keine, aber an diesem Tag der Zeitenwende auch nicht die Konzentration zur Arbeit.

Als er im Fernrohr die Amerikaner sah, ging Küppenbender zurück in sein Arbeitszimmer im 9. Stock. Er beschäftigte sich damit, den Schreibtisch und die Stühle von den Glassplittern und Mörtelbrocken zu reinigen. Die beiden letzten Luftangriffe hatten das Werk schwer getroffen. Dann zündete er sich eine Zigarre an und wartete.[1]

Zwei Stockwerke höher saß Dr. Hugo Schrade, der Leiter der Planungsabteilung und der engste Mitarbeiter Küppenbenders. Schrade blickte aus dem Fenster – es mochte etwa zehn Uhr sein – und entdeckte ein kleines Beobachtungsflugzeug. Die erwartete Stunde war gekommen.[2] Er ging hinunter auf die Carl-Zeiss-Straße, und plötzlich sah er einen einzelnen Soldaten mit einer Maschinenpistole, der rasch näherkam. Uniform und Stahlhelm wirkten fremdartig, und nach ein paar Sekunden ungläubigen Staunens wußte Schrade, daß er den ersten Amerikaner vor sich hatte.

Die neugierig herumstehenden Mitarbeiter, die Augenzeugen der Szene wurden, haben später noch oft von diesen Minuten erzählt. Josef Dinser erinnert sich, daß der Leutnant etwas nervös wurde, als er am Eingang des Hochhauses die Männer des Werkschutzes mit den umgeschnallten Pistolen sah. Er habe sie entwaffnet und dann erzählt, daß er der erste Amerikaner in Erfurt und Weimar gewesen sei und nach Jena auch noch in Gera der erste sein wolle.[3] Nach Hugo Schrade war er es, der den Leutnant gefragt hat, ob er das Werk sehen möchte. Walter David aber, der Syndikus der Firma, berichtete, daß der Amerikaner von sich aus – wie bei einer touristischen Exkursion und mit der größten Selbstverständlichkeit – gefragt habe: »Zeiss works?« Und als David bestätigte: »Where's the board of management?« Wo ist die Geschäftsleitung?[4]

Walter David und Hugo Schrade führten den jungen Offizier durch die Eingangshalle, wo er als Sendbote einer fremden Welt angestaunt wurde. Die Firma hatte am Tag zuvor mit der Produktion aufgehört,

Jena im April 1945:
Blick vom Hochhaus auf das zerstörte Zeiss-Werk.

und in der Halle waren an die achtzig Mitarbeiter versammelt, die hier die Stunde Null erwarteten. Einer der Männer hob seine Contax, um zu photographieren; das aber duldete der Leutnant nicht.
Küppenbender erhielt einen Anruf vom Pförtner und verließ sein Büro. Er hatte die Anweisung gegeben, beim Auftauchen der Amerikaner die Fahrstühle abzustellen. Jetzt konnte er in Ruhe beobachten, wie der junge Offizier die Treppen hinaufstürmte, indem er immer zwei Stufen auf einmal nahm. Die Begleiter – Dr. Schrade und Dr. David – waren dem Tempo nicht gewachsen und blieben zurück.
Als der Leutnant oben ankam, war er außer Atem und setzte sich auf den Paternoster, der in halber Höhe stehengeblieben war. Dann hörte Küppenbender die ersten englischen Worte: »You are the boss?« Mit dem Daumen schob der junge, athletisch gebaute Offizier seinen Stahlhelm zurück, zog ein Notizbuch aus der Tasche und bat Küp-

penbender, ihm zu bescheinigen, daß er der erste Amerikaner in Jena sei. Der Geschäftsleiter sagte, das sei leider nicht möglich. Bei Zeiss wären sie an Genauigkeit gewöhnt: Er könne ihm also nur bestätigen, daß er der erste Amerikaner im Werk sei. So änderte der Leutnant die entsprechende Eintragung, und Küppenbender bestätigte mit seiner Unterschrift das historische Ereignis.[5]

Zwei Stunden später rückte die 80. amerikanische Infanteriedivision in Jena ein. Die Truppen, die zur »Dritten Armee« des Generals Patton gehörten, sicherten die Eingänge zum Werk. Es fiel kein Schuß.

Um 14 Uhr erschienen der Divisionskommandeur und sein Stellvertreter. Sie waren überrascht, die Geschäftsleitung im Werk zu finden.

»The famous Zeiss plant at Jena in ruins«, meldete noch am gleichen Tage die »New York Times«. Das Werk sei zu 90 Prozent zerstört und die Produktion vollständig zum Erliegen gekommen.[6] Die Amerikaner aber überschätzten die Wirkung der Luftangriffe. Küppenbender bezifferte die Zerstörung auf ein Drittel. Unmittelbar vor Ankunft der Amerikaner hatte das Werk noch mit 60 Prozent seiner Kapazität produziert.

Ein paar Tage später kamen die angekündigten »Experten«, die sich um das Werk kümmern sollten. Das taten sie denn auch sehr gründlich. Es waren Wissenschaftler in Uniform, die erstaunliche Kenntnisse über das Fabrikationsprogramm und die Produktionsziffern mitbrachten und sich für alles interessierten, insbesondere die Luftaufnahme- und die Bombenzielgeräte. Sie ordneten an, die Fertigung sofort wieder anlaufen zu lassen.

Was sich von der Produktion der letzten Kriegsmonate noch im Werk befand, wurde beschlagnahmt. Über die Entnahmen gab es ordnungsgemäße Requisitionsscheine mit genauen Angaben über den Warenwert. Die Verpackung erfolgte ebenso ordnungsgemäß durch die Versandabteilung. Die Adresse war durchweg das »Francfort Arsenal«, wobei es sich aber nicht, wie die Mitarbeiter vom Versand meinten, um Frankfurt am Main handelte, sondern um ein Armeelager in Dayton, Ohio.[7] Der Wert der Requisitionsscheine summierte sich schließlich auf über 13 Millionen Reichsmark. Sie wurden später von der amerikanischen Militärregierung eingelöst, und dieses

Geld spielte beim Aufbau des Oberkochener Werkes eine erhebliche Rolle.[8]

Anfang Juni erschien ein Generalarzt mit seinem Adjutanten, um das Lager von einigen hundert Mikroskopen anzusehen. Ein Zeiss-Mitarbeiter, der die Offiziere führte, hörte dabei eine für den Adjutanten bestimmte Bemerkung: Die wertvollen Mikroskope müßten sofort abtransportiert werden, damit sie den Russen nicht in die Hände fielen.[9]

Damit bestätigte sich, was man als schlimmes Gerücht nicht hatte glauben wollen: Gemäß den interalliierten Vereinbarungen gehörte Thüringen zur sowjetischen Besatzungszone. Alle würden sie, wie man damals sagte, »russisch werden« müssen.

Daß die Amerikaner noch ganz andere Pläne hatten (Pläne, die den Zeissianern ganz und gar nicht gefielen), sollte sich bald herausstellen. Am 18. Juni, einem herrlichen Frühsommertag, kreisten am Abend amerikanische Flugzeuge über Jena und landeten schließlich oberhalb der Stadt auf einem im Kriege angelegten Hilfsflugplatz. Kurz darauf erschien eine Gruppe von neun Offizieren im Werk, zwei davon Briten, die übrigen Amerikaner.[10]

Was das Ganze zu bedeuten hatte, erfuhren sie am folgenden Tag. Etwa achtzig Mitarbeiter, die Führungskräfte des Werkes, wurden in den Vortragsraum gerufen.

Colonel Stone, der seit einigen Wochen sein Büro im Werk hatte, erläuterte die Beschlüsse des Alliierten Hauptquartiers, die ein Offizier gestern aus Paris mitgebracht hatte. Stone sprach englisch, und Sigmund Meyer von der kaufmännischen Abteilung übersetzte: Zeiss und Schott müßten in der amerikanisch besetzten Zone neu aufgebaut werden, wozu man die Führungskräfte der Jenaer Werke benötige. Jeder erhalte eine seiner jetzigen Tätigkeit entsprechende Aufgabe. Die amerikanische Armee werde den Transport nach Süddeutschland übernehmen. Wer freiwillig mitgehe, dem stehe für die Familie und die persönliche Habe ein eigener Lastwagen zur Verfügung; wer sich weigere, müsse Jena ohne Familie verlassen.

Über die politischen Sympathien gab es keinen Zweifel. Wohl ausnahmslos jeder hätte sich die Amerikaner als Besatzungsmacht für Thüringen gewünscht. Aber mit den abziehenden Amerikanern Jena verlassen? Nein! Allzu schlimm, dachten die meisten, könne es auch bei den Russen nicht werden. Schließlich seien diese noch mehr als die Amerikaner auf die Fähigkeiten der Deutschen angewiesen.

Später erwies sich das als bloßes Wunschdenken. Bis zum Bau der Mauer flohen fast drei Millionen Menschen aus der Sowjetzone und späteren DDR, darunter 1600 Mitarbeiter von Zeiss-Jena. Nicht wenige setzten ihr Leben aufs Spiel, um in den Westen zu kommen. Ihnen mußte eine Abreise unter amerikanischem Schutz und auf eigenem Lastwagen mit Familie und Gepäck geradezu als Himmelsgeschenk erscheinen.

Im Juni 1945 ließ sich jedoch die rigorose Politik im östlichen Teil Deutschlands noch nicht voraussehen. Zwar hatte niemand eine rechte Vorstellung, wie sich die Russen als Besatzungsmacht verhalten würden, und erfreulich war diese Aussicht den Zeissianern nicht; noch viel unbehaglicher aber empfanden sie das Schicksal als Deportierte (womit sie sich, was ihr erstes Jahr im Westen betraf, durchaus nicht getäuscht hatten).

Alle wollten in Jena bleiben. Sie identifizierten sich mit dem Werk von Carl Zeiss und Ernst Abbe. Sie waren stolz, einer Firma anzugehören, die auf ihrem Arbeitsgebiet und in ihrer Fürsorge für die Mitarbeiter als Vorbild in der Welt galt. Ihre Firma gehörte nicht persönlichen Eigentümern oder Aktionären, sondern einer Stiftung, die der geniale Physiker und Philanthrop Ernst Abbe schon 1889 errichtet hatte.

Was sie wollten, aber interessierte die Amerikaner nicht. Die Entscheidung über ihr Schicksal war gefallen. Der Adjutant verlas die Liste. Eine lange Liste. Von Bauersfeld und Bernhardt bis Weihe, Wolf und Zieher. 84 Namen.

Erregte Zwischenrufe und Fragen. Der Oberst blieb ruhig. »This is a command.« Das ist ein Befehl. »Wir werden Sie mitnehmen, auch wenn wir Sie im Nachthemd auf die Lastwagen laden müssen.«

Der Entschluß der Amerikaner war unwiderruflich. Wenn sie schon Jena, die »Stadt der Gelehrsamkeit und Industrie«, den Sowjets überlassen mußten, wollten sie wenigstens die führenden Wissenschaftler und Ingenieure behalten. Ihr Know how war die wichtigste Kriegsbeute für die Sieger.

Später erfuhren die Zeissianer, daß es in der Nacht eine erregte Auseinandersetzung mit den amerikanischen Offizieren gegeben hatte. Walther Bauersfeld, mit seinen 66 Jahren der Senior der Geschäftsleiter und ein genialer Konstrukteur, den sie bewunderten und verehrten, hatte gegen den Abtransport leidenschaftlich protestiert: Was die Amerikaner planten, sei die Amputation des Kopfes vom lebendigen Organismus des Werkes! Und die Offiziere hatten diese Feststellung bestätigt! Ihre lakonische Antwort machte die Runde und wurde bei Zeiss zum geflügelten Wort: »We take the brain.«

»Knowledge is power«, hatte schon im 17. Jahrhundert Francis Bacon gesagt, und der Zweite Weltkrieg hatte aufs neue die Bedeutung von Wissenschaft und Technik eindringlich bewiesen. Die Amerikaner waren entschlossen, sich Aufschluß über alles zu verschaffen, was in Deutschland in den Kriegsjahren an Entwicklungsarbeiten geleistet worden war und es sich, soweit nur möglich, zunutze zu machen.

Der politische Führungsanspruch der Vereinigten Staaten gründete sich auch auf ihre wissenschaftliche Überlegenheit. Auf vielen Gebieten der Forschung hatten sie tatsächlich einen großen Vorsprung erreicht, und sie suchten die noch bestehenden Lücken zu schließen. Deshalb die Jagd auf die Gehirne.

So waren zur Evakuierung bestimmt: von Carl Zeiss 84 Wissenschaftler, Konstrukteure, Techniker und kaufmännische Führungskräfte, von Schott und Genossen 41 Mitarbeiter. Dazu kamen noch von der Universität Jena 200 »very important persons« sowie Mitarbeiter eines Zweigwerkes der Firma Siemens. Insgesamt betroffen waren 430 Gelehrte und Ingenieure, mit den Familienangehörigen zusammen 1300 Personen.

80000 Zeiss-Werkszeichnungen und die Laboreinrichtungen der zum Abtransport bestimmten Wissenschaftler wurden auf 14 Lastwagen verladen und sollten, wie es hieß, den Evakuierten nach der Verlagerung wieder zur Verfügung stehen. Dokumente und Laborgeräte aber tauchten nie wieder auf. Für diesen Verlust erhielten sie später, nach der Währungsreform, eine Entschädigung von 23,1 Millionen DM, und so leisteten die Zeichnungen und Geräte indirekt doch noch ihren Beitrag zum Wiederaufbau.

In der letzten Woche, die ihnen in Jena blieb, nahmen die Zeissianer bewegten Abschied von ihren Freunden und Kollegen. Sie sahen, wie die Aufräumungsarbeiten voranschritten und die Brillenfabrikation wieder in Gang kam.

Die Geschäftsleiter hatten noch eine letzte, wichtige Pflicht: Sie mußten Vertreter einsetzen, die für die Zeit ihrer Abwesenheit die Leitungsfunktion im Werk ausübten. Diese Vertreter sollten die Absichten der Geschäftsleiter gut kennen, ihr persönliches Vertrauen besitzen und politisch unbelastet sein. Es war nicht ganz leicht, geeignete Persönlichkeiten zu finden. Denn es wurden ja mit den vier Geschäftsleitern (Bauersfeld, Henrichs, Joos und Küppenbender) die achtzig wichtigsten Mitarbeiter abtransportiert. Die Wahl fiel schließlich auf Sandmann, Schrade und Schomerus, die man später die »drei S« nannte.[11]

Von den drei Herren hatte bisher nur Victor Sandmann Zeichnungsvollmacht besessen. Jetzt wurden auch Hugo Schrade und Friedrich Schomerus zu Prokuristen ernannt. Am 22. Juni folgte der entscheidende Schritt: Der kaufmännische Geschäftsleiter Paul Henrichs fertigte die Vollmacht, die die drei Herren anwies, »die Geschäfte der Geschäftsführung einstweilen wahrzunehmen, solange sämtliche Mitglieder [der Geschäftsleitung] von Jena abwesend sein müssen und an der Erfüllung ihrer Aufgaben gehindert sind«[12].

Das Gefühl der Verbundenheit erleichterte die schwere Stunde. Die neuen Männer waren entschlossen, das Werk im Sinne der scheidenden Geschäftsleiter weiterzuführen, und das hieß im Sinne von Ernst Abbe, den sie alle als Vorbild verehrten. Keiner der Beteiligten hat vorausgesehen, daß innerhalb von wenigen Jahren Deutschland und damit auch das Zeiss-Werk in zwei Teile gespalten und die Ermächtigung von den Gerichten in Ost und West akribisch geprüft werden würde. Waren die Jenaer Prokuristen mit dieser Vollmacht de iure zu Geschäftsleitern geworden?

Bei den späteren juristischen Auseinandersetzungen spielten die letzten Tage in Jena eine große Rolle. Rechtsanwälte und Richter fragten die Beteiligten, was sie damals alles gewollt, getan und gesagt hatten. Dabei war es eine hektische Zeit, und über wichtige Vorgänge gab es, anders als sonst, keine oder nur stichwortartige Aufzeichnungen.

In den letzten Jenaer Tagen standen insbesondere die vier Geschäftsleiter unter ungeheurem Druck. Georg Joos, der berühmte Physiker, erlitt einen Nervenzusammenbruch. Der für die kaufmännischen Belange zuständige Paul Henrichs hatte das Gefühl, er müßte an hundert Stellen gleichzeitig sein. Er war zehn Jahre lang der Leiter der Londoner Zweigniederlassung gewesen und sprach ausgezeichnet Englisch. Den für die Betriebsorganisation zuständigen Heinz Küppenbender sperrten die Amerikaner eine Woche ins Gefängnis. Walther Bauersfeld erlitt einen Leistenbruch, und er mußte operiert werden.

Bis auf Georg Joos, der gänzlich ausgefallen war (und auch später seine Funktion nicht mehr ausübte), waren die Geschäftsleiter ständig unterwegs. Nach der Entlassung aus dem Krankenhaus hatten die Ärzte Bauersfeld noch strenge Bettruhe verordnet, und so erledigte er, so gut es ging, seine Aufgaben zu Hause.

Einer von den vielen Besuchern, die zu Bauersfeld kamen, stellte sich als »Agricola« vor. Er wollte den Geschäftsleiter überreden, in Jena zu bleiben, sich also der Evakuierung zu entziehen. Bauersfeld hielt diesen »Agricola« für einen kommunistischen Agenten. Am 23. Juni, früh um 9 Uhr, machte er sich, begleitet von einem jüngeren Mitarbeiter, auf den Weg ins Werk, um den amerikanischen Kommandanten zu informieren. Die Folge war, daß für Bauersfeld der sofortige Abtransport befohlen wurde.

Als er um 10.30 nach Hause zurückkehrte, sagte er seiner Frau, daß zum Packen nun keine Zeit mehr wäre. Das mache aber nichts. Ihm genüge die Aktentasche: Entweder würden sie mit den übrigen in die USA gebracht, dann werde für alles gesorgt; oder sie kämen bald nach Jena zurück. Frau Bauersfeld war nicht ganz überzeugt und suchte noch in den letzten Minuten einige Bettsachen zusammen. Um elf Uhr kam der Lastwagen.

Bauersfeld hatte als letzter das Werk und Jena verlassen wollen. Jetzt wurde er als erster – allerdings nur einen Tag vor den Mitarbeitern – abtransportiert.

Am 24. Juni, einem herrlichen Sommersonntag, versammelten sich die übrigen 83 Zeissianer zum letzten Mal im Werk. Auf acht Uhr früh waren sie in den Vortragssaal im 5. Stock des Hochhauses bestellt. Der Befehl der Militärregierung wurde verlesen. Ein Vertreter der in Jena zurückbleibenden Arbeiter sprach Abschiedsworte.[13] Dann ging es zurück in die Wohnungen, wo amerikanische Trucks vorfuhren. Jede Familie hatte einen dieser Militärlastwagen für sich, und an Koffern und Möbeln durfte man mitnehmen, soviel man unterbringen konnte.

Die Lastwagen fuhren in die Humboldtstraße, und es bildete sich ein langer Konvoi bis in die Wormsstraße. Niemand wußte, wohin die Reise gehen sollte. Küppenbender und Schrade fragten den Transportoffizier. Der lachte: Er könne ihnen das Ziel schon nennen, aber nur, wenn sie es nicht weitersagten. Er zog einen Umschlag aus der Tasche, nahm ein Papier heraus und buchstabierte »Heidenheim... Brenz«. Küppenbender hatte den Namen noch nie gehört; Schrade aber fing an zu lachen: »Das ist dort, wo ich zur Schule ging.« Das Leben als absurdes Theater. »Das ist doch komisch«, sagte Schrade: »Sie gehen nach Heidenheim, und ich bleibe hier.«[14]

Als die Motoren schon anliefen, kam der Gemüsehändler. Küppenbender hatte ihm seine Möbel versprochen, und diese Zusage wollte er jetzt schriftlich. Gewohnheitsmäßig überflog Küppenbender den Text, obwohl es ganz gleichgültig war, was da stand. Dann gab er seine letzte Unterschrift in Jena.

Über Landstraßen und Autobahnen und durch die zerstörten Städte Süddeutschlands ging die Fahrt; gesprengte Brücken nötigten zu Umwegen. Die Lastwagen hatten einzelne kleine Konvois gebildet; die ersten erreichten am späteren Abend, die letzten in den frühen Morgenstunden ihr Ziel: die Polizeischule in Heidenheim an der Brenz.

Als Küppenbender eintraf, war es weit nach Mitternacht. Er sah im Hof Strohmatratzen brennen und wußte im Augenblick nicht, was das bedeutete. Mitarbeiter, die früher angekommen waren, berichteten von der Bescherung. An Wanzen hatte keiner gedacht, als sie während der langen Fahrt versucht hatten, sich ihr Leben im Westen vorzustellen. Wie sich zeigte, befanden sich die Kasernen in einem grauenhaften Zustand; zuletzt hatten sie als Sammellager für Umsiedler gedient.

Als Küppenbender in die erste Baracke ging, fand er seinen Kollegen

Walther Bauersfeld schlafend am Boden. Auf einer Holzpritsche daneben lag Frau Bauersfeld in ihrem Mantel. Der Professor war höchst erfreut und gerührt, als er Küppenbender erkannte.[15]
Am nächsten Tag stellte sich heraus, daß man sich für einige Wochen im Lager einrichten mußte. Der Regen, der in der Nacht begonnen hatte, drückte auf die Stimmung. Auch das Essen war eine Enttäuschung. Vor der Evakuierung hatte man ihnen amerikanische Armee-Rationen in Aussicht gestellt; was es gab, war miserable Massenverpflegung.
Bei den Heidenheimern kursierten die wildesten Gerüchte über die Neuankömmlinge. Die Konvois von Armee-Lastwagen hatten Eindruck gemacht, und bei den Einheimischen galten die Jenenser als besondere »Schützlinge« der Amerikaner.
Die Wirklichkeit war anders. Aus amerikanischen Geheimbefehlen geht eindeutig hervor, daß der Zweck der ganzen Aktion nur darin bestand, sich das Know how der Wissenschaftler zunutze zu machen: »Intelligence Specialist Teams from higher headquarters will exploit these personality targets.«[16]
Gemäß diesen Befehlen wurden sie vom ursprünglichen »Reception Center« (der Polizeischule) in Quartiere in Heidenheim und Umgebung eingewiesen. Es waren aber nicht die eingerichteten Wohnungen, von denen man in Jena gesprochen hatte, sondern (bestenfalls) bescheidene Zimmer zur Untermiete, und die Familie konnte froh sein, wenn wenigstens eines geheizt werden konnte. Durchschnittlich war jeder Raum mit zwei Personen belegt.
Wie die Vertriebenen aus den Ostgebieten mußten sie mit dem auskommen, was sie selbst mitgebracht hatten. Die Amerikaner gaben ihnen nichts, und wer bekam schon einen Bezugsschein? Später rechneten sie aus, daß die durchschnittliche Wartezeit für einen neuen Anzug elf Jahre betragen hatte, für ein Paar Schuhe neuneinhalb Jahre und für einen Mantel gar 49 Jahre. Mit anderen Worten: Es gab nur ein paar Glückliche unter ihnen, die überhaupt etwas erhielten. Oft konnten die Kinder nicht zur Schule gehen, weil sich das letzte Paar Schuhe in der Reparatur befand.
Ihr einziges »Privileg«, wenn man es so nennen wollte, bestand in zusätzlichen Lebensmittelrationen; trotzdem ging es ihnen gesund-

heitlich sehr viel schlechter als den Einheimischen. Die Ärzte diagnostizierten Magen- und Darmkrankheiten, Unterernährung und Tuberkulose. Die Evakuierten hatten keine Tauschwaren, keine Beziehungen und keine Gemüsegärten.[17]

Auch Geld für den schwarzen Markt besaßen sie nicht. Unabhängig von seiner früheren Dienststellung erhielt jeder Zeissianer 150 RM im Monat, dazu für seine Frau 90 RM und für jedes Kind weitere 60 RM.[18]

Schützlinge der Amerikaner? Viele Zeissianer hatten den Eindruck, daß es den Amerikanern recht gleichgültig war, wie es ihnen persönlich erging. Interesse schienen sie nur an dem zu haben, was sie wußten. Mehr als 170 »Interrogators« kamen nach Heidenheim, und da konnte kaum eine Einzelheit von dem verborgen bleiben, was sie in Jena gedacht und getan hatten. 25 Mitglieder der Gruppe wurden nach England gebracht, um dort noch eingehender über ihre Tätigkeit in den letzten Jahren vernommen zu werden.[19]

Bessere Erfahrungen machten die Geschäftsleiter und ihre engeren Mitarbeiter. Bei den Dienststellen der Militärregierung trafen sie Offiziere, die Verständnis hatten für ihre Sorgen und die ihnen halfen, so gut es ging.

> Da es damals für uns sehr schwierig war zu telefonieren, stellte uns die Militärregierung die Diensttelefonleitungen zur Verfügung... Darüber hinaus unterstützte sie uns in der Suche nach geeigneten Fertigungsstätten, indem sie uns entweder Militärpersonal zu unserer Begleitung mitgab oder Empfehlungsbriefe.[20]

Die Schwierigkeiten waren ungeheuer. Sie wollten produzieren, aber sie hatten keine Maschinen und keine Fabrik. Auch alle Versuche, die 80000 Werkszeichnungen und die Laboreinrichtungen wiederzuerhalten, die, wie man ihnen gesagt hatte, für den Aufbau in Westdeutschland bestimmt waren, erwiesen sich als vergeblich.

Paul Henrichs und Heinz Küppenbender kamen von den Besprechungen oft mit guten Ratschlägen, einem Benzingutschein und frischem Mut, bis auch die neugewonnenen Hoffnungen wieder zunichte wurden. Ein schwerer Schlag war im September 1945 die Verhaftung von Heinz Küppenbender. Seine Tatkraft und sein Optimismus hatten ihn zum Motor des Neuaufbaus gemacht.

Küppenbender wurde auf die Burg Kransberg im Taunus gebracht, einem ehemaligen Hauptquartier der Luftwaffe, das jetzt als »interrogation camp« für etwa vierzig bis fünfzig Wissenschaftler und Ingenieure diente. Hjalmar Schacht, der ehemalige Reichsbankpräsident, der hier interniert war, berichtete später, es sei ihm interessant gewesen, diesen »bedeutenden Männern« zu begegnen, die er »fast alle aus dem wirtschaftlichen oder wissenschaftlichen Leben Deutschlands« gekannt habe.[21] Für die amerikanischen Offiziere aber hieß das Lager nur »the dustbin«, das heißt »Abfalleimer«. Vielleicht wollten sie damit sagen, daß das, was man aus den Internierten herausholte, militärisch keinen Wert mehr besaß.

Jetzt resignierten viele Zeissianer, die bisher ihren Mut behalten hatten. Da sie nicht sahen, wie sich ihre trostlose Lage je ändern sollte, verfielen sie in Lethargie. Ihre Gedanken richteten sich nach rückwärts, und sie beklagten, was sie alles in Jena verloren hatten: die Verantwortung für ein weltberühmtes Werk, die Achtung der Mitbürger, ein materiell sorgenfreies Dasein.

Da kam es vor, daß ein Prokurist den alten Pförtner des Werkes beneidete, und ein Physiker seinen ehemaligen Laboranten, weil die in Jena hatten bleiben können. Die Nachrichten von drüben verstärkten den Wunsch, beim Wiederaufbau dort dabeizusein. »Die Lebensverhältnisse sind tragbar«, schrieb ein alter Kollege aus Jena, »im Betrieb wird mit Hochdruck gearbeitet. Sie werden staunen, wenn Sie zurückkommen, was alles in der Zwischenzeit geleistet worden ist.«[22]

Anfang des Jahres 1946 verließen Dr. Herbert Kortum und Artur Pulz, beides begabte Konstrukteure, die Gruppe und gingen zurück nach Jena. Wie viele andere war Henry Guldbrandsen unsicher, was er tun sollte. In einem verzweifelten Brief wandte er sich an das Stammhaus: »Ich bin mit dem Werk in Jena verwurzelt und 33 Jahre dort tätig gewesen. Meine Seele habe ich in Jena gelassen.«[23]

Für die Geschäftsleitung in Heidenheim waren das Alarmzeichen. Die Evakuierten brauchten Hilfe, um die kritische Zeit durchzustehen. Eine »Betreuungsstelle« wurde geschaffen, an die sich jeder wenden konnte. In Abständen von drei bis vier Wochen trafen sie sich alle im »Gasthof zur Eisenbahn« oder in der »Harmonie« zur

sogenannten »Dorfversammlung«. Leider mußten die Schicksalsgenossen fehlen, die in den abgelegenen Ortschaften wohnten.
Die Protokolle dieser Zusammenkünfte werden noch heute im Zeiss-Archiv verwahrt. »Auch für den 59. Zuteilungszeitraum bekommen wir die Schwerarbeiterzulage«, heißt es da. »Falls schon durch Gesundheitsämter Zulagen gewährt werden, ist dies anzugeben.« Jeder hatte die gleichen Sorgen: »Spinnstoffe sind augenblicklich gänzlich gesperrt.« – »Im Juni werden wahrscheinlich für Kinder auf Flickstoffkarte Holzsandalen abgegeben«.[24]
Die Klagen der Einheimischen gegen die Jenenser »wegen Zusammenhamsterns« wurden besprochen und der Rat gegeben, »alles zu vermeiden, was Anstoß erregen könnte«. »Für kleine Kinder sind jetzt leichte Schuhe zu bekommen«, freuten sie sich am 25. Mai 1946. Große Erwartungen weckte der von dem Chemiker Helmut Bredereck hergestellte Süßstoff; er solle, hieß es, »demnächst auch in den Dörfern des Heidenheimer Kreises zum Verkauf kommen«. Am 29. September war davon die Rede, »daß Prof. Bredereck die Umwandlung von Stärke in Zuckersyrup in verstärktem Umfange« vornimmt, und daran wurde die Ermahnung geknüpft, daß Anfragen von Einheimischen nicht »in unliebenswürdiger Weise abgelehnt werden« dürften. »Es biete sich gerade in solchen Fällen Gelegenheit, durch freundliches Entgegenkommen ein gutes Einvernehmen mit der Bevölkerung zu unterstützen.«[25]
Aus ihrem besonderen Status ergab sich, daß Reisen in die anderen Besatzungszonen praktisch nicht möglich waren: »Anträge für russisch besetztes Gebiet werden immer abgelehnt; Genehmigungen für englisch oder französisch besetztes Gebiet stark eingeschränkt.«
Auch um die Entnazifizierung ging es und um die Sühnebescheide. Für die ehemaligen Parteimitglieder gab es Geldstrafen. Diese könnten, so hieß es, auch abgearbeitet werden, was »nicht unbedingt von der Hand gewiesen werden solle«[26]. Übrigens wurde keiner der Evakuierten in die Gruppe I (Hauptschuldige) oder die Gruppe II (Aktivisten) eingestuft; und nur einige wenige kamen in die Gruppe III (Minderbelastete).
Neben den »Dorfversammlungen«, zu denen alle Evakuierten eingeladen waren, gab es noch spezielle »Zeißsche Versammlungen«. »Bei

diesen ergab sich meist ein Bild allgemeiner Rat- und Hoffnungslosigkeit«, erinnerte sich ein Teilnehmer. »Die Stimmung war in der Regel gereizt; das Auseinanderfallen der Gruppe erschien unaufhaltsam. Besonders die wissenschaftliche Mannschaft war deprimiert und drohte abzubröckeln.«[27]

Weil sie für die deutsche Industrie keine Chance mehr sahen, bewarben sich einige Wissenschaftler im Schuldienst, andere nahmen Stellungen in den Vereinigten Staaten an. So verließen unersetzliche Spezialisten wie Dr. Werner Weihe und Dr. Willi Merté die Gruppe. Der eine hatte in Jena die Leitung des Elektrotechnischen Laboratoriums, der andere war verantwortlich gewesen für das Photooptische Rechenbüro.

Es kam noch schlimmer. Dr. Werner Straubel fühlte sich den Belastungen nicht länger gewachsen und schied freiwillig aus dem Leben. Sein erst zwei Jahre zuvor in Jena verstorbener Vater, Professor Dr. Rudolf Straubel, war ein enger Mitarbeiter und Freund Abbes gewesen und hatte dreißig Jahre als Geschäftsleiter an der Spitze der Carl Zeiss-Werke gestanden. Die Evakuierten waren erschüttert. In der Zeit des Dritten Reiches, in der Werner Straubel als »Halbjude« gefährdet gewesen war, hatten sie ihren Kollegen schützen können. Jetzt, nach der ersehnten Befreiung, waren die Kräfte des sensiblen Gelehrten erschöpft.

Am 19. Februar 1946 verübte auch Dr. Heinrich Kessler Selbstmord, der Leiter der Zentralen Prüfabteilung. »Die meisten von uns wollten an einen Freitod nicht glauben«, berichtete Paul Henrichs, »hielten es vielmehr für wahrscheinlich, daß Kessler den Versuch unternommen hatte, nach Jena sich durchzuschlagen.«[28]

Mit dem Mute der Verzweiflung hielt Paul Henrichs der Militärregierung den Fall Kessler vor: »Es ist von ihm wie von uns als eine harte und unverdiente Strafe empfunden worden, hierher verschlagen und zur Untätigkeit und einer ungewissen Zukunft verurteilt zu sein. Sein Freitod ist eine schwere Anklage gegen die Verantwortlichen.«[29]

Die Geschäftsleitung drängte auf Erteilung der Arbeitserlaubnis und tat gleichzeitig alles, um die Mitarbeiter nicht mutlos werden zu lassen.

Unter dem Vorsitz von Professor Bauersfeld hatte eine kleine Gruppe von Wissenschaftlern und Ingenieuren bereits im Sommer 1945 Überlegungen über das künftige Fertigungsprogramm angestellt. Man wollte mit Brillengläsern beginnen und Photoobjektive folgen lassen.[30]

An Brillengläsern herrschte großer Mangel, weshalb man sich hier die besten Chancen für eine Fertigungsgenehmigung ausrechnete. Außerdem waren sie ein Massenprodukt; wenn überhaupt, würde man damit Geld verdienen können.

Bis zuletzt hatte man in Jena die Punktal Gläser nach Daten produziert, die vor Jahrzehnten berechnet worden waren. Sie entsprachen nicht mehr den modernen Anforderungen an eine rationelle Fertigung, und auch die Korrektionsqualität war verbesserungsbedürftig.

Schon Anfang August 1945 hatte Dr. Wolfgang Roos mit der Neuberechnung begonnen. Er arbeitete mit einer Hilfskraft unter beengten Verhältnissen in seiner Wohnung in Nattheim.

> Im Winter mußten sich die beiden Rechner den einzigen beheizbaren Raum mit ihren Ehefrauen, der Großmutter und vier Kindern... teilen... Alles was Nachdenken und Konzentration erforderte, mußte auf die späten Abend- und Nachtstunden verlegt werden. Ungeachtet aller Schwierigkeiten und Handikaps lagen bereits im Februar 1946 die neuen Daten für sphärische Brillengläser vor. Die Neurechnung erbrachte gegenüber Jenaer Gläsern 60% Radienersparnis und 30% Laufzeitersparnis.[31]

Die Maschinenfabrik Voith in Heidenheim hatte Verständnis für die Evakuierten und stellte im Dachgeschoß ihrer Fabrik einen großen Saal zur Verfügung. Platz fanden hier Dr. Walter Geffcken von Schott mit seiner Assistentin, Professor Sybel von der Universität Jena, einige Mitarbeiter von Siemens sowie eine Gruppe von Carl Zeiss. Es waren Konstrukteure, die auf selbstgebauten und geliehenen Reißbrettern neue Optik-Bearbeitungsmaschinen entwarfen. Solche Maschinen waren schon immer von Zeiss selbst konstruiert und gebaut worden.

Jetzt wußten die Konstrukteure nicht, ob das, was sie hier entwickelten, wirklich einmal gebraucht werden würde. Vielleicht war es nur Beschäftigungstherapie.

Zweites Kapitel

OPTON OPTISCHE WERKE OBERKOCHEN

Mit unwiderstehlicher Gewalt hatte ein fürchterlicher Orkan das Schiff nach Westen getrieben und schließlich auf eine Sandbank geworfen: Bei dem Versuch, sich in einem kleinen Boot auf die nahegelegene Insel in Sicherheit zu bringen, war die gesamte Besatzung elend ertrunken – bis auf Robinson Crusoe: Noch heute begeistert der 1719 erschienene Abenteuer-Roman des englischen Schriftstellers Daniel Defoe die Jugend, und jeder junge Leser identifiziert sich mit dem Helden, der auf der menschenleeren Insel allein auf sich gestellt sein Leben meistert. Vom Jäger und Sammler entwickelte er sich zum Hirten, Ackerbauer und Handwerker und durchlief damit noch einmal die Stadien, die die Menschheit in ihrer Aufwärtsentwicklung durchgemacht hat.

Wie Robinson Crusoe waren die 84 Zeissianer mit unwiderstehlicher Gewalt nach Westen verschlagen worden und im Landkreis Heidenheim gestrandet. Genau wie der Held des Jugend-Romanes mußten sie Willensstärke und Verstand mobilisieren, um überhaupt existieren zu können und schrittweise wieder höhere Lebensformen zu erreichen.

Aus dem aufgegebenen Schiff hatte Robinson eine große Zimmermannskiste geborgen, Beutel mit Nägeln, Bohrer, Handbeile und Schleifstein. Der Besitz dieser Gegenstände bestimmte sozusagen sein »technologisches Niveau«. Was ihm an Werkzeug fehlte, mußte er sich mit den vorhandenen Mitteln selbst herstellen, und so verwendete er viel Zeit, um sich aus dem Holz eines Eisenbaumes einen Spaten zu basteln.

Ganz genauso hing für die Zeissianer Art und Umfang der Arbeiten, die sie leisten konnten, von ihren Werkzeugen ab. War das eine Ent-

täuschung! Auf ihre Laboreinrichtungen, die sie in Jena selbst sorgfältig in Kisten verpackt hatten, warteten sie vergeblich. Auch die Werkzeichnungen tauchten nicht wieder auf.
Um so mehr zählte, was sich im privaten Gepäck befand. Die Wissenschaftler hatten Tabellenwerke und Logarithmentafeln mitgenommen, die Konstrukteure Reißzeug und Rechenschieber. Besonders stolz war Otto Ratz. Er hatte gegen die Anweisungen zum persönlichen Gepäck eine ganze Kiste mit Werkzeugen aufgeladen.
Am 25. Februar 1946, nach fast vier Monaten Wartezeit, erteilte die Militärregierung die Genehmigung für einen Reparaturbetrieb, einen »Optical Repair Shop«. Die Zigarrenfabrik Schäfer in Heidenheim, Friedrichstraße 50, stellte ein Stockwerk zur Verfügung. Es handelte sich zwar nur um einen einzigen, aber sehr großen Raum. Zwei große Tische auf der einen Seite bildeten die »Optische und Feinmechanische Werkstätte GmbH«. Auf der anderen Seite saßen die Konstrukteure, die hier mit ihren Reißbrettern mehr Platz hatten als in dem überbelegten Dachgeschoß der Voithschen Fabrik.
Die Leitung der Reparaturwerkstatt erhielt Otto Ratz. Seine drei ersten Mitarbeiter waren junge Zeiss-Mechaniker, die sich nach ihrer Entlassung aus der Kriegsgefangenschaft sogleich der Heidenheimer Gruppe angeschlossen hatten.
Es fehlte an allem. Um einen Liter Reinigungsbenzin auf Bezugsschein zu erhalten, mußten nacheinander alle Heidenheimer Drogerien mit dem einzigen Dienstfahrrad abgeklappert werden. Die Beschaffung von Schmierstoff, von Lack, von Schmirgelpapier bereitete fast unüberwindliche Schwierigkeiten. Der Geschäftsverkehr war auf die uralte Form des Tauschhandels zurückgefallen, und weil sie alle nur mit ein paar Koffern gekommen waren, hatten sie keine Waren zur »Kompensation«. Was sie noch besaßen, war ihr guter Name. Wie in alten Zeiten öffnete sich für Carl Zeiss manche Türe.

Die anfänglich primitive Ausstattung der Werkstatt wurde bald durch mehrere Maschinen aufgebessert, die die Firma Piltz (Heidenheim) leihweise zur Verfügung stellte. Es waren zwei Drehbänke, eine Fräsmaschine und ein Schleifbock. Die Maschinen wurden mit einem geliehenen Tafelhandwagen von den drei Mechanikern, unter Mithilfe von Konstrukteuren, durch Heidenheim zur Arbeitsstätte befördert. Zwi-

schen dem Jenaer Zeiss-Werk und der Firma Piltz hatten schon immer freundschaftliche Beziehungen bestanden. Zeiss war Käufer und Benutzer der von Piltz hergestellten Qualitätserzeugnisse. Jetzt half Piltz ... in der Not.
Die Maschinen konnten zunächst aber nicht in Betrieb genommen werden, weil es an elektrischen Kabeln fehlte. Diese konnten schließlich aus Ulmer Ruinenkellern beschafft werden.[1]

Professor Bauersfeld standen die Tränen in den Augen, als die erste Maschine endlich in Betrieb gesetzt wurde. Als jüngster Mechaniker durfte Heinz Freundel die ersten Ersatzteile drehen.
Bauersfeld wußte, daß sie Erfolg – und sei es zunächst ein noch so bescheidener – bitter nötig hatten, aus materiellen, noch mehr aus psychologischen Gründen. Innerhalb von wenigen Monaten gelang es, ein halbes tausend Mikroskope zu reparieren; ein Mechaniker schaffte allein zweihundert. Dabei hatten die Mitarbeiter den Ehrgeiz, auch im äußeren Aussehen dem gewohnten »Zeiss-Look« nahezukommen. Der Lack wurde mit einer Fliegenspritze aufgetragen und kunstvoll mit einer Kochplatte eingebrannt.
Im April erfuhr die Geschäftsleitung von der Militärregierung, daß sie nun bald produzieren dürften. Bauersfeld strahlte. Auf der Zeißschen Versammlung gab es frohe Gesichter.
An welchem Ort sie ihre Fabrik einrichten wollten, war ihnen überlassen. Sie mußten also geeignete Gebäude finden. Sie besichtigten verlassene Fabriken in Esslingen und Schwäbisch Gmünd, in Immenstadt und München, und sie verhandelten mit Bürgermeistern und Landräten. Die Wahl fiel auf Oberkochen. Hier gab es eine erst vor wenigen Jahren gebaute und jetzt leerstehende Fabrik.
Noch vor dem Kriege hatte die Luftwaffe große Aufträge auf Serienfertigung von Jagdflugzeugen Me 109 und von Zerstörern Me 110 erteilt, und die deutsche Industrie war an die Grenzen ihrer Kapazität gestoßen. Die kleine Werkzeugfabrik Fritz Leitz übernahm die Fertigung der einziehbaren Fahrwerke, und so war mit Unterstützung des Reichsluftfahrtministeriums in Oberkochen eine Fabrik gebaut und eingerichtet worden.[2]
Das Werk bestand aus zwei parallel nebeneinander stehenden dreistöckigen Gebäuden, die durch einen Quertrakt miteinander verbun-

den waren. Dazu kam noch ein Verwaltungsgebäude und nach damaliger Terminologie ein »Kameradschaftshaus«.

Drei weitere Argumente sprachen dafür, gerade hier mit der Fertigung zu beginnen: Erstens waren sie in der kleinen Gemeinde im Kochertal willkommen, wofür man im Jahre 1946 dankbar sein mußte. Zweitens war keine erneute Umsiedlung nötig, die bei der allgemeinen Wohnungsnot die größten Schwierigkeiten bereitet hätte. Drittens versprachen die Gemeinde, die Landkreise Aalen und Heidenheim und die Regierung in Stuttgart jede nur mögliche Unterstützung.

Im Frühjahr 1946 befanden sich die Gebäude in trostlosem Zustand. Alle Wasch- und Klosettbecken, Wasserhähne, Armaturen und Ventile, sogar Teile des Parkettfußbodens waren herausgerissen. Die an allem Mangel leidende Bevölkerung hatte die leerstehende Fabrik als Aufforderung empfunden, sich hier ohne Geld und Bezugsschein zu bedienen.

> Aus einem absoluten Chaos sollte ein Zeiss-Betrieb entstehen. Jeder griff zu und jeder übernahm jede auf ihn zukommende Arbeit...
> Zunächst mußten die Maschinen aus der vorherigen Rüstungsfertigung aus den Werkstätten und den Gängen ... entfernt werden. Die Parkettfußböden, soweit noch vorhanden, mußten mit Hammer und Meißel ausgebaut und abgefahren werden. Da im Werk nicht genügend Werkzeuge vorhanden waren, wurden sie von einheimischen Mitarbeitern von zu Hause mitgebracht. Auch Leiterwagen zum Abtransport der Bretter wurden von hiesigen Mitarbeitern gestellt. Viele zerbrochene Fensterscheiben waren zu ersetzen. Für den bevorstehenden Winter mußte die nicht funktionierende Heizung in Ordnung gebracht, die Kohlen vom Bahnhof ins Werk transportiert werden.[3]

Sie faßten wieder Mut, und obwohl die Ernährung so schlecht war wie zuvor, fühlten sie sich frischer und stärker. Daß es immer noch keine Kleidung gab und sie weiter in alten Wehrmachtsuniformen herumliefen, machte ihnen nichts mehr aus. Alle wurden sie mitgerissen von der Hoffnung, daß es nun besser werden müsse, und es wurde besser.

Während des Krieges hatte das Jenaer Zeiss-Werk für die optische Fertigung Außenbetriebe eingerichtet, und zwar in Amberg, Ebrach

Oberkochen 1946: In dieser Fabrikanlage aus
dem Zweiten Weltkrieg bauten die aus Jena evakuierten
Zeissianer ihre neue Fertigung auf.

und Coburg. Die Maschinen waren unzerstört durch den Krieg gekommen und hatten jetzt einen unschätzbaren Wert.
Anfang Juni 1946 stimmte die amerikanische Militärregierung in Berlin der Übergabe an Zeiss unter einer Bedingung zu: Der bayerische Wirtschaftsminister müsse ebenfalls der Auffassung sein, »that Württemberg would be more favorable than Bavaria for new Zeiss production«[4]. Große Erleichterung, als Ludwig Erhard eine entsprechende Stellungnahme abgab. Aber nun erhob der bei der Militärregierung in München für Maschinenbau und Optik zuständige amerikanische Major Einspruch. Es war zum Verzweifeln.
Industriepolitik anno 1946: Der Major war ein Anwalt von »purely Bavarian interests« und verständigte Zeiss, daß er die Maschinen an andere Firmen in Bayern verteilen werde, »unless Zeiss declares

within a week that Zeiss has changed their decision and will erect their plant in Bavaria«[5].

Den Major umzustimmen, war unmöglich, aber er hatte Vorgesetzte. Schließlich siegte, wie es im Spruche heißt, der Schwache über den Starken durch seine Ausdauer. Auf Anweisung der Militärregierung erteilte am 14. Juni 1946 das Wirtschaftsministerium für Württemberg und Baden die Herstellungsgenehmigung an die »Firma Carl Zeiss, Werk Oberkochen«[6].

Eine Arbeitsgruppe fuhr nach Amberg, Ebrach und Coburg, um die Maschinen fachgerecht auszubauen und zu verladen. Andere Mitarbeiter nahmen sie auf dem Oberkochener Bahnhof in Empfang und transportierten sie ins Werk.[7]

Als die beiden Ingenieure Traut und Upmann für die Eröffnungsbilanz eine Aufstellung anfertigten, ergab sich, daß sie 274 Maschinen mit einem Zeitwert von 500000 RM besaßen. Darunter waren 15 Revolverdrehbänke, 30 Mechanikerdrehbänke, 30 Glas-Schleifmaschinen und 64 Glas-Poliermaschinen.[8]

Offiziell gegründet wurde die neue Fabrik am 4. Oktober 1946. An diesem Tag gingen Franz Riedinger, Gerhard Hansen, Adolf Steinle und Walter David zum Notar in Heidenheim und schlossen den Gesellschaftsvertrag über die Gründung der »Opton Optische Werke Oberkochen GmbH«. Das Stammkapital betrug eine Million Reichsmark. Davon übernahmen Hansen und Steinle je 25000 RM und die Carl-Zeiss-Stiftung in Jena 950000 RM, bestehend aus einer Sacheinlage von 500000 RM (den 274 Maschinen) und einer Barleistung von 450000 RM.[9]

Ohne die Zustimmung von Carl Zeiss Jena wäre die Gründung nicht möglich gewesen. Franz Riedinger handelte im Auftrag der Stiftung. Er wies dem Heidenheimer Notar eine auf dieses Rechtsgeschäft beschränkte Vollmacht von Victor Sandmann in Jena vor.[10]

Die Gesellschafter bestellten Heinz Küppenbender zum alleinigen Geschäftsführer. Mit der Eintragung ins Handelsregister am 30. Oktober 1946 war die Gründung der Opton Optische Werke Oberkochen GmbH abgeschlossen.

Nach den gesetzlichen Regelungen hatten Walther Bauersfeld und Paul Henrichs ihre Handlungsfähigkeit noch nicht wiedererlangt,

weil ihre Spruchkammerverfahren noch liefen. Sie wurden erst später, auf einer außerordentlichen Gesellschafterversammlung am 18. August 1947, neben Heinz Küppenbender offiziell zu Geschäftsführern bestellt.
Das politische Verhalten der Geschäftsleiter während des Dritten Reiches wurde nicht nur von der zuständigen Spruchkammer untersucht, sondern später auch noch von anderen Gerichten. Die kommunistischen Machthaber in Jena sahen in der (angeblichen) politischen Belastung eine Möglichkeit, die Geschäftsleiter »abzuschießen« und damit die Aufbauarbeit in Oberkochen zu stören.
Es genügte also nicht, wissenschaftlich und technisch das gewohnte »Zeiss-Niveau« wieder zu erreichen; man mußte auch politisch und juristisch standhalten. Bei einer Erörterung im Wirtschaftsministerium in Stuttgart am 30. Oktober 1946 machte sich Walter David Gedanken, wie das Werk in Oberkochen »geschützt und handlungsfähig« bleiben könne in dem (damals rein hypothetischen) Fall, daß »eine neue und dann wohl radikalere Leitung in Jena« versuchen würde, »Einfluß auf die Opton in irgendwelchen Formen zu gewinnen«[11].
Wahrscheinlich haben die meisten Zeissianer diese Überlegungen (wenn sie überhaupt davon erfuhren) als Spitzfindigkeiten eines Juristen betrachtet. Und das war gut so. Zweifel am Gelingen des Werkes hätten sich verheerend auswirken müssen. Die Zeissianer in Oberkochen lebten von der Hoffnung. In einem hektographierten Rundschreiben hieß es:

> Das Unternehmen wird in schwerer Notzeit geschaffen. Die Leitung unterschätzt die Schwierigkeiten nicht, die seinen Anlauf behindern; die Mittel sind beschränkt. Aber sie geht guten Mutes an die Arbeit im Vertrauen auf das Können und den Geist der vielen Mitarbeiter.[12]

Die Wissenschaftler und Ingenieure, die aus Jena gekommen waren, besaßen die nötige Zuversicht. Und die neu eingestellten Optiker und Feinmechaniker wurden, wie man sagte, mit »Zeiss-Geist« geimpft. Laufend suchte die Personalabteilung Schleifer, Polierer, Kitter, Schalendreher, Werkzeugmacher, Dreher, Automateneinrichter, Fräser, Rundschleifer und Werkzeugschleifer.[13]

Die ersten drei Werkstätten waren die neue Reparaturwerkstatt (Meister Schimmel), eine Werkstatt für Dreherei, Fräserei und Werkzeugbau (Meister Buck) und die Versuchswerkstatt (Heinz Freundel). Noch nie habe Zeiss, so sagte Heinz Küppenbender bei einer improvisierten kleinen Feier, einem so jungen Mitarbeiter – Freundel war gerade 26 geworden – die Leitung einer Betriebsabteilung anvertraut.

Zunächst kamen alle neu eingetretenen Mechaniker zu Freundel, so daß die Versuchsabteilung zeitweise auf über hundert Mitarbeiter anwuchs. Aus ihr bildeten sich dann die ersten Montageabteilungen.

Gleichzeitig entstanden die ersten Betriebsbüros: Paul Nichterlein begann mit dem Aufbau der Arbeitsvorbereitung; Walter Traut übernahm die Betriebsleitung Mechanik, Friedrich Upmann die Betriebsleitung Optik.[14]

Noch hatten die Zeissianer einen Berg von Schwierigkeiten vor sich, aber sie fühlten, daß sie auf dem richtigen Wege waren. Mit Zuversicht feierten sie am 15. November 1946 das 100jährige Jubiläum ihrer Firma. Mitarbeiter und Freunde füllten den großen Saal im Martha-Leitz-Haus.

Heinz Küppenbender sprach vom Jenaer Universitätsmechaniker Carl Zeiss, dem fast schon legendären Gründer, und von Ernst Abbe, der die Wissenschaft konsequent in das optische Gewerbe eingeführt und in beispielloser Weise Wissenschaft und Technik in den Dienst sozialer Reformen gestellt habe. Diese Synthese aus Wissenschaft, Technik und Sozialgeist habe über alle wirtschaftliche Not und politische Bedrängnis hinweg den Carl-Zeiss-Werken Weltgeltung verschafft.[15]

Die eigentliche Gedenkrede auf Ernst Abbe hielt Norbert Günther. Er hatte soeben das Manuskript einer Biographie[16] abgeschlossen und kannte aus der intensiven Beschäftigung Leistung und Gesinnung des großen Forschers und Sozialreformers.

Ein halbes Jahrhundert zuvor, beim 50jährigen Jubiläum, hatte noch Abbe selbst das Wort genommen, und es war merkwürdig und bewegend zugleich, daß er seine Rede mit einem Ausblick auf das für ihn so ferne Jahr 1946 und »die alsdann 100jährige Geschichte« des

Hauses beendet hatte. Ein anderer werde dann vor den Mitarbeitern des Werkes stehen und bezeugen: »Die zweite Hälfte des 100jährigen Zeitabschnittes habe ein Geschlecht vorgefunden, gewillt und fähig, dasjenige zu erhalten, fortzusetzen und zur Entwicklung zu bringen, was durch die Arbeit der ersten Hälfte begründet wurde.«[17]
Die beiden Festredner des Jahres 1946 – der Geschäftsleiter Heinz Küppenbender und der zwei Wochen später zum Betriebsratsvorsitzenden gewählte Norbert Günther – konnten bestätigen, daß sie alle den festen Willen besaßen, das, was Zeiss und Abbe begonnen hatten, »zu erhalten, fortzusetzen und zur Entwicklung zu bringen.« Ganz gewiß waren Geschäftsleitung und Mitarbeiter in dem von Abbe gemeinten Sinne auch immer »fähig« gewesen, und doch hatten sie vor wenigen Monaten noch vor dem Nichts gestanden. Was sie jetzt erhoffen durften, war ein bescheidener Neuanfang im alten Geiste.
Bei seiner Vision von der Jahrhundertfeier im Jahre 1946 hatte Abbe sich nichts anderes denken können, als daß der andere an seiner Stelle den Rechenschaftsbericht vor den Mitarbeitern des Stammwerkes in Jena erstatten werde. In Jena aber gab es keine Jahrhundertfeier. Am 22. Oktober (einen Tag nach den Wahlen in der Zone) hatte die sowjetische Militäradministration die Demontage des Zeiss-Werkes befohlen. Ein Einspruch war nicht möglich. So kam es, daß gerade zur Zeit des Jubiläums das in einhundert Jahren aufgebaute Werk vernichtet wurde.
»Ohnmächtig zu helfen«, sagte Heinz Küppenbender in seiner Rede vor den Zeiss-Mitarbeitern in Oberkochen, richten wir »voll banger Erwartung unsere Blicke nach Jena.«[18] Norbert Günther aber zeigte sich überzeugt, daß das Werk Abbes auch diese Katastrophe überdauern werde:

> Wenn man ihm seine Jenaische Heimstätte raubt, werden wir ihm hier eine *neue* Heimstätte geben. Der Geist dieses Mannes wandelt in unseren Reihen und soll uns von Tag zu Tag gegenwärtiger werden, bis sein Erbe wieder wie einst in unserem Vaterlande – und sei es auch fern von der Stätte seines Wirkens – Heimatrecht gewonnen hat.[19]

In Oberkochen erzwang Kohle- und Strommangel um die Jahreswende 1946/47 eine zweiwöchige Arbeitsruhe. Bei Betriebsbeginn

am 7. Januar 1947 meldeten sich über einhundert aus Jena geflüchtete Mitarbeiter. Sie berichteten von dem verheerenden Zerstörungswerk und der leidenschaftlichen Auflehnung der Belegschaft gegen die Demontage.
Das Verhältnis zwischen Zeiss-Jena und Zeiss-Oberkochen hatte sich von Grund auf verändert. Noch ein halbes Jahr zuvor war es der sehnsüchtige Wunsch der Evakuierten gewesen, zurückzukehren in die alte Heimat. Von jetzt an wurde für viele Zeissianer in Jena das kleine Oberkochen zum Traumziel. Kein Monat verging, in dem nicht Dutzende von neuen Flüchtlingen kamen.
Was man den Neuankömmlingen bieten konnte, war materiell jämmerlich wenig; viele mußten mit einem Massenlager auf dem Dachbo-

11. März 1947: Der erste Lastwagen mit »organisierten« Möbeln kommt nach Oberkochen. Beifahrer ist Dr. Georg Calsow, ein »Genie des außerhalb der Legalität liegenden Beschaffungswesens«.

den der Fabrik vorliebnehmen. Dafür aber hatten sie die Gewißheit, willkommen zu sein und gebraucht zu werden. Zwar waren in Oberkochen Fabrik und Lebensverhältnisse bescheiden, aber es ging mit jedem Tag weiter aufwärts. Und es gab keinen politischen Druck.
Die Mechaniker konnten sich aus den Beständen ihre Werk- und Drehbänke selbst aussuchen, und mehr als einmal kam es vor, daß ein Mitarbeiter seine alte Drehbank wiederfand, an der er noch vor einigen Jahren in Jena gearbeitet hatte. Auf dem Umweg über die Verlagerungsbetriebe Amberg, Ebrach oder Coburg waren diese Maschinen nach Oberkochen gekommen.
Für die übernommenen Glasbearbeitungsmaschinen entwarfen die Konstrukteure selbsttätige Schleif- und Poliermittelzuführungen. Die Getriebe wurden bei der Firma Piltz in Heidenheim in Auftrag gegeben, die Schleif- und Polierkörper selbst gebaut.
Als die Fertigung von Brillengläsern anlief, war der Ausschuß für Zeiss-Verhältnisse sehr hoch. Die neuen Mitarbeiter mußten zur Einhaltung peinlichster Genauigkeit und Sauberkeit erst herangebildet werden.
Oft nötigten Stromsperren, die Arbeitszeit in die Nacht zu verlegen. Dann wurde von abends 21 Uhr bis morgens um 6 Uhr mit blauen Nasen und steifen Fingern in den schlecht geheizten Räumen geschafft. Aber alle Mitarbeiter waren zufrieden.
Ohne Anregung oder gar Anweisung von »oben« bildete sich an einem arbeitsfreien Samstag eine Arbeitsgruppe, um den vor dem Werk liegenden großen Schrotthaufen, den Rest der einstigen Rüstungsfertigung in Oberkochen, nach brauchbaren Stücken zu durchsuchen. Die Aktion erbrachte mehrere Tonnen Stahl, viele Leichtmetallteile und anderes, entweder direkt brauchbares oder kompensationsfähiges Material.[20]
Die Einkaufsabteilung bemühte sich nach Kräften, die noch fehlenden Schneid- und Meßwerkzeuge zu beschaffen. Ein nur in einem Exemplar vorhandener Spiralbohrer 10 mm machte die Runde im ganzen Werk. Jeder Mechaniker freute sich, wenn aus Jena kommende neue Mitarbeiter von dort vor der Demontage gerettete Werkzeuge mitbrachten.
Als einen wichtigen Schritt nach vorn betrachteten es die Mitarbeiter,

als der Name der neuen Firma in »Zeiss-Opton Optische Werke Oberkochen GmbH« geändert wurde. »What's in a name?«, heißt es in Shakespeares »Romeo und Julia«. »That which we call a rose by any other name would smell as sweet.«
Die Oberkochener waren anderer Meinung. Der Name Zeiss bedeutete für die Mitarbeiter ein feintechnisches Werk von Weltgeltung und noch mehr: eine vorbildliche Arbeitsorganisation, bei der die Früchte des gemeinsamen Schaffens allen Mitarbeitern gemeinsam zugute kommen und auch noch gemeinnützigen Zwecken dienen.
Die Umbenennung war nur möglich mit Zustimmung der Jenaer Geschäftsleitung. Als Walter David das Thema bei seinem Besuch in Jena zur Sprache brachte, stellte Victor Sandmann nur eine Bedingung: »Sie müssen beweisen, daß Sie imstande sind, Carl Zeiss-Qualität zu fertigen.«[21] Offenbar überzeugte ihn sein Besuch in Oberkochen Ende Januar 1947. Er bestätigte »das Einverständnis Jenas mit der Umbenennung in Zeiss-Opton«[22]. Am 31. Januar 1947 gingen Küppenbender, Riedinger und Hansen in Heidenheim zum Notar, um die Namensänderung beurkunden zu lassen.[23] Auf Wunsch Jenas wurde aber die Veröffentlichung noch zurückgestellt, bis Hugo Schrade Mitte April 1947 nach Oberkochen kam.[24]
Wenige Jahre später hatte sich auch in dieser Hinsicht das Verhältnis zwischen Oberkochen und Jena umgekehrt. Es waren nun die Oberkochener, die sich sorgten, ob das – inzwischen enteignete – Werk in Jena noch Zeiss-Qualität produzieren könne. Zum Zorn der staatlichen Handelsorganisation DIA in Ostberlin machten sie den Vertrieb der Jenaer Erzeugnisse auf den westlichen Märkten ausdrücklich von einer Qualitätsprüfung abhängig.[25]
Der neue Name Zeiss-Opton zeigte nach innen und nach außen, daß die Geschäftsleitung entschlossen war, an die alte Zeiss-Tradition anzuknüpfen. Aber wie schwer war der neue Anfang! In den Vereinigten Staaten hatte man zwei Jahre zuvor den Beginn des Atomzeitalters proklamiert. Nicht nur in der neuen Kerntechnik, sondern praktisch überall nahm die amerikanische Industrie jetzt die Spitzenposition ein.
David trat an gegen Goliath. Im April 1947 kamen 16 führende amerikanische Industrielle auf Einladung der Militärregierung nach

Deutschland. Unter ihnen war der Präsident von Bausch & Lomb in Rochester, einem großen optischen Unternehmen, mit dem Carl Zeiss schon vor dem Ersten Weltkrieg in Geschäftsverbindung gestanden hatte.
Anläßlich eines Empfanges im Haus der Kunst in München, wo Exportwaren gezeigt wurden, trafen drei Herren aus Oberkochen den Präsidenten von Bausch & Lomb.

> Auf die Frage, wie die amerikanische Industrie sich zur Einfuhr deutscher Erzeugnisse in die Vereinigten Staaten und überhaupt zum deutschen Export stelle, erwiderte [Präsident] Eisenhart, daß die amerikanische Industrie die Notwendigkeit hierzu einsehe und nichts dagegen einzuwenden habe, vorausgesetzt, daß die deutschen Erzeugnisse nach Qualität und Preis angemessen seien.[26]

Wenn man den Betriebsablauf in Oberkochen beobachtete, so mußte man den Eindruck gewinnen, als sei man gegenüber den Vereinigten Staaten vorerst noch um ein halbes Jahrhundert zurück. Wie im Fin de siècle erfolgten Personen- und Gütertransport hauptsächlich mit Eisenbahn und Fahrrad. Werkstücke, die galvanisiert werden mußten, wurden mit dem Fahrrad in eine Lohnanstalt nach Aalen gebracht und wieder abgeholt. Die Gußteile wurden ebenfalls per Fahrrad von einer Gießerei in Schnaitheim bezogen.
Als im Juli 1947 die Einzelteile für das erste Stereomikroskop fertig waren, wurden diese beim Winkel-Werk in Göttingen oberflächentechnisch behandelt. Der zuständige Mitarbeiter nutzte die Reise nach Göttingen, um die Verbindung zur Schleifmittelindustrie in Niedersachsen neu zu knüpfen. Alle drei Firmen, die der Mitarbeiter besuchte, lehnten eine Belieferung des Oberkochener Betriebes ab, weil er keine Kompensationsware anzubieten hatte. Aber jede der drei Firmen schenkte aus Mitleid 50 Blatt Schmirgelpapier: Almosen für die Weltfirma.

Drittes Kapitel

DIE SPALTUNG

Wie die Mitarbeiter des Stammwerkes in Jena fühlten sich die Evakuierten als Teil der großen Zeiss-Familie. Da sie nicht in die Heimat zurückkehren durften, gab es keine Alternative: Sie mußten hier eine neue optische Fabrik aufbauen.

Die neue Geschäftsleitung in Jena war grundsätzlich einverstanden, daß zur Deckung des dringenden Bedarfs in den westlichen Zonen bestimmte Produkte hergestellt werden. Sie sollten aber nicht die Bezeichnung »Carl Zeiss Jena« tragen, sondern nur »Bauart Zeiss«. Im Fall einer neuen Zeiss-Fertigung im Westen sahen die Herren in Jena nicht näher erläuterte, jedoch höchst unerwünschte »psychologische Momente«. Offensichtlich befürchteten sie, daß damit bei der sowjetischen Besatzungsmacht die Tendenz zur Demontage des Jenaer Werkes verstärkt werden könnte.[1]

Ende Dezember 1945 kam es erstmals zu einem Treffen zwischen Paul Henrichs (Oberkochen) und Victor Sandmann (Jena). »Henrichs und Sandmann einigen sich darauf«, so heißt es im Protokoll, »daß es bei Carl Zeiss keine Richtung Heidenheim und keine Richtung Jena gibt, sondern daß nur die Interessen der Stiftung maßgebend sein werden.«[2]

Gerade weil man unter allen Umständen zusammenbleiben wollte, gab es Probleme. De facto besaß man zwei Geschäftsleitungen: die neue in Jena und die alte in Heidenheim. Wenn es aber nur eine Firma Carl Zeiss geben sollte, konnte man auch nur eine Geschäftsleitung haben. In dem Gespräch zwischen Henrichs und Sandmann spielte dieser Punkt eine große Rolle:

> Abgesehen von dem grundlegenden Unterschied in der Auffassung über die zukünftige Entwicklung ... stimmt Henrichs den Ausführungen

von Sandmann weitgehend zu. Bezüglich der Geschäftsleitung erklärte er, daß ... die Geschäftsleitung sich noch als im Amte befindlich betrachtet, da sie lebenslänglich berufen ist und Gründe für die Abberufung nicht vorliegen. Die Durchführung des Rechtsanspruchs mag in den verschiedenen Zonen verschiedene Ergebnisse erzielen, doch betrachtet auch die amerikanische Militärregierung die Herren [Bauersfeld, Henrichs und Küppenbender] als die Geschäftsleitung von Carl Zeiss. Dessen ungeachtet hält es Henrichs nicht für wesentlich, ob Sandmann unter Henrichs oder Henrichs unter Sandmann arbeitet.[3]

Es war aber doch wesentlich. Sicher hätten Sandmann, Schomerus und Schrade weiterhin die Weisungen der alten Geschäftsleitung befolgt, denn wie alle Mitarbeiter in Jena respektierten sie ihre fachliche und persönliche Autorität. Aber in Jena wirkten starke Kräfte von außen auf die »drei S«. Victor Sandmann, der sich der drohenden Verhaftung im März 1953 durch die Flucht in den Westen entzog, berichtete später, daß er »mit Rücksicht auf die Stärke der politischen Kraft der Besatzungsmacht in der Ostzone« ständig dem fremden Willen nachgeben mußte.[4]
Unter dem Druck, unter dem sie selbst standen, forderten die Jenaer Herren den offiziellen Rücktritt der alten Geschäftsleitung. Diesen Gefallen konnten ihnen Bauersfeld, Henrichs und Küppenbender nicht erweisen.
Inzwischen aber hatte der neue Stiftungskommissar in Jena (dessen eigene Legitimation zweifelhaft war) aus dem Hintergrund zum Schlage ausgeholt und die alten Geschäftsleiter im Jenaer Handelsregister löschen lassen. In dieser Zwangslage erklärten Bauersfeld, Henrichs und Küppenbender, sie wollten, ohne ihren Rechtsanspruch aufzugeben, nur noch aufgrund von ausdrücklichen Jenaer Vollmachten tätig werden.
Vom 22. bis 25. Mai 1946 trafen sich die Geschäftsleitungen erneut zu einer Aussprache, und zwar in Untertürkheim. Oberkochen war durch Heinz Küppenbender und Paul Henrichs vertreten, Jena durch Victor Sandmann und Friedrich Schomerus. Dabei wurde man sich in allen Punkten einig:

Die Jenaer Geschäftsleiter sind ausdrücklich einverstanden, daß die vorhandenen Menschen, die vorhandenen Maschinen und die vorhandenen

> finanziellen Mittel zum Einsatz kommen in einer Fertigung Zeißscher Instrumente, mit denen ein dringendes Bedürfnis in der amerikanischen ebenso wie in der englischen und französischen Zone befriedigt werden soll.[5]

Ihrerseits erklärten die Herren von Oberkochen, »daß hier, fern von Jena, kein zweites Zeiss-Werk erstehen könne oder solle; wir würden niemals unsere Hand dazu geben, ein optisches Werk zu errichten zu dem Zwecke, Jena Konkurrenz zu machen, ganz abgesehen davon, daß wir uns mit einer solchen Anmaßung leicht lächerlich machen könnten«.

> Was die Größe [von Oberkochen] angeht, so sind hier die zwischen der Geschäftsleitung Jena und uns getroffenen Vereinbarungen, nicht zuletzt aber auch die uns belassenen hiesigen Mittel entscheidend, jedenfalls für die nächsten 18 Monate, und bis dahin werden wir über eine Belegschaft von 300 bis höchstens 500 Leuten nicht hinauskommen...
>
> In dem Moment aber, in welchem das Rückkehrverbot aufgehoben und die Rückkehr nach Jena dem einzelnen freigestellt ist, erwartet Jena selbstverständlich die Rückkehr all derjenigen, deren Rückkehr zu gegebener Zeit zwischen der Geschäftsleitung in Jena und uns als zweckdienlich vereinbart werden wird.
>
> Dabei geht die Jenaer Geschäftsleitung von der Tatsache aus,
>
> 1. daß einmal eine sehr erhebliche Zahl der hiesigen Mitarbeiter dringend für die Weiterentwicklung in Jena benötigt wird,
>
> 2. daß in dem hier entstehenden kleinen Betrieb ein Stab von 80 hochwertigen wissenschaftlichen Mitarbeitern und Konstrukteuren nicht erforderlich ist, ja nicht einmal eine ihrer Vorbildung entsprechende Verwendung finden kann,
>
> und daß es demgemäß das einzig Richtige ist, daß auf dem Wege der Verständigung zwischen den beiden Leitungen ... festgelegt wird, welche Herren dem neuen Unternehmen erhalten bleiben sollen und welche zur Rückkehr nach Jena aufgefordert werden.[6]

Als selbstverständlich setzten diese Erwägungen voraus, daß die Trennung zwischen den Besatzungszonen eine vorübergehende Ausnahmeerscheinung sei und es bald wieder, wie man es gewohnt war, Deutschland als politische Einheit geben würde. Bekanntlich ging jedoch die Entwicklung gerade in die umgekehrte Richtung. In der sowjetischen Besatzungszone und späteren DDR entstand gegen den

Willen der Menschen eine politische Ordnung, die eine »Rückkehr nach Jena« unzumutbar machte.
Wie die politische Entfremdung zwischen Deutschland (West) und Deutschland (Ost) traten auch die Gegensätze zwischen Oberkochen und Jena nach und nach mit Schärfe hervor.
Im Dezember 1945 wurden auf Befehl der sowjetischen Militäradministration mit den anderen großen Industriebetrieben auch die Jenaer Stiftungsbetriebe beschlagnahmt. Die beiden Betriebe blieben zunächst Eigentum der Carl-Zeiss-Stiftung, ihr war jedoch jedes Verfügungsrecht genommen.
Die sowjetische Beschlagnahmeaktion richtete sich angeblich gegen das Eigentum, »das früher dem Hitlerstaat, den Militärbehörden [und] den ... verbotenen und aufgelösten ... Vereinigungen gehört hatte.«[7] Die Jenaer Stiftungsbetriebe fielen offensichtlich nicht unter diese Kategorien. Das hinderte die neuen Machthaber jedoch nicht, den Befehl trotzdem auf Zeiss und Schott anzuwenden.
Mit einem Stab von 200 Ingenieuren etablierte sich im Werk als neuer »Generaldirektor« der sowjetische Armeegeneral Dobrowolski. Er griff in den Betriebsablauf direkt nicht ein und gab seine Anweisungen nur an die Geschäftsleitung. Der Betriebsrat wurde von den Russen nicht zugezogen.
Die sowjetische Generaldirektion hatte offensichtlich eine doppelte Aufgabe: erstens das Werk bei der Erfüllung seiner Reparationsaufgaben tatkräftig zu unterstützen, zweitens aber den Betriebsablauf bis in alle Einzelheiten kennenzulernen. »Die Russen wollen die letzte Zahl und den letzten Handgriff wissen«, erfuhr Walter David, als er Anfang September 1946 das Jenaer Werk besuchte.[8]
Wie sich David überzeugen konnte, war die Aufbauleistung bewunderungswürdig. Die ›zweite Garnitur‹, so Friedrich Schomerus, »hatte den Willen und den Ehrgeiz, zu beweisen, daß sie nicht vergeblich jahrelang unter der ›ersten Garnitur‹ gearbeitet habe und wohl imstande sei, selbständig schwerste Arbeit zu leisten.«[9] Nach und neben den Aufräumungsarbeiten wurden beschädigte Werkstätten instand gesetzt, Maschinen repariert und die Produktion wieder aufgenommen. Die Belegschaft stieg von etwa 6000 Mitarbeitern im August 1945 auf 10000 im Februar und 13000 im Oktober 1946.

Die Produktion ging ausschließlich in die Sowjetunion. Die Mitarbeiter waren einverstanden damit; sie betrachteten es als ihre Pflicht, beim Wiederaufbau des von den Deutschen mit Krieg überzogenen und schrecklich verwüsteten Landes nach Kräften mitzuhelfen. Bis Oktober 1946 waren Güter im Werte von 70 Millionen Mark produziert und in die Sowjetunion geliefert worden.

Am 22. Oktober 1946, vier Wochen vor dem 100jährigen Jubiläum, befahl die Sowjetische Militäradministration die volle Demontage der Carl-Zeiss-Werke. Das gleiche Schicksal traf das Jenaer Glaswerk Schott & Genossen und viele andere Industriebetriebe in der sowjetisch besetzten Zone.

Nicht ohne Stolz hatte sich die Jenaer Geschäftsleitung auf das 100jährige Jubiläum der Zeiss-Werke vorbereitet. Ganze zehn Tage wollte man mit Empfängen, Vorträgen, Konzerten, Sport- und Tanzveranstaltungen feiern; die gesamte Belegschaft und die Bevölkerung waren eingeladen. Eröffnet werden sollte das Festprogramm mit einer großen Feier im Volkshaus am 16. November 1946. Wenn auch noch nicht alle Kriegsschäden beseitigt waren, so konnte das Volkshaus doch schon wieder einen würdigen Rahmen bieten, und zudem war es ein Geschenk von Ernst Abbe an die Stadt Jena.

Auf der Liste der Festgäste standen Gelehrte aus allen Teilen Deutschlands, darunter der greise Max Planck. Ebenfalls geladen waren die neuen Machthaber: der oberste Chef der sowjetischen Militäradministration Marschall Wassili D. Sokolowski, der Landespräsident von Thüringen und der Oberbürgermeister von Jena.

Die Geschäftsleiter in Jena hatten die Festrede ihrem Senior Dr. Friedrich Schomerus anvertraut. Von allen Zeissianern war er am besten mit der Geschichte des Werkes und der Stiftung vertraut.

Schomerus hatte bis 1933 als Leiter der Personalabteilung gewirkt und mußte auf Druck der nationalsozialistischen Machthaber abberufen werden, weil er in der Deutschen Demokratischen Partei politisch aktiv gewesen war. Er wurde aber nicht entlassen, sondern mit »Sonderaufgaben« betraut. So hat er im Dezember 1933 einen umfangreichen Schriftsatz verfaßt, mit dem sich die Geschäftsleiter gegen den Versuch der Gleichschaltung des Zeiss-Werkes erfolgreich zur Wehr setzten.

Im Jahre 1939 legte Schomerus aus Anlaß des 50jährigen Jubiläums eine Dokumentation über »Werden und Wesen der Carl-Zeiss-Stiftung« vor. Ein zweites, noch umfangreicheres Manuskript über die »Geschichte des Jenaer Zeisswerkes« war in den Kriegsjahren entstanden. Die sowjetische Besatzungsmacht hatte allerdings die Veröffentlichung nicht genehmigt, weil, wie es hieß, das Manuskript eine Geisteshaltung widerspiegle, die zwischen Kapitalismus und Sozialismus stehe.[10]

Das Buch ist dann verspätet 1952 im Piscator-Verlag in Stuttgart erschienen. Noch schärfer als die Sowjetische Militäradministration haben DDR-Historiker die Darstellung als »bezeichnend für die bürgerliche Geschichtsschreibung in Westdeutschland«[11] abqualifiziert. Dabei hat Friedrich Schomerus nie in Westdeutschland gelebt, und er war auch kein Historiker, sondern Jurist. Was die linientreuen Kommunisten in Wirklichkeit an dem Buch störte, war die positive Würdigung der Geschäftsleitung in ihrem politischen und sozialpolitischen Verhalten.

Als er im Oktober 1946 seine Rede ausarbeitete, konnte Schomerus aus dem vollen schöpfen. Er wollte das von dem berühmten Nationalökonomen Friedrich List geprägte Wort von der »Werkfortsetzung«[12] in den Mittelpunkt stellen. »Nach Friedrich List besteht die große Bedeutung der Werkfortsetzung darin, daß mehrere aufeinanderfolgende Geschlechter ihre Kräfte auf *ein* Ziel einstellen müssen, wenn etwas Großes zustande kommen soll.« Genau das aber war im Zeiss-Werk geschehen:

> Schauen wir zurück auf die Jahrhundertgeschichte des Zeiss-Werkes, so springt in die Augen, wie wichtig die Tatsache ist, daß in unserem Bereich ein Jahrhundert lang fortgesetzt durch die verschiedenen Generationen nach *einem* Ziel gestrebt wurde, die folgende Generation das Werk stets da fortsetzte, wo die vorige es gelassen hatte und sich so ein geistiges Kapital bildete, das durch stets neu hervorquellende Gedanken und Schöpfungen reiche Zinsen trug. Die Bedeutung des stufenweisen Aufbaues, des Fortschreitens von Stufe zu Stufe durch viele Jahrzehnte ist in unserem Zeiss-Werk nachweisbar sowohl hinsichtlich der technisch-wissenschaftlichen als auch der wirtschaftlich-kaufmännischen und der sozialpolitischen und politischen Haltung und Entwicklung.[13]

Schomerus schlug einen weiten Bogen von Zeiss und Abbe über Straubel und Fischer zu Kotthaus, Bauersfeld und Henrichs. Neben den weltbekannten technisch-wissenschaftlichen und sozialpolitischen Leistungen würdigte er die von Fischer und Henrichs entwikkelten kaufmännischen Grundsätze, die »für ein Geschäft vom Range der Firma Carl Zeiss allein in Frage kommen«.[14]
Bei Carl Zeiss in Oberkochen findet man noch heute Merkzettel in den kaufmännischen Büros, auf denen diese Grundsätze stehen, und zwar in genau der Formulierung, die Schomerus in seiner Festrede zum 100. Geburtstag der Firma gebraucht hat:

> Keine Gerissenheit, sondern absolute Korrektheit und Zuverlässigkeit, auf der anderen Seite keine Verschleuderung der Ware, sondern feste Preise, fachliche Belehrung und Bedienung des Kunden und Garantie für ihn, in gleichmäßig guter Qualität bedient zu werden.[15]

Am 21. Oktober arbeitete Friedrich Schomerus noch lange in seinem Arbeitszimmer im neunten Stock des Hochhauses. Es ging ihm nicht anders als Heinz Küppenbender und Norbert Günther in Oberkochen: Immer wieder kreisten seine Gedanken um die Zukunftsvision Ernst Abbes auf das Jahr 1946. Gewiß hatte Abbe die Schwierigkeiten, die mit dem Nationalsozialismus und dem Zweiten Weltkrieg über das Werk gekommen waren, nicht voraussehen können, und die augenblickliche Lage war schlechter, als man damals erwarten durfte. Trotzdem glaubte Schomerus guten Gewissens bezeugen zu können: Seine Generation hatte erhalten, fortgesetzt und zur Entwicklung gebracht, was durch die Arbeit von Ernst Abbe begründet worden war.
Am nächsten Morgen, um fünf Uhr früh, wurde er aus allen Träumen gerissen. Trupps von sowjetischen Soldaten hatten sich in der Nacht Eintritt in die Wohnungen von Zeiss-Mitarbeitern verschafft und den Wissenschaftlern, Ingenieuren und Werkmeistern eröffnet, daß sie fünf Jahre in der Sowjetunion arbeiten müßten. Der entsprechende »Vertrag« war bereits vorbereitet.[16]
Schomerus hatte die Entführung der 84 Zeissianer durch die Amerikaner in harten Worten verurteilt. Dabei waren die 84 nur in einen anderen Teil Deutschlands verpflanzt worden, wo sie »wieder Wur-

zel schlagen« konnten. In welch humanen Formen sich der Abtransport am 24. Juni abgespielt hatte, wurde Schomerus bewußt, als er Einzelheiten über die sowjetische Aktion erfuhr.

> Vor den Häusern hielten große Lastwagen, und den Leuten wurde befohlen, innerhalb von drei Stunden zu packen. Schrecklich waren die Hilfeschreie von Männern und Frauen in der Nacht. Es war völlig unmöglich zu fliehen, weil die russische Polizei die Häuser bewachte und den Männern praktisch an den Fersen klebte ... Das sind richtige russische Methoden. Innerhalb von drei Stunden werden sie wegtransportiert, und dann stehen sie 24 Stunden am Bahnhof.[17]

Um 10.30 Uhr saßen die Mitglieder der Jenaer Geschäftsleitung dem sowjetischen Generaldirektor gegenüber. Le style c'est l'homme, heißt es. Hier aber galt: Le style c'est le système. General Dobrowolski duldete keine Kritik: Deportation von 274 Mitarbeitern. Volle Demontage. Befehl von Marschall Sokolowski. Schluß.

Ähnliche Ereignisse spielten sich bei anderen Industriebetrieben in der sowjetisch besetzten Zone ab. In Halle wurden 400 Ingenieure und Mechaniker der Sybel-Flugzeugwerke, in Dessau 2000 Mitarbeiter von Junkers, in Berlin-Köpenick 400 Techniker des Oberspreewerkes der AEG zwangsverpflichtet und mit ihren Frauen und Kindern in die Sowjetunion gebracht.[18] In Saalfeld und Gera, wo man von der bevorstehenden Aktion erfahren hatte, verließen Hunderte von Menschen ihre Heimat und flohen über die bayerische Grenze.[19]

In Jena wurden alle Feiern abgesagt. Am 17. November 1946, dem Tag des 100jährigen Jubiläums, besuchten die Geschäftsleitungen mit Vertretern des Betriebsrates und einer Anzahl von wissenschaftlichen Beamten auf dem Alten Friedhof am Oberen Philosophenweg die geschmückten Gräber der großen Gründerpersönlichkeiten. Am Nachmittag bis zum späten Abend versammelte Schomerus in seiner Wohnung einen Kreis von 22 Getreuen, und hier wurde nun seine Festrede verlesen, die er öffentlich nicht halten konnte.[20] Den optimistischen Ausblick auf die Zukunft hatte Schomerus umgeschrieben:

> Wir durften – abgesehen von der allgemeinen politischen und staatlichen Unterbrechung in der Periode des Nationalsozialismus – bis zu dem niederschmetternden, uns wie eine Windsbraut überfallenden Schlag des

> 22. Oktober als Ergebnis der 100 Jahre dauernden Werkfortsetzung feststellen: Ein Zeiss-Werk stark in seiner inneren Verfassung, groß in seiner äußeren Erscheinung, wohlausgerüstet für bedeutsame Aufgaben. Nun aber ist kurz vor dem Hundertjahr-Jubiläum die von Friedrich List in Betracht gezogene, durch äußere Einflüsse veranlaßte Unterbrechung einer stetigen Entwicklung, die lähmend oder gar tödlich wirken könnte, über uns gekommen. Mit blutendem Herzen sind wir Zeugen, wie eine wunderbare Organisation, ein herrliches feintechnisches Werk zerschlagen wird.[21]

Die Amerikaner hatten im Juni 1945 einen Teil des »herrlichen feintechnischen Werkes« abgesprengt, das Gehirn, wie sie zu sagen pflegten. Jetzt waren die Russen an der Reihe. Mit Hilfe der demontierten Maschinen im Werte von mehr als 200 Millionen und der deportierten 274 Wissenschaftler, Ingenieure und Werkmeister sollte die optische Industrie in der Sowjetunion einen »Sprung nach vorne« machen.

Die Wirtschaftsplaner hatten sich für einen dezentralen Aufbau entschieden. Etwa 200 Zeissianer kamen nach Krasnogorsk, zwanzig Kilometer nordöstlich von Moskau. 45 Mitarbeiter verschlug es nach Isjum bei Kiew, andere nach Leningrad.

In Krasnogorsk befand sich nun auch der Ingenieur Henry Guldbrandsen. Er war über die Isolation in Oberkochen besonders unglücklich gewesen und hatte im April 1946 einen erschütternden Brief nach Jena gerichtet. Die dortige Geschäftsleitung hatte ihm daraufhin zugesichert, er würde »befriedigende Aufgaben zugewiesen erhalten«, denn in Jena gebe es »Arbeit in Hülle und Fülle«.[22] Als Guldbrandsen in dem Brief aus Jena auch noch las, man wundere sich, »daß außer Herrn Kortum niemand nach hier zurückkehrt«, betrachtete er das als eine Aufforderung. Die fünf Monate in Jena, die ihm bis zur Deportation noch blieben, bezahlte er mit fünf Jahren Sowjetunion. Übrigens teilten sein Schicksal Herbert Kortum und auch Artur Pulz, der als dritter nach Jena zurückgegangen war.

So kam es, daß am 17. November 1946 nicht nur in Oberkochen und Jena, sondern auch in Kiew, Leningrad und Krasnogorsk das 100jährige Gründungsjubiläum in stillem Gedenken gefeiert wurde. Alle Zeissianer in West und Ost waren sich einig in dem Vorsatz, den »Weiterbestand des Abbeschen Werkes« zu sichern, wie es in einem Jubiläums-Brief aus Kiew mit 45 Unterschriften hieß:

> Ernst Abbes wahrhaft humanitärer Geist und sein von höchster Ethik bestimmtes soziales Wollen müssen gerade in unserer Zeit Richtschnur sein für den Wiederaufbau seines Werkes zum Wohle unseres ganzen Volkes.[23]

»Noch am Grabe pflanzt der Mensch die Hoffnung auf«, heißt es bei Schiller. Während im Jenaer Werk die Demontagetrupps ganze Arbeit leisteten, Kacheln abhackten, Installationen und Heizkörper aus den Wänden rissen, bereiteten sie schon die »Remontage« vor. Sechs Prozent ihrer Maschinen, das hatten sie der sowjetischen Militäradministration abgerungen, sollten ihnen zum Wiederaufbau – dem zweiten seit 1945 – verbleiben.[24] Geplant war eine Belegschaft von 4000 Mitarbeitern; die übrigen 9000 mußte man schweren Herzens entlassen, beurlauben oder pensionieren.

Bei einem Besuch in Oberkochen erklärte Sandmann, »daß nach der Demontage des Jenaer Werkes und nach dem Abzug von fast 300 wissenschaftlichen und technischen Kräften nach Rußland der OPTON [in Oberkochen] entscheidend wichtige Aufgaben für das Gesamtwerk zufallen«.[25] Diese Aufgaben lägen vor allem auf dem Gebiet der Entwicklung.

Tatsächlich unterstützten Oberkochen und Jena einander gegenseitig. Mitarbeiter in Oberkochen erhielten Duplikate von Kundenkarteien mit den in Jahrzehnten gesammelten vertraulichen Angaben über die Kreditwürdigkeit; dem Stammwerk in Jena wurden die neuen Berechnungen von Wolfgang Roos über die Punktal Brillengläser zugänglich gemacht. Und das sind nur Beispiele. Auf allen Ebenen gab es eine enge Zusammenarbeit.

Wie der Aufbau in Oberkochen schritt auch der Wiederaufbau in Jena bemerkenswert rasch voran. Der unmittelbar nach Kriegsende beobachtete physische und psychische Leistungsabfall war offenbar überwunden.

Am 5. Dezember 1947 legte Hugo Schrade auf einer Betriebsversammlung einen Rechenschaftsbericht über die Leistungen des Jenaer Werkes vor. An der Großveranstaltung im Volkshaus nahmen als Ehrengäste Vertreter der sowjetischen Militärverwaltung und eine ganze Reihe von Ministern des Landes Thüringen teil. Die von Hugo Schrade mitgeteilten Erfolgsziffern waren »nicht frisiert«, wie er versicherte. Sie sollten »keine Propaganda sein, sondern einzig und allein ein Rechenschaftsbericht ... für unsere Betriebsangehörigen«:

> Die niedrigste Zahl an Beschäftigten war bei Zeiss am 30. April 1947 mit 4945 Personen und betrug am 24. November 6233 Personen, gleichbedeutend einer Steigerung um 26% oder 50% höher als geplant ...
> Wir haben 20000 qm Fläche bekommen, die nicht demontiert wurde. Bis heute sind nutzbar gemacht 70000 qm, das sind 70% der Fläche des Hauptwerkes ...
> Im Oktober 1946, also zu Beginn der Demontage ... hatten wir eine Gesamtzahl an Fertigungsstunden für die Geräte von 532000. Wir haben heute wieder 150000 reine Gerätefertigungsstunden monatlich erreicht ... An der Spitze steht die Abteilung Foto-Kino ... mit 105% der Leistung vor der Demontage ... Auch die anderen Abteilungen sind nachgekommen: die Mikroabteilung mit ... 20%, die Feinmeß-Abteilungen etwa 13%, Med und Ophthalmo mit 25%, Feldstecher mit 12% und die Brillenfertigung mit 20% der Vordemontage-Leistung. Auch die restlichen Abteilungen Mess, Geo, Astro sind wieder angelaufen.[26]

Die Betriebsversammlung am 5. Dezember 1947 war ein Ersatz für die ausgefallene Jahrhundertfeier. Nach dem Schock der Demontage ging es darum, bei den Mitarbeitern das verlorene Vertrauen neu zu gewinnen. Der Wiederaufbau war in der Tat eine beeindruckende Leistung.

Nicht laut sprechen freilich durfte man von gewissen Ereignissen während der Demontage. Bei Zeiss und Schott hatten beherzte Mitarbeiter wertvolle Werkzeuge und Maschinenteile beiseite geschafft, die sich jetzt als außerordentlich nützlich erwiesen. Die spontane Aktion war aber nicht unbemerkt geblieben. Reichlich willkürlich hatten die Russen in beiden Betrieben zwölf Mitarbeiter verhaftet und durch Militärgerichte zu acht bis zwölf Jahren Gefängnis verurteilt. Der Geschäftsleitung gelang es nicht, den Unglücklichen zu helfen. Die meisten starben in den Haftanstalten der DDR. Nur von zwei Schott-Angehörigen erfuhr man später, daß sie freigekommen waren.

Schon seit Monaten aber ging eine neue Furcht um. Rigorose Ideologen wollten auch das Carl-Zeiss-Werk verstaatlichen. Zunächst war diese Absicht gescheitert. Im Werk hatte sich massiver Widerstand erhoben. »Die Gesamtbelegschaft«, hieß es in einem Memorandum vom Februar 1947, »ist einmütig der Ansicht, daß eine Umwandlung in landeseigene Betriebe den durch die Demontage stark erschütterten Stiftungsbetrieben die schwersten Nachteile bringen wird.«[27] Sogar der Landtag von Thüringen hatte sich mit dem Thema »Carl Zeiss« beschäftigt und am 25. März 1947 die Regierung in Weimar einstimmig aufgefordert, »dafür Sorge zu tragen, daß nach Freigabe durch die Besatzungsmacht die Firma Carl Zeiss in Jena mit ihren Nebenbetrieben in Gera und Saalfeld und die Firma Schott & Genossen ... als Stiftungsbetriebe der Carl-Zeiss-Stiftung ... zurückgegeben werden.«[28]

Die große Betriebsversammlung im Volkshaus am 5. Dezember 1947 war für den Betriebsratsvorsitzenden Otto Marquardt eine willkommene Gelegenheit, vor Partei- und Regierungsvertretern erneut für »die Erhaltung unserer bewährten Organisationsform« zu plädieren: »Die Stiftung darf nicht angetastet werden.«[29] Sogar die thüringische Volksbildungsministerin Dr. Marie Torhorst, der nach den §§ 5 und 113 des Statuts die Stiftungsverwaltung unterstellt war, versprach, »die treffliche Zeiss-Stiftung zu hüten«.[30]

Ein paar Wochen später gab der Vorsitzende der SED und spätere Ministerpräsident Otto Grotewohl eine ähnliche Versicherung ab. Das Mißtrauen blieb. Wie der Westberliner »Telegraf« meldete, war man in Jena außerordentlich skeptisch.

> Otto Grotewohl hatte der Jenaer Arbeiterschaft die feierliche Verpflichtung abgegeben, daß die Zeiss-Werke »niemals« volkseigene Betriebe werden würden. Nach den neuesten Ereignissen glauben die Zeiss-Arbeiter jedoch von dieser Erklärung kaum mehr halten zu können, als von der ebenso feierlichen Versicherung Otto Grotewohls vor den Wahlen im Oktober 1946, daß eine Demontage nicht zu befürchten sei.[31]

Vom Februar bis April 1948 herrschte »Unruhe unter der Belegschaft«. Das räumt sogar die Geschichtsschreibung in der DDR ein. Besonders aufschlußreich ist dabei ein in »sozialistischer Gemeinschaftsarbeit« von »einem größeren Kollektiv« verfaßtes Buch über die Geschichte von Carl Zeiss Jena.[32] Im Vorwort heißt es, daß mit diesem Werk ein »Beschluß der Kreisleitung Jena-Stadt der Sozialistischen Einheitspartei Deutschlands« erfüllt werde.[33] Selbst aus dieser mit Absicht »parteilichen« Darstellung wird deutlich, daß sich die Zeissianer mit Mut und Entschlossenheit gegen die geplante Verstaatlichung zur Wehr setzten:

> Schomerus mißbrauchte die LDP-Betriebsgruppe, deren Redner auf den Versammlungen die Überführung in Volkseigentum ablehnten. Am 8. März überschwemmten sie das Werk mit einer Entschließung, in der die Überführung ... »mit Entrüstung« zurückgewiesen wurde ... Kennzeichnend ist, daß die Resolutionen vor allem aus den Büros und Abteilungen der Verwaltung und des Vertriebs stammten. Ihr Tenor war durchweg, daß eine Änderung der Eigentumsform des Werkes einer schweren, wenn nicht vollkommenen Zerstörung der Weltgeltung des Zeiss-Werkes gleichkommen werde.[34]

Aller Protest war vergebens. Auf Befehl der Sowjetischen Militäradministration wurden nach einer von der Deutschen Wirtschaftskommission (DWK) in Ostberlin vorgelegten Liste die »Betriebe der Monopolisten und anderer Kriegs- und Naziverbrecher« enteignet und in sogenanntes »Volkseigentum« übergeführt. Zu dieser Kategorie zählte die DWK auch die Jenaer Stiftungsbetriebe. Der »Telegraf« in Westberlin hatte wohl recht: Weil die bei der »Remontage«, dem zweiten Wiederaufbau nach 1945, erneut bewiesene Initiative und Elastizität der Zeiss-Werke den Wunsch der SED geweckt hatte, sie »dem bürokratischen Apparat der volkseigenen Betriebe einzuverleiben«, mußte Ernst Abbe, »der Pionier der fortschrittlichen Sozialpolitik, der sich im Hohenzollernreich bereits seine Sporen verdient« hatte, als Kriegs- und Naziverbrecher diffamiert werden.[35]

Der Enteignungsbefehl trat am 1. Juni 1948 in Kraft. Drei Wochen später kam es in den drei westlichen Besatzungszonen zur lange vorbereiteten Währungsreform. Am 24. Juni begann die Berliner Blockade.

Alle aber, die sich für die Erhaltung des Stiftungsstatuts eingesetzt hatten, spürten die Rache der Partei. Gegen Friedrich Schomerus begann eine Pressekampagne, und er wurde aufgefordert, wie er es schon einmal 1933 erlebt hatte, seinen Abschied zu nehmen: Er sei ein »Hemmschuh« bei der Erfüllung der »Aufgaben der Gegenwart«[36]. Otto Marquardt wurde im September 1948 aus der SED ausgeschlossen, worauf er, wie die Parteizeitung »Thüringer Volk« behauptete, »seine Koffer packen und nach dem Westen abreisen wollte«[37]. Zwischen den Zeilen liest man, daß er verhaftet worden ist.

Viertes Kapitel

EIN WERK WÄCHST AUS DEM WIESENTAL

Aus Anlaß des Jahrhundert-Jubiläums hatten Carl Zeiss (Jena) und Carl Zeiss (Oberkochen) Glückwunschtelegramme »im Bewußtsein fester Verbundenheit aller echten Zeissianer« gewechselt. Wie die Dinge lagen, implizierte die in Oberkochen empfundene »Treue zum Stammhause«[1] die Gefahr, daß man zum Sklaven kommunistischer Politik gemacht wurde. Zum Glück hatte Ernst Abbe Maßstäbe gesetzt. Die Loyalität in Oberkochen mußte dort ihr Ende finden, wo man in Jena unter Druck der Besatzungsmacht und der Ideologen im eigenen Land nicht mehr im Geiste Abbes dachte und handelte, sondern Marx, Lenin und Stalin zu neuen Leitbildern machte.

Den Widerstand gegen die Enteignung der Stiftungsbetriebe in Jena hatte die SED mit harten Mitteln gebrochen, mit Drohungen und Diffamierungen, Entlassungen und Verhaftungen. Die große Aufgabe, das Erbe Abbes zu bewahren und weiter zu entwickeln, lag nun bei den Zeissianern in Oberkochen. »Wenn man ihm seine Jenaische Heimstätte raubt, werden wir ihm hier eine neue Heimstätte geben«, hatte Dr. Norbert Günther schon bei der Oberkochener Jahrhundertfeier im November 1946 versprochen[2], und in diesem Punkte dachte wohl jeder Mitarbeiter wie der Betriebsratsvorsitzende.

Aus der kleinen Produktionsstätte in Oberkochen (mit 1000 Mitarbeitern im August 1948) mußte ein »echtes Zeiss-Werk« werden, das die in Jena gewaltsam abgebrochene Tradition fortsetzte. Dieser Vorsatz hatte Konsequenzen: wissenschaftliche, technische, finanzielle, soziale und juristische. Man mußte

- in Forschung und Entwicklung wieder die führende Stellung in der Welt gewinnen,
- in gewohnter Zeiss-Qualität produzieren und eine breite Palette von Produkten anbieten,

- die Mittel für die notwendigen Investitionen aufbringen,
- neben den Evakuierten auch den ständig neu hinzukommenden Flüchtlingen Arbeit und Heimat geben,
- die im Stiftungsstatut vorgesehenen Sozialleistungen sobald wie möglich wieder einführen
- und schließlich die Aufbauleistung rechtlich absichern.

Ein Versagen in nur einem dieser Punkte konnte das Ende bedeuten. Jeder Mitarbeiter wußte, daß eine gute Leistung wie zu gewöhnlichen Zeiten jetzt nicht genügte; alle mußten sie ihr Bestes geben.
Was Forschung und Entwicklung betraf, so lag hier seit jeher die besondere Stärke von Carl Zeiss. An der Spitze des Werkes hatten immer bedeutende Gelehrte gestanden – Abbe, Czapski, Straubel, Bauersfeld – und von ihnen waren begabte junge Physiker und Ingenieure nach Jena geholt worden. Auf dieser bewußten Nachwuchspflege beruhte die Weltstellung des Werkes.
Bei ihrem Fischzug in Jena hatten die Amerikaner die besten Wissenschaftler und Konstrukteure ausgesucht. Wohl alle besaßen sie in diesen ersten Nachkriegsjahren den Willen, die wissenschaftliche Spitzenstellung in der technischen Optik nicht preiszugeben.
Dieser Wille kam in der Gründung der Zeitschrift »Optik« zum Ausdruck. Bereits im Juli 1946 erschien Heft 1 der neuen, von Fritz Gößler und Norbert Günther herausgegebenen Fachzeitschrift »für das gesamte Gebiet der wissenschaftlichen und angewandten Optik«. Bei den ersten Beiträgen handelte es sich häufig um experimentelle Arbeiten, die in den Kriegsjahren entstanden waren und nicht mehr veröffentlicht werden konnten. Beispiele sind die im Physikalischen Institut der Technischen Hochschule Danzig ausgeführten Untersuchungen zur Elektronenbeugung von Gottfried Möllenstedt und die im Zeiss-Werk entstandene Studie über »Neue Spektrographen für die spektrochemische Analyse« von Fritz Gößler. Für die Leser wichtig waren auch die Referate über die im »Journal of the Optical Society of America« erschienenen Beiträge, weil sie halfen, den »Anschluß an den augenblicklichen Stand der Erkenntnis auf unserem Wissensgebiet« wiederzugewinnen.
Auch hier drängte sich der Vergleich mit Jena auf. Es waren in der

alten Heimat bedeutende Gelehrte zurückgeblieben. Dazu gehörte der 69jährige Hans Boegehold, der Leiter des Mikrorechenbüros, der 77jährige Hans Harting, der bei Kriegsende schon in Pension war, aber erneut die Leitung der Forschung und Entwicklung übernahm, und der 71jährige Fritz Löwe, der Leiter der optischen Meßabteilung.[3] Die Jenaer Gelehrten planten, eine wissenschaftliche Aufsatzreihe herauszugeben; das Vorhaben wurde jedoch von der sowjetischen Militäradministration kurzerhand verboten. Die kapitalistischen Länder brauchen, so hieß es, »den wissenschaftlichen Fortschritt in der Ostzone nicht im einzelnen kennenzulernen«.[4]

In Oberkochen hielt man sich an das schon von Abbe praktizierte Verfahren: Ergebnisse von grundsätzlicher Bedeutung werden publiziert. So schrieb in Band 1 der neuen Zeitschrift »Optik« Gerhard Hansen über »Photometrische Aufgaben bei optischen Instrumenten«, in Band 2 Kurt Räntsch über »Die Unsauberkeitstoleranzen bei der optischen Fertigung«, in Band 3 Norbert Günther über »Refraktionsuntersuchungen mit dem Mach-Zehnder-Interferometer« und in Band 4 Hans Littmann »Zur Theorie der Skiaskopie«.[5] Insgesamt finden sich in diesen ersten vier Bänden 44 Arbeiten der Oberkochener Mitarbeiter.[6]

Forschung in der Industrie kann nicht l'art pour l'art erfolgen. Der Sinn der wissenschaftlichen Arbeit liegt in der Entwicklung neuer Produkte.

Brillengläser waren zunächst das wichtigste. Schon 1945 hatte Dr. Wolfgang Roos mit der Neuberechnung der Punktal Gläser begonnen. Jede Linsenstärke erforderte eine eigene Rechnung, weshalb sich die Arbeit über Jahre hinzog. Im Jahre 1953 umfaßte das Lieferprogramm bereits etwa 21000 verschiedene Punktal Gläser und etwa ebenso viele Tangal und Duopal Gläser.[7]

Auch wenn wir es damals an uns selbst erlebt haben: Heute mögen wir es kaum mehr für wahr halten, daß wir damals fast alle von dem geradezu übermächtigen Wunsch erfüllt waren, endlich wieder eine schöne neue Uhr, einen Radioapparat, eine Kamera zu besitzen. Lange Jahre hatte es keine Waren mehr gegeben, und die Nachfrage war ungeheuer.

Die Photoabteilung hat der Versuchung widerstanden, in der Qualität Konzessionen zu machen, um den Ausstoß zu erhöhen. Oberstes Prinzip war, »nur solche Objektive auf den Markt zu bringen, die mindestens der Jenaer Vorkriegsausführung ebenbürtig sind«.

> Hinsichtlich der Errechnung und Prüfung waren die Voraussetzungen von vornherein dadurch gegeben, daß die verantwortlichen Wissenschaftler in den Rechenbüros und in der Zentralen Prüfabteilung die gleichen waren wie auch schon in Jena. Dadurch war die Gewähr gegeben, daß nicht nur die angewendeten Arbeitsmethoden und Prüfverfahren, sondern auch personell der Maßstab für die Beurteilung unverändert der gleiche war ...
> Der Umstand, praktisch aus dem Nichts heraus und ohne Bindung an vorhandene alte Fertigungsmethoden und -einrichtungen eine Fabrikation aufbauen zu können, erwies sich bald als ein entscheidender Vorteil, da damit der Weg frei wurde für neue, verbesserte Verfahren und Einrichtungen, die im Rahmen einer sorgfältigen und umsichtigen Planung zur Erzielung höchster Präzision eingeführt werden konnten.[8]

Zu den Brillengläsern der Marken Punktal, Tangal und Duopal und den Kamera-Objektiven der Marke Tessar kamen bald Hand-Zuckerrefraktometer hinzu, Abbe-Refraktometer und Stereomikroskope. Bei der Carl Zeiss Inc. New York traf das erste Hand-Zuckerrefraktometer aus Oberkochen am 10. Dezember 1949 ein, am 4. Januar 1950 folgten drei weitere. Am 23. Januar 1949 wurde Professor Bauersfeld in einer kleinen Feier als Geschenk zum 70. Geburtstag das erste Zeiss-Opton-Stereomikroskop übergeben.

Produzieren also konnte man. Aber war die neue Fabrik auch konkurrenzfähig?

Schon im September 1945 hatte sich Heinz Küppenbender eingehend mit der Rentabilität des geplanten Unternehmens beschäftigt. Die nötige Muße war ihm, wie er ironisch sagte, durch die »kostenlose Gastfreundschaft« der Amerikaner geschenkt worden, als er ein halbes Jahr im Interrogation-Camp »the dustbin« zubrachte.

Im Normalfall bestimmt das vorhandene Kapital oder der Markt die Größe einer Fabrik. Es entsprach der Tradition von Zeiss, daß die Wissenschaftler den Ausgangspunkt der betriebswirtschaftlichen Überlegungen bildeten. Zwar wußte Küppenbender im September 1945 noch nicht, ob es gelingen würde, die Gruppe zusammenzuhalten: Eine Verpflichtung nach Amerika wie die Rückkehr nach Jena lag im Bereich des Möglichen. Trotzdem legte Küppenbender die Zahl der Wissenschaftler seinen Rechnungen zugrunde. Damit ließ sich die Größe der benötigten Laboratorien, Konstruktionsbüros und Versuchswerkstätten bestimmen und schließlich auch die Zahl der technischen und kaufmännischen Mitarbeiter.

> Hierdurch zeigte sich, daß die Rentabilität des Unternehmens erst als gesichert angesehen werden kann, wenn die Gesamtbelegschaft mindestens 2500 Personen beträgt und außerdem die Phase des Anlernens neuer Arbeitskräfte und des allgemeinen Anlaufes überwunden ist. Eine vorsorgliche Analyse der Zusammensetzung der eigentlichen Betriebsbelegschaft ergab weiter, daß als Garantie für eine Fertigung in Zeiss-Qualität ein vorwiegend aus Meistern, Vorarbeitern und Spezialmechanikern bestehendes Unterführerkorps von rund 600 Personen ... zusätzlich erforderlich sein würde.[9]

Im Fehlen dieser Facharbeiter lag ein bedenklicher Engpaß, und die Geschäftsleitung bemühte sich beim Wirtschaftsministerium um eine Ausbildungsbeihilfe. Sogar der Ministerrat in Stuttgart beschäftigte sich mit der Ansiedlung von Carl Zeiss, und der Vertreter des Wirtschaftsministeriums erklärte, daß für die dortige Gegend die optische Industrie dringend benötigt werde. Er befürwortete aus dem Fonds der Gewerbeförderung einen Zuschuß von insgesamt 800000 RM in vier gleichen Jahresraten.[10]

Das Problem löste sich auf andere Weise. Durch die politischen Ereignisse in der Ostzone wurden Hunderte von qualifizierten Facharbeitern aus Jena vertrieben, und diese konnten sofort in Oberkochen dort weiterarbeiten, wo sie ein paar Wochen zuvor in Jena aufgehört hatten.

Der Aufbau blieb, wie Küppenbender gesagt hat, ein »Ritt über den Bodensee«. Es brauchte schon gute Nerven, um Jahr für Jahr neue Verluste hinzunehmen, selbst wenn sich dabei nur die Vorausberechnungen bestätigten. Erst Mitte 1952, ein halbes Jahr später als erwartet, übertraf der Ertrag den Aufwand. Das auf 3000 Mitarbeiter angewachsene Unternehmen hatte endlich die Zone der Rentabilität erreicht.[11]

Für das Unternehmen im Aufbau war also die Geldbeschaffung eine Existenzfrage.

Dr. Adolf Hofem, der Chef des Rechnungswesens, der 1937 in die Firma eingetreten war, hatte in Jena nur Überliquidität gekannt und die hohen Überschüsse regelmäßig zinsbringend angelegt. Jetzt ging es darum, selbst Kredite zu erhalten. Aber war die Firma überhaupt kreditwürdig?

Es bewährten sich nun die seit der Vorkriegszeit bestehenden freundschaftlichen Verbindungen zur Deutschen Bank. In der Zeiss Ikon AG hatten seit 1939 Paul Henrichs und Heinz Küppenbender gemeinsam mit Hermann J. Abs den Aufsichtsrat gebildet, und die Zusammenarbeit der drei Männer setzte sich im Aufsichtsrat der in Stuttgart neugegründeten Zeiss Ikon AG fort.

Nach dem Zweiten Weltkrieg erreichte Hermann J. Abs eine Führungsposition im deutschen Bankwesen und spielte eine wichtige Rolle beim Wiederaufbau der Industrie. Er brachte, wie die »Stuttgarter Zeitung« schrieb, auch in kritischen Zeiten dem Unternehmen ein »ungewöhnliches Maß an Vertrauen« entgegen. Kredite wurden gewährt, so hat Paul Henrichs dankbar anerkannt, »ohne immer die Grundsätze der klassischen Deckungspolitik einer Bank im vollen Umfang berücksichtigen zu können: Die Kredite waren wirklich eine Zahlung auf das Vertrauen zu meinen Kollegen und mir.«[12]

Um der Deutschen Bank nicht das Risiko allein aufzubürden, mußten weitere Geldgeber gefunden werden. Die Kreditsumme stieg von 4,8 Millionen im Jahre 1949 bis auf 24,6 Millionen 1952. Dazu kam im Jahre 1952 ein Staatskredit des Landes Baden-Württemberg von 1,5 Millionen.

Das große Problem waren die geforderten Sicherheiten. Die Prüfungen durch die Gläubiger verliefen, wie Dr. Hofem berichtete, »strapaziös«. Das Land Baden-Württemberg übernahm eine Ausfallbürgschaft von 13,7 Millionen; die Voigtländer-, Hensoldt- und Zeiss Ikon-Aktien mußten bei den Banken hinterlegt und alles, was man sonst besaß, verpfändet werden: Grundstücke, Gebäude, Maschinen und zeitweise sogar die Forderungen an die Kunden.

Jedes nur denkbare Finanzierungsinstrument kam zur Anwendung: Für Lieferungen wurden Wechsel gegeben, und die Kunden mußte man bitten, Vorauszahlungen zu leisten.

In dieser Situation erschien als Rettungsanker die Realisierung der

Forderungen, die Carl Zeiss immer noch gegenüber der Militärregierung besaß. Die Requisitionsscheine für die seinerzeit in Jena als »Kriegsbeute« beschlagnahmten Geräte aus der laufenden Produktion in Höhe von 13,1 Millionen RM allerdings waren inzwischen eingelöst. Die letzte Rate von 5,1 Millionen hatten sie übrigens erst einen Tag vor der Währungsreform erhalten, weil vom Amt für Besatzungsleistungen immer neue Nachweise verlangt worden waren. Diese fünf Millionen verfielen der gesetzlichen Abwertung auf 5 Prozent.

Es blieben die Ansprüche für die Laboreinrichtungen und Werkzeichnungen, die von den Amerikanern in 14 Lastwagen abtransportiert worden waren und die als Arbeitsmittel beim Wiederaufbau hatten dienen sollen. Im Juni 1948 erhielten sie von dem amerikanischen Luftwaffenmajor George W. Hayes die willkommene Nachricht, daß man die Laborgeräte und Zeichnungen als verloren betrachten müsse. Das erlaubte nunmehr, die entsprechende Schadenersatzforderung geltend zu machen. Dieser »Claim«, zu deutsch Anspruch oder Besitztitel, beschäftigte die Finanzabteilung bis 1956, als die letzte Rate einging, und weiter bis zum Jahre 1962, als von der Oberfinanzdirektion Stuttgart endlich die Steuerfreiheit festgestellt wurde.

Insgesamt flossen der Firma 23,1 Millionen DM zu. Besonders wichtig waren dabei die 16,3 Millionen, die in den ersten Aufbaujahren gezahlt wurden. Dabei handelte es sich um:

1,5	Millionen DM am	27. 5. 1949	(Laborgeräte)
6	Millionen DM am	7. 8. 1952	(Zeichnungen, 1. Rate)
4	Millionen DM am	28. 10. 1952	(Zeichnungen, 2. Rate)
3	Millionen DM am	16. 12. 1952	(Zeichnungen, 3. Rate)
1,8	Millionen DM am	26. 3. 1953	(Zeichnungen, 4. Rate)

Auf Anregung von Adolf Hofem hat später Ulrich Kühn die »Geschichte des Claim« dargestellt: Fast unglaublich die große Zahl von amerikanischen und deutschen Dienststellen, die mit der Angelegenheit befaßt gewesen sind, zuletzt noch der Bundesrechnungshof; fast unglaublich ihr Einfallsreichtum, wenn es darum ging, Forderungen abzuweisen oder wenigstens im Verhältnis 20:1 abzuwerten; fast unglaublich aber auch die Zähigkeit, mit der Heinz Küppenbender und die Finanzabteilung den Standpunkt der Firma vertreten und durchgesetzt haben. Ohne diesen Erfolg hätte es leicht zum Kollaps kommen können.

Weltruf hatte das Zeiss-Werk früher durch seine Neuentwicklungen und die hohe Qualität seiner Erzeugnisse besessen, und ebenso durch seine sozialpolitischen Leistungen. Für politisch bewußte Menschen mochte diese Seite sogar mehr zählen als alles andere. Wie stand es damit in Oberkochen?

In den ersten Aufbaujahren lag die Hauptleistung des neuen Werkes vor allem darin, den Heimatvertriebenen, Flüchtlingen und heimgekehrten Kriegsgefangenen Arbeit und Brot zu geben. Während der Demontage in Jena von Oktober 1946 bis März 1947 und abermals nach der Enteignung im Juni 1948 stieg die Zahl der Flüchtlinge sprunghaft. Die Geschäftsleitung beschaffte Feldbetten aus den Beständen der amerikanischen Armee. »Zwischen den Maschinen im Werk brachten wir ungefähr 100 Menschen unter«, berichtete Heinz Küppenbender, »für die übrigen fanden wir Unterkunft im Reichsarbeitsdienst-Lager, wo sich acht oder zehn große Baracken befanden.«*

Im Prozeß, den Carl Zeiss Oberkochen später in den sechziger Jahren vor dem District Court in New York gegen den Volkseigenen Betrieb in Jena führte, stellte sich immer wieder heraus, daß die Amerikaner recht ahnungslos waren, was die damaligen Verhältnisse in Deutschland anging. So sagte Küppenbender während der Vernehmung:

> Ich weiß nicht, ob Sie sich vorstellen können, was es heißt, wenn Sie eine Fabrik für einige hundert Leute haben, und dann plötzlich dreimal so viele vor Ihrer Tür stehen, für die Sie keine Maschinen, Ausrüstungen, Zeichnungen und Arbeit finden können. Das ist eine Aufgabe, die den Verantwortlichen von morgens bis abends in Atem hält.[13]

Den größten Ansturm gab es im Juli und August 1948 nach der Enteignung der Stiftungsbetriebe in Jena. Die Flüchtlinge, die mit

* Diese aus dem Gedächtnis angegebenen Zahlen können anhand der Werkzeitung korrigiert werden. Auf dem Stürzel oberhalb von Königsbronn standen fünfzehn Holzbauten und einige noch nicht ganz rohbaufertige Steinbaracken. Diese wurden 1948/49 fertiggestellt. Auf Wunsch der Gemeinde Königsbronn erwarb Carl Zeiss das ganze Areal, und hier entstand schließlich die »Waldsiedlung«.

einem Rucksack herüberkamen, beschäftigte man gerne; es waren alte Zeissianer, die etwas konnten. Die Währungsreform am 20. Juni mobilisierte aber auch Zeitgenossen, die seit Kriegsende nicht mehr an ordentliche Arbeit gedacht hatten. Im Betriebsrat gab Heinz Martin die Devise aus: »Jetzt wird gesiebt. Wir wollen keine Schwarzhändler!«[14]

Eines der drängendsten sozialen Probleme in der Nachkriegszeit war die Wohnungsnot. Sozusagen vom ersten Tage an mußte sich die Geschäftsleitung mit diesem Problem herumschlagen.

Bis zur Währungsreform konnte es nur darum gehen, Notquartiere zu beschaffen. Zu den 15 Holzbaracken auf dem Stürzel oberhalb von Königsbronn kamen 1947 zwei Holzbauten, die auf dem Werksgelände errichtet wurden, und 1948 vier weitere.

Im März 1948 ging die Aufgabe auf die Abteilung Wohnungswesen über. Der Werkswohnungsausschuß wurde gebildet und paritätisch von der Geschäftsleitung und vom Betriebsrat besetzt: Bei der Zuweisung von Wohnungen mußten die sozialen und die betrieblichen Belange berücksichtigt werden.[15]

Die Bautätigkeit konzentrierte sich zunächst fast ganz auf Mietwohnungen. Die Firma arbeitete mit gemeinnützigen Wohnungsbaugesellschaften und beteiligte sich mit ungefähr einem Viertel der Baukosten. Bis Ende 1953 waren es 1035 Wohnungen, die von Carl Zeiss mitfinanziert wurden; dafür aufgewandt hatte die Firma 2613000 DM.* Für die damalige Zeit waren diese 2,6 Millionen ein hoher Betrag, und man kann diese Leistung noch viel besser würdigen, wenn man an die schwierige finanzielle Lage denkt, in der sich Carl Zeiss damals befand.

Im Jahre 1896 hatte Ernst Abbe das berühmte Stiftungsstatut in Kraft gesetzt, das wie eine Verfassung im Staat die Rechte der Mitarbeiter im Betrieb sicherte. Die in Oberkochen gegründete Firma »Opton« (seit März 1947 »Zeiss-Opton«) war aber im juristischen Sinne kein Stiftungsbetrieb, und folglich hatte auch das Statut keine Rechtskraft.

* Bis Ende 1988 waren es insgesamt 3000 Wohnungen, die gefördert wurden, davon 2200 Mietwohnungen und 800 Eigenheime.

Trotzdem fühlten sich Geschäftsleitung und Betriebsrat an die Bestimmungen des Statuts gebunden und handelten, wenn es die wirtschaftliche Lage irgendwie zuließ, im Sinne des Stifters. 1951 sprach der Betriebsratsvorsitzende Norbert Günther in der Werkzeitung die Überzeugung aus, »daß der soziale Aufstieg mit dem wirtschaftlichen Aufstieg unserer Firma Schritt hält« und daß einmal wieder erreicht wird, »was Ernst Abbe in einer glücklichen Zeit« schon verwirklicht hatte.[16]

In diesem Jahr 1951 gab es bei durchschnittlich 2500 Mitarbeitern noch einen Verlust von 1000 DM pro Kopf. Im ganzen aber sah es nicht schlecht aus. Alle Beteiligten nahmen sich vor, so bald als irgend möglich die alten Stiftungsrechte wieder einzuführen.

Der wirtschaftliche Aufstieg zeigte sich auch an den vielen neuen Gebäuden auf dem Werksgelände. Zu dem von der Firma Fritz Leitz übernommenen Komplex war schon 1950 ein neues großes Fabrikgebäude gekommen, und Zeiss besaß nun eine Fertigungsfläche von etwa 10000 qm. Von 1952 an folgten im Abstand weniger Jahre weitere, meist fünfstöckige und hauptsächlich für die Fertigung bestimmte Neubauten.

Um den Mitarbeitern klarzumachen, daß es auch auf seinem Gebiet erfolgreich voranging, wählte der Syndikus Walter David für seinen Aufsatz in der Werkzeitschrift den Titel »Das Recht baut mit in Oberkochen«. Blickfang war eine Photographie des langgestreckten Gebäudes 10, das damals im Jahr 1954 fertiggestellt wurde und 8500 qm Fabrikationsfläche brachte.[17]

Die entschädigungslose Enteignung der Stiftungsbetriebe in Jena hatte rechtlich eine ganz neue Situation geschaffen. Es stellten sich nun in Oberkochen grundsätzliche Fragen: Hat die Enteignung auch Gültigkeit für das außerhalb der sowjetisch besetzten Zone gelegene Vermögen? Die Antwort der Juristen war: »Nein. Eine Enteignung kann ein Staat oder eine Besatzungsmacht immer nur innerhalb des eigenen Gebietes vornehmen.«[18] Wem gehört dann das in Westdeutschland gelegene Vermögen der enteigneten Stiftungsbetriebe? Die Juristen sagten: Weiterhin der Carl-Zeiss-Stiftung. Nach Prüfung der Rechtslage mußte man davon ausgehen, daß die Stiftung in Jena untergegangen oder zumindest funktionsunfähig geworden war. Da die Carl-

Zeiss-Stiftung jedoch Rechtspersönlichkeit im gesamten Deutschen Reich besaß und die ostdeutschen Enteignungen hier keine Wirkung hatten, bestand die Stiftung in Westdeutschland rechtsidentisch fort.[19] Damit wurde der § 114 des Statuts wirksam, den Ernst Abbe für den Notfall vorbereitet hatte:

> Sollte zu irgendeiner Zeit eine den Bestimmungen … dieses Statuts entsprechende Stiftungsverwaltung nicht bestehen, so soll bis zur Neukonstituierung einer solchen die Vertretung und die Verwaltung der Carl-Zeiss-Stiftung ohne weiteres auf die jeweils in Funktion stehende Geschäftsleitung der Optischen Werkstätte … übergehen.
> Diese Geschäftsleitung soll alsdann kraft dieses Statuts verpflichtet und legitimiert sein, sofort beim Eintritt gedachten Falls … alle Vermögensobjekte der Stiftung in eigene Verwahrung und Verwaltung zu nehmen.[20]

Der § 114 gab der Geschäftsleitung nicht nur die Legitimation, sondern legte ihr die Pflicht auf zu handeln. Als provisorische Stiftungsverwaltung stellte sie am 30. Juli 1948 an die Regierung von Württemberg-Baden den Antrag, Heidenheim an der Brenz zum Rechtssitz der Carl-Zeiss-Stiftung zu erheben. Die Regierung entsprach durch Verfügung vom 23. Februar 1949 diesem Ersuchen.

Um die gleichen rechtlichen Verhältnisse zu schaffen, wie sie seit Abbes Zeiten bis 1948 in Jena bestanden hatten, mußte noch der Sitz des Stiftungsbetriebes Carl Zeiss in die Bundesrepublik verlegt werden. Am 15. Januar 1951 wurde die Firma Carl Zeiss in das Handelsregister des Amtsgerichts Heidenheim eingetragen. Die Firma widmete sich zunächst dem Vertrieb; mit Wirkung vom 1. Oktober 1953 übernahm sie alle Aktiva und Passiva der Zeiss-Opton GmbH.[21]

Analog war der Vorgang beim Glaswerk Schott & Genossen. Am 1. November 1952 hat der zweite Stiftungsbetrieb seinen Rechtssitz in Mainz errichtet.

Damit waren alle notwendigen Schritte vollzogen, um nach der Enteignung in der sowjetisch besetzten Zone die Carl-Zeiss-Stiftung und die Stiftungsbetriebe in Westdeutschland rechtsidentisch fortzusetzen.

Fünftes Kapitel

DIE POLITIK IST DAS SCHICKSAL

Die Machthaber in der sowjetisch besetzten Zone (SBZ) und späteren Deutschen Demokratischen Republik verfolgten das Ziel, eine Wirtschafts- und Gesellschaftsordnung nach sowjetischem Vorbild zu errichten. Unterschiedslos wurden alle großen Industriebetriebe verstaatlicht. Obwohl die Belegschaft gegen die Enteignung heftigen Widerstand leistete und berühmte Professoren die Jenaer Stiftungsbetriebe als nachahmenswertes Musterbeispiel für einen »freien Sozialismus«[1] rühmten, gab es für die Zeiss-Werke keine Ausnahme.

Die Überführung in sogenanntes »Eigentum des Volkes« bedeutete, daß die bisher frei verantwortliche Geschäftsleitung zu einem ausführenden Organ des vorgesetzten »Ministeriums für Maschinenbau, Feinmechanik und Optik« gemacht wurde. Das Stiftungsstatut, einstmals die Verfassung der Zeiss-Werke, das Rechte und Pflichten der Mitarbeiter regelte, war in großen Teilen gegenstandslos geworden, und ob der Rest noch gelten sollte, hing allein vom Willen des Staates ab.

Am 16. Juni 1948 gab die Deutsche Wirtschaftskommission (der Vorläufer der DDR-Regierung), den Auftrag zur »Neufassung des Statuts der Carl-Zeiss-Stiftung unter Berücksichtigung der inzwischen eingetretenen wirtschaftlichen und sozialen Veränderungen«[2]. Sollten sich die Mitarbeiter in Jena je Hoffnungen gemacht haben: Sie wurden enttäuscht. Von einem Ergebnis hörte man nie etwas. Bis heute gibt es kein solches Statut. Möglicherweise war sich die Deutsche Wirtschaftskommission von Anfang an darüber klar, daß dieser Auftrag überhaupt unausführbar war, und der Beschluß diente nur dazu, für eine spätere juristische Auseinandersetzung mit der »westlichen Zeiss-Gruppe« die Fiktion einer funktionsfähigen Stiftung aufrechtzuerhalten.

Im »Übergang zum Sozialismus«, wie die gesellschaftspolitische und wirtschaftliche Umwälzung euphemistisch genannt wurde, war die Enteignung nur ein erster Schritt. Nach sowjetischem Vorbild stellte auch die DDR einen Fünfjahresplan auf, und Walter Ulbricht proklamierte den »Wettkampf der Systeme«: Die DDR werde ihre industrielle Entwicklung in einem Tempo vorantreiben, das »für kein kapitalistisches Land erreichbar« sei.[3]

Zur Durchsetzung der politischen und wirtschaftlichen Ziele wurden in den einzelnen Kombinaten sogenannte »Betriebskollektivverträge« abgeschlossen. Dabei handelte es sich hauptsächlich um eine Sammlung von Verpflichtungserklärungen der einzelnen »Arbeitsbrigaden«. Nicht vollständige Erfüllung konnte als »Sabotage« der volkseigenen Industrie verfolgt werden, und Sabotage galt nach der Wirtschafts-Strafverordnung der DDR als besonders schweres Verbrechen.[4] In den Sozialleistungen und der Rechtsstellung der Arbeiter gab es eine deutliche Verschlechterung gegenüber dem alten Abbeschen Stiftungsstatut.

Um die Zustimmung der Belegschaft vorzutäuschen, wurde wie in den anderen Volkseigenen Betrieben am 14. September 1951 eine »Delegiertenkonferenz« einberufen. Auf die Auswahl der Delegierten hatte die SED starken Einfluß genommen. Trotzdem lehnte die Konferenz den Betriebskollektivvertrag mit überwältigender Mehrheit ab.

Ganz offensichtlich fehlte den Mitarbeitern das »richtige Klassenbewußtsein«. Die SED konstatierte eine »jahrzehntelange ideologische und materielle Korruption der Jenaer Werktätigen«[5]. Das hieß aus der marxistischen Terminologie übersetzt: Seit den Zeiten Abbes fühlten sich die Arbeiter ernstgenommen als gleichberechtigte Partner in der Betriebsgemeinschaft. Wie eine »Magna Charta« garantierte das Stiftungsstatut ihre Rechte. »Herr Abbe wußte schon, was er tat«, konstatierte im Zorn der Kreissekretär der SED in Jena, »wenn er vor Jahrzehnten schrieb: ›Innerhalb unseres Betriebes gibt es keinen Klassenkampf‹«[6].

Um den angeblich gesetzmäßigen Sieg des Marxismus-Leninismus auch im Falle des Zeiss-Werkes herbeizuführen, mußte die SED alle ihre Machtmittel und Tricks gebrauchen. Schließlich kam der Stellvertreter des Ministerpräsidenten der DDR, Heinrich Rau, selbst nach Jena, und in seiner Anwesenheit stimmte endlich am 19. November 1951 eine neu zusammengesetzte Delegiertenkonferenz dem Abschluß des Betriebskollektivvertrages zu. 56 Mitarbeiter wagten es auch jetzt noch, an der Ablehnung festzuhalten.[7]

»Die Politik ist das Schicksal«, hat Napoleon einmal gesagt. Fürwahr wurde die Politik für so manchen Zeissianer zum Schicksal. Schon während der Demontage hatten durch ihr »antisowjetisches Verhalten« einige Mitarbeiter Freiheit und Leben verloren. Auch die weitere Entwicklung vom Stiftungsbetrieb zum staatlich gelenkten Kombinat war ein Leidensweg. Bei jedem Schritt sah sich die Staatsmacht gezwungen, den offenen und den versteckten Widerstand zu brechen. Viele Mitarbeiter rechneten ständig damit, daß nun auch gegen sie »Maßnahmen« ergriffen würden.

Zu einem neuen Schlag holte der Staatssicherheitsdienst am 23. März 1953 aus. Zwanzig Angestellte wurden unter der Beschuldigung verhaftet, sie hätten als Agenten der »alten reaktionären Geschäftsleitung« in Oberkochen das Ziel verfolgt, »die alte kapitalistische Ordnung im Zeiss-Jena-Werk wiederherzustellen«. Victor Sandmann und zwei anderen Mitarbeitern gelang im letzten Augenblick die Flucht.

Nach langen Untersuchungen erhielten die Angeklagten wegen »Spionage« und »Sabotage« langjährige Zuchthausstrafen. Zwei Mitarbeiter, der Hauptvertriebsleiter Dr. Friedrich Wönne und der Leiter der Materialbeschaffung Herbert Jahr, sind während der Haft verstorben.[8]

Die Parteihistoriker übernahmen die absurden Behauptungen des Generalstaatsanwaltes und schmähten in ihrer Geschichte des Volkseigenen Betriebes das Andenken dieser Männer, die – zum Vorteil von Jena und von Oberkochen – die Zusammenarbeit im alten Zeiss-Geist fortgesetzt hatten:

> Im Frühjahr 1953 fand die Sabotage der Gruppe Sandmann, Wönne, Schreiber, Birkenbeil und Konsorten ihr Ende. Jahrelang hatten sie versucht, die Entwicklung des Jenaer Zeiss-Betriebes zugunsten des Unternehmens in Heidenheim zu hemmen. Neben der Behinderung des Handels mit dem kapitalistischen Ausland geschah das vor allem durch den

> Diebstahl wichtiger Forschungs- und Entwicklungsergebnisse, die von Jena nach Heidenheim verschoben wurden, sowie durch die ... Abwerbung von Spezialisten.[9]

In Wahrheit waren die Forschungs- und Entwicklungsergebnisse regelmäßig zwischen Jena und Oberkochen ausgetauscht worden, und Kenner glauben sogar, daß dabei Jena mehr profitiert hat. Oberkochen war nun einmal der Kopf des Unternehmens. Auch »abgeworben« wurde niemand. Wenn sich Mitarbeiter von Zeiss entschlossen, die Heimat zu verlassen und in den Westen zu gehen, so geschah dies, weil ihnen die Herrschaft der SED im Land und im Werk zuwider war.

Was die Menschen von dem Regime hielten, zeigte sich drei Monate später. Auf die Nachricht von der Demonstration der Bauarbeiter in Ostberlin versammelte sich am 17. Juni 1953 kurz nach Betriebsbeginn die Belegschaft des Südwerkes. In improvisierten Ansprachen forderten die Arbeiter die Rücknahme der Normerhöhungen, den Rücktritt der Regierung und die Wiederherstellung des Abbeschen Stiftungsstatuts. Ebenso müsse die Bezeichnung »Volkseigener Betrieb« verschwinden.

Der eilends herbeigeholte Hauptwerksdirektor Hugo Schrade redete auf die Belegschaft ein. Ohne Erfolg. Eine Abstimmung wurde organisiert und einstimmig die Arbeitsniederlegung beschlossen. Dann marschierten die Streikenden zu den Schott-Werken, wo die SED-Betriebsgruppe vergeblich versuchte, die Arbeiter an der Solidarisierung zu hindern.

Inzwischen waren auch die Mitarbeiter des Hauptwerkes in den Streik getreten und hatten, wie ihre Kollegen im Südwerk, bei Schott und bei Jenapharm den Beschluß gefaßt, eine Protestversammlung auf dem Holzmarkt abzuhalten.

In zwei Marschsäulen zogen die Streikenden in das Stadtinnere. Kleine Geschäftsleute, die Belegschaften der Jenaer Klein- und Mittelbetriebe und viele Frauen schlossen sich an.

Um zehn Uhr waren etwa 15 000 Demonstranten auf dem Holzmarkt versammelt. In Sprechchören verlangte die Menge den Rücktritt der Regierung. Ein beherzter Arbeiter sprang auf einen Wagen und forderte, die Dienststellen der verhaßten Staatspartei und der staatlich

gelenkten Massenorganisationen zu besetzen und die politischen Gefangenen zu befreien. Noch während der Rede begannen die Demonstranten das FDGB-, das FDJ- und das SED-Haus zu stürmen, die Transparente herunterzureißen und Bilder aus den Fenstern zu werfen. Aus dem Stadtgefängnis wurden zwanzig politische Gefangene herausgeholt.
Um 13 Uhr kamen sowjetische Truppen. Als erstes sicherten sie das SED-Haus und die ehemaligen Stiftungsbetriebe Zeiss und Schott. Ein paar Stunden später begann mit einem großen Aufgebot von Soldaten und Panzern die Räumung des Platzes. »Die Bevölkerung leistete aber Widerstand«, berichtete ein Augenzeuge, »so daß durch die Besatzungsmacht noch größere Verstärkungen auf den Holzmarkt geworfen wurden«.

> Die Bevölkerung schob Straßenbahnen gegen die Panzer vor und sperrte die Straßen damit ab. Die Straßenbahnen wurden durch die Panzer an den Hauswänden zerquetscht.[10]

Der Kommandant der sowjetischen Garnison Jena-Stadt und Jena-Land erklärte den Ausnahmezustand. In der Nacht begannen die Verhaftungen. Der Schlosser Alfred Diener vom Südwerk des VEB Carl Zeiss wurde standrechtlich erschossen.
Es gehörte schon besonderer Mut dazu, den Widerstand auch jetzt noch fortzusetzen. Die Delegierten des VEB Optik Carl Zeiss, das heißt der Betriebsrat, forderten in einem Aufruf:

- die Aufhebung des Ausnahmezustandes,
- die Freilassung der Festgenommenen,
- die Beseitigung der Mißstände in den Gefängnissen und beim Staatssicherheitsdienst,
- ein einheitliches Deutschland durch freie und geheime Wahlen,
- Neuwahlen in den Gewerkschaften.[11]

Die Wiederherstellung des Stiftungsstatuts war nicht ausdrücklich angesprochen. Aus vielen übereinstimmenden Berichten von Flüchtlingen wissen wir aber: Seit die Jenaer Arbeiter die Stiftungsrechte verloren hatten, schätzten sie die von Ernst Abbe geschaffenen Einrichtungen noch höher als zuvor. Die schlechten Arbeitsbedingungen, die jetzt im Werk herrschten, und die seit Jahren praktizierte politische Unterdrückung waren geradezu das Gegenteil dessen, was Ernst Abbe gewollt hatte. Nicht nur die etwa 6000 alten Zeissianer, auch die jüngeren und neu eingetretenen Mitarbeiter besaßen, so berichtete ein Flüchtling, »eine positive Einstellung zur Zeiss-Stiftung«.

Die Funktionäre aber konstatierten, daß das Stiftungsstatut ihren Interessen »zutiefst feindlich« war. Als vordringlichste Aufgabe betrachtete es darum die SED, »die Zeiss-Legende zu zerschlagen«. Im Mai 1958 faßte die Kreisdelegiertenkonferenz die folgende Arbeitsentschließung:

> Den Werktätigen des VEB Carl Zeiss ist die Rolle des Betriebes im kapitalistischen und imperialistischen Deutschland besonders während der Vorbereitung der beiden Weltkriege zu enthüllen. Vor allem die These von der »besonderen Stellung« des Zeissbetriebes im imperialistischen Deutschland ist zu zerschlagen. Erst nach 1945 entwickelte sich das Zeiss-Werk zu einem sozialistischen Betrieb, in dem die Arbeiter, frei von Ausbeutung, für Frieden und Sozialismus, d. h. zum Wohle aller Werktätigen, produzieren.[12]

Der Erfüllung des Parteiauftrages diente eine von der »Abteilung Propaganda/Agitation« herausgegebene 64-Seiten Broschüre.[13] In diesem Pamphlet wurden Ernst Abbe, Friedrich Schomerus, Victor Sandmann und die Geschäftsleiter in Oberkochen mit einer Flut von Schmähungen eingedeckt. Als abgefeimte Kapitalisten und Betrüger hätten sie ihre Arbeiter jahrzehntelang bis zum letzten ausgebeutet und dabei von sozialer Sicherheit gefaselt.

Der gleiche Parteiauftrag führte ein »größeres Kollektiv von Historikern, Ökonomen, Parteiarbeitern und Mitarbeitern des Zeiss-Werkes in Jena« zusammen. Die Herren schrieben eine »Geschichte des Zeiss-Werkes von den Anfängen bis zur Gegenwart«. Es handelt sich um die schon mehrfach erwähnte, 1962 erschienene und 942 Seiten starke Darstellung »Carl Zeiss Jena – Einst und Jetzt«. Auf den Seiten 50 und 65 haben wir Kostproben zitiert. Das Werk ist, nach unserer Ansicht, von vornherein diskreditiert: Vier Jahre zuvor hatte die SED die Hauptergebnisse vorweg festgelegt.[14]

In einem wichtigen Punkt freilich wird man den Verfassern zustim-

men (wenn auch in anderem Sinne als von ihnen gemeint): Wie die DDR als »erster sozialistischer Staat auf deutschem Boden« ganz anders dastehe als das ehemalige Deutsche Reich, so verschieden sei auch der Volkseigene Betrieb vom alten Zeiss-Werk in Jena.
Bewußt wollte die DDR nicht Rechtsnachfolger des Deutschen Reiches sein. Was die Schöpfung Ernst Abbes betraf, nahm sie eine dialektische Haltung ein.
In der inneren Struktur des Zeiss-Werkes wurde radikal mit der Tradition gebrochen. Weil aber die 1889 errichtete Stiftung (die dieser inneren Struktur Gestalt verlieh) noch nennenswerte Aktiva besaß, war hier die DDR am Erbe interessiert. Diese Aktiva bestanden im sogenannten »Westvermögen« (von Funktionären auf 30 Millionen DM beziffert) und in den Namens- und Warenzeichenrechten.
Die Funktionäre behaupteten, daß die Enteignungen und alle gesellschaftlichen Umwälzungen die Carl-Zeiss-Stiftung unangetastet gelassen hätten. Von der in Jena fortbestehenden Stiftung seien den Volkseigenen Betrieben die Namens- und Warenzeichenrechte übertragen worden.[15]
Während der Antagonismus zwischen der Bundesrepublik und der DDR sich vor allem auf der politischen und diplomatischen Ebene geltend machte, waren die westdeutschen Stiftungsbetriebe und die Volkseigenen Betriebe in Jena Konkurrenten auf dem Weltmarkt. Jede Seite stellte sich auf den Standpunkt, nur sie sei berechtigt, den berühmten Namen Carl Zeiss und die eingeführten Warenzeichen zu verwenden.
In Oberkochen wollte man keine Auseinandersetzungen. Zum ersten fühlte man nach wie vor eine Verbundenheit mit dem Jenaer Betrieb und der dortigen Belegschaft. Zum zweiten war Carl Zeiss Oberkochen erst im Aufbau, und wenn sich die juristische Klärung hinzog (womit man rechnen mußte), konnte der Fall eintreten, daß man bereits *vor* der gerichtlichen Entscheidung aus wirtschaftlichen Gründen der Unterlegene war.[16]
Am 11. Februar 1950 schlugen die Geschäftsleiter in Oberkochen einen Lizenzvertrag über die Benutzung der Namens- und Warenzeichenrechte vor. Keine Reaktion. Auch ein zweiter Brief vom 3. Dezember 1951 blieb unbeantwortet.

Die Volkseigenen Betriebe in Jena hielten sich dennoch an das vorgeschlagene Abkommen. Ein Schreiben des Ministeriums für Maschinenbau, Feinmechanik und Optik in Ostberlin an den Jenaer Werkdirektor Dr. Hugo Schrade, das nur für den internen Gebrauch bestimmt war, aber trotzdem im Westen bekannt wurde, bestätigte die praktizierte »stillschweigende Duldung«. Die Begründung freilich ließ wenig Hoffnung für die Zukunft: Bei einer solchen stillschweigenden Zustimmung könne man, sobald die Zeit gekommen sei, unverzüglich anders vorgehen.[17]
Über die Vereinbarung gab es in der DDR bald Meinungsverschiedenheiten. Während der VEB in Jena daran festhalten wollte, steuerte der »Deutsche Innen- und Außenhandel« (DIA) einen härteren Kurs. Der DIA übernahm den Verkauf der im Jenaer Betrieb hergestellten Waren und hielt sich dabei nicht mehr an die bisherige Übereinkunft. Er begann in westlichen und neutralen Ländern die Erzeugnisse des VEB unter dem Namen Carl Zeiss anzubieten und die geschützten Warenzeichen zu benutzen.
Der Versuch, mit der staatlichen Handelsorganisation zu einer Vereinbarung zu gelangen, scheiterte. »Es bleibt uns nunmehr zum Schutze unserer Rechte nichts anderes übrig«, schrieben die Oberkochener am 12. Februar 1954 an den DIA nach Ostberlin, »als prozessual gegen jede rechtswidrige Fremdbenutzung unseres Namens CARL ZEISS sowie unserer Marken und Patente vorzugehen.«[18]
Gemäß dieser Ankündigung erwirkte Carl Zeiss Oberkochen gegen den DIA eine Reihe von einstweiligen Verfügungen.
Am 23. März 1954 kam es zur Konfrontation. Mit großem organisatorischem und propagandistischem Aufwand veranstaltete die DDR in Kairo ihre erste große Industrieausstellung im nicht-kommunistischen Ausland. Die SED verfolgte dabei politische und wirtschaftliche Ziele: Es ging darum, die DDR als gleichberechtigten deutschen Staat und als moderne Industrienation zu präsentieren.
Offiziell unterhielt Ägypten diplomatische Beziehungen nur zur Bundesrepublik, und so war bereits die Eröffnung durch den Staatspräsidenten General Nagib ein großer Erfolg für die DDR. Die Menschen strömten in Scharen zur Ausstellung; sie waren von den riesigen Baukranen, Turbinen und Diesellokomotiven sichtlich beein-

druckt. Im Hauptpavillon präsentierten die Volkseigenen Betriebe in Jena »deutsche Wertarbeit«[19].

Carl Zeiss Oberkochen hatte von dem zuständigen ägyptischen Gericht bereits eine Verfügung erwirkt, wonach die Jenaer Erzeugnisse nicht unter dem Namen »Carl Zeiss« und nicht mit den traditionellen Warenzeichen präsentiert werden durften. Die DDR jedoch ignorierte diese Entscheidung, worauf das Gericht die Beschlagnahme der betreffenden Ausstellungsstücke anordnete.[20]

Auf einer Dienstreise in Kopenhagen erfuhr Walter David, daß diese Anordnung nicht exekutiert werden konnte. Es blieb nichts übrig, als selbst nach Kairo zu fliegen. Dort aber war mittlerweile der Ausnahmezustand verhängt, und es bereitete große Schwierigkeiten, ins Land zu kommen. Um fünf Uhr früh landete David mit einer KLM-Maschine auf dem Flughafen Heliopolis bei Kairo.

Auf der deutschen Botschaft rieten die beiden Botschaftsräte (in Abwesenheit des Botschafters) dringend von einer Intervention ab. Diese richte sich letztlich gegen den ägyptischen Staatspräsidenten und damit gegen die außenpolitischen Interessen der Bundesrepublik; auch persönlich setze er sich Gefahren aus. David erwiderte, er erhalte seine Weisungen nicht von der Bundesregierung, sondern vertrete die Carl-Zeiss-Stiftung in Heidenheim und wisse, daß er jetzt handeln müsse.

Leichter gesagt als getan. Auch ihm gelang nicht, die gerichtliche Verfügung durchzusetzen. Unverrichteterdinge kehrten Walter David, der Exekutivbeamte und der Anwalt vom Ausstellungsgelände zurück.[21]

Dieser Mißerfolg sei vorauszusehen gewesen, sagten die deutschen Diplomaten in Kairo. Auch ihre Warnungen vor den persönlichen Gefahren schienen sich zu bestätigen: Auf dem Wege von der Botschaft zum Hotel wurde das Taxi, in dem Dr. David saß, von einer schweren Limousine zum Halten gezwungen. Zwei Herren in Zivil forderten ihn auf, in ihren Wagen umzusteigen. Er wurde in ein Gebäude gebracht, das ein Untersuchungsgefängnis sein mochte oder eine Polizeikaserne.[22]

In Kairo war damals ein Machtkampf im Gange zwischen dem Staatspräsidenten General Nagib und einer Offiziersjunta unter Oberst

Nasser. Im Laufe des Verhörs erfuhr Walter David, daß er es mit Anhängern Nassers zu tun hatte. Also waren er und die Ägypter Freunde, denn auch er kämpfte gegen General Nagib!
Mitunter übertrifft die Wirklichkeit jeden Kriminalroman: Die Ägypter stellten eine Telefonverbindung zum Revolutionskomitee her. Für den Obersten Nasser, argumentierte David, müßte es »ein gefundenes Fressen sein, durchzuführen, was heute vormittag mißlungen sei, nämlich einen ägyptischen Staatsakt zu exekutieren«.

> Am nächsten Tage wurde die Exekution wiederholt. Ich war mit draußen, und diesmal nicht mit einem Exekutivbeamten, sondern mit einem militärischen Kommando. Es gab eine ganz harte, aber kurze Auseinandersetzung. Die Leiter der Ausstellung beriefen sich darauf, das sei exterritoriales Gebiet ... Aber das war doppelt falsch ... und zog also nicht. Es gab eine körperliche Auseinandersetzung, unser Anwalt stürzte die Treppen hinunter und brach sich einen Arm. Aber die Exekutivgewalt setzte sich diesmal durch. Der Pavillon wurde geschlossen.[23]

Einen Monat nach den Ereignissen in Kairo erhob eine »Carl-Zeiss-Stiftung Jena, vertreten durch den Rat des Bezirkes Gera« beim Landgericht Stuttgart Klage gegen die Geschäftsleiter und die Firma Carl Zeiss (Heidenheim):

> Die Beklagten haben ... zu unterlassen:
> 1) ... sich der Befugnis zu berühmen, die Carl-Zeiss-Stiftung zu verwalten und zu vertreten,
> 2) den Namen Zeiss bzw. Carl Zeiss zu gebrauchen,
> 3) folgende ... Warenzeichen ... zu benutzen ...[24]

Die östliche Seite argumentierte damit, daß die Herren Bauersfeld, Henrichs und Küppenbender unter »Vorspiegelung falscher Tatsachen« die Verfügung des Staatsministeriums Baden-Württemberg erwirkt hätten, wonach Heidenheim an der Brenz zum Sitz der Carl-Zeiss-Stiftung bestimmt wurde. Nach § 3 des Stiftungsstatuts in Verbindung mit § 121 sei als Sitz der Carl-Zeiss-Stiftung zwingend Jena vorgeschrieben. Darüber hinaus sei in § 39 ausdrücklich untersagt, die Stiftungsbetriebe »an Orte außerhalb der nächsten Umgebung von Jena« zu verlegen.
Die Geschäftsleitung in Oberkochen hielt dem entgegen: Durch die

Umwandlung der Carl-Zeiss-Werke und der Glaswerke Schott & Genossen in Volkseigene Betriebe seien der Carl-Zeiss-Stiftung in Jena nur Häuser und Grundstücke[25], also nichtproduktive Vermögensteile, verblieben. Ernst Abbe jedoch habe nicht gewollt, »daß die Carl-Zeiss-Stiftung zu irgend einer Zeit hinauslaufen könne auf bloße Verwaltung einer Vermögensmasse in toter Hand«. Entweder, so Abbe, »wirkliche eigenartige Aktion oder Auflösung«.[26]

Die Carl-Zeiss-Stiftung war Abbes Vermächtnis an die Nachwelt. Wenn irgend möglich hätte er versucht, den Stiftungszweck doch noch zu realisieren. Daß dieser eines Tages nicht mehr in Jena, wohl aber an einem anderen Ort im deutschen Vaterlande sich erfüllen lassen würde (so argumentierte Carl Zeiss in Oberkochen), hat Abbe nicht voraussehen können. Er hätte sonst im Statut die entsprechende Vorsorge getroffen.

Nach bewährter Rechtslehre und Rechtsprechung muß eine erkennbar gewordene Lücke in einem Testament unter Berücksichtigung des vermutlichen Willens des Erblassers geschlossen werden, und dasselbe gilt von einer Stiftung.[27] Den Gerichten war damit die Aufgabe gestellt, sich mit der Carl-Zeiss-Stiftung und den sozialpolitischen Gedanken Abbes zu befassen.

Seine Arbeiter haben Ernst Abbe »wie einen Heiligen« verehrt[28], und auch außerhalb der Stiftungsbetriebe gab es viele Menschen, die in ihm ein großes Vorbild sahen. Zu ihnen gehörte auch Theodor Heuss.[29] Daß aber eines Tages auch Richter und Rechtsanwälte in über sechzig Ländern der Erde sich intensiv mit Ernst Abbe beschäftigen würden, um komplizierte juristische Fragen mit großer politischer Tragweite zu klären, hätte sich keiner von seinen Zeitgenossen in Jena vorstellen können. Wer den hochbegabten und idealistisch gesinnten Physiker in seinen jungen Jahren kannte, dem wäre es vollends unverständlich gewesen, warum sich die Nachwelt gerade für diesen etwas weltfremden Gelehrten interessierte.

Sechstes Kapitel

ERNST ABBE

»Seht euch *den* gut an«, hatte der Professor zu seinen Töchtern gesagt, als er den jungen Ernst Abbe auf dem Wege zur Vorlesung beobachtete, »das ist der lange Eisenacher, aus dem wird etwas.«[1]
Zunächst einmal wurde er Privatdozent. Nach der Promotion in Göttingen hatte er die Aufforderung seines alten Professors gerne angenommen, nach Jena zurückzukehren und hier zu forschen und zu lehren.

In der akademischen Welt rühmte man das idyllisch zwischen Burgen und Schlössern gelegene Städtchen als »Saalathen«. Die kleine Universität zehrte vom Ruhm der Dichter und Denker, die hier gewirkt hatten, als drüben in Weimar der Dichterfürst selbst als verantwortlicher Minister die Berufungen aussprach.

1857, als die Universität sich anschickte, ihr 300jähriges Jubiläum zu feiern, zählte man 382 eingeschriebene Studenten[2], und es war eine dauernde Sorge, die »Frequenz« zu heben. Bei dem kleinen Etat ein fast unlösbares Problem: So gab es für Mathematik und Physik zusammen nur einen Ordinarius und einen Extraordinarius. Mit dem Eindruck, daß in diesen Fächern »in Jena nicht viel los sei«, waren viele Studenten, und oft gerade die besten, an andere Universitäten gegangen. Die beiden Professoren setzten große Hoffnungen auf den neuen Privatdozenten.

Die Fachvertreter der Physik in ganz Deutschland waren sich einig, daß ein physikalisches Institut »mit nicht weniger als 400 Talern jährlich bedacht sein dürfe«. Dabei war schon vorausgesetzt, »daß die Sammlung eine gute Grundlage in den vorhandenen Apparaten« besitzt.[3]

400 Taler jährlich? In Jena hatte die Physik einen Etat von 40 Talern, und von einer »guten Grundlage« konnte keine Rede sein. Das soge-

nannte »Laboratorium« war ein Holzschuppen hinter dem Hause des Professors, und die Apparate stammten aus dem Nachlaß eines vor vierzig Jahren verstorbenen Vorgängers.

Zu den Pflichten Abbes gehörte es, für die Physikvorlesung des Ordinarius die Experimente aufzubauen, und Professor Karl Snell wußte, was er ihm da zumutete. Die Instrumente waren in einem jämmerlichen Zustand, und man konnte nur lachen, wenn in der Vorlesung vom Experiment als der sicheren Grundlage der physikalischen Erkenntnis die Rede war.

Auf den jungen Privatdozenten machte es tiefen Eindruck, mit welcher Gelassenheit die beiden Professoren die Not ertrugen und wie es ihnen gelang, ein beachtliches Niveau aufrechtzuerhalten. In seinem späteren Leben empfand es Abbe als seine Aufgabe – zu den vielen anderen Pflichten, die er sich aufgeladen hatte – auch hier von Grund auf Wandel zu schaffen und die Universität Jena in die Lage zu setzen, im großen Stile Forschung zu treiben und auch im neuen »Zeitalter der Naturwissenschaft« einen geachteten Platz unter den deutschen Hochschulen einzunehmen.

Wohl der erste, der Abbes geistige Bedeutung und seinen Charakter erkannte, war Karl Snell, der Ordinarius für Mathematik und Physik. Er nannte Abbe seinen »liebsten und genialsten Schüler«, der ihm »auch in allen Gesinnungen und Ansichten am nächsten« stehe.[4]

Im Winter 1863/64 nahm Abbe seine Lehrtätigkeit auf und las vier Stunden »Mechanik« und zwei Stunden »Theorie der Meßinstrumente«. Karl Snell erlaubte seinem jungen Kollegen, »einen vollständigen magnetischen und galvanischen Apparat zu absoluten Messungen … [zu] bestellen.«[5] Diese Instrumente waren durch Gauß und Weber in die Wissenschaft eingeführt worden; während seines Studiums in Göttingen hatte Abbe mit ihnen gearbeitet. Wenn er jetzt einen solchen Apparat in Jena bauen lassen wollte, mußte er sich an den Universitätsmechaniker Carl Zeiss wenden.

»Immer sind Millionen Menschen innerhalb eines Volkes nötig, damit *ein* Genius entsteht, immer müssen Millionen müßige Weltstunden verrinnen, ehe *eine* wahrhaft historische, eine Sternstunde der Menschheit, in Erscheinung tritt.« So heißt es in den »Sternstunden der Menschheit« von Stefan Zweig.[6]

Carl Zeiss (1816–1888).

Ernst Abbe war ein solcher Genius, von denen nur einer auf Millionen kommt. Es ist wohl auch nicht übertrieben, wie es Biographen getan haben[7], die Begegnung von Ernst Abbe und Carl Zeiss zu den »Sternstunden« zu rechnen, die Stefan Zweig so genannt hat, »weil sie leuchtend und unwandelbar wie Sterne die Nacht der Vergänglichkeit überglänzen«[8].

Zeiss betrieb seit 1846 eine mechanisch-optische Werkstätte und besaß als Hersteller von Mikroskopen einen geachteten Namen. Anfang der sechziger Jahre hatte er es gerade auf fünf Mitarbeiter gebracht. Der ihm vom akademischen Senat verliehene Titel eines »Universitätsmechanikers« erhöhte sein Ansehen, besaß aber sonst keine Bedeutung außer vielleicht die, daß er sich »moralisch verpflichtet« fühlte, »keinen Auftrag oder Bestellung von Seiten eines Akademikers (falls solche mir auch nicht Gewinn bringen) abzulehnen«[9].

Was im November 1863 Ernst Abbe zu ihm führte, gehörte zu solchen Aufträgen. Um die Kosten für die Universität »nicht zu sehr zu

Ernst Abbe (1840–1905).

vermehren«, war der Privatdozent drei Wochen lang »Tag für Tag« in der Werkstätte und legte selbst mit Hand an.[10] In Briefen Abbes lesen wir, daß Carl Zeiss »sehr geschickt und präzise arbeitet, aber mit derartigen Instrumenten bisher gar nicht bekannt war«[11].

Im nächsten Semester, Sommer 1864, veranstaltete Abbe Übungen im physikalischen Experimentieren. 17 Studenten meldeten sich, und er mußte das Praktikum doppelt durchführen. Abbe benötigte dazu eine ganze Reihe von Apparaten, jedes Exemplar mehrfach, und diesen Auftrag konnte kein anderer ausführen als Carl Zeiss. Das brachte ihn abermals in Verbindung mit dem Jenaer Universitätsmechaniker. Es dauerte nun nicht mehr lange, und da hatte auch Carl Zeiss für Ernst Abbe eine Aufgabe. Wie sich herausstellte, war es eine Aufgabe für das ganze Leben und weit über ein Menschenleben hinaus.

Um was handelte es sich? Um diese Frage zu beantworten, müssen wir etwas weiter ausholen.

Wie die Naturwissenschaft Instrumente benötigt und damit Gewerbe und Industrie, die sie bauen, so sind auch umgekehrt Gewerbe und

Industrie auf die Wissenschaft angewiesen. Der alte Wahlspruch von Leibniz »Theoria cum praxi« war seit der Mitte des 19. Jahrhunderts geradezu das Erfolgsrezept für vorausschauende Industrielle.

Mit seiner 1847 gegründeten »Telegraphenbauanstalt Siemens und Halske« setzte Werner Siemens ganz auf die Wissenschaft. Als nach dem Bau der Telegraphenlinie von Berlin zum Deutschen Bundestag nach Frankfurt die Signale verstümmelt auf der Empfängerseite ankamen, analysierte Siemens die physikalischen Gegebenheiten und entdeckte, daß die Leitung eine elektrische Kapazität besitzt, die berücksichtigt werden muß. Und als er die Verlegung von Seekabeln bei großen Wassertiefen beobachtete, erkannte er, daß man die ungeheuren Zugkräfte des vom Heck des Schiffes in Form einer Kettenlinie herabhängenden Kabels berechnen und die Bremsvorrichtungen an den Kabelrollen, die Halterungen sowie die Dampfkraft des Schiffes entsprechend auslegen muß.[12]

Wie Werner Siemens war auch der gleichaltrige Carl Zeiss von der Bedeutung der Wissenschaft für die technische Praxis überzeugt. Beim Bau seiner Mikroskope wollte er wegkommen von dem halbsystematischen »Pröbeln« (wie man in der Werkstätte sagte), und die Herstellung auf eine wissenschaftliche Grundlage stellen. Einem Kollegen berichtete er von seiner »Abscheu« vor dem »ewigen, bei uns Optikern gebräuchlichen Probieren«.[13]

1852 wandte sich Carl Zeiss an den Mathematiker Friedrich Wilhelm Barfuß. Dieser wirkte in der Residenzstadt Weimar als Direktor einer Versicherungsanstalt und hatte sich bereits mit optischen Problemen beschäftigt. Seine Rechnungen jedoch blieben ohne Ergebnis.

1861 wurde Carl Zeiss durch die Verleihung eines 1. Ehrenpreises bei der Thüringischen Landesausstellung bestätigt, daß seine Mikroskope »zu den vortrefflichsten in Deutschland überhaupt angefertigten« gehörten.[14] Er selbst aber wußte, daß sich die Firma Hartnack mit ihren Wasser-Immersionslinsen einen gefährlichen Vorsprung verschafft hatte.

Nur die Wissenschaft konnte helfen. Wenn auch sein erster Versuch gescheitert war, den Bau der Mikroskope auf eine wissenschaftliche Grundlage zu stellen: Carl Zeiss ließ sich die Überzeugung nicht nehmen, daß dieser Weg – und nur dieser – zum Erfolg führen könne.

So wandte er sich an den damals 26jährigen Privatdozenten Ernst Abbe. »Mit seiner gewohnten Offenheit hat er mir gesagt«, berichtete Abbe später, »daß er von anderen überholt worden sei, und wenn es nicht gelänge, einen neuen Anlauf zu nehmen, so würde der bisherige Erfolg wieder verloren gehen.«[15]

Gewiß war der Physiker die richtige Adresse. Zwei Hauptaufgaben hatte seine Wissenschaft: Einsichten in die Geheimnisse der Natur zu gewinnen und diese Einsichten für die Gewerbe zu nutzen. Hier ging es um die technische Anwendung. Dem Privatdozenten Ernst Abbe war die Wissenschaft gewiß eine heilige Verpflichtung, aber er teilte nicht das Vorurteil mancher Zunftgenossen, die praktische Seite der Physik zu verachten und zu vernachlässigen. Die ihm zugedachte Aufgabe hat er vielmehr als eine Herausforderung angesehen, an der er seine intellektuellen Fähigkeiten messen konnte.

Persönlich war Abbe überaus bescheiden, aber er wußte, daß er sich wissenschaftlich etwas zutrauen durfte. Am 3. Juli 1866 vereinbarte er mit Carl Zeiss eine Zusammenarbeit.

In der Geschichte der Firma Zeiss bedeutete das Datum – zwanzig Jahre nach der Gründung der Optischen Werkstätte – eine entscheidende Wende: von Ernst Abbe wurden die Weichen gestellt, und der Handwerksbetrieb mit seinen zwanzig Mitarbeitern entwickelte sich schließlich zum Industrieunternehmen. Abbe widmete der Firma einen immer größeren Teil seiner berühmten »Riesenarbeitskraft«, bis der Dienst für das Werk zu seinem Lebensinhalt wurde.

Der erste Schritt war die Einführung der Arbeitszerlegung. Schon einhundert Jahre zuvor hatten Gelehrte am Beispiel der Stecknadelmanufaktur den Herstellungsprozeß studiert. Die Produktivität läßt sich wesentlich steigern, wenn jeder Arbeiter sich auf einen bestimmten Teil beschränkt, der eine nur den Draht zieht, der zweite ihn einrichtet, der dritte abschrotet, der vierte zuspitzt und so fort. War vordem ein Arbeiter kaum in der Lage, zwanzig Nadeln am Tage herzustellen, produzierte eine Manufaktur jetzt pro Kopf 4800 Nadeln.[16]

In der Optischen Werkstätte hatte Werkmeister August Löber die Verantwortung für jedes einzelne Mikroskop. Es konnten nicht mehr Geräte verkauft werden, als er fertigstellte. Nach dem Zusammenbau

prüfte er das Bild, und nun begann nach gewissen Erfahrungsregeln die Verbesserung. Ein mühsamer Prozeß. Wenn man einem Fehler zu Leibe ging (z. B. den farbigen Säumen), verschlimmerte man andere (z. B. die Verzeichnung am Rande), und die Kunst bestand darin, alle Fehler gleichzeitig auf ein vertretbares Maß herunterzubringen.
Das wurde nun anders. Abbe berechnete die (prinzipiell unvermeidlichen) Bildfehler bei der Einzellinse und die Wirkung der Zusammensetzung. So folgten aus der Theorie klare Anweisungen für die Praxis: Für alle Linsen sind Maße und Toleranzen festgelegt, womit die Voraussetzung für die Arbeitsteilung geschaffen ist. Die eine Gruppe von Arbeitern kann sich auf die Herstellung der Rohformen konzentrieren, eine andere Gruppe auf das Polieren der konkaven Flächen, wieder eine andere auf die Herstellung der konvexen Seiten. Auch das frühere Probieren, Modifizieren und Variieren nach dem Zusammenbau wurde abgeschafft. Es gab Vorschriften, in deren Erfüllung sich mehrere Arbeiter teilen konnten. Danach war das Mikroskop fertig, und zwar ein für allemal.
Was Adam Smith in seinem berühmten Buch über die »Wohlfahrt der Nationen« bereits 1776 festgestellt hatte, daß nämlich die Arbeitszerlegung die Produktivität in jedem Gewerbe wesentlich steigert, bestätigte sich auch im Falle der Optischen Werkstätte. Obwohl sich die Nachfrage wesentlich erhöhte, reichten die zwanzig Mitarbeiter bis 1871, und Carl Zeiss konnte die Preise seiner Mikroskop-Objektive bis 25 Prozent senken.[17]
Nach der Arbeitszerlegung als erstem Schritt folgten einige Erfindungen. Abbe schuf den Beleuchtungsapparat, das Refraktometer und das Fokometer. Der Abbesche Beleuchtungsapparat, so haben Kenner betont, sei »bei aller Einfachheit« bahnbrechend gewesen.[18] Denn was nützt das beste Mikroskop, wenn es an der Voraussetzung fehlt, dem ausreichenden Licht? In England, wo man immer noch führend war in der Technik, wußte man den Wert zu schätzen und nannte den Beleuchtungsapparat kurz »the Abbe«. Das Refraktometer wurde von Abbe zur schnellen und zuverlässigen Messung der Brechzahlen fester und flüssiger Stoffe erfunden, das Fokometer zur Bestimmung der Brennweite einer Linse oder eines Linsensystems. Beide leisteten in der Optischen Werkstätte vorzügliche Dienste.

Ernst Abbe ging es wie dem Jüngling im Märchen, der immer drei Proben seiner übermenschlichen Klugheit und Tapferkeit ablegen muß, um die Tochter des Königs und sein Reich zu gewinnen. Nachdem die beiden ersten Aufgaben erfolgreich gelöst waren, blieb noch die dritte und letzte. Und wie man es vom Märchen kennt, war die dritte Aufgabe weitaus die schwerste. Es ging darum, die Faktoren zu ermitteln, die die Qualität eines Mikroskops, genauer sein Auflösungsvermögen, bestimmen: Nichts Geringeres also war verlangt als eine Theorie der Abbildung im Mikroskop.

Das Bild ist um so besser, dachte sich Abbe, je weniger Fehler die Linsen aufweisen. Nun ist es eine bekannte Tatsache, daß vor allem die Korrektion der Randstrahlen Probleme aufwirft. Abbe konstruierte also Mikroskope mit relativ kleinen Öffnungswinkeln. Die Bilder, die er mit diesen scheinbar so vollkommen korrigierten Systemen erhielt, waren jedoch zu seiner großen Enttäuschung stumpf.

Es stimmte also, was die Praktiker behaupteten (ohne es freilich beweisen zu können), daß »ein großer Öffnungswinkel vollkommenere Bilder und feineres Detail liefert als ein kleiner«. Erstaunlich war dies vor allem deshalb, weil »der einfallende Strahlenkegel in der Regel nur eine sehr geringe Öffnung wirklich ausfüllt [und] den überschießenden Teil demnach anscheinend unbenutzt, als ›dunklen Raum‹ übrig läßt.«[19]

Der dunkle Raum spielt also eine ganz wichtige Rolle bei der optischen Abbildung. Aber welche? Das war die große Frage. Seit Beginn der Zusammenarbeit mit Carl Zeiss waren vier Jahre vergangen, und immer noch fehlte die Antwort.

Zunächst wollte er den Effekt mit der Ablenkung der Lichtstrahlen durch Brechung erklären. Er prüfte diese Annahme durch Experimente; das Ergebnis aber war negativ. Also war er gezwungen, diese Erklärung zu verwerfen, und schließlich blieb keine andere Möglichkeit, als die Beugung des Lichtes verantwortlich zu machen. Die Beugung ist ein Effekt, der durch die Wellennatur des Lichtes zustande kommt. »Es ist wahrhaftig und ganz genau so«, sagte Abbe später: »Ich bin auf die Beugung erst verfallen, weil und nachdem sich mir jede andere Erklärung des dunklen Raumes als unhaltbar erwiesen hatte.«[20]

Im Frühjahr 1870 ernannte die Universität Jena den Dreißigjährigen in Anerkennung seiner wissenschaftlichen Leistungen zum außerordentlichen Professor.

30 Jahre: Die Griechen sprachen von diesem Alter als der »Akme«, der Blüte und dem Höhepunkt im Leben eines Mannes. Für Abbe war es gewiß ein Lebenshöhepunkt, und nicht nur in wissenschaftlicher Hinsicht: Im Juni 1870 verlobte er sich mit Elise Snell, der Tochter seines verehrten Lehrers.

Wie sich bei ihm erst nach langen Jahren harter Arbeit in der Wissenschaft der Erfolg einstellte, erfüllte sich auch im Persönlichen sein Lebenswunsch nicht durch kühnen Ansturm, sondern durch geduldiges Werben. »Beide haben Zeit gehabt, sich kennenzulernen«, berichtete Karl Snell, »da Professor Abbe sieben Jahre lang als Hausfreund ein- und ausgegangen ist«:

> Beide haben sich auch schon seit längerer Zeit im stillen geliebt. Da nun Abbe zugleich ein durchaus fleckenloser Charakter ist und nur den höheren menschlichen Interessen hingegeben, so ist diese Verlobung für mich und uns als ein großes seltenes Glück zu betrachten, und ich bin von dem lebendigen Dank zu Gott erfüllt.[21]

Im gleichen Brief kündigte Karl Snell auch den Abschluß der Abbeschen Untersuchungen über die Theorie des Mikroskops noch für diesen Sommer an. In diesem Punkte aber war er zu optimistisch. Erst am 12. September 1871 konnte Abbe seine »Titanenarbeit« beenden.

Das Ergebnis war: Es gibt eine Grenze für das Auflösungsvermögen des Mikroskops. Am weitesten kommt man, wenn man einen maximalen Öffnungswinkel verwendet, Linsen aus einem Material von möglichst hoher Brechzahl und eine entsprechende Immersionsflüssigkeit.

Die optischen Werkstätten hatten sich an diese Grenze bemerkenswert weit herangetastet. Eine weitere Verbesserung auf empirischem Wege war nicht mehr zu erwarten. Die Abbesche Theorie schuf endlich Klarheit, wo man, bildlich gesprochen, noch »drehen« konnte, um die Auflösung weiter um einen Faktor 1,5 oder 2 zu verbessern. In der aufblühenden Mikrobiologie erwies sich eine solche Verbesserung als von ausschlaggebender Bedeutung.

Für Abbe war es selbstverständlich, seine Ergebnisse zu publizieren und damit der Allgemeinheit zugänglich zu machen. Die Praktiker aber mißtrauten den Angaben. Sie konnten sich nicht vorstellen, daß ein Physiker, der kaum Werkstatterfahrung besaß, von den Subtilitäten der technischen Optik wirklich etwas verstand. So ging es zehn und fünfzehn Jahre, und wie sich herausstellte, war das ein großes Glück. In dieser Zeit gewann die Optische Werkstätte einen Vorsprung, den die Konkurrenz nicht mehr einholen konnte.
Bei der Feier zum 50jährigen Jubiläum berichtete Ernst Abbe von der entscheidenden Wende: Wenn sie die Qualität ihrer Mikroskope betonen wollten, hätten die Vertreter der alten empirischen Schule zunächst immer erklärt, »von ihnen werde es *nicht* wie in Jena gebaut«. Seit etwa 1885 sei dann die umgekehrte Versicherung, das Mikroskop werde *»genau wie* in Jena« gebaut, »allgemein die Stütze für den Anspruch auf die höhere Schätzung geworden«[22].
Als Carl Zeiss und Ernst Abbe am 3. Juli 1866 ihre Zusammenarbeit verabredeten, war von der finanziellen Seite, wenn überhaupt, nur am Rande die Rede gewesen. Abbe jedenfalls fiel »ganz aus den Wolken«, als ihm Carl Zeiss Ende 1872 eine Zahlung von 800 Talern in Aussicht stellte und ankündigte, daß im nächsten Jahr die »Tantieme noch um vieles höher sein« werde. »Ich habe damals geglaubt«, berichtete Abbe, »es hätte ›ein Affe mich geleckt‹, – so verwundert war ich.«[23]
Am 24. September 1871 hatte Abbe geheiratet, am Ende des folgenden Jahres wurde seine Tochter Margarete geboren, 1874 seine zweite Tochter Paula. Die junge Familie lebte bescheiden im Hause Snell; die nach der Hochzeit getätigten Neuanschaffungen sollen nur in Wäsche und Waschtisch bestanden haben.[24] Die Einkünfte, die Abbe als außerordentlicher Professor bezog, lagen mit 200 Talern (600 Mark) jährlich am Existenzminimum. Da schlugen die Tantiemen, die Zeiss zahlte, erheblich zu Buche.
Trotz aller Einschränkungen hatte man es als Gelehrter höchst angenehm in Jena. In der kleinen Stadt mit ihren 9000 Einwohnern sah man noch keine Fabriken, und alles Leben war auf die Universität bezogen. Unter den Professoren gab es bedeutende Persönlichkeiten wie den Kirchenhistoriker Karl August von Hase und den Philosophen (und

späteren Nobelpreisträger) Rudolf Eucken. Am berühmtesten war der Zoologe Ernst Haeckel. »Er erregte schon damals viel Streit«, meinte ein Kollege, »aber auch diejenigen, welche seine Weltanschauung nicht teilten, mußten sein großes wissenschaftliches und künstlerisches Vermögen unbedingt anerkennen.«[25] Besonders stolz waren die Jenenser auf die geistige Ausstrahlungskraft ihrer Universität, als im Sommersemester 1874 die Zahl der Studenten wieder die 500 erreichte.

Die ordentlichen Professoren, die nach der Universitätsverfassung allein für die akademischen Angelegenheiten zuständig waren, hatten wohl schon gelegentlich daran gedacht, den jugendlichen Ernst Abbe (den ihr Kollege Karl Snell so außerordentlich rühmte) als Ordinarius zu berufen. Ein Handikap war nur seine proletarische Herkunft, ansonsten brachte Abbe alle Voraussetzungen für eine erfolgreiche Gelehrtenlaufbahn mit: Begabung, Idealismus und Arbeitskraft. Er war sogar der Schwiegersohn eines ordentlichen Professors, und Spötter sagten, daß das am meisten zähle: Man heirate in Fakultäten ein wie früher in Handwerksgilden.[26]

Abbes Lebensweg sollte anders verlaufen. Er blieb zwar immer ein Professor, aber Ordinarius wurde er nicht. Eine Rolle dabei spielte die Typhusepidemie, die Ende des Jahres 1874 die gesamte Familie – vom Schwiegervater bis zu den Töchtern – heimsuchte. Zu den Sorgen um die Gesundheit kamen Geldsorgen. Er entschloß sich, an Carl Zeiss zu schreiben.

Seinen Vorschlag hatte sich Abbe während des wochenlangen Krankenlagers durch den Kopf gehen lassen; er lief auf eine regelmäßige, vom Geschäftsgang abhängige Gehaltszahlung hinaus anstelle der am Ende des Geschäftsjahres ermittelten Tantiemen.[27] Das mußte zu einer festeren Bindung an die Optische Werkstätte führen.

Ein Gelehrter könne wählen, hatte Arthur Schopenhauer gespottet, ob er *für* die Wissenschaft leben wolle, oder *von* der Wissenschaft. Für Abbe gab es keine Wahl:

> Einem ist sie die hohe, die himmlische Göttin; dem anderen
> eine tüchtige Kuh, die ihn mit Butter versorgt.

Nach Gründung der Carl-Zeiss-Stiftung war es Abbe ein Trost, »daß die Milch der Kuh neben dem eigenen Haushalt auch der Göttin zu

Gute kommt«[28]. Mit Zins und Zinseszins zahlte er später der Wissenschaft zurück, was er von ihr erhalten.
Im Jahre 1875 fiel die Entscheidung über die weitere Laufbahn Abbes und damit auch über das Schicksal der Optischen Werkstätte. Am 19. Mai antwortete Carl Zeiss auf den Brief Abbes mit eigenen Vorschlägen. Sein Interesse war es, das »nicht nur in rebus mathematicis, sondern auch im Bau und der Konstruktion von Apparaten ausgezeichnete Talent«[29] der Firma dauernd zu sichern. Obwohl er aus kleinen Verhältnissen kam, fehlte Zeiss jede Kleinlichkeit: Abbe sollte sein »Kompagnon« werden und ein Drittel vom Reingewinn des ganzen Geschäftes erhalten.
Auf dieser Grundlage schlossen beide Männer am 22. Juli 1876 einen Vertrag.[30]
Einen Monat später befand sich Abbe auf seiner ersten Auslandsreise. Er besuchte die große internationale Ausstellung wissenschaftlicher Instrumente in South Kensington (London). Auf Intervention des deutschen Kronprinzen und der Kronprinzessin (einer gebürtigen Engländerin) hatte man sich in Deutschland zur Teilnahme entschlossen, allerdings zum denkbar spätesten Termin, weshalb die Arbeit unter großem Zeitdruck stand. Der preußische Kultusminister ernannte elf Berichterstatter, darunter Ernst Abbe[31], die im amtlichen Auftrag für ihr jeweiliges Fachgebiet die Qualität der heimischen Erzeugnisse am »Weltniveau« messen sollten. Die deutsche Industrie drängte mit Macht auf den Weltmarkt.
Im Jahre 1876 fand auch eine große Weltausstellung statt, und zwar in Philadelphia. Wie in South Kensington gab es hier eine große Zahl von deutschen Professoren als Beobachter. Deutscher Generalkommissar war der Berliner Maschinenbauer Geheimrat Franz Reuleaux. In Kreisen der deutschen Industrie erregte es Aufsehen und Empörung, als Reuleaux im Feuilleton der Berliner »Nationalzeitung« in einem »Brief aus Philadelphia« die deutschen Waren als »billig und schlecht« charakterisierte.
Es sei unmöglich, »das wilde Auffahren zu beschreiben, mit welchem diese Nachrichten aufgenommen wurden«, berichtete ein anderer deutscher Beobachter.[32] Seiner Meinung nach hatte sich das Sprichwort bewahrheitet: »Ce n'est que la vérité, qui blesse.«[33]

Bei aller Schärfe war Reuleaux' Kritik konstruktiv, und sie wirkte heilsam:

> Deutschlands Industrie muß sich von dem Prinzipe der bloßen Konkurrenz durch Preis abwenden und entschieden zu demjenigen der Konkurrenz durch Qualität oder Wert übergehen.[34]

Durch die Qualität der erzeugten Waren auf dem Markt zu bestehen, war von Anfang an Geschäftsprinzip von Carl Zeiss und Ernst Abbe. Was nun die in South Kensington ausgestellten »optischen Hilfsmittel der Mikroskopie« betraf, für die Ernst Abbe zum Berichterstatter bestellt war, kam er zum Urteil, daß hier die deutschen Werkstätten keineswegs schlechtere Ware lieferten, daß es vielmehr »gegenwärtig eine erhebliche Zahl von Optikern auf dem Kontinente, in England und Amerika gibt, welche wenigstens in ihren besten Leistungen auf fast völlig gleichem Niveau erscheinen«[35].

Abbe beschränkte sich nicht auf einen Vergleich der ausgestellten Mikroskope, sondern lieferte eine ganz grundsätzliche Analyse über die Möglichkeit, die Leistung über das erreichte Niveau hinaus noch weiter zu steigern. Sein Ergebnis war, »daß die Mängel der heutigen Mikroskopobjektive ... ihren Grund haben in den optischen Eigenschaften der Substanzen, auf welche die Optik zur Zeit angewiesen ist«:

> Die fernere Vervollkommnung des Mikroskops ... erscheint hauptsächlich auf die Fortschritte der Glasschmelzkunst gestellt und im besonderen davon abhängig, daß letztere optisch verwendbare Glasarten herstellt, bei denen der Gang der Farbenzerstreuung einer Aufhebung des sogenannten sekundären Spektrums günstiger ist und bei welchen Dispersion und mittlerer Brechungsindex ein anderes Verhältnis zueinander als bei den jetzigen Glasarten zeigen.[36]

Der Mikroskophersteller brauchte also, wenn er weiterkommen wollte, den Glasmacher. Biologen und Mediziner aber betonten, wie wichtig für den Fortschritt der Wissenschaft gerade jetzt die Verbesserung des Mikroskopes sei.

Siebtes Kapitel

DAS MIKROSKOP

»Wer Botaniker oder Zoologe werden will ohne Mikroskop«, mahnte Matthias Schleiden, »ist mindestens ein ebenso großer Tor, als wer den Himmel beobachten will ohne Fernrohr.«[1] Der berühmte Jenaer Professor gehörte mit seinen Studenten zu den ersten Kunden der Zeißschen Werkstätte.[2]

Wichtigster Untersuchungsgegenstand war die als kleinstes Bauelement von Tier und Pflanze erkannte Zelle. Ihre Lebensfunktionen ließen sich besonders gut an den nur aus einer einzigen Zelle bestehenden Organismen studieren. »Es geht nichts über die Zellentheorie und ihr Studium. Vivant cellulae! Vivat Microscopia!«, rief Ernst Haeckel. Unter dem Mikroskop offenbarte sich ihm eine wahre Wunderwelt von Formen. Bei der Beobachtung fühlte sich nicht nur sein Verstand angesprochen, sondern auch sein Gemüt, und er empfand einen wahren Enthusiasmus für das Mikroskop. Das »göttliche Mikroskop« führte ihn, wie er sich ausdrückte, in die »unermeßliche und wunderbare Welt des Kleinen, in der der große Schöpfer seine herrlichste Macht und Weisheit offenbart hat.«[3]

Auch der als Landarzt und Kreisphysikus in der preußischen Provinz Posen wirkende Robert Koch begann seine Forschungen an Einzellern, an Algen und Infusorien. 1873 fand er in den Bakterien einen noch interessanteren Gegenstand. Als Erreger des Milzbrandes, einer besonders unter Schafen und Rindern grassierenden Tierseuche, identifizierte er die schon von anderen Forschern beschriebenen »stäbchenförmigen Körper im Blute«.[4]

Nach diesem Erfolg ging es ihm darum, die Bakterien zu photographieren, um die Fachwelt zu überzeugen. Eine Photographie kann man als Beweisstück im Kollegenkreis herumzeigen, man kann sie in einer Veröffentlichung reproduzieren, und zudem ist die photographische Platte empfindlicher als die Netzhaut des menschlichen Auges. Im Juli 1876 bestellte Robert Koch bei der Optischen Werkstätte einen mikrophotographischen Apparat nebst Kondensor und Beleuchtungsapparat. »Es ist mir nämlich gelungen«, schrieb er an Carl Zeiss, »die Bakterien mit solchen Farbstoffen zu imprägnieren, welche ihre Form nicht verändern und sie ganz außerordentlich deutlich erscheinen lassen.«[5] Mit Ungeduld erwartete Robert Koch die Lieferung; als der Apparat nach elf Wochen »in gutem Zustand« ankam, gefielen dem Forscher »die Konstruktion und die Arbeit sehr«[6].

Da er »so viel Rühmliches«[7] über die Zeißschen Objektive gehört hatte, bestellte Robert Koch für seine Untersuchungen der Wundinfektionen auch ein Mikroskop in Jena. Am 10. Februar 1878 berichtete er an Carl Zeiss:

> Mit Hilfe dieses Instrumentes ist es mir gelungen, nicht unwichtige Entdeckungen zu machen und, um was es mir hauptsächlich zu tun war, eins der schwierigsten mikroskopischen Objekte durch photographische Abbildungen weiteren Kreisen zugänglich zu machen...
> Auch in Form der Papierabdrücke haben meine Photogramme vielen Beifall gefunden und manches Lob eingetragen, das natürlich weniger mir, als Ihren ausgezeichneten Systemen gilt. Bei den Arbeiten ... habe ich die Überzeugung gewonnen, daß die photographischen Systeme vorzügliche Leistungen Ihrer Kunst sind.[8]

Auf diese Mitteilungen erhielt Robert Koch postwendend neue Linsensysteme.[9] Wahrscheinlich handelte es sich bereits um die homogene Ölimmersion. Jedenfalls hat der Gelehrte im September 1878 auf der Versammlung der Deutschen Naturforscher und Ärzte in Kassel mitgeteilt, wie er mit Hilfe der neuen Technik die Schwierigkeiten meistern konnte:

> Mit der Verbindung geeigneter Färbungen des Abbeschen Condensors und der homogenen Ölimmersions-Systeme änderte sich die Sachlage vollständig. An den Präparaten, in denen vorher gar keine oder wenig charakteristische Bakterien zu sehen waren, zeigte dieses neue Verfahren in überraschender Weise selbst die kleinsten Bakterienformen mit einer solchen Klarheit und Schärfe des Bildes, daß sie mit Leichtigkeit zu erkennen und von anderen gefärbten Objekten im Präparat ganz sicher zu unterscheiden waren.[10]

Nach Emil von Behring ist 1878 das »Geburtsjahr der medizinischen Parasitologie«. Mit dem Erscheinen von Robert Kochs »Untersuchungen über die Aetiologie der Wundinfektionskrankheiten« sei die Grundlage einer neuen Lehre von den Infektionskrankheiten geschaffen worden.[11]

Auch für Ernst Abbe brachte das Jahr 1878 hohe Anerkennung. Aus Berlin kam mit einem wichtigen Auftrag Hermann von Helmholtz, der führende deutsche Physiker.

Helmholtz hatte gerade den Neubau des Berliner Physikalischen Institutes bezogen, und ihm lag nun daran, das große Institut mit wissenschaftlichem Leben zu erfüllen.

Helmholtz hatte sich unabhängig von Abbe ebenfalls mit der Theorie der Abbildung im Mikroskop beschäftigt, war aber nicht so weit vorgedrungen. Im Einverständnis mit dem Preußischen Kultusministerium bot er dem 38jährigen Abbe eine Spezialprofessur für Optik an.

Ein Ruf an die Universität Berlin zum Mitdirektor des neuen Physikalischen Instituts war ein »akademischer Ritterschlag«. In Berlin sammelte sich, was in der wissenschaftlichen Welt Rang und Namen hatte. Gewiß rechnete Helmholtz darauf, Abbe für Berlin gewinnen zu können. Abbes akademische Stellung in Jena als außerordentlicher Professor war noch immer bescheiden. Zwar wirkte er seit 1877 auch als Direktor der Sternwarte, aber eine Planstelle gab es dafür nicht, und auch die Instrumente waren veraltet.

Wenn auf dieser Stelle keine Ehren zu holen waren, für sein Familienleben besaß sie durchaus Bedeutung. Noch auf Betreiben Goethes hatte die Universität 1812 eine Sternwarte erhalten; untergebracht war sie in einem kleinen Anbau an dem von 1797 bis 1799 von Friedrich Schiller bewohnten Gartenhaus. Die Leitung der Sternwarte war mit dem Wohnrecht im Schillerhaus verbunden. Hier hat Ernst Abbe mit seiner Frau und den beiden Töchtern zehn Jahre gelebt.

Das Haus war eng und unbequem, aber der herrliche Garten mit den prachtvollen alten Bäumen versöhnte den Naturfreund. Der Steintisch stand noch, an dem einst, wie Eckermann berichtete, Goethe und Schiller oft gesessen und »manches gute und große Wort miteinander gewechselt« hatten.[12]

An diesem Steintisch hat der junge Ernst Abbe seinem berühmten Kollegen Hermann von Helmholtz am 15. Mai 1878 den Willkommenstrunk kredenzt: Und wieder wechselten zwei Klassiker »manches gute und große Wort«.[13]

Bei den Gesprächen gewann Helmholtz die Überzeugung, daß Abbe »außerordentlich geeignet« sei, an der großen Friedrich-Wilhelms-Universität die Optik und die verwandten Fächer »in ausgezeichneter Weise zu vertreten«.[14] Ein solcher Mann gehörte in die Reichshauptstadt! Jena war nur eine entlegene Provinz im großen deutschen Vaterlande und im Weltreich der Physik.

In Hermann von Helmholtz verkörperte sich die Würde und Wahrhaftigkeit seiner Wissenschaft. Zu gerne hätte er den wesensverwandten Ernst Abbe als Kollegen nach Berlin geholt, wo der noch jugendliche Forscher – unterstützt von begabten Mitarbeitern und den reichen Mitteln des modernsten und größten Instituts im Deutschen Reiche – seinen Namen in die Annalen der Wissenschaft einschreiben konnte. Helmholtz schätzte Abbe außerordentlich als »außergewöhnlich tiefen Kenner der Optik«, »höchst erfinderischen Kopf« und »äußerst genauen Arbeiter«.[15]

»Mit schwerem Herzen, wenn auch natürlich ohne das geringste Bedenken« lehnte Abbe die ihm »geradezu auf den Leib geschnittene« Professur ab.[16] Er hatte sich für die Zusammenarbeit mit Carl Zeiss entschieden und gemeinsam mit diesem die Geschäftsleitung in der Firma übernommen.

Als die Jenaer Kollegen von dem Berliner Ruf erfuhren, wollten sie Abbe zum ordentlichen Professor ernennen[17], und als er auch dieses Angebot ablehnte, beriefen sie ihn zum Honorarprofessor. Es ist das eine besondere Ehrenstellung für verdiente Persönlichkeiten, die nicht hauptberuflich zur Universität gehören. Trotz großer Belastung in der Firma hat Abbe weiter regelmäßig seine Vorlesungen gehalten.

Daß es richtig war, den Ruf nach Berlin abzulehnen, hat die Entwicklung bestätigt, die nun die technische Optik in Jena nahm. Abbes Bericht über die South Kensington Ausstellung war endlich 1878 erschienen.[18] Sein Wort, »daß die fernere Vervollkommnung des Mikroskops« von den »Fortschritten der Glasschmelzkunst« abhänge, klingt wie eine Aufforderung an Otto Schott. Die Firmenhistoriker haben jedoch herausgefunden, daß Otto Schott den Bericht Abbes erst später kennengelernt hat.

Otto Schott stammte aus Witten in Westfalen, wo sein Vater eine Tafelglashütte besaß. Er hatte sich nach seiner Promotion 1875 insbesondere mit anorganischen Schmelzverbindungen befaßt, Erfahrungen im Fabrikbetrieb gesammelt und sich schon in jungen Jahren einen Ruf als »Glasdoktor« geschaffen. Am 27. Mai 1879 sandte er Abbe Proben eines neuen Glases, das Lithiumoxyd als Bestandteil enthielt. Die Messungen ergaben, daß die optischen Eigenschaften nicht den gewünschten entsprachen. Trotzdem war Abbe angetan von dieser Leistung. In langen Briefen diskutierte er mit dem zwölf Jahre jüngeren »Glasdoktor« die wissenschaftlichen, technischen und kommerziellen Gesichtspunkte bei der Herstellung neuer Glasarten.

Anfang des Jahres 1881 kam Otto Schott zu Besuch nach Jena und wohnte bei den Abbes im Fremdenstübchen. »Wissenschaft entsteht im Gespräch«, hat Werner Heisenberg einmal gesagt. Es zeigte sich, daß das Schillerhaus für das wissenschaftliche Gespräch, jedenfalls wenn es sich bis weit in die Nacht ausdehnte, nicht recht geeignet war. Durch die dünnen Holzdecken mußten Frau Abbe und die beiden Töchter die langen Erörterungen über die chemische Zusammensetzung und die optischen Eigenschaften der Gläser mit anhören, und in der dritten Morgenstunde schaltete sich Frau Elise vom Schlafzimmer oben energisch in die Diskussion ein. »Die verdammte Phosphorsäure«, vernahmen die Herren und begriffen diese Bemerkung als Hinweis, daß sie nun zu Ende kommen mußten.[19]

Noch ein Jahr setzte Otto Schott seine Schmelzversuche in Witten fort, im Frühjahr 1882 siedelte er nach Jena über. Hier gingen die Versuche in größerem Umfang weiter. Langsam wurden sie sicher, daß Schott auf dem richtigen Wege war; es zeigte sich aber auch, in wie weiter Ferne das Ziel noch lag.

Auch wenn sich Abbe und Zeiss beteiligten: Allein konnten sie die kostspieligen Versuche nicht finanzieren. Eine staatliche Subvention war notwendig. Abbe wandte sich an Hermann von Helmholtz.

Mit der Angelegenheit befaßte sich das Preußische Kultusministerium. Aus heutiger Sicht erstaunlich: Für die Wissenschaft waren zwar die deutschen Einzelstaaten zuständig, im Falle Jena aber doch nicht das Königreich Preußen, sondern das Großherzogtum Sachsen-Weimar.

Wenn es sich um ein wissenschaftliches Unternehmen von »nationaler Bedeutung« handelte, fühlte sich damals (weil auf Reichsebene eine entsprechende Behörde fehlte) das Preußische Kultusministerium in die Pflicht genommen. Es besaß besonderes Verständnis und Wohlwollen für alle wissenschaftlichen Angelegenheiten. In der »Glassache« lag bereits ein Gutachten von Wilhelm Förster vor, dem Direktor der Berliner Sternwarte; andere wurden noch eingeholt.[20]

Im Preußischen Landtag ergriff Rudolf Virchow, der berühmte Pathologe und Führer der Fortschrittspartei, als Berichterstatter der Budgetkommission zum Antrag des Kultusministeriums das Wort:

> Es handelt sich hier um ein nationales Unternehmen, um die Aufgabe, in Deutschland in selbständiger Weise dasjenige Glas herzustellen, welches für alle wissenschaftlichen Zwecke und nebenbei für die Bevölkerung in Bezug auf die Herstellung von Brillengläsern, Operngückern und dergleichen erforderlich ist. Indessen das letztere ist nicht die Hauptsache, vielmehr handelt es sich in erster Linie um die Herstellung von Glas für Teleskope, Mikroskope und dergleichen wissenschaftliche Instrumente.[21]

Bereits am 21. Oktober 1883, ein halbes Jahr vor der Genehmigung des Zuschusses, unterzeichneten Otto Schott, Ernst Abbe, Carl Zeiss und Roderich Zeiss einen Vertrag, mit dem sie das »Glastechnische Laboratorium Schott & Genossen« ins Leben riefen. Das junge Unternehmen erhielt insgesamt 60000 Mark aus dem preußischen Staatshaushalt. Am 1. September 1884 wurde das Feuer im ersten Schmelzofen entzündet und am 8. September die erste Schmelze gefertigt. Der Eintrag in das Handelsregister folgte am 23. Juli 1885.

Als ihren »eigentlichen« Gründungstag betrachten die Schott Glaswerke den 1. September 1884, weil, wie es in einer Firmenschrift hieß, »die Glasleute die Entzündung des Schmelzfeuers immer als einen besonders wichtigen Tag ansehen«[22].

Frau Elise Abbe, die den feierlichen Akt des Anbrennens vollzog, erinnerte sich später noch gerne an den »herrlichen Septemberabend«:

> Das ganze Personal war geladen; ein großer gezimmerter Tisch genügte, um alle zu beherbergen ... Die Feuer brannten auf den Bergen zur Vorfeier des Sedantages, und die Glocken läuteten. Wir waren in so glücklicher, hoffnungsvoller Stimmung, daß wir Sedan vergaßen; die Feuer schienen für uns zu brennen und die Glocken unserem Anfang die richtige Weihe zu geben.[23]

Im Juli 1886 erschien das erste Produktionsverzeichnis des Glastechnischen Laboratoriums mit 44 verschiedenen Gläsern. Abbe hatte sich früher lustig gemacht über die Fabrikanten, die optische Gläser lediglich durch das spezifische Gewicht kennzeichneten, wobei »die entscheidenden optischen Merkmale der Glasarten in ihren feineren Abstufungen völlig verhüllt blieben«.[24] Das Verzeichnis des Jenaer Laboratoriums enthielt den Brechungsindex, die Farbzerstreuung für drei Spektrallinien und eine optische Größe, die das Verhältnis der Brechung zur Farbzerstreuung angibt.[25]

In der technischen Optik war eine neue Epoche angebrochen. »Jahrelang haben wir neben wirklicher Optik noch Phantasieoptik betrieben«, erinnerte sich Abbe, »Konstruktionen in Erwägung gezogen mit hypothetischem Glas, das gar nicht existierte.«[26] Diese Zeiten waren nun überwunden. Jetzt konnte man das Glas, das man brauchte, auch wirklich herstellen. Und wieder war es die Wissenschaft – und diesmal die Chemie – der man den Fortschritt verdankte.

Ähnliche Erfahrungen machten in ihrem Gewerbe auch andere, und so galt die Wissenschaft als der »Erzengel des Fortschritts«. In diesem Jahr 1886 versammelten sich die Deutschen Naturforscher und Ärzte in Berlin, und das für den Kongreß bestimmte »Tageblatt« verzeichnete über 2700 Teilnehmer, mehr als jemals zuvor. Im größten Versammlungsraum der Reichshauptstadt, im Zirkus Renz, hielt Werner von Siemens die Festrede über das »naturwissenschaftliche Zeitalter«, dessen Schwelle die Menschheit eben betreten habe:

> Und so meine Herren wollen wir uns nicht irre machen lassen in unserem Glauben, daß unsere Forschungs- und Erfindungsthätigkeit die Menschheit höheren Kulturstufen zuführt, sie veredelt und idealen Bestrebungen zugänglicher macht, daß das hereinbrechende naturwis-

> senschaftliche Zeitalter ihre Lebensnot, ihr Siechtum mindern, ihren Lebensgenuß erhöhen, sie besser, glücklicher und mit ihrem Geschick zufriedener machen wird. Und wenn wir auch nicht immer den Weg klar erkennen können, der zu diesen besseren Zuständen führt, so wollen wir doch an unserer Überzeugung festhalten, daß das Licht der Wahrheit, die wir erforschen, nicht auf Irrwege führen, und daß die Machtfülle, die es der Menschheit zuführt, sie nicht erniedrigen kann, sondern sie auf eine höhere Stufe des Daseins erheben muß![27]

Heute, mehr als einhundert Jahre später, wissen wir, daß die Wissenschaft dem Menschen tatsächlich eine ungeheure Machtfülle zugeführt hat. Diese Machtfülle ist freilich auch zur Ursache der schrecklichsten Untaten geworden. Bittere Erfahrung hat uns gelehrt, daß der wissenschaftlich-technische Fortschritt die Menschheit nicht von selbst »höheren Kulturstufen« zuführt, sondern daß wir unsere ganze Kraft einsetzen müssen, um einen Mißbrauch zu verhindern.

Heute neigen wir dazu, die Fortschrittsgläubigkeit des 19. Jahrhunderts als naiv zu belächeln. Wir übersehen dabei, daß damals Medizin, Naturwissenschaft und Technik tatsächlich bessere Lebensbedingungen für alle geschaffen haben. Die Infektionskrankheiten, diese schrecklichen Geißeln der Menschheit, verloren ihren Schrecken. Die Industrieproduktion erhöhte sich und zudem der Anteil der arbeitenden Bevölkerung am Volkseinkommen. Zwar war die soziale Stellung des Arbeiters noch immer ein Skandal, aber in allen Schichten und insbesondere unter den Gelehrten wuchs die Einsicht, daß Reformen erforderlich waren, wenn nicht die Gemeinschaft insgesamt Schaden leiden sollte. Engagierte Zeitgenossen faßten den Gedanken, die Arbeitszeit herabzusetzen, um auch dem Lohnarbeiter die Muße zu verschaffen, die den Menschen erst zum Menschen macht.

An diesen Bestrebungen nahm Ernst Abbe lebhaften Anteil, und er entwickelte sich seit Ende der achtziger Jahre zu einem Sozialreformer, der andere durch sein Beispiel mitzog. Zunächst aber – Anfang und Mitte der achtziger Jahre – hat Abbe durch das von ihm in wesentlichen Elementen verbesserte Mikroskop Geschichte gemacht. Das beste Beispiel dafür sind die Arbeiten von Robert Koch.

Der Landarzt war 1880 an das Kaiserliche Gesundheitsamt nach Berlin berufen worden. Hier erschien es ihm als seine »dringende

Pflicht«[28], vor allem über die Tuberkulose eingehende Untersuchungen anzustellen. An dieser heimtückischen Krankheit starben im Deutschen Reich Jahr um Jahr von tausend Menschen drei.
Am 24. März 1882 konnte Robert Koch vor der Physiologischen Gesellschaft die Entdeckung des Tuberkelbazillus bekanntgeben. »Bei der Regelmäßigkeit des Vorkommens«, sagte er, »muß es auffallend erscheinen, daß sie bisher von niemandem gesehen« wurden. »Doch erklärt sich dies daraus, daß die Bazillen außerordentlich kleine Gebilde und meistens sehr spärlich an Zahl sind.«[29]
Entscheidend waren also wieder die optimalen Färbemethoden und die Verwendung eines besonders leistungsfähigen Mikroskops.
1878 hatte Robert Koch zum ersten Mal ein Abbesches Ölimmersionssystem in die Hand bekommen und sich von dem »gewaltigen Fortschritt« überzeugt, der, wie er schrieb, »der optischen Werkstätte von Carl Zeiss unter Professor Abbes genialem Beirat« gelungen war.[30] Seit dieser Zeit bevorzugte der Forscher die Zeißschen Mikroskope, und es gibt kaum einen Zweifel, daß er die Tuberkelbazillen 1882 wie die Erreger der Cholera 1883 mit Zeißschen Instrumenten entdeckt hat.
»Recht oft habe ich, wenn ich Ölsysteme benutzte, mit Bewunderung und Dankbarkeit der Zeißschen optischen Werkstätte gedacht«, berichtete Robert Koch nach Jena; »verdanke ich doch einen großen Teil der Erfolge, welche für die Wissenschaft zu erringen mir vergönnt war, Ihren ausgezeichneten Mikroskopen.«[31]
Dickes Lob gab es auch von dem Botaniker Leopold Dippel im »Handbuch der allgemeinen Mikroskopie«:

> In der ersten Auflage [1867] konnte ich bereits die Erzeugnisse der Jenaer Werkstätte zu dem Besten, was damals geleistet wurde, vollkommen zur Seite stellen. Seit dem letzten Jahrzehnt aber hat dieselbe unter der wissenschaftlichen Leitung von Professor Dr. Abbe und bei wesentlicher Vervollkommnung der Arbeitsmethoden einen so großartigen Aufschwung genommen, daß ich keinen Anstand nehme, dieselbe in Bezug auf die Gesamtheit ihrer Leistungen nach jeder Richtung hin in die Spitze zu stellen.[32]

Das Dippelsche Handbuch erschien 1882. In den folgenden Jahren vergrößerte sich der Vorsprung der Optischen Werkstätte. Die im

»Glastechnischen Laboratorium Schott & Genossen« erschmolzenen Gläser ermöglichten es Abbe, eine alte Idee zu verwirklichen: eine Optik zu schaffen, die nicht nur (wie der Achromat) für zwei Spektrallinien korrigiert ist, sondern für drei Linien. Bei diesen »Apochromaten« ist auch das schwache »sekundäre Spektrum« beseitigt. Hinzu kommt, daß die Bauart des Apochromaten eine besonders hohe Auflösung im Sinne der Abbeschen Abbildungstheorie ermöglicht.

Für Abbe war die Berechnung der aus zehn Einzellinsen bestehenden Apochromate Höhepunkt und Schlußstein seiner mehr als fünfzehnjährigen Arbeit am Mikroskop. Als Carl Zeiss 1886 mit den neuen Linsensystemen auf den Markt kam, bemerkten auch die Konkurrenzfirmen, daß man in einer »neuen Epoche der Optik« lebte.[33]

So war die Existenz von Ernst Leitz in Wetzlar ernsthaft bedroht, weil alle Welt nur noch Zeißsche Instrumente haben wollte. Die Krise konnte gemeistert werden, weil nun auch in Wetzlar die mathematische Berechnung anstelle der »Pröbelei« trat und weil Ernst Abbe bewußt auf eine Patentierung der Apochromate verzichtet hatte. »Wie alle Arbeiten unserer Firma«, heißt es in einer Jenaer Preisliste von 1886, stehen »auch diese Neuerungen ganz auf dem Boden freiester Konkurrenz. Die von uns benutzten Gläser sind mit unserer eigenen Beihilfe schon jetzt jedem zugänglich, und kein Optiker ist im geringsten behindert, die gleichen Linsen anzufertigen, so gut und so billig er vermag.«[34]

Noch heute ist für alle Mikroskophersteller, Japaner wie Europäer, die Grundlage der Arbeit die damals von Ernst Abbe entwickelte Theorie.

Am 24. und 25. September 1886 feierte die Firma die Fertigstellung des zehntausendsten Mikroskops. Die »einfachen« Mikroskope waren dabei nicht mitgezählt, auch nicht die Einzelsysteme (von denen etwa das Fünffache produziert wurde). Die Zahl 10000 repräsentiert also im wesentlichen die seit 1871 (aufgrund der Abbeschen Berechnungen) gefertigten Instrumente.

Die Zeissianer verstanden es, Feste zu feiern:

> Zuerst fand ein Kommers im Saale der »Grünen Tanne« statt, der damals die ganze Zeiss-Belegschaft faßte. Ich erinnere mich noch ...,

daß ... Prof. Abbe mit der Zigarrenkiste im Saale herumging und an die Mitarbeiter Zigarren verteilte. Am folgenden Nachmittag, 2 Uhr, wurde auf dem damaligen Litterplatz, heute Carl-Zeiss-Platz, zum Festzug angetreten. Es beteiligten sich daran auch die Frauen und Kinder der Werksangehörigen. Dieser stattliche Zug, voran die Seidelsche Kapelle (Stadtkapelle), an der Spitze ein junger Gehilfe mit einem Transparent, das die Inschrift trug: »Arbeit ist des Bürgers Zierde, Segen ist der Mühe Preis, ehrt den König seine Würde, ehret uns der Hände Fleiß« bewegte sich durch die Litter-Straße, jetzige Carl-Zeiss-Straße, Krautgasse, Johannisstraße über den Rathausmarkt nach dem alten Schützenhaus. Hier entwickelte sich ein richtiges Volksfest nach Jenaer Art. Es gab Kaffee und Kuchen, Bratwürste und Bier, soviel wir nur essen und trinken wollten.[35]

Für den Festabend in der »Grünen Tanne« hatten sich die »Hausdichter« betätigt. So kam auch ein »Jubiläums-Cantus« zur Aufführung, in dem ein Saatkorn besungen wird, das durch »innige Pflege« zum Wachsen und Blühen kommt:

Ein Saatkorn ist auch das Geschäft zu nennen,
Das In- und Ausland ruhmgekrönt nur kennen,
Und heute auf des Ruhmes Höhe steht.

Vollendet sind 10000 Instrumente
Der Forschung und der Wissenschaft zum Preis.
Geb Gott, daß blühe, wachse ohne Ende
Und Segen bring' die Jubelfirma Zeiss.[36]

Achtes Kapitel

DIE CARL-ZEISS-STIFTUNG

Ernst Abbe war seit 1883 mit 45 Prozent am Reingewinn der Optischen Werkstätte beteiligt. Zum Millionär hatte er es noch nicht gebracht, aber durch den wirtschaftlichen Erfolg der Firma war er auf dem besten Wege dorthin. Das Jenaer Glaswerk, an dem Abbe ein Drittel der Geschäftsanteile besaß, entwickelte sich ebenfalls günstig, womit niemand gerechnet hatte.

Reichtum aber bedeutete Abbe nichts. »Der Haushalt noch so wie zur Zeit, wo er von 600 Talern leben mußte; ich traute meinen Augen nicht«, berichtete ein Besucher.[1] Sein kleines Haus am Carl-Zeiss-Platz, gleich neben der Fabrik, das er 1886 bezogen hatte, zeigte, daß er für »Repräsentation« keinen Sinn besaß. Er lebte bescheiden, wie eben ein deutscher Professor damals lebte.

Es war ihm bewußt, daß es ihm unvergleichlich besser ging als seinen Eltern, die ständig mit Armut und Krankheit zu kämpfen gehabt hatten. Seine Mutter war früh an Schwindsucht gestorben; sein Vater, ein Arbeiter und späterer Fabrikmeister in einer Eisenacher Spinnerei, wurde trotz seiner robusten Veranlagung auch nur 60 Jahre alt.[2]

Ernst Abbe vergaß ebensowenig, was noch seltener ist, daß sein Erfolg nicht allein auf der eigenen Tüchtigkeit beruhte. Er fühlte sich der Wissenschaft und den Arbeitern des Zeiss-Werkes dankbar verpflichtet. Mochten alle anderen es als ihr gutes Recht betrachten, frei über ihr ererbtes oder erworbenes Vermögen zu verfügen, Abbe wollte die Mittel, die »die Gunst der Umstände« in seine Hand gelegt hatte, nicht für sich und seine Erben behalten, sondern »zu gemeinnütziger Verwendung bringen«.[3]

Seit 1886 überwies Abbe regelmäßig bedeutende Summen für die Universität Jena zur Förderung der Lehrtätigkeit und der wissenschaftlichen Forschung auf dem mathematisch-naturwissenschaftlichen Gebiet. Noch im gleichen Jahr erwarb er ein Grundstück, schenkte es der Universität und ließ aus seinen Mitteln eine neue Sternwarte errichten.

Die naturwissenschaftlichen Fächer erforderten, wenn man sie zeitgemäß betreiben wollte, große und modern eingerichtete Institute. In Berlin hatte der preußische Staat für Hermann von Helmholtz ein Physikalisches Institut für 1,2 Millionen errichtet. An allen Universitäten des Reiches entstanden neue Institute für Physik, für Chemie und für Physiologie.

Wie sollte hier die Universität Jena noch mithalten können? Die vier thüringischen Kleinstaaten mit zusammen kaum einer Million Einwohner, die gemeinsam für den Unterhalt der Universität aufkamen, waren finanziell überfordert. Was der Staat nicht mehr leisten konnte, übernahmen Ernst Abbe und die Firmen Zeiss und Schott. Die Zuwendungen (zuerst unmittelbar von Abbe, dann mittelbar über die Carl-Zeiss-Stiftung) ermöglichten die Errichtung des Instituts für wissenschaftliche Mikroskopie (1899), für Technische Physik (1902) und für Physik (1902).[4]

Die Industrie, die von der Wissenschaft ständig Impulse empfängt, darf die Sorge für die Wissenschaft nicht ganz dem Staate überlassen. Das Beispiel Abbes hat mit beigetragen, daß sich dieser Gedanke auch in Deutschland durchsetzen konnte. 1898 gründeten der Mathematiker Felix Klein, der Industrielle Henry von Boettinger und der preußische Ministerialdirektor Friedrich Theodor Althoff die »Göttinger Vereinigung zur Förderung der angewandten Physik und Mathematik«, die zugunsten der Georgia-Augusta Mittel aus der Industrie sammelte. Auch bei der großen Kaiser-Wilhelm-Gesellschaft, die 1910/11 entstand, war der Leitgedanke die Mitwirkung der Industrie beim Aufbau neuer großer Forschungsinstitute.

Über seine Zuwendungen an die Universität Jena hatte Abbe am 11. Mai 1886 eine rechtsverbindliche Erklärung für sich und seine Erben abgegeben. Damit verzichtete er auf einen Teil seiner Einkünfte zugunsten der Allgemeinheit. Eineinhalb Jahre später wollte er auch seinen Anteil am Zeiss-Werk, aus dem diese Einkünfte flossen, gemeinnützigen Zwecken zuführen. Er bot an, nach seinem Tode sein gesamtes Eigentum an die Universität Jena (oder zu deren Gunsten an den Weimarer Staat) zu übertragen; seiner Familie war eine Abfindungssumme zugedacht, die in etwa dem Pflichtteil entsprechen sollte.

Soweit die eine Seite seines Angebotes. Neben der Unterstützung der Universität verfolgte Abbe noch eine zweite Absicht, ebenso philanthropisch wie die erste: Er wollte die Existenz der Optischen Werkstätte auf Dauer sichern. Als Negativbeispiel stand ihm das Schicksal der Manufaktur von Utzschneider und Fraunhofer in Benediktbeuern vor Augen, die durch den kurzsichtigen Egoismus der Nachfolger zugrunde gegangen war. Deshalb suchte er für das Zeiss-Werk zu erreichen, »daß der gewöhnliche Zweck privater Geschäftstätigkeit, der bloße Gelderwerb, niemals die maßgebende Richtschnur bei der Verwaltung ... werde.«[5]

Für seine »gegenwärtigen Genossen« (Carl Zeiss und Otto Schott) wie für den »jüngeren Mann« (Siegfried Czapski), den er als seinen »persönlichen Nachfolger in der Geschäftsleitung ins Auge gefaßt« hatte [6], war er sich seiner Sache sicher. Es schien ihm aber mit Recht unmöglich, auf die gleiche Gesinnung in der nächsten und übernächsten Generation zu bauen. Deshalb, glaubte Abbe, müsse man weg von persönlichen Eigentümern, und deshalb dachte er (zunächst) an die Universität Jena. Diese sollte, schlug er vor, nach seinem Tode in alle seine Rechte und Pflichten gegenüber der Optischen Werkstätte und dem Glaswerk eintreten.

Das Angebot Abbes ist auf den 1. November 1887 datiert; noch am gleichen Tag berichtete der Universitätskurator seinem Minister nach Weimar: »Der Schatz, welcher der Universität in Aussicht gestellt ist, wird nicht so leicht zu heben sein.«[7] In der Tat waren die Gedanken Abbes noch nicht ganz ausgereift. Wie etwa sollte die Zusammenarbeit der Universität mit den anderen Eigentümern der beiden Firmen (und später mit deren Erben) bewerkstelligt werden und wie sollte die Universität sachgerechte unternehmerische Entscheidungen treffen?

Zum Glück war der Universitätskurator ein alter Freund und Studienkollege. Es begannen intensive Beratungen, an denen noch der Weimarische Ministerialdirektor und Chef des Kultusdepartements

sowie der auf dem Gebiete des Handelsrechtes beschlagene Regierungsrat Karl Rothe teilnahmen.
»Meinem verehrten Freund Rothe bin ich jeden Tag dankbar dafür«, sagte Abbe später, »daß er einen ziemlich chaotischen Gedankenkreis bei mir auf einmal erleuchtete.« Der erlösende Gedanke war »juristische Person«.[8]
Es kam Abbe darauf an, »das Unternehmen unabhängig von Privatunternehmern zu machen«[9] und trotzdem den »Charakter eines Staatsbetriebes« zu vermeiden. Hie Skylla, dort Charybdis. Durch Gründung einer Stiftung erreichte Abbe, daß das Zeiss-Werk einen sicheren Kurs zwischen den Gefahren links und den Gefahren rechts steuern konnte.
Was die »Gefahren links« betraf, hat sich Abbe dezidiert gegen den Staatsbetrieb geäußert, weil er »im allgemeinen ein persönliches Abhängigkeitsverhältnis der Beschäftigten mit sich« bringe. Abbe aber wollte Freiheit:

> Die Herren, die wissen, wie ich über persönliche Selbständigkeit denke, und die wissen, daß ich nicht nach oben schiele, werden mir zutrauen, daß ich Vorsorge getroffen habe ... Sämtliche Personen, die mittelbar oder unmittelbar im Dienste der Stiftung stehen, genießen in ihrem persönlichen und bürgerlichen Leben dieselbe Unabhängigkeit wie in irgendeinem anständigen privaten Unternehmen.[10]

Abbe verkannte ebensowenig die »Gefahren rechts«. Der oder die privaten Eigentümer bergen als Menschen immer ein Element der Willkür und Unsicherheit. Das Hinsiechen des früher so kraftvollen Carl Zeiss bewies – sozusagen täglich – die Berechtigung dieser Sorge. Nach einem Schlaganfall 1887 mußte der alte Zeiss im Rollstuhl gefahren werden. Unendlich schwer fiel es ihm, sich vom Werk zu lösen.[11]
Am 3. Dezember 1888 starb der Gründer der Firma im Alter von 72 Jahren.
Ein Denkmal, wie es schöner nicht gedacht werden kann, setzte Ernst Abbe seinem Freund, indem er in § 2 der Stiftungsurkunde ausdrücklich verfügte:

> Die Stiftung soll für alle Zeit den Namen Carl-Zeiss-Stiftung führen zu Ehren des Mannes, der zu obengenannten Unternehmungen der Opti-

> schen Werkstätte und dem Glaswerk den ersten Grund gelegt hat, und zur dauernden Erinnerung an sein eigenartiges Verdienst: auf seinem Arbeitsfeld zielbewußt das Zusammenwirken von Wissenschaft und technischer Kunst angebahnt zu haben.[12]

Vom Stichwort »juristische Person« (ausgesprochen um die Jahreswende 1887/88) bis zur Gründung der Stiftung vergingen eineinhalb Jahre. Die Entwürfe für die Stiftungsurkunde und den Erbeinsetzungsvertrag mußten noch ausführlich mit der Regierung beraten werden. Endlich am 19. Mai 1889 unterzeichnete Ernst Abbe die Stiftungsurkunde und zwei Tage später folgte die »landesherrliche Bestätigung«, wodurch die Carl-Zeiss-Stiftung Rechtspersönlichkeit erhielt.

Die Stiftungsurkunde besitzt 17 Paragraphen. Lediglich in einigen allgemeinen Wendungen findet sich, was im späteren Statut von 1896 die Hauptsache ausmacht, das Recht der Arbeiter. Ausführlich geregelt dagegen ist die Verwendung des für die Universität Jena bestimmten Betriebsgewinnes. Im § 15 nannte Abbe als vordringlich die Gründung einer Professur für theoretische Physik, einer Professur für Astronomie und einer weiteren (dritten) für Mathematik.[13]

Auf das Extraordinariat für theoretische Physik wurde 1889 Felix Auerbach berufen, der bald zum engeren Freundeskreis um Ernst Abbe gehörte. Auerbach war musisch und literarisch begabt und hat sich durch eine Reihe von allgemeinverständlichen Büchern über physikalische Themen einen Namen geschaffen. Er hat auch eine Geschichte des Zeiss-Werkes und eine Lebensbeschreibung Ernst Abbes verfaßt. Insbesondere seine 1917 in erster und 1922 in zweiter Auflage erschienene Biographie[14] ist ein Meisterwerk und wird dem edlen und genialen, aber auch eigenwilligen und nervösen Menschen ebenso gerecht wie seinem wissenschaftlichen und sozialpolitischen Lebenswerk.

Die Abbesche Theorie des Mikroskops nannte Auerbach die »große Tat«, den Aufbau der Carl-Zeiss-Stiftung die »größere Tat«. Wie bei der Theorie des Mikroskops brauchte Abbe auch hier eine ganze Reihe von Jahren; erst 1896 hatte er die Stiftung materiell und ideell in die endgültige Form gebracht.

Vorerst galt die Sorge dem Geschäftspartner; wenn der sich querlegte, war die ganze Stiftung im wahrsten Sinne des Wortes nur eine halbe Sache. Nach dem Tode von Carl Zeiss hatte sich Abbes Anteil an der Optischen Werkstätte auf 50 Prozent erhöht. Sozius mit ebenfalls 50 Prozent war nun Dr. Roderich Zeiss.

Abbe hatte nie Probleme mit Carl Zeiss gehabt. Anders jetzt mit dem Sohn. »Abbe hatte den Kopf voll von Erfindungen und Plänen, erkannte als weitschauender Unternehmer große Möglichkeiten zur Entwicklung der Werke und wollte sie nutzen«, schrieb der Prokurist und Firmenhistoriker Friedrich Schomerus: »Roderich Zeiss dagegen scheute das Risiko, zog vor, aus einem Werk mit 300 Betriebsangehörigen ein sicheres und gutes Einkommen zu holen.«[15]

Während Abbe den Arbeitern gegenüber »von einer fast kindlichen Gutherzigkeit« war, kehrte Roderich Zeiss den Fabrikbesitzer heraus und stemmte sich gegen soziale Reformen. Als geradezu unerträglich empfand Abbe aber die Unstetigkeit seines Geschäftspartners. Wenn Roderich Zeiss auf gutes Zureden einer Sache endlich seine Zustimmung gegeben hatte, geschah es häufig, daß er sie alsbald wieder zurückzog. In verbindlicher Form, aber in der Sache entschieden, forderte Abbe klare Verhältnisse in der Geschäftsleitung. »Entweder Sie allein, oder ich allein.«[16] Es wäre ihm eine »Wohltat«, erklärte er, wenn er sich nunmehr von aller geschäftlichen Tätigkeit freimachen und seinen wissenschaftlichen Studien unbehindert obliegen könnte.[17]

Hatte Abbe wirklich eine solche Möglichkeit ernsthaft ins Auge gefaßt? Mit letzter Sicherheit läßt sich diese Frage nicht mehr beantworten. Es gibt jedoch starke Anhaltspunkte für die folgende Vermutung: Abbe wußte, daß Roderich Zeiss – vor die Wahl gestellt – aufgeben würde. Schon seit Monaten hatte Abbe beobachtet, daß sich sein Partner nicht mehr besonders für die Firma interessierte, und er wußte zudem, daß Roderich Zeiss plante, sein Landgut selbst zu bewirtschaften.[18]

Nach mühsamen Verhandlungen verzichtete Roderich Zeiss, und Abbe übernahm allein die Geschäftsführung. Das war aber erst der Anfang. Abbe wollte auch Klarheit in den Besitzverhältnissen. Er beabsichtigte, seinen 50-Prozent-Anteil am Zeiss-Werk schon zu

Lebzeiten – und möglichst bald – auf die Carl-Zeiss-Stiftung zu übertragen.
Noch war Roderich Zeiss an der Optischen Werkstätte ebenfalls zur Hälfte beteiligt. In einer Serie von neuen Verhandlungen verfolgte Abbe hartnäckig das Ziel, Roderich Zeiss abzufinden und die Carl-Zeiss-Stiftung zur Alleininhaberin zu machen.
Endlich am 17. Juni 1891 konnte das Großherzoglich-Sächsische Staatsministerium in Vertretung der Carl-Zeiss-Stiftung zwei Verträge ausfertigen, den einen mit Ernst Abbe, den zweiten mit Roderich Zeiss. Beide übertrugen ihre Anteile an der Optischen Werkstätte auf die Stiftung. Aus den Bestimmungen erkennt man, daß Abbe vor allem »die Fürsorge für den gedeihlichen und gesicherten Fortbestand der Optischen Werkstätte«[19] am Herzen lag. Für seinen Anteil an der Firma wurde Abbe mit 300000 Mark abgefunden, die nicht einmal an ihn selbst, sondern nach seinem Tode an die Familie gezahlt werden sollten. Roderich Zeiss dagegen erhielt für sich und seine Miterben 468000 Mark, zusätzlich zehn Jahre lang eine Rente von jährlich 21280 Mark und für drei Jahre eine Gewinnbeteiligung.[20]
Nach all diesem machte sich Abbe daran, sein sozialpolitisches Werk zu krönen. Er schuf eine Verfassung, die Rechte und Pflichten der Menschen in den Stiftungsbetrieben regelte. Fast fünf Jahre brauchte Abbe, bis das Statut mit seinen 122 Paragraphen ausformuliert war. Die Leitung der Optischen Werkstätte nahm all seine Kraft in Anspruch, und die Muße zur konzentrierten Arbeit konnte sich Abbe nur noch etwas gewaltsam verschaffen, indem er, wie Czapski sagte, »von Zeit zu Zeit fünf gerade sein ließ« und sich im Werk auf »ruckweises Eingreifen« beschränkte.[21]
Auch die Sommerferien, die Abbe damals fast regelmäßig im Berner Oberland verbrachte, nutzte er zur Arbeit am Statut.[22] Die Suche nach Fluorit, den die Firma für seine »Apochromate« benötigte, hatte ihn 1886 zum ersten Mal zum Schwarzhorn geführt.[23]
Die Menschen dort gefielen ihm, und die von ihm offen gezeigte Zuneigung wurde von den Älplern herzlich erwidert. Für ihn, den »alten Demokraten«, wie er von sich sagte, bestätigten die Bergbauern mit ihrer freiheitlichen Gesinnung, daß seine politischen Ideale durchaus kein Hirngespinst waren. So formulierte Abbe mit neuge-

wonnenem Mute Vorschriften, die die Stellung des Arbeiters im Betrieb auf eine ganz neue Grundlage stellten:

> Bei Anstellung der Beamten ..., der Geschäftsgehilfen und Arbeiter muß jederzeit ohne Ansehen der Abstammung, des Bekenntnisses und der Parteistellung verfahren werden ... Die Beförderung der Angestellten und Arbeiter in Hinsicht auf Funktion und Entlohnung darf nur von ihren Fähigkeiten und Leistungen ... abhängig gemacht werden ...
> In der freien Ausübung aller persönlichen und bürgerlichen Rechte außerhalb des Dienstes darf ... niemand unmittelbar oder mittelbar behindert werden. In der Vertretung ihrer Interessen, einzeln oder gemeinsam, ... dürfen die Angehörigen der Betriebe in keiner Art beschränkt werden.[24]

Was uns heute selbstverständlich erscheint, war damals eine Sensation. Üblich war die politische und private Bevormundung durch den Unternehmer. So proklamierte 1889 der Industrielle Carl Ferdinand von Stumm es als seine »sittliche Pflicht«, den Arbeiter innerhalb der Fabrikmauern und »auch in seinem Verhalten außer dem Betriebe zu überwachen und zu rektifizieren.« Er verbot die Lektüre bestimmter Zeitungen und verlangte, Heiratsabsichten anzuzeigen, damit er »törichte Heiraten« verhindern könne.[25]

Im Fin de siècle herrschte die Ansicht, daß ein Industrieunternehmen militärisch organisiert und die Autorität »nötigenfalls durch Strafen« erzwungen werden müsse. Hier schlug Ernst Abbe eine Bresche. In der Zeitschrift »Arbeiterfreund«, dem Organ des »Central-Vereins für das Wohl der arbeitenden Klassen«, heißt es 1897, daß in seinen Taten »das Morgenrot eines schöneren Tages« leuchte.[26]

Zu diesen Taten gehört der im Statut verfügte Urlaubsanspruch. Allen Mitarbeitern standen, unabhängig von der Dauer der Betriebszugehörigkeit, zwölf Tage Jahresurlaub zu. Um diese Leistung zu würdigen, muß man wissen, daß es damals Urlaub für Arbeiter praktisch nicht gab. Bei der Badischen Anilin- und Sodafabrik zum Beispiel wurde der Urlaub für Arbeiter erst 1908 eingeführt. Dabei gab es nur eine Woche im Jahr und auch nur für die Arbeiter, die ohne Unterbrechung mindestens zehn Jahre im Dienste der Firma gestanden hatten.[27]

Eine soziale Großtat war auch die in § 77 festgelegte Abgangsentschä-

Die Abteilung Optik (um 1900).

digung für alle schon drei Jahre und länger beschäftigten Betriebsangehörigen im Falle der Kündigung durch die Firma. »Praktisch bedeutet diese Zusicherung«, erläuterte Abbe selbst, »eine Versicherung dagegen, daß in schlechten Zeiten solche Leute ... überhaupt entlassen werden«.[28]

In der politischen Diskussion spielte damals der sogenannte »Mehrwert« eine besondere Rolle. Im Kapitalismus, so Karl Marx, werden die Arbeiter um den Mehrwert ausgebeutet, der dem Eigentümer der Fabrik zufällt. Für das Zeiss-Werk verfügte Abbe, daß der Gewinn dreierlei Zwecken zu dienen hat: Ein Teil bleibt im Betrieb für Investitionen, ein zweiter Teil wird als »Lohn- oder Gehaltsnachzahlung« an die Betriebsangehörigen ausgeschüttet, und ein letzter Teil kommt der Wissenschaft zugute. Dabei sind keine festen Prozentsätze festgelegt; die Aufteilung auf die drei Positionen bestimmt sich nach der jeweiligen Geschäftslage. Im ersten Geschäftsjahr nach dem Inkrafttreten des Statuts 1896/97 betrug die Gewinnbeteiligung 5 Prozent des Jahresgehaltes, 1897/98 dann 9 Prozent und in den drei folgenden Jahren jeweils 10 Prozent, entsprach also in etwa einem 13. Monatsgehalt.

Wie eine Verfassung regelt das Stiftungsstatut die Rechte und Pflichten in der Betriebsgemeinschaft. Abbe hat es in neun Abschnitte (»Titel« genannt) eingeteilt. Titel I enthält die konstituierenden Bestimmungen; so legt § 1 die Zwecke der Stiftung fest, und § 2 begründet die Benennung nach Carl Zeiss. Titel II ist der »Organisation der industriellen Tätigkeit« gewidmet, Titel III den »Allgemeinen Normen für die geschäftliche Tätigkeit«; und so geht es weiter.

Von allen großen Leistungen Abbes wurde das Statut nach Inhalt und Form am meisten bewundert. Stiftung und Statut sind nur ein Teil seiner Lebensarbeit, meinte Friedrich Schomerus, aber an ihnen »hängt sein Herzblut«.

> In ihnen spiegelt sich die sittliche Persönlichkeit Abbes am klarsten und reinsten wider. Auch die gedankliche Leistung, die sie darstellen, ist bewunderungswürdig und staunenswert. Nicht nur seinen Besitz, sondern auch seine Gesundheit hat er an die Bewältigung und Durchsetzung seiner Idee geopfert.[29]

Auch Freunde staunten, welche Kenntnisse in einer ihm völlig fremden Materie er sich angeeignet hatte. Die juristische Fakultät der Universität Jena verlieh ihm dafür den Ehrendoktor.

Natürlich hätte die Stiftung nach Ernst Abbe benannt werden müssen, denn er war der Stifter, und sein Geist und sein Vermögen bildeten die Stiftung. »Sie heißt Carl-Zeiss-Stiftung, ist aber ausschließlich eine Ernst-Abbe-Stiftung«, hat man zu Recht gesagt.[30] Aber alles, was mit Personenkult zu tun hatte, war Abbe zutiefst verhaßt. Die Ehrendoktorwürde hat er auch nur deshalb angenommen, um seine juristischen Kollegen nicht vor den Kopf zu stoßen. »Mit Titel und Orden ist ihm nicht beizukommen«, berichtete der Universitätskurator offiziell nach Weimar.[31]

Bei der Ausformulierung der Schlußfassung geriet Abbe zu guter Letzt in Terminschwierigkeiten; es gelang ihm aber, das Statut noch vor dem Firmenjubiläum fertigzustellen und es von der Regierung in Weimar genehmigen zu lassen.

Am 12. Dezember 1896 hielt er seine berühmt gewordene Gedächtnisrede zum 50jährigen Bestehen der Optischen Werkstätte. Im festlich geschmückten Theatersaal versammelten sich die Belegschaftsmitglieder, hohe Ministerialbeamte aus Weimar, Dekane und Professoren der Universität, Jenaer Stadträte und Behördenleiter sowie Vertreter der Schwesterfirma.[32] Auf der Bühne stand, festlich umkränzt, ein großes Bild des Firmengründers, und der Redner würdigte den verstorbenen Freund als einen »Pfadfinder des Gedankens«, der das Ziel gewiesen habe zur Synthese von wissenschaftlicher Theorie und praktischer Kunst, von Verstand und Hand.

Einen großen Bogen schlug Abbe von den kleinen Anfängen der Werkstätte bis zu den großen Anforderungen, die die Zukunft an sie alle stellen werde, und von den wissenschaftlich-technischen Erfolgen zu ihren besonderen sozialen Pflichten:

> So kann ich ... nun schließen mit ... der freudigen Hoffnung, daß nach abermals 50 Jahren ein anderer wiederum zu einem ähnlichen Rückblick auf die alsdann 100jährige Geschichte unseres Instituts Veranlassung haben werde, und daß dieser andere alsdann werde bezeugen können: Die zweite Hälfte des 100jährigen Zeitabschnittes habe ein Geschlecht vorgefunden, gewillt und fähig, dasjenige zu erhalten, fortzusetzen und zur Entwicklung zu bringen, was durch die Arbeit der ersten Hälfte begründet wurde. Und dann werden alle die vielen freundlichen und aufmunternden Wünsche ihre Erfüllung finden ... Wünsche, die sämtlich zusammenstimmen mit dem Wunsch, unter welchem ich schon vor einigen Monaten das Statut der Stiftung meinen Mitarbeitern überreichte: daß die Optische Werkstätte Carl Zeiss auf den Grundlagen ihrer neuen Verfassung weiterhin blühen und gedeihen möge – zum Segen aller, die in ihren Verband eintreten, zum Dienste des Gemeinwohls, zur Ehre deutscher feintechnischer Industrie![33]

Wenn es auch bedenkliche Einbrüche zum Ende des 100jährigen Zeitabschnittes und unmittelbar danach gegeben hat: Abbes großer Wunsch hat sich erfüllt: Noch heute blüht und gedeiht das Zeiss-Werk. Es hat seinen Geist bewahrt und ist »keine Fabrik wie tausend andere geworden«.[34] Trotz der unvorhersehbaren Verlagerung in den Westen unseres Vaterlandes, oder vielmehr gerade wegen dieser Verlagerung, blieb das Zeiss-Werk, was es von Anbeginn war, eine Gemeinschaft von Menschen, in der – wie im Staate die Verfassung –

das Stiftungsstatut das feste Fundament für das sinnvolle Zusammenwirken bildet.
In diesem Geiste überstanden Stiftung und Werk die Stürme zweier Weltkriege, und es erfüllte sich das Wort des Apostels: »Da nun … die Wasser kamen und wehten die Winde und stießen an das Haus, fiel es doch nicht; denn es war auf Felsen gegründet.«[35]

Neuntes Kapitel

DIE NACHFOLGER

Abbe hatte alles getan, um das Zeiss-Werk für die späteren Generationen zu erhalten und seinen Charakter zu bewahren. Das Eigentum war auf die Carl-Zeiss-Stiftung übergegangen. Eine juristische Person gewährte für die Zukunft größere Sicherheit, als sie »Privatunternehmer zu bieten vermögen«[1]. Beträchtlichen Scharfsinn hatte er darauf verwandt, sich selbst und seinen leiblichen Erben (die er im übrigen herzlich liebte) möglichst viel Vermögen zu entziehen und auf die Stiftung zu übertragen.

Ebenso wichtig war die Heranbildung von Wissenschaftlern. Regelmäßig erkundigte sich Abbe bei seinen Kollegen an den deutschen Universitäten nach geeigneten jungen Forschern. »Obwohl ich nun gegenwärtig schon vier Gelehrte als ständige Mitarbeiter in der Optischen Werkstätte habe«, erläuterte er 1890 Heinrich Hertz, müsse er sich schon wieder »nach einer weiteren tüchtigen Kraft« umsehen.[2] Ausführlich legte Abbe seinem Bonner Kollegen dar, daß es ihm »ebensosehr wie auf Kenntnisse und Fähigkeiten auch auf Eigenschaften des Temperaments und Charakters« ankomme: Der neue Mitarbeiter müsse »eine gewisse Gewähr bieten für die Herstellung und Erhaltung eines freundlichen Verhältnisses zu den verschiedenen Personen, mit denen er – bei der Unmöglichkeit einer scharfen Abgrenzung der Funktionen – in kollegialischen Verkehr« trete. »Verläßlichkeit und Vertrauenswürdigkeit« seien unabdingbar.[3]

Es gelang Abbe tatsächlich, einen Kreis von begabten, jungen Gelehrten um sich zu scharen. Diese Forscher waren die beste Zukunftsvorsorge. Sie sicherten dem Zeiss-Werk für Jahrzehnte die Führung auf dem Gebiete der angewandten Optik.

Ein besonderer Glücksfall war die Berufung von Siegfried Czapski. Mit noch nicht 23 Jahren hatte Czapski Anfang 1884 bei Helmholtz in Berlin promoviert. Sein Wunsch, »der Wissenschaft auf einem wenig betretenen Pfade nützliche und schöne Früchte einbringen zu können«[4], erfüllte sich noch im gleichen Jahr, als ihn Abbe nach Jena holte. Was Abbe damals brauchte, war, wie man gesagt hat, »nicht schlechthin ein wissenschaftlicher Hilfs- oder Mitarbeiter«, sondern »die bildsame Seele« eines ihm wesensverwandten Jünglings. Drei Tage nach der Ankunft Czapskis in Jena, so berichtete Frau Elise Abbe, sei ihr Mann »ganz verwandelt und vergnügt aus dem Laboratorium nach Hause gekommen« und habe ihr zugerufen: »Diesmal ist es der Richtige.«[5]

Wie es in der Wissenschaft manchmal vorkommt, wurde der Schüler zum nächsten und besten Freund. Schon bald betrachtete Abbe den 21 Jahre jüngeren Siegfried Czapski als seinen eigentlichen geistigen Erben. In einem 1886 geschlossenen Vertrag verpflichtete er Czapski, seine Funktionen beim Zeiss-Werk und Glastechnischen Laboratorium zu übernehmen, wenn er »versterben oder sonst an der Fortsetzung seiner Tätigkeit dauernd verhindert« sein sollte.[6]

Glücklicherweise trat dieser Fall erst Anfang des neuen Jahrhunderts ein. So hatte Czapski Zeit, in die ihm von Abbe zugedachte Aufgabe hineinzuwachsen.

Oft empfand es Czapski als fast übermenschlich, dem Anspruch zu genügen. Wie sollte er dem einzigartigen Manne je gleichkommen? »Manchmal denke ich«, schrieb er 1892, »es ist nur der ... Vergleich mit Abbe, der mir meine eigenen Leistungen so winzig erscheinen läßt«:

> Denn natürlich, neben einem solchen *ganzen* Kerl und mehr als das: einem tiefen und zugleich eminent praktischen und erfinderischen Kopf verbunden mit dem edelsten, selbstlosesten Gemüt und männlichsten Charakter, – neben einem solchen gestellt bekommt man erst ganz das Gefühl dafür, was man selbst ist. Wie sehr auch der stets intime Verkehr mit einem solchen Manne heben, alle guten Triebe kräftigen mag, – der Abstand bleibt immer *unendlich*.[7]

Ohne es zu wollen, machte Abbe seinem jungen Freund die Aufgabe schwerer, als sie ohnehin schon war. Man möchte es kaum glauben: Der sonst so realistische Abbe hatte Illusionen über die Pflichten, die der Fabrikbetrieb den Verantwortlichen unerbittlich auferlegte. Die

Anforderungen waren »sicher viel größer als Abbe gedacht hat und zugeben wollte«, berichtete Czapski:

> Als ich ihm [im Jahre 1898] klagte, wie sehr ich aus dem wissenschaftlichen Denken und Arbeiten herausgekommen sei, bekümmerte ihn das sichtlich, und er tröstete mich und sich damit, daß das nur vorübergehend, eine Folge des damaligen Anwachsens der Fabrik, Mangel an geeigneten Hilfskräften usw. sei.[8]

Hier täuschte sich der Meister. Die ersten 25 Jahre war die Optische Werkstätte ein Handwerksbetrieb unter der alleinigen Verantwortung von Carl Zeiss gewesen; in den nächsten 25 Jahren hatte die Wissenschaft das Primat. Abbe war ein Gelehrter par excellence, und er leitete die Optische Werkstätte wie ein Forschungsinstitut.

Nach der handwerklichen und der wissenschaftlichen Epoche war jedoch nunmehr die Zeit gekommen, in der die Geschäftsleiter vor allem Managementaufgaben zu erfüllen hatten. Czapski hat das amüsant beschrieben:

> Da heißt es täglich, stündlich entscheiden, verfügen, schnell! sofort! Man mag etwas von der Sache verstehen oder nicht: Es muß etwas geschehen, und einer muß sagen, was. Bin ich recht wohl, so macht's mir bei alledem einen gewissen Spaß, manchmal an einem Tage vielleicht fünfzig mehr oder minder weittragende Beschlüsse zu fassen. Das bloße Entschließen gewährt eine gewisse Befriedigung.[9]

Die Notwendigkeit, die beiden Funktionen – Management und Forschung – aufzuteilen, hat Abbe nicht zugeben wollen. Als sich an der Jahrhundertwende die Werkstätte zu einer Fabrik entwickelte, dem »Zeiss-Werk«, wie man nun sagte, kam er durch die Doppelbelastung in Schwierigkeiten. Die Muße zur eigenen Forschung konnte er sich nur noch etwas gewaltsam verschaffen, indem er die Sorge um das Unternehmen zeitweise einfach Siegfried Czapski überließ. »In gewissem Sinne war er gar nicht [mehr] der Direktor der Fabrik«, meinte dieser für die späten Jahre Abbes, »sondern [schien] ›à la suite‹ derselben gestellt.«[10]

Auch Czapski geriet in den Konflikt zwischen dem selbstgestellten Anspruch, wissenschaftlich die Führung zu behalten, und den steigenden Anforderungen des Fabrikbetriebes. Erst bei Rudolf Straubel,

Jena 1898: Ernst Abbe (Mitte) und Otto Schott (rechts) begutachten das kettenlose Fahrrad von Paul Rudolph.

der 1903 in die Geschäftsleitung eintrat, war entschieden, daß das Management Vorrang hatte. Freilich blieb für eine Firma wie Carl Zeiss wichtig, daß die Geschäftsleiter nie ganz im Management aufgingen. Rudolf Straubel besaß, wie später Walther Bauersfeld, eine in die Tiefe gehende Sachkenntnis, die es ihm ermöglichte, die wissenschaftlichen Beamten mit seinen Ideen zu stimulieren.
Mit Schott, Czapski und Auerbach gehörte Straubel zum engsten Freundeskreis um Abbe. Regelmäßig trafen sich die Familien mit den Kindern am Sonntagnachmittag zu einer Wanderung.
Bei der Rast im Freien verzehrte Abbe gern einen »Truthahn«, das

heißt, ein Butterbrot mit Käse. Für jeden hatte er ein freundliches Wort. Meist wandte sich die Unterhaltung rasch wissenschaftlichen Themen zu; von einer heiteren Geselligkeit, die sich die Frauen wünschten, konnte keine Rede sein. Schlafmangel und Überarbeitung hatten Abbe in einen Zustand ständiger Anspannung und Nervosität versetzt, und seine innere Unruhe ließ Behaglichkeit nicht aufkommen. »Er arbeitet fortwährend, selbst sonntags nach dem Spazierengehen sofort wieder«, berichtete Siegfried Czapski.

Ernst Abbe war, was Gefühlsäußerungen betraf, außerordentlich zurückhaltend und geradezu scheu. Im Gespräch hat er sich den Freunden nicht erschlossen.

Wenn man in Abbes Seele hineinblicken wollte, so meinte Felix Auerbach, müsse man die vielen Aktenstücke durchblättern (zum Beispiel den Erbeinsetzungsvertrag von 1889), in denen von Siegfried Czapski die Rede sei: »Sofort wandelt sich Abbes sonst sachlicher und formeller Stil, und es bricht die Sonne der Liebe heraus«:

> Zu meinem jüngeren Freund und Mitarbeiter, Herrn Dr. S. Czapski, auf dessen Tüchtigkeit und Pflichttreue hauptsächlich meine Hoffnung gegründet ist, daß auch im Falle meines frühzeitigen Todes den Unternehmungen Ersatz für meine persönliche Tätigkeit gesichert sei, habe ich das feste Vertrauen, daß er … seine ganze Kraft in den Dienst dieser Unternehmungen stellen und als seine Lebensaufgabe ansehen werde, zur Sicherung und Fortentwicklung im Sinne der von mir verfolgten Ziele unentwegt mitzuwirken.[11]

Ursprünglich hatte Czapski selbst der Nachwelt über seinen »Freund und Meister« berichten wollen und sich darauf gefreut, »in alles, was Abbe mir und anderen gewesen«, noch einmal versenken zu können. Die Verantwortung für das Zeiss-Werk aber ließ ihm keine Zeit. So hat Felix Auerbach die Aufgabe übernommen, und mit seiner erstmals 1917 erschienenen Lebensbeschreibung ist ihm ein großer Wurf gelungen. Die Biographie ist sachlich und faktenreich, wie man es erwarten kann, wenn sich ein Physiker über einen bewunderten Kollegen ausspricht; ergreifend jedoch sind die Abschnitte, in denen es um die Beziehung zwischen Abbe und Czapski geht.

Abbes starke innere Bindung an Czapski wurde noch stärker, als dieser eine Nichte seiner Frau heiratete. Zunächst jedoch war Abbe sehr aufgebracht. Er hielt seine Absicht, Czapski in die Geschäftsleitung zu berufen, nun nicht mehr ausführbar: »Das würde nach Nepotismus riechen.«[12] Allmählich aber ließ er sich beruhigen und empfand die Liebe der reizenden Grete Koch (der Lieblingsenkelin von Karl Snell) zu Siegfried Czapski als Bestätigung des eigenen Urteils. In der Verbindung Czapskis mit einer Enkelin seines Schwiegervaters sah er eine Parallele zu dem, was ihm zum Lebensglück geworden war, seine Heirat mit der Tochter Karl Snells. So galt in seinem Herzen der hochbegabte und menschlich so gewinnende junge Mann als der »ihm auf einem Umweg zugeführte Sohn«.[13]

Auch die jüdische Abstammung Czapskis verstärkte bei Abbe die Zuneigung. Sein Gerechtigkeitssinn empörte sich gegen die vielen Zurücksetzungen, denen die jüdischen Mitbürger im Deutschen Reich ausgesetzt waren. Auf die Welle des Antisemitismus, die seit den achtziger Jahren durch das Land ging, reagierte Abbe, wie er als Kind auf die Unterdrückung der Demokraten 1848/49 reagiert hatte: mit dem Gefühl der Solidarität mit den Verfolgten. Felix Auerbach nennt ihn einen »Philosemiten«.[14]

Dieses Wort können wir erst heute richtig würdigen. Auerbach war selbst Jude und ist, weil er Deutschland nicht verlassen wollte, am 26. Februar 1933 gemeinsam mit seiner Frau freiwillig aus dem Leben geschieden.[15] Zur »Reinheit der Gesinnung«, die Auerbach und mit ihm viele andere an Abbe rühmten, gehörte also auch, daß er keine Vorurteile kannte und, damals für viele undenkbar, einen Juden als seinen eigentlichen Nachfolger einsetzte.

Czapski wirkte seit 1891, seit der Übernahme der Firma durch die Carl-Zeiss-Stiftung, als Mitglied der Geschäftsleitung. Und er erfüllte die hohen Erwartungen. So durfte Abbe darauf vertrauen, daß das stark expandierende Unternehmen auch zukünftig im alten Geiste geführt würde. Die Entwicklungsmöglichkeiten lagen sowohl in der Steigerung der Produktion wie im »planmäßigen Hereinziehen neuer Betriebszweige«[16].

Bis gegen Ende der achtziger Jahre war das Arbeitsgebiet auf die Mikroskopie beschränkt gewesen, dann kamen Apparate für Mikrophotographie, optische Meßinstrumente, Photoobjektive, Ferngläser und Fernrohre hinzu.

Im März 1888 brachte Roderich Zeiss seinen »Special-Catalog über Apparate für Mikrophotographie« heraus. Hier stellte er eine große mikrophotographische Einrichtung für höchste Ansprüche vor, sozusagen das erste Carl Zeiss Photomikroskop.[17]

Die von Ernst Abbe erfundenen Meßinstrumente hatten sich in der Optischen Werkstätte außerordentlich bewährt, und so entstand eine Nachfrage sozusagen von selbst. Im Dezember 1892 beschrieb Carl Pulfrich alle diese Instrumente in einer Broschüre, und in dem von Abbe verfaßten Vorwort gab die Firma bekannt, daß diese »bisher gelegentlich für andere« ausgeführten Instrumente nunmehr in einer eigens dafür eingerichteten Abteilung unter der Leitung von Carl Pulfrich regelmäßig angefertigt würden.

Das Erscheinen dieses Kataloges Anfang 1893 gilt als Gründung der Abteilung für optische Meßinstrumente. Diese Abteilung, die nach der bei Zeiss üblichen Abkürzung nur »Mess« genannt wurde, war nach der Abteilung für Mikroskopie (und wohl auch nach der Photoabteilung) die älteste Abteilung. Die Mitarbeiter haben später mit Stolz das 50jährige, das 60jährige und das 75jährige Jubiläum gefeiert.[18] Es hat sie alle schwer getroffen, und am meisten wohl (den damals schon als Geschäftsleiter pensionierten) Gerhard Hansen, als die Abteilung unter dem Druck der wirtschaftlichen Notwendigkeiten nach der Kamerakrise aufgelöst werden mußte.

Noch vor dem Bau von optischen Meßinstrumenten begannen die Aktivitäten auf dem Gebiet der Photoobjektive, und so konnte die Photoabteilung (oder »Photo«) die Ehre beanspruchen, die älteste Abteilung (nach dem Mikroskopbau) zu sein.

Als sich die Photographie immer mehr ausbreitete, lag es nahe, die Erfahrungen zu nutzen, die man über Jahrzehnte in der Berechnung und Herstellung von Linsensystemen gesammelt hatte. Nach eigenen Vorarbeiten erteilte Abbe dem seit 1886 im Zeiss-Werk tätigen Dr. Paul Rudolph den Auftrag, Photoobjektive höherer Leistung zu berechnen. Das Ergebnis war der Anastigmat, der später den neuen, gesetzlich geschützten Namen »Protar« erhielt. Die Mitarbeiter von »Photo« datieren die Gründung ihrer Abteilung auf Ende 1890, als der Anastigmat auf den Markt gebracht wurde.

Der Umsatz der Photoabteilung stieg im Geschäftsjahr 1899 auf

617000 Mark und überschritt 1906/07 die Millionengrenze bei einem Gesamtumsatz von 5,9 Millionen.
1893 meldete die Firma einen von Abbe erfundenen Prismenfeldstecher zum Patent an. Während die Vorbereitungen zur Produktion auf Hochtouren liefen, fand ein Beamter im Kaiserlichen Patentamt die Beschreibung eines ähnlichen Prismenfernglases in der Literatur. Große Aufregung in Jena. Schließlich erhielt nur die verbesserte Tiefenplastik Patentschutz.
Trotz aller Enttäuschung war Abbe letztendlich froh, wie alles gekommen war. Ohne den »Animus«, etwas ganz Neues auszuführen, meinte er, hätten sie »schwerlich den ›Muk‹ gehabt, die Angelegenheit zu betreiben.«[19]
Der Prismenfeldstecher wurde ein Riesenerfolg. Bislang war die Firma nur bei den mit dem Mikroskop arbeitenden Gelehrten ein Begriff, jetzt wurde sie es auch beim großen Publikum. Wie viele andere gebrauchte der Dichter Christian Morgenstern das Wort »Zeiss« als Synonym für Fernglas:

> ... im Besitze eines Zeißes
> betrachtet voll gehalt'nen Fleißes
> vom vis-a-vis geleg'nen Berg
> ein Mensch den kleinen Löffelzwerg.

Die Fernrohrabteilung (oder »Fern«), für die 1894 als Gründungsjahr gilt, als das Reichspatent erteilt wurde und der Feldstecher auf den Markt kam, registrierte mit besonderem Stolz auch das Lob des Polarforschers Roald Amundsen:

> Meinen Zeiss-Feldstecher weiß ich gar nicht hoch genug zu schätzen. Er ist heute noch so gut wie im Jahre 1902, als ich ihn kaufte. Zweiundzwanzig Jahre war er mein ständiger Begleiter auf allen meinen Fahrten. Am Südpol ist er mitgewesen, allen klimatischen Einflüssen und härtesten Dienstleistungen hat er Trotz geboten.[20]

Im Jahre 1900 wurde der 20000ste Feldstecher produziert. Das schien die rechte Gelegenheit, wieder einmal mit der Belegschaft und der Bevölkerung ein Fest, mit allem was dazugehört, auszurichten.
Die Zahl der Mitarbeiter hatte sich in den letzten fünf Jahren verdoppelt und die tausend bereits überschritten. Es war sicher keine

schlechte Idee, den »Neuen« zu zeigen, daß man bei Carl Zeiss nicht nur von Optik etwas verstand, sondern auch Feste feiern konnte. Da aber schlug ein Arbeitervertreter vor, »aus diesem Anlaß die Arbeitszeit um eine halbe Stunde zu verkürzen«[21]. Das war das rechte Stichwort für den Meister. Anstelle eines Bratwurstfestes kam es zu einer sozialpolitischen Tat von nationaler Bedeutung.

Bei Carl Zeiss war man auf Anregung Abbes mit der Arbeitszeit schrittweise heruntergegangen und hatte 1891 den Neunstundentag erreicht, wobei, wie allgemein üblich, der Samstag als voller Arbeitstag zählte. Konnte man sich bei dem guten Geschäftsgang leisten, nur achteinhalb Stunden täglich zu arbeiten?

Im Durchschnitt betrug die Arbeitszeit in Deutschland mehr als zehn Stunden. 84 Prozent aller Tarifverträge sahen eine Arbeitszeit zwischen neuneinhalb und zehneinhalb Stunden vor.[22] Regelmäßig am 1. Mai demonstrierten die Gewerkschaften für einen Arbeitstag von acht Stunden. Die Drittelung des Tages: 8 Stunden Unternehmerdienst – 8 Stunden Schlaf – 8 Stunden Menschsein, schien vielen Arbeitern kein erreichbares Ziel, sondern nur ein schöner Traum.

Da kam Ernst Abbe mit der Idee, bei den Zeiss-Werken zum Achtstundentag überzugehen. Aus eigener Anschauung wußte er, was eine übermäßig lange Arbeitszeit für den Betroffenen selbst und seine Familie bedeutet.

> Mein Vater war Spinnmeister in Eisenach; er hat bis Anfang der 50er Jahre jeden Tag, den Gott werden ließ, 14, 15, 16 Stunden bei der Arbeit stehen müssen: 14 Stunden, von morgens 5 bis abends 7, bei normalem Geschäftsgang; 16 Stunden, von morgens 4 bis abends 8 Uhr bei gutem Geschäftsgang – und zwar ohne Unterbrechung, selbst ohne Mittagspause. Ich selbst habe als Junge zwischen 5 und 9 Jahren jeden Tag abwechselnd mit meiner um ein Jahr jüngeren Schwester ... meinem Vater das Mittagsbrot gebracht. Und ich bin dabei gestanden, wie mein Vater sein Mittagessen, an eine Maschine gelehnt oder auf eine Kiste gekauert, aus dem Henkeltopf mit aller Hast verzehrte, um ... sofort wieder an seine Arbeit zu gehen.
>
> Mein Vater war ein Mann von Hünengestalt, einen halben Kopf größer als ich, von unerschöpflicher Robustheit, aber mit 48 Jahren in Haltung und Aussehen ein Greis; seine weniger robusten Kollegen waren aber mit 38 Jahren Greise.[23]

Die Einführung des Achtstundentages in den Zeiss-Werken war für Ernst Abbe eine Herzensangelegenheit. Was er den Arbeitern gewährte, sollte aber kein Almosen sein zu Lasten der Firma, sondern ehrlich erarbeitet werden. Er war kein Narr. Aus seiner Beschäftigung mit dem Thema wußte er, daß eine Verkürzung der Arbeitsleistung durchaus möglich war, ohne die Arbeiter zu überfordern.
Unter den Belegschaftsmitgliedern wurde im März 1900 eine Abstimmung durchgeführt: »Wer traut sich zu und ist bereit, in acht Stunden dasselbe zu leisten, wie bisher in neun; wer es sich zutraut, stimme mit ja, wer nicht, mit nein.«[24] Die Abstimmung ergab für die Verkürzung der Arbeitszeit eine überwältigende Mehrheit (weit mehr als die geforderten 75 Prozent). Zum 1. April 1900 ging Zeiss zum Achtstundentag über. Auch hier hoffte Abbe, wie bei der Einführung des Stiftungsstatuts, daß das Jenaer Beispiel mithelfen werde, aus diesen sozialen Pionierleistungen in nicht zu ferner Zukunft allgemein verbindliche Rechtsnormen zu machen.[25]
Die Zeiss-Arbeiter wußten, was sie an Ernst Abbe besaßen. Für ihren Professor wären sie durchs Feuer gegangen. Aber auch Gewerkschafter und Sozialdemokraten, die nichts mit dem Werk zu tun hatten, bestätigten, daß »Professor Ernst Abbe im Kampfe mit uns war«.
Der SED blieb es vorbehalten, Abbe als einen eingefleischten Kapitalisten abzuqualifizieren, der nur im Sinne hatte, »die ausgebeuteten Massen mit Vorteilen und Zugeständnissen zu täuschen«[26]. Die Parteihistoriker schreckten dabei auch vor Unterstellungen nicht zurück:

> Die Einführung der achtstündigen Arbeitszeit zeigte die Haltung, die Abbe als Kapitalist eingenommen hatte, in besonders anschaulicher Weise. Er verkehrte eine historisch fortschrittliche Tat, ein altes Ziel der Arbeiterbewegung ... in eine politisch reaktionäre Handlung, die auf Kosten der Ausgebeuteten ging. Die Erfahrungen der Arbeiter ... lassen den fast sicheren Schluß zu, daß Abbe als Geschäftsleiter des Carl-Zeiss-Werkes die Einführung der achtstündigen Arbeitszeit im Jahre 1900 sicher nicht einmal in Erwägung gezogen hätte, wenn sie seinen Interessen als Unternehmer zuwidergelaufen wäre.[27]

Zweimal das Wort »sicher« in einem Satz: Das enthüllt, wie windig der »fast sichere Schluß« tatsächlich ist. Man kann doch – sofern man keine Vorurteile besitzt – Abbes ganzes Verhalten gar nicht anders verstehen: Das Wohl der Arbeiter lag ihm am Herzen. Deshalb waren ja der Urlaubs- und Pensionsanspruch, die Gewinnbeteiligung und die Abgangsentschädigung bei Kündigung im Statut verankert. Die betriebswirtschaftlichen Analysen, die Abbe angestellt hat, dienten nicht der »Gewinnmaximierung«, sondern der Vergewisserung, daß die Aktion die Existenz des Werkes nicht in Gefahr bringen würde. Auch das war ganz im Sinne der Arbeiter.

»Interessen als Unternehmer« hat Abbe gar nicht gehabt. Durch die Gründung der Carl-Zeiss-Stiftung war er selbst praktisch vermögenslos geworden. Der Gewinn, den das Zeiss-Werk erwirtschaftete, diente zu Investitionen, zur Förderung der Wissenschaft und wurde den Arbeitern als Erfolgsbeteiligung ausbezahlt.

Am 23. Januar 1900 wurde Abbe 60 Jahre alt. Mit der Gesundheit stand es nicht zum besten. Häufiger kam es nun dazu, daß er die Sorge um das Werk Siegfried Czapski überließ und sich zur Ausarbeitung seiner Gedanken zurückzog. Er plante, die Geschäftsführung abzugeben und sich nur noch »an der Förderung der wissenschaftlichen und technischen Angelegenheiten«[28] zu beteiligen. Die Hoffnung, dazu »noch einige Jahre befähigt« zu bleiben, erfüllte sich nicht.

Ende März 1903 waren Abbes Kräfte erschöpft. Am 1. April nahm er zum letzten Mal an einer Sitzung der Geschäftsleiter teil. Langsam, qualvoll für ihn selbst und die Familie, verlosch das Leben des großen Forschers und Menschenfreundes. Er starb am 14. Januar 1905, wenige Tage vor seinem 65. Geburtstag.

Der Tod Abbes war ein tiefer Einschnitt in der Geschichte des Werkes. Die Zeissianer konnten sich nur schwer an den Gedanken gewöhnen, ohne ihn auskommen zu müssen. Sie nahmen sich vor, weiter und womöglich noch konsequenter in seinem Geiste zu handeln.

Insbesondere Siegfried Czapski sah seine Hauptaufgabe darin, »zu wachen, daß … an den sozialen Einrichtungen und an der Art ihrer Handhabung nicht mehr abgebröckelt werde und verloren gehe, als notwendig verlorengehen muß, weil veränderte Umstände veränderte Einrichtungen erfordern.«[29]

Einfach war das nicht. »Gehn doch«, wie er konstatierte, »die Einrichtungen und Absichten Abbes so weit über das ›normale‹ hinaus, daß man sie kaum in derselben Richtung fortzusetzen vermag und in praxi oft zu spüren bekommt, daß sie vielfach auf bessere Menschen basiert sind, als die zur Zeit vorhandenen.«[30]
Indem er konsequent festhielt und fortentwickelte, was Abbe begonnen hatte, wollte er »einen kleinen Teil der Dankesschuld« an seinen verehrten Lehrer und Freund abtragen.
Seit Czapski selbst von Abbe in die technische Optik eingeführt worden war, gehörte zur Geschäftspolitik die bewußte Pflege des wissenschaftlichen Nachwuchses. Wie Abbe war auch Czapski besorgt, die Mitarbeiter »nicht abzurichten, sondern auszubilden« und ihrer Entwicklung freien Lauf zu schaffen.[31]
Wirtschaftlich ging es steil aufwärts. Die Nachfrage nach den Erzeugnissen der Firma stieg, und die Fabrikanlagen mußten laufend erweitert werden. Trotz der sichtbaren wirtschaftlichen und sozialen Erfolge trug Czapski schwer – und, wie wir jetzt wissen, allzu schwer – an seiner Verantwortung. Wolfgang Pfeiffer, der Leiter des Zeiss-Museums in Oberkochen, hat im Nachlaß des Zoologen Anton Dohrn einen Brief Czapskis gefunden, in dem Czapski diesem alten Freund Abbes ein erschütterndes Geständnis macht: Er habe lange, aber vergeblich nach einem anderen gesucht, »der besser an den Platz paßte …, jeden Augenblick bereit, auf alle … eingeräumten Vorrechte zu seinen Gunsten zu verzichten im Interesse des Unternehmens«:

> Ich kann es als mein Verdienst in Anspruch nehmen, daß so viele Beamte für wissenschaftliche Arbeiten im Lauf der Jahre bei uns eingestellt worden sind; fast alle habe ich selbst ausgewählt. Dadurch ist für die … Fundierung des Werkes sicher etwas sehr Wichtiges geschehen. Aber »der« Nachfolger Abbes ist nicht darunter zu finden gewesen.[32]

Die Depressionen, die ihn von Zeit zu Zeit heimsuchten, hatten ihre Ursache – soweit sich das von heute aus beurteilen läßt – in einer schweren Krankheit. Im August 1906 war Czapski einige Wochen zur Erholung in Braunlage, denn »Nerven und Magen-Darmtrakt hatten es wieder einmal sehr nötig.« Hier schrieb er sich die geheimen Sorgen vom Herzen:

> Es ist ein bißchen viel, was ich mir aufgeladen oder habe aufladen lassen: eine Fabrik optischer Instrumente mit z. Zt. 1600 Angestellten (das Glaswerk nicht eingerechnet) ... und das niederdrückende Gefühl, Abbes Nachfolger zu sein, d. h. das niederdrückende Bewußtsein, es nicht zu sein.[33]

Czapski hat Abbe nur um zwei Jahre überlebt. Er starb 1907 im Alter von 46 Jahren.

Rührend war Abbe immer um die Gesundheit seines treuen Mitarbeiters besorgt gewesen, und bei der Rückkehr von der Beerdigung Czapskis sagte Frau Elise Abbe: »Jetzt bin ich froh und dankbar, daß meinem Manne dieser Verlust erspart geblieben ist; denn ich kann mir nicht denken, wie er es ertragen haben würde.«[34]

Vielleicht hatte Czapski gewußt, daß ihm kein langes Leben beschieden sein sollte, und vielleicht hatte ihn das veranlaßt, mehr noch als die Selbstzweifel, nach *dem* Nachfolger Abbes zu suchen. Soweit es für eine so einzigartige Persönlichkeit wie Abbe überhaupt jemanden geben konnte, der sein Werk fortsetzte, war dies nach dem Tode Siegfried Czapskis der aus Südthüringen stammende Rudolf Straubel, ein Physiker wie Abbe und Czapski:

> Von welcher geistigen Bedeutung der Mann ist, habe ich [urteilte Czapski] ... erst zu erkennen vermocht, nachdem er ein paar Jahre in der Geschäftsleitung war, und ich durch eine ... längere Reise (Amerika) ihn gezwungen hatte, seine abwartende, beobachtende Stellung aufzugeben und praktisch einzugreifen. Da ging es auf einmal los: Kaufmännisch-organisatorisch, wissenschaftlich und technisch-konstruktiv, alles zugleich ... Das ist Abbescher Geist – auch mit der Untugend des sich zuschanden Arbeitens.[35]

Die Fabrik hatte nun endgültig eine Größe erreicht, daß ein Geschäftsleiter nicht mehr wie ein Gelehrter arbeiten konnte. Der Gelehrte schiebt alles andere auf die Seite, um sich ganz auf ein Problem zu konzentrieren; der Fabrikdirektor aber muß den gesamten Arbeitsorganismus in Schwung halten, was ständige Beobachtung und, wo nötig, Eingreifen erfordert. Rudolf Straubel bäumte sich nicht auf gegen diese Einsicht, wie es noch Abbe und Czapski getan hatten. Mit seinem Eintritt in die Geschäftsleitung im Jahre 1903 wollte Straubel bewußt nicht länger Gelehrter sein. Um die Spitzenstellung des Werkes in der Forschung zu sichern, sorgte er für eine gute wissenschaftliche Arbeitsatmosphäre; seine eigene Kraft aber richtete er auf die rationelle Organisation. Dabei kam ihm zugute, daß er, bevor er zu Zeiss gekommen war, 15 Jahre wissenschaftlich hatte arbeiten können.

Die Ausweitung der Geschäftstätigkeit auf optische Meßgeräte, photographische Objektive, Fernrohre und weitere Gebiete des Instrumentenbaues trug nun ihre Früchte. Die Zahl der Mitarbeiter stieg von 1355 Beamten und Arbeitern 1905 auf 5141 im Jahre 1914; der Umsatz erhöhte sich in diesen neun Jahren um 5,6 Millionen auf 23,4 Millionen Mark.[36]

Mit der industriellen Organisation entstand die kaufmännische Verwaltung. Dafür verantwortlich war Max Fischer. Er war 1890 in die Firma eingetreten und fünf Jahre später zum Mitglied der Geschäftsleitung berufen worden. So konnte er noch 13 Jahre mit und neben Abbe arbeiten und sich, wie es in einer Würdigung hieß, »in dessen geschäftliche und soziale Ideen so einleben, daß er auch nach Abbes Tod sein ganzes Handeln darauf einstellte.«[37]

Fischer baute die Verwaltung nach den Erfordernissen eines wissenschaftlich-technischen Großbetriebes auf und schuf die Verkaufsorganisation, »ein kunstvolles und großzügiges Gebilde, das nur von Meisterhänden gestaltet werden konnte.«[38]

Es ging ihm darum, im Publikum Verständnis zu wecken, was Markenware bedeutete: »Marke – Qualität – fester Preis – absolutes Vertrauen der Kundschaft.« Für ihn gehörte eines zum anderen im Sinne einer festen, logischen Verbindung. Das betont solide Geschäftsgebaren – etwa in der Rabattgewährung und der zurückhaltenden Werbung – veranlaßte den Inhaber einer Konkurrenzfirma zu dem Bonmot: »Herr Max Fischer von Zeiss ist *mein* bester Prokurist.«

Das Statut der Carl-Zeiss-Stiftung schreibt in § 7 mindestens drei Personen für die Geschäftsleitung vor. Noch vor dem Tode von Ernst Abbe im Jahre 1905 war Otto Schott auf eigenen Wunsch ausgeschieden; bei der starken Vergrößerung des Glaswerkes und der optischen Werkstätte wollte er sich auf *eine* Aufgabe konzentrieren. Auch für ihn mußte ein Nachfolger gefunden werden.

Otto Schott war überzeugt, daß das Zeiss-Werk vor allem noch einen qualifizierten Ingenieur benötigte, der als Mitglied der Geschäftsleitung die »bisher nicht entfernt ausreichende Organisation im Technischen« schaffen sollte.[39] Kam dafür der junge Walther Bauersfeld in Frage?

Nach seiner Promotion zum Dr.-Ing. war Bauersfeld seit 1. August 1905 zwei Jahre im Zeiss-Werk als Konstrukteur tätig gewesen, hatte aber dann die Leitung des neugegründeten Forschungsinstituts für Luftnavigation in Adlershof bei Berlin übernommen. Die Berufung des Neunundzwanzigjährigen in die Geschäftsleitung erwies sich als ein besonderer Glücksfall. Durch die Verbindung einer »ausgeprägten Forscherveranlagung« mit einer »wahrhaft genialen Erfinder- und Ingenieurgeschicklichkeit« war es ihm möglich, »den von Ernst Abbe vorgezeichneten Weg ... weiterzugehen und das drohende Wort von den unschöpferischen Nachfolgern schöpferischer Väter ungültig zu machen.«[40]

Das von Walther Bauersfeld geschaffene Planetarium stellte unter Beweis, daß die Firma weiterhin die Fähigkeit besaß, sensationelle Neuentwicklungen herauszubringen.

Zehntes Kapitel

DAS PLANETARIUM

Als das »an Entdeckungen reichste, an Wissenschaften erstaunlichste Jahrhundert«[1] zu Ende ging und die Menschen den Anbruch des 20. Jahrhunderts feierten, waren sie stolz auf die Leistungen von Wissenschaft und Technik; zu den schon vollbrachten Wundertaten erwarteten sie sich neue. War es nicht wirklich wie ein Wunder, daß die menschliche Stimme über weite Strecken hinweg durch dünne Kupferdrähte gelenkt werden konnte? Und ebenso ein Wunder, daß die Röntgenstrahlen das Innere des menschlichen Körpers sichtbar machten? Und kündigte sich nicht ein noch größeres Wunder an? Eine Nachricht konnte in elektrische Impulse aufgelöst durch den Äther gesandt und an einem weit entfernten (sogar durch ein Meer getrennten) Ort aufgefangen und verstanden werden.

Mit der großen Weltausstellung des Jahres 1900, die wieder in Paris stattfand und zu der 39 Millionen Besucher kamen, sollte die Bilanz eines ganzen Jahrhunderts gezogen werden. Noch wichtiger fast als all die Entdeckungen und Erfindungen erschien den Menschen, welche Nation sich die jeweilige Leistung zurechnen durfte. Die Zeitgenossen waren überzeugt, daß nichts so sehr geeignet war, »für ein Volk auf der ganzen Welt zu werben und es als den führenden Kulturträger erscheinen zu lassen, als die Erweiterung des menschlichen Wissens und die Erschließung neuer Quellen für die Arbeit und Gesundheit der gegenwärtigen und künftigen Generationen.«[2]

Die deutsche Industrie demonstrierte beeindruckende Leistungen. Über die deutsche Chemie hieß es, daß sie »durch wissenschaftliche Vertiefung« alle Konkurrenten weit in den Schatten stelle.[3] Ebenfalls sehr gerühmt wurden die deutsche elektrotechnische Industrie, die Feinmechanik und die Optik.

Die Firma Carl Zeiss war dreifach vertreten: in der Abteilung für

Mechanik und Optik, bei der Photographie und in der vom Kaiserlichen Gesundheitsamt Berlin veranstalteten Sammelausstellung von Apparaten zur Nahrungsmitteluntersuchung. Im »Amtlichen Katalog der Ausstellung des Deutschen Reiches« las man über die »Erfolge der deutschen Optik«:

> Wir glauben den übrigen bedeutenden deutschen Optikern nicht zu nahe zu treten, wenn wir behaupten, daß die deutsche Mikroskoptechnik Prof. Abbe ihren Weltruf zu verdanken hat. Dieser Ruf erstreckt sich aber nicht allein auf das Mikroskop selbst, sondern auf alle seine Hilfseinrichtungen, er erstreckt sich ferner auf das Mikrotom, auf die mikrophotographischen und Projektionsapparate und ganz besonders auf das Gebiet der photographischen Objektive, deren Herstellung, gleichfalls in Folge der besonderen Eigenschaften der neuen Jenaer Gläser, bedeutende Verbesserungen erfahren hat und welche sich eines großen Absatzes auf dem Weltmarkt erfreuen.[4]

Mit dem großen, zu Ende gehenden 19. Jahrhundert werde, so hieß es im Katalog der Weltausstellung, »zugleich eine neue Ära in der Geschichte der Menschheit eröffnet«.[5] Für die Menschen gab es keinen Zweifel, »daß die Industrie und die technischen Wissenschaften für die ganze Welt eine stets wachsende Bedeutung gewinnen, und daß ihr Einfluß auf allen Kulturgebieten immer mehr und mehr zur Geltung kommt.«[6]

Mit solchen Worten rief im Mai 1903 einer der überzeugtesten Apostel des Fortschritts – Oskar von Miller – zur Gründung eines technischen Museums in München auf: Wie die Meisterwerke der Kunst sollten auch die Meisterwerke der Wissenschaft und Technik als menschliche Kulturleistung gesammelt, den Zeitgenossen zugänglich gemacht und der Nachwelt erhalten werden.

Zur Verwirklichung seines »Deutschen Museums« gewann Oskar von Miller die einflußreichsten Staatsmänner, spendenfreudigsten Industriellen und berühmtesten Gelehrten; jeder mußte seinen Beitrag leisten. Ganz charakteristisch für das ebenso tatkräftige wie geschickte Vorgehen Millers war der Aufbau der Abteilung für Astronomie: Er wandte sich an die Direktoren der Sternwarten, um von ihnen Ratschläge einzuholen und sie damit zugleich zu verpflichten, historisch wertvolle Objekte zu stiften. Geheimrat Max Wolf, der Direktor der Heidelberger Sternwarte, ging mit besonderem Engagement auf die Pläne Millers ein und wurde zum bevorzugten Berater für die Astronomie.

Nun hatte die Firma Zeiss ihr erstes großes Spiegelteleskop mit 720 mm Öffnung und 2,7 m Brennweite kurz zuvor an die Heidelberger Sternwarte abgeliefert; bei dem mit dem Spiegelteleskop verbundenen Astrographen war ein neues von Schott erschmolzenes und für ultraviolettes Licht durchlässiges Glas verwandt worden. So meinte Max Wolf in einem Brief an Oskar von Miller, es müsse möglich sein, »daß vielleicht die Firma Zeiss in Jena ein Modell des großen Reflektors anfertigt, der wohl das technisch vollendetste aller modernen Instrumente darstellt.«[7]

Auf Empfehlung des berühmten Heidelberger Astronomen wandte sich Oskar von Miller an das Zeiss-Werk. Und damit begann eine bis heute währende Zusammenarbeit, die dem Deutschen Museum viele attraktive Objekte eingebracht hat, die aber auch immer für Carl Zeiss stimulierend gewesen ist. Als erste Stiftung traf im August 1908 in München als Repräsentant neuzeitlicher Optik ein Modell des Heidelberger Spiegelteleskops ein; ein Jahr später erhielt das Deutsche Museum ein Modell der neuen Urania-Sternwarte in Zürich, für die Carl Zeiss den großen 300-mm-Refraktor mit 5 m Brennweite gebaut hatte.

Im November 1906 hatte Oskar von Miller seine Sammlungen in provisorischen Räumen im alten Nationalmuseum der Öffentlichkeit zugänglich gemacht und die Grundsteinlegung des Neubaues auf der sogenannten Kohleninsel gefeiert. Carl Zeiss erklärte sich bereit, für die geplante große Westkuppel »ein für populäre Demonstrationen besonders geeignetes Fernrohr nach unserer Spezialkonstruktion zu stiften«[8]. Oskar von Miller wiederum versicherte, »daß diese neuerliche Stiftung Ihrer geschätzten Firma einen besonderen Anziehungspunkt unseres neuen Museums bilden und die zahlreichen Besucher von den hervorragenden Leistungen Ihrer Firma überzeugen wird.«[9]

Viele Astronomen beklagten »die Unkenntnis weiter Volkskreise in astronomischen Dingen«.[10] Weil das Deutsche Museum auch eine Bildungsaufgabe besaß, sollten nach den Vorstellungen Oskar von

Millers zwei Himmelsmodelle geschaffen werden. Das eine sollte ein kopernikanisches Planetarium sein, bei dem demonstriert werden konnte, wie die Bewegung der Erde um die Sonne zusammen mit der Eigenbewegung der Planeten den von der Erde beobachteten Lauf der Planeten am Himmel hervorbringt. Zum zweiten wünschte sich Oskar von Miller für sein Museum ein Planetarium, das den Himmel zeigt, wie man ihn tatsächlich sieht. Die Idee war, die Planeten wesentlich schneller als in Wirklichkeit laufen zu lassen, so daß der Betrachter den Jahreslauf eines Planeten am Himmel auf wenige Minuten zusammengedrängt erlebt.

Bereits am 30. Juli 1913 hatte Zeiss mitgeteilt, daß sich die Firma mit der Herstellung nicht befassen könne, »da derartige Arbeiten nicht in den Rahmen unserer Fabrikation passen«[11]. Und wieder bewährte sich die Hartnäckigkeit des Museumsgründers. Nur zwei Monate später gelang es ihm, Rudolf Straubel »für die Planetarien zu interessieren«.[12] Voller Stolz berichtete Oskar von Miller seinen Mitarbeitern bereits am folgenden Tage »über die zugesagte Unterstützung der Zeiss-Werke bei Ausführung der Riesenplanetarien«. Miller zweifelte nicht, daß der Firma eine Meisterleistung gelingen werde.[13]

Tatsächlich erfüllten sich alle Erwartungen. Carl Zeiss gelang für das kopernikanische Planetarium eine gute, für das ptolemäische Planetarium aber eine geniale Lösung. Und worauf Miller immer besonderen Wert legte: Die beiden Millionenobjekte wurden kostenlos geliefert.

Die Konstruktion des kopernikanischen Planetenmodelles übernahm Franz Meyer. Er hatte sich bereits beim Bau der großen astronomischen Fernrohre durch die Erfindung einer Entlastungsmontierung einen Namen geschaffen. Das von Zeiss (nach kriegsbedingter Verzögerung 1924 gelieferte) Planetenmodell erfüllte im Deutschen Museum seine didaktische Aufgabe. Mit einem von Elektromotoren angetriebenen kleinen Wagen wird der Lauf der Erde um die Sonne simuliert. Der Besucher, der den Wagen besteigt, kann durch ein Periskop zum Beispiel die rückläufige Bewegung der äußeren Planeten und die Entstehung von Sonnen- und Mondfinsternissen beobachten.[14]

Nach der ersten Demonstration im Oktober 1924, zu der Franz

Meyer nach München gekommen war, gratulierte Oskar von Miller der Firma Zeiss »zu der begeisterten Aufnahme, die das kopernikanische Planetarium ... bei den Mitgliedern unseres Vorstandsrates gefunden hat.« Miller war überzeugt, »daß dieses Planetarium als Demonstrationsmittel einzig dastehen ... wird.«[15]

Der Erfolg des kopernikanischen Himmelsmodelles wurde jedoch weit in den Schatten gestellt durch die Realisierung des ptolemäischen Planetariums, das die Bewegungen der Sterne am Himmel zeigt, wie wir sie tatsächlich sehen. Die Konstruktion erregte, als sie nach Jahren harter Arbeit endlich fertig war, überall Aufsehen und ist heute als »Zeißsches Planetarium« weltbekannt.

Nach der ursprünglichen Vorstellung von Max Wolf und Oskar von Miller handelte es sich darum, aus dünnem Eisenblech einen Kuppelbau von der Gestalt einer Halbkugel zu errichten. Wenn man das Eisenblech mit Löchern versieht und den Außenraum hell erleuchtet, erhalten die Besucher im Inneren der Kuppel ein Bild der Fixsterne auf dem dunklen Hintergrund der inneren Halbkugelfläche. Einen solchen Himmelsglobus hatte bereits Wallace W. Atwood für sein Museum der Akademie der Wissenschaften in Chicago 1911 erdacht und 1913 verwirklicht.[16]

Walther Bauersfeld war von dieser Lösung nicht überzeugt:

> Um die tägliche Bewegung der Fixsterne zu zeigen, war es nötig, daß die Blechkugel sich um eine schräge Achse drehte, die die Polachse der Erde verkörpert. Zu diesem Zwecke sollte ein großes Kugellager von ungefähr fünf Meter im Durchmesser in schräger Lage vorgesehen werden, senkrecht zur Polachse, so daß man eine Treppe durch dieses Lager hindurchführen konnte, die die Plattform mit dem äußeren Raum verband. Sicherlich würde diese Konstruktion ein sehr befriedigendes Bild der Fixsterne ergeben, aber sie hatte den Nachteil, daß immer nur wenige Besucher das Schauspiel genießen konnten. Aber eine noch viel größere Schwierigkeit ergab sich daraus, daß der Apparat ja in erster Linie auch die Bewegungen von Sonne, Mond und Planeten zeigen sollte. Um diese darzustellen, waren lange Stangen vorgesehen, mit leuchtenden Scheiben an ihren Enden, die sich um Achsen zu drehen hatten, die mit der Blechkugel verbunden waren. Die Stangen mußten während der Bewegung auch in ihrer Länge verändert werden. Die mechanischen Hilfsmittel hierfür sowie die Stangen selbst mußten natürlich im Inneren

der Kuppel angebracht werden und würden dadurch das Bild der Fixsterne stören.[17]

»Warum wollen Sie eine so komplizierte, schwere Mechanik bauen?« Ende Februar 1914 richtete Bauersfeld diese Frage an Franz Fuchs, den zuständigen Abteilungsleiter des Deutschen Museums, der zu einer Besprechung nach Jena gekommen war.[18] Bauersfeld entwickelte ein anderes Konzept: »Das müßte viel besser gehen, wenn man die Bilder von Sonne, Mond und Planeten auf die Innenfläche der Blechkugel projiziert. In diesem Fall könnte die ganze komplizierte Mechanik durch eine einfache Konstruktion im Mittelpunkt der Kugel ersetzt werden, die die Projektoren für die Himmelskörper enthält.«[19] Bauersfeld war kaum fertig mit seinem Satz, als Rudolf Straubel ergänzte: »Dann sollte man aber auch die Fixsterne selbst auf diese Kugel projizieren.«[20]
Das war die Geburtsstunde des Zeiss-Planetariums.
Oskar von Miller war begeistert.[21] Bauersfeld gab Franz Meyer den Auftrag, die Idee auszuführen. Der Konstruktionschef der Astro-Abteilung, gewiß ein erfahrener und begabter Konstrukteur, kam jedoch mit den Problemen nicht zurecht. Am 21. März 1919 schrieb er an Oskar von Miller:

> Wir müssen Ihnen leider die Mitteilung machen, daß die Projektion des eigentlichen Fixsternhimmels derartige Schwierigkeiten verursacht, die weniger in der Herstellung der Optik als in der Herstellung der Lichtquelle liegen, daß wir Ihnen den Vorschlag machen möchten, von der Projektion des Fixsternhimmels abzusehen und wieder zu der von Ihnen zuerst vorgesehenen Konstruktion zurückzugreifen.[22]

Diesen Brief an das Deutsche Museum erhielt Walther Bauersfeld zur Unterschrift. Als er von den Schwierigkeiten las (von denen man ihm nichts gesagt hatte), wurde er ärgerlich. Er hielt den Brief zurück.
Das war an einem Samstagvormittag. Am folgenden Montag – es war der 24. März 1919 – rief Bauersfeld einen kleinen Kreis von Mitarbeitern zusammen und überraschte sie mit einem fertigen Konzept. Er beauftragte einen Mitarbeiter mit der Ausführung. Im ständigen Dialog mit Bauersfeld entwickelte dieser innerhalb von vier Jahren die gesamte Konstruktion.

Bauersfeld selbst opferte einen Großteil seiner Arbeitskraft. In seiner Firmengeschichte meinte Friedrich Schomerus, daß es in einer politisch und wirtschaftlich chaotischen Zeit für Bauersfeld eine Befreiung war, sein Denken und Sinnen darauf zu richten, »etwas Beständiges, dauernd Wertvolles, die Menschen Aufrichtendes zu schaffen, einen Mechanismus zu konstruieren, der den … Erdenkindern die Herrlichkeit der Schöpfung Gottes näherbringen sollte.«[23]
Bauersfeld hat später für seine Konstruktionen die »James Watt International Medal« der Institution for Mechanical Engineers, der großen englischen Vereinigung von Maschinenbauingenieuren, erhalten. Bei der Preisverleihung ist es üblich, über die Erfindung zu berichten:

> Eine große Zahl von Skizzen und mathematischen Berechnungen erwiesen sich als nötig. Aber ich hatte in der Hinsicht Glück, daß mir kein ernstes Hindernis begegnete … und am Ende ging der Erfolg weit über alles hinaus, was man sich vorher vorgestellt hatte.[24]

Im September 1922 kam Franz Fuchs nach Jena, und hier führte ihm Walther Bauersfeld den noch nicht ganz fertigen Projektionsapparat vor: »Obwohl mir durch die lange Beschäftigung mit dem Planetarium ganz klar war, was der Apparat zeigen sollte, machte diese erste Vorführung einen verblüffenden Eindruck auf mich.«[25] Oskar von Miller brannte vor Ungeduld, das Planetarium für sein Museum zu erhalten und es den Herren des Vorstandsrates und des Ausschusses zu zeigen. Im Herbst 1923 führte Bauersfeld den Projektionsapparat selbst in München vor, nahm ihn aber – zum Schmerz Millers – zur endgültigen Fertigstellung wieder mit zurück nach Jena.
Auf dem Dach der Zeiss-Werke ließ Bauersfeld eine Kuppel von 16 m Durchmesser errichten, und hier demonstrierte er im Sommer 1924 einem großen Kreis von Mitarbeitern das neue Instrument. »Auch die Nächstbeteiligten waren verblüfft, als das Firmament erstrahlte«, berichtete Walter Villiger, der Leiter der astronomischen Abteilung. »Keine Beschreibung vermag den tiefen Eindruck wiederzugeben, den man … empfindet.«[26]
Als am 7. Mai 1925 das Deutsche Museum in München zum 70. Geburtstag seines Gründers eröffnet wurde, führte Oskar von Miller selbst die ersten Besucher. Fünf Stunden dauerte die Besichtigung.[27]

Der Kenner wußte nicht, was er am meisten bewundern sollte: die historischen Originalapparate, die durch charakteristische Exemplare dokumentierte Entwicklung von wichtigen Instrumenten wie Mikroskop und Fernrohr, oder die vielen Gelegenheiten, physikalische und chemische Versuche eigenhändig auszuführen.

Jedes der 60000 Museumsobjekte war sozusagen eine Attraktion für sich, und zu (fast) jedem Stück konnte Miller eine Geschichte erzählen. All die Attraktionen aber wurden übertroffen vom Zeißschen Projektionsplanetarium. Als er es den Honoratioren und Journalisten zeigte, geschah es mit einem Stolz, als hätte er das Planetarium geschaffen.

In der Tat müssen wir Oskar von Miller dankbar sein. In einem Gedicht über die »Entstehung des Buches Taoteking« hat Bertolt Brecht treffend zum Ausdruck gebracht, daß wir nicht nur Laotse, dem Urheber, Dank schulden, sondern auch dem legendären Zöllner, der den Gelehrten veranlaßt hatte, die Ergebnisse seines jahrzehntelangen Nachdenkens zu Papier zu bringen:

> Aber rühmen wir nicht nur den Weisen,
> dessen Name auf dem Buche prangt.
> Denn man muß dem Weisen
> seine Weisheit erst entreißen.
> Darum sei der Zöllner auch bedankt:
> Er hat sie ihm abverlangt.[28]

Nach dem ersten, für das Deutsche Museum bestimmten Projektionsplanetarium bauten die Zeiss-Werke sogleich ein zweites Exemplar. So konnten in Jena die Vorführungen auf dem Fabrikdach weitergehen. In den knapp eineinhalb Jahren von Anfang August 1924 bis Ende Januar 1926 haben 80000 Menschen die Demonstrationen besucht.

Das anhaltend starke Interesse veranlaßte Bauersfeld, ein verbessertes Universalgerät zu schaffen, mit dem man den Himmel für jede gewünschte geographische Breite darstellen konnte. Hier war zum erstenmal die bis heute charakteristische Hantelform des Projektors verwirklicht. Die Firma legte von diesem Modell II eine Serie von 25 Instrumenten auf, und die Städte wetteiferten, ein solches »Wunder« zu besitzen:

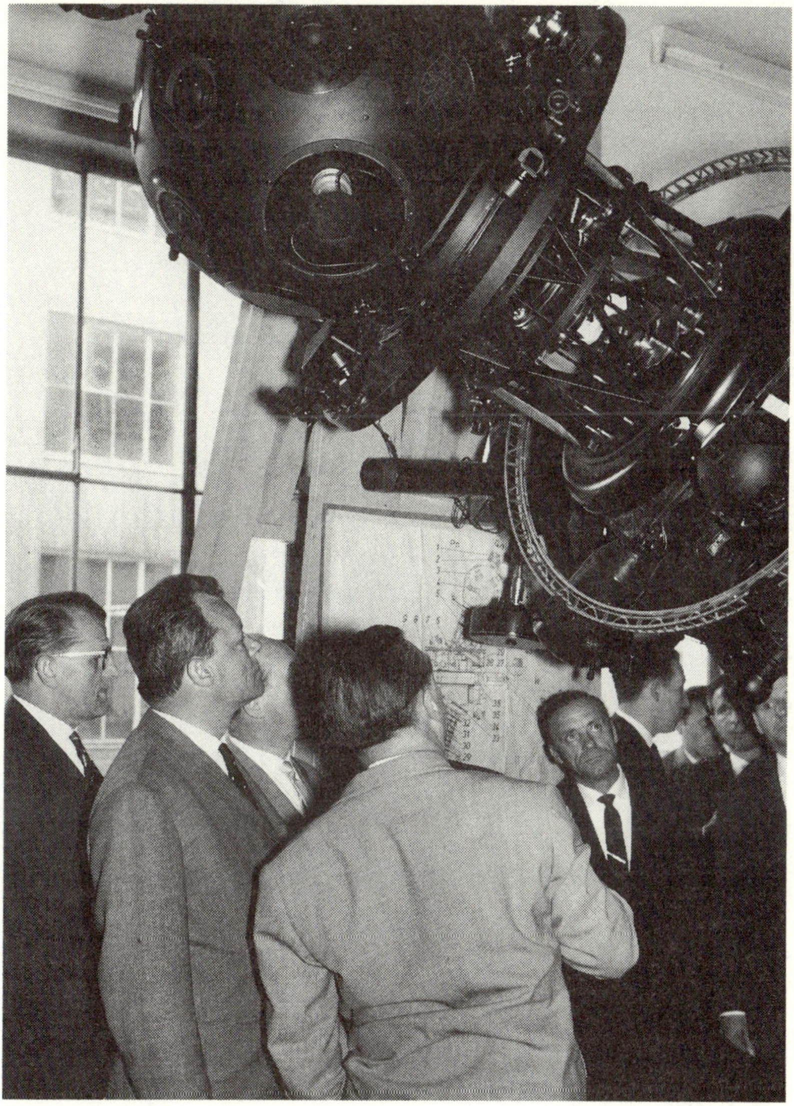

Willy Brandt, Regierender Bürgermeister von Berlin, vor einem Zeiss-Planetarium in Oberkochen am 17. Mai 1961.

> Nie ist ein Anschauungsmittel geschaffen worden, das so instruktiv wie dieses wäre, nie eines, das bezaubender gewirkt hätte, nie eines, das im gleichen Maße alle Menschen anspricht. Es ist alles zusammen: Schule, Theater, Film; es ist ein Schulsaal unter dem Gewölbe des Himmels, und ein Schauspiel, bei dem die Himmelskörper die Akteure sind.[29]

Die in der Zeitung »Politiken« im Jahre 1925 zum Ausdruck gebrachte Hoffnung der dänischen Astronomen, daß auch Kopenhagen einmal ein Zeiss-Planetarium erhalten möge, wird sich erst 1989 erfüllen.
Seit der ersten Vorführung des noch unfertigen Projektionsapparates im September 1922 hat das Planetarium bei den Besuchern immer wieder Staunen und Bewunderung hervorgerufen. Inzwischen gehören die Planetarien zu den selbstverständlichen Bildungseinrichtungen unserer Großstädte wie Theater und Konzertsäle. Nach der Auffassung der Astronomen bemißt sich die »Kulturhöhe« eines Landes auch an der Zahl seiner Planetarien. Um die komplizierten Einrichtungen richtig zu nutzen, benötigt das wissenschaftliche Personal eine intensive Schulung, und es gibt wie für jedes Fachgebiet auch für die »planetarium profession« regelmäßige nationale und internationale Tagungen.[30]
Die Begeisterung für das Instrument führte auch zu einem lebhaften Interesse am Erfinder und an der Erfindungsgeschichte. Als am 18. August 1964 das »Planetarium und Observatorium Bangkok« eingeweiht wurde, erschien die englischsprachige »Bangkok Post« mit einer Sonderbeilage. Hier konnten die Leser in der thailändischen Hauptstadt die Geschichte von Walther Bauersfeld und Oskar von Miller in allen Einzelheiten erfahren.

> In March 1919 a letter was written to von Miller stating that the planetarium could not be constructed as planned, and a return to the rotating sphere model would be necessary.
> Professor Bauersfeld, seeing the letter prior to being mailed, withheld it and took care of the problem himself. With an unfailing resourcefulness in devising new solutions for the many kinematical and optical problems involved, he worked out the basic calculations for the construction of the complicated instrument in the course of two years.[31]

Elftes Kapitel

IM GEISTE DES MEISTERS

Bereits Ernst Abbe hatte gewußt, wie wichtig es für die Zukunftssicherung des Werkes war, sich rechtzeitig begabte junge Mitarbeiter heranzuholen. Mit dem raschen Aufbau haben die von ihm eingestellten Wissenschaftler sehr bald Führungsfunktionen übernommen, so Carl Pulfrich die Leitung der Abteilung für optische Meßinstrumente und Paul Rudolph die Leitung der Photo-Abteilung. Der von Abbe 1884 nach Jena geholte Siegfried Czapski wurde vom Meister geistig und charakterlich als ebenbürtig empfunden und zum Nachfolger herangebildet.

Diese bewußte Nachwuchspflege hat die Firma beibehalten. Wie sich 1890 Ernst Abbe bei seinem Kollegen Heinrich Hertz nach einem jungen Physiker erkundigte, so hat es eine Generation später Walther Bauersfeld gehalten. Auf dem VDI-Kongreß in Berlin 1927 fragte Bauersfeld seinen alten Studienkollegen Hermann Bonin, den Ordinarius für Dampfkraftanlagen an der Technischen Hochschule in Aachen, ob er nicht einen jungen Ingenieur mit schöpferisch-konstruktiver Begabung empfehlen könne, der auch das nötige mathematische Rüstzeug mitbringe. Und wie seinerzeit Abbe ging es auch Bauersfeld neben den fachlichen um die charakterlichen Qualitäten.

Auch Professor Bonin dachte, wie damals Heinrich Hertz, an einen bei ihm tätigen wissenschaftlichen Assistenten. Es war der am 23. Februar 1901 in Waldniel (heute Schwalmtal) bei Mönchengladbach geborene Heinz Küppenbender. Er hatte in Aachen Maschinenbau studiert und Ende 1925 mit der Diplomhauptprüfung abgeschlossen. Im Sommer 1927 stellte sich Küppenbender der Geschäftsleitung in Jena vor, und er berichtete, daß es das schwerste Examen war, das er je gemacht hat.

Am Morgen begannen die Unterhaltungen mit Bauersfeld. Danach war ich bei August Kotthaus, der mich über Maschinen ausfragte, mich durch die Fabrik führte und meine Meinung hören wollte ... Danach habe ich mich mit Rudolf Straubel unterhalten, weil ich in Aachen auch ein paar Wochen am Lehrstuhl für Wasserkraftanlagen ausgeholfen hatte. Zuletzt kam noch Paul Henrichs dazu. Am Abend wurde mir die Frage gestellt, wann ich denn bei Zeiss anfangen wolle. Auf meine verblüffte Frage, ob sie mich denn überhaupt wollten, lachte Bauersfeld. »Ja glauben Sie denn, die gesamte Geschäftsleitung würde sich mit einem jungen Mann einen ganzen Tag beschäftigen, wenn sie kein Interesse an ihm hätte?«[1]

Küppenbender hat zunächst ein Jahr in verschiedenen Abteilungen gearbeitet, um das Werk gründlich kennenzulernen. Dann kam er zu Professor Bauersfeld, der ihn mit Sonderaufgaben betraute. Er wurde in die Geheimnisse des Planetariums eingeweiht und erfuhr, mit welchen Problemen man sich in der Mikroskopie und in der Aerophotographie herumschlug.

Und dann wurde ich in das Konstruktionsbüro zu Pfeiffer gestellt ... Bei Pfeiffer wurden die Fliegerkameras gemacht, die erste Kamera für die Planigraphen. Die Fliegerkamera hatte einen sogenannten Kugelverschluß mit Verschlußlamellen auf einer Kugel. Dieser Verschluß machte anfänglich Schwierigkeiten, und Bauersfeld beauftragte mich, eine Lösung zu finden. So habe ich die Konstruktion durchgerechnet und eine Möglichkeit gefunden, mehr Licht durch den Verschluß zu bekommen.[2]

Auf Empfehlung von Professor Otto von Gruber, dem Abteilungsleiter für Photogrammetrie, und von Professor Walther Bauersfeld reichte Küppenbender die Ausarbeitung an der Technischen Hochschule Stuttgart als Doktorarbeit ein. Am 2. März 1929 wurde er hier zum Dr.-Ing. promoviert.[3]
Eine neue Aufgabe gab es für Küppenbender im September 1929. Er wurde in das große Besprechungszimmer der Geschäftsleitung gerufen. Der ganze große Tisch war mit Kameras vollgestellt. Mindestens 100 Stück, schätzte er. Es waren tatsächlich 220 verschiedene Modelle.
Unter Führung von Carl Zeiss hatten sich 1926 vier Kamerawerke zur Zeiss Ikon AG zusammengeschlossen. Die Kapitalmehrheit lag bei

Carl Zeiss, und die Geschäftsleiter in Jena bestimmten als Mitglieder des Aufsichtsrates die Geschäftspolitik.
Alle vier Kamerawerke, die nun die Zeiss Ikon bildeten, hatten eifersüchtig an ihren Modellen festgehalten und machten sich gegenseitig Konkurrenz. »Sehen Sie sich das an, Herr Küppenbender«, hieß es, »machen Sie daraus ein paar vernünftige Kameras; sortieren sie alles aus, was nichts taugt.« Mit dieser Order wurde er nach Dresden geschickt, wo die Zeiss Ikon ihr Hauptwerk und ihre Hauptverwaltung hatte. Mit auf den Weg gab man ihm den Rat, sich die Leica genau anzusehen; die 1925 bei Ernst Leitz herausgekommen war.
Professor Emanuel Goldberg, der Generaldirektor der Zeiss Ikon, war ganz und gar nicht begeistert, als man ihm von Jena »einen jungen Mann als Aufpasser und Besserwisser« schickte. »Da kommt der junge Mann«, sagte er, »der zeigt es uns jetzt erst einmal.« Er wies Küppenbender unter dem Dach neben dem Optiklager einen Drahtverschlag zu. Da standen ein Reißbrett, ein Tisch, ein Stuhl, Zeichenpapier, Bleistifte, Radiergummi, alles, was man als Konstrukteur benötigte. Und dann sagte Professor Goldberg: »So, nun machen Sie mal die berühmte Kamera.«[4]
Küppenbender aber dachte in seinem Verschlag: »Wenn du meinst, du kannst mich kleinkriegen, dann irrst du dich!« Und er machte sich an die Arbeit. Bis in alle Einzelheiten untersuchte er die Funktionen der Leica. Er gewann dabei Hochachtung für Oskar Barnack, den Erfinder dieser ersten deutschen Kleinbildkamera. Zuerst mochte Küppenbender wirklich der Überblick gefehlt haben, und insofern war der Hohn des Photofachmannes Goldberg verständlich. Aber Küppenbender wußte, wie man konstruktive Aufgaben systematisch angeht, und in seiner Doktorarbeit hatte er sogar schon alle theoretischen Möglichkeiten über Kameraverschlüsse »herunterdekliniert«.
So befaßte er sich zunächst mit dem Verschluß, konstatierte zwei konstruktive Mängel und fand eine bessere Lösung. Dann wandte er sich dem Problem der geringen Schärfentiefe zu, das durch die Hochleistungsobjektive entstand. Man brauchte also einen Entfernungsmesser, und Küppenbender konstruierte nach einigen Fehlschlägen einen geeigneten Entfernungsmesser.

Das Ergebnis war schließlich die Contax, die 1932 auf den Markt kam und die ein ganz großer Erfolg wurde. Mit den vielen neuen Ideen konnten auch die anderen Modelle verbessert werden: »Und dann haben wir das Bombengeschäft mit den vielen Contax-ähnlichen Kameras gemacht wie der Super-Ikonta und der Super-Nettel und wie sie alle hießen. Wir waren die einzige Firma, die damals bei Rollfilmkameras Entfernungsmesser einbaute.«[5]

Auch die unwirtschaftliche und für den Kunden unübersichtliche Typenvielfalt wurde beseitigt und die Zahl der Modelle auf 50 bis 60 beschränkt.

»Bücher haben ihre Schicksale« heißt es. Dieses Wort gilt ebenso für Kameras. Auch Kameramodelle haben ihre Schicksale. 1936 entwikkelte Zeiss Ikon die Contax II, die erste Kleinbildkamera mit Meßsucher und Selbstauslöser, und – rechtzeitig zur Olympiade – die Contax III mit photoelektrischem Belichtungsmesser. Unmittelbar nach dem Kriege wurde in Dresden die Contax II ohne Namensangabe, jedoch mit der Gravur »USSR occupied Germany« gebaut. Mit den demontierten Fertigungseinrichtungen produzierten sowjetische Werke die »Kiew II« und die »Kiew III«.[6]

Bei der neuen, im Westen aufgebauten Zeiss Ikon AG blieb die Contax bis 1959 im Programm, dann wurde sie von der Spiegelreflexkamera Contarex abgelöst. Als Zeiss Ikon 1971 die Kameraproduktion aufgeben mußte und Carl Zeiss sich zwei Jahre später zur Zusammenarbeit mit der japanischen Firma Yashica entschloß, konnte Zeiss neben seinem Know how auch den Namen »Contax« einbringen. So kommt es, daß seit 1974 wieder Contax-Kameras mit Zeiss-Objektiven auf dem Markte sind, die freilich mit der alten Contax nur mehr den Namen gemeinsam haben.

In welchen Strudel das Vaterland geraten würde und mit ihm Carl Zeiss und Zeiss Ikon, das ahnte niemand im März 1932, als Generaldirektor Emanuel Goldberg und Heinz Küppenbender die Contax der Öffentlichkeit vorstellten. Große Sorgen machte man sich freilich über die Weltwirtschaftskrise. Der Umsatz des Zeiss-Werkes sank von 34,71 Millionen im Geschäftsjahr 1929/30 auf 20,07 Millionen 1932/33, daß heißt um 42 Prozent. Obwohl die Geschäftsleitung mit Vorrats- und Notstandsarbeiten, mit Kurzarbeit und vorzeitigen

Pensionierungen alle Register zog, ging es nicht ohne Kündigungen. Die Zahl der Beschäftigten sank von 5968 am 1. Juli 1930 auf 4461 am 31. Dezember 1932.[7]

Bis Ende 1932 hatten die Nationalsozialisten im Stadtrat von Jena nur ein einziges Mandat inne. Der im Zeiss-Werk herrschende demokratische Geist war ein Bollwerk gegen die braune Ideologie.

Historiker haben später die mangelhafte demokratische Erziehung der sogenannten »Gebildeten« und ihr fehlendes politisches Engagement dafür verantwortlich gemacht, daß das »Land der Dichter und Denker« in die Hände der Nationalsozialisten fallen konnte. Heftig wandte sich damals Albert Einstein gegen die unter seinen Berliner Kollegen verbreitete Auffassung, daß der Gelehrte in den politischen Angelegenheiten schweigen solle. Das bedeutet, schrieb er resignierend im Mai 1933, »die Führung den Blinden und Verantwortungslosen widerstandslos überlassen«[8].

Die große Gefahr, die in der politischen Abstinenz der Oberschicht lag, hatte schon ein halbes Jahrhundert früher Siegfried Czapski erkannt, der Freund und Nachfolger Abbes. Czapski war überzeugt, daß man »von den akademisch Gebildeten und den geistigen Führern des Volkes eine gründliche allgemeine und gerade politische Bildung verlangen« müsse.[9] Eben daran aber hat es im Zweiten Kaiserreich und in der Weimarer Republik gefehlt. An der deutschen Universität könne man »ein guter Mathematiker, Naturforscher und Philologe werden«, konstatierte Czapski, was aber die staatsbürgerliche Erziehung angehe, so verlasse man nach einem Studium von vier Jahren die alma mater »ebenso ungebildet, unwissend und unfähig wie der gewöhnlichste Philister«.[10]

Daß er sich damals in der Weimarer Republik politisch nicht so stark engagierte, »wie es vielleicht nötig gewesen wäre«, räumte im Lebensrückblick auch Dr. Gerhard Kühn ein. Der spätere Geschäftsleiter und Kollege Küppenbenders trat 1928 bei Carl Zeiss ein. Er war der erste promovierte Volkswirt, den die Firma für eine kaufmännische Tätigkeit einstellte. Er berichtete amüsant über das Primat der Physiker. Die Forscher seien in höheren Sphären versponnen »und verstanden es wenig, jemandem, der mit der Materie nicht vertraut war, die Dinge verständlich zu machen«:

> Leiter jeder Abteilung war ein Wissenschaftler, der das jeweilige Spezialgebiet beherrschte. Natürlich hatte jede Abteilung auch einen kaufmännischen Leiter, den aber die Wissenschaftler, mit einer einzigen Ausnahme, nicht zur Geltung kommen ließen. Es waren eigentlich nur gehobene Bürovorstände. Dabei verfügten alle über ein großes Maß an Fachkenntnis.[11]

Um hier zu einem Gleichgewicht zu kommen, wurde auf Initiative von Paul Henrichs eine zentrale kaufmännische Leitung geschaffen. Die Leitung der neuen Abteilung erhielt Franz Günther mit Gerhard Kühn als Assistenten:

> Wenn wir auf dem Markt, d. h. bei den Kunden, etwas ausrichten wollten, mußten wir schließlich wissen, was das für Geräte waren, mit denen wir zu tun hatten, wie sie funktionierten und wozu sie gut waren ... Der Günther war clever. Kurzerhand ließ er sich ein Gerät nach dem anderen in sein Arbeitszimmer bringen, studierte die Gebrauchsanweisungen und arbeitete dann selbst mit den Geräten. Ich tat es ihm nach. Sehr schnell kapierten wir dabei so viel, daß die Arbeit beginnen konnte.
>
> Und wir taten es mit kaum zu beschreibendem Tempo. Der Günther war von seltener Vitalität, nichts konnte ihm schnell genug gehen. Er verfügte über ein großes Wissen über Organisation, Vertriebspolitik, Behandlung der Kunden im In- und Ausland. Ich war auch nicht gerade langsam ... Im Handumdrehen hatten wir den ganzen Zeiss-Vertrieb umgekrempelt. Die alten Zeissianer kamen gar nicht dazu, nachzudenken, was da geschah. Sie wurden geradezu überrumpelt. Für den Vertrieb der Firma ergaben sich sehr schnell positive Folgen ...
>
> Unsere Abteilung trug abgekürzt den Namen ZWA, d. h. Zusammenfassung der wissenschaftlichen Abteilungen. Der Volksmund machte daraus die Abteilung »Zum wilden Affen.«[12]

Wer wie Gerhard Kühn als Mitarbeiter zum Zeiss-Werk kam, konnte hier lernen, was praktizierte Demokratie bedeutete. Das Statut regelte die Beziehungen der Geschäftsleiter mit den Angestellten und Arbeitern. Die bloße Möglichkeit, die gewährten Rechte jederzeit vor den Gerichten einklagen zu können, führte dazu, daß sich alle penibel an die Bestimmungen hielten.

Als in den letzten Jahren der Weimarer Republik permanenter Wahlkampf herrschte, kamen auch Adolf Hitler und Joseph Goebbels nach Jena. Große Resonanz fanden sie nicht.[13] Auf die Zeissianer besonders abstoßend wirkte die Hetze gegen die Juden. Im Werk war unumstößliches Prinzip, daß jeder Mitarbeiter, unabhängig von seiner religiösen und politischen Überzeugung, nur nach seinem Charakter und seiner Leistung beurteilt werden durfte. Ausdrücklich hatte Ernst Abbe im Stiftungsstatut festgelegt:

> Bei Anstellung der Beamten ..., der Geschäftsgehilfen und Arbeiter muß jederzeit ohne Ansehen der Abstammung, des Bekenntnisses und der Parteistellung verfahren werden.[14]

An leitenden Stellen wirkten eine ganze Reihe von jüdischen Mitarbeitern. Der Senior der Geschäftsleiter, Professor Dr. Rudolf Straubel, war mit einer Jüdin verheiratet.

Straubel hatte zum engsten Freundeskreis um Ernst Abbe gehört, und seine Ansichten waren noch vom Meister persönlich geprägt. Wie Abbe selbst hatte auch Straubel bei der Arbeit nicht nur die Interessen des Zeiss-Werkes im Auge; er dachte auch an die Allgemeinheit.

Vielleicht am deutlichsten zum Ausdruck kam das bei dem Ausbau der thüringischen Wasserkräfte. Nach dem Ersten Weltkrieg gab es im Deutschen Reich eine sogenannte »Kohlenkrise«. Heute würden wir von einer »Energiekrise« sprechen. Wie Oskar von Miller sah Rudolf Straubel die Notwendigkeit, die im Lande vorhandene »weiße Kohle« zu nutzen. Sein Freund Miller wollte »mit dem Wasser, das vom Walchensee zum Kochelsee herabfällt, die Straßenbahn in Nürnberg ebenso betreiben wie die gewerblichen Motoren in Würzburg oder die Dreschmaschinen in der Oberpfalz und in Niederbayern«[15]. Genauso ging es Straubel um die Energieversorgung der thüringischen Industrie, aber auch um die Belieferung der kleinen Handwerker mit billigem Strom.

In dem von ihm gegründeten Zeiss-Hydro-Büro hat Straubel mit seinen Mitarbeitern die Pläne ausgearbeitet. Niemand war seitdem im oberen Saaletal so zu Hause wie er.[16] Auch die Sonntagsausflüge mit seiner Frau und den Söhnen lenkte er nach Saalburg und Blankenberg, um sich mit der Ausdehnung des künftigen Bleilochstausees vertraut zu machen.

Als Zweck der Carl-Zeiss-Stiftung hatte Ernst Abbe im ersten Paragraphen des Statuts auch die »Betätigung in gemeinnützigen Einrichtungen und Maßnahmen zugunsten der arbeitenden Bevölkerung Jenas und seiner nächsten Umgebung« genannt. Die Nutzung der Saale-Wasserkraft war gewiß eine Maßnahme, die der gesamten Bevölkerung Thüringens zugute kam. Die Carl-Zeiss-Stiftung übernahm die Finanzierung. Gegen viele Widerstände hat Rudolf Straubel schließlich den Ausbau der thüringischen Wasserkräfte zum guten Abschluß gebracht: Als aber 1931 die Saale-Talsperre eingeweiht wurde, erhielt er zum Festakt keine Einladung.
Die NSDAP war schon damals an der thüringischen Landesregierung beteiligt, und Wilhelm Frick hatte als erster Nationalsozialist ein Ministeramt erhalten. In seiner Eigenschaft als thüringischer Innenminister überging Frick den Mann, dem man das ganze Werk verdankte.

Zwölftes Kapitel

DIE ZEIT DES DRITTEN REICHES

Zuerst schalteten die Nationalsozialisten ihre aktiven politischen Gegner aus. Es folgten Aktionen gegen Vereine und Körperschaften, die als »Hort demokratischen Geistes« galten. Der neue thüringische Innen- und Volksbildungsminister Fritz Wächtler nahm sich eine »Reform des marxistisch und liberalistisch verseuchten Zeiss-Werkes an Haupt und Gliedern« vor.[1] Nach bewährtem Muster wurden zunächst die von den Arbeitern gewählten Betriebsräte durch Nationalsozialisten ersetzt. Am 1. Juni entließ Wächtler den »durch Sachlichkeit und vornehme Gesinnung« ausgezeichneten Stiftungskommissar, den Oberverwaltungsgerichtspräsidenten Dr. Friedrich Ebsen. An seine Stelle wurde rechtswidrig ein bewährter Parteigenosse gesetzt, ein bei Zeiss tätiger kaufmännischer Angestellter.
Da nach § 5 des Stiftungsstatuts der Stiftungskommissar die Eigenschaft »eines aktiven oberen Beamten des öffentlichen Dienstes« haben mußte, hatte der Minister seinen Parteigenossen ein paar Stunden zuvor zum Regierungsrat ernannt. Das war trotzdem ein Verstoß gegen das Statut, denn der Stiftungskommissar durfte zur Stiftungsverwaltung »nicht im Verhältnis der staatlichen Beamtenunterordnung stehen«[2]. Der nationalsozialistische Minister Wächtler wollte die Geschäftsleiter zum Rücktritt zwingen. »Ein ungeheurer Druck wurde ausgeübt, Einschüchterungen, Bedrohungen und Einmischungen waren an der Tagesordnung.«[3]
Am 21. Dezember 1933 kam die Polizei und überbrachte eine »Anordnung betr. Carl-Zeiss-Stiftung«.[4] Diese von Fritz Wächtler gezeichnete Anweisung nahm Bezug auf das berüchtigte Ermächtigungsgesetz und verfügte eine gravierende Änderung des Stiftungsstatuts. Insbesondere erhielt der Stiftungskommissar weitgehende Befugnisse, die ihn – im Widerspruch zum Statut – zu einer der

Geschäftsleitung übergeordneten Instanz machen sollten. Im Begleitschreiben hieß es lapidar, »daß eine Veröffentlichung der Anordnung in der Presse zu unterbleiben« habe.[5]
Gegen diesen Versuch, einer Machtergreifung im Staate eine Machtergreifung im Zeiss-Werk folgen zu lassen, setzte sich die Geschäftsleitung entschlossen zur Wehr. Sie gab am Schwarzen Brett Kenntnis von diesem Rechtsbruch und kündigte gleichzeitig an, daß sie »die gesetzlich möglichen und ihr erforderlich erscheinenden Schritte zwecks Aufhebung der Anordnung eingeleitet« habe.[6]
Die Geschäftsleitung erhob Beschwerde beim Volksbildungsministerium und gleichzeitig Einspruch beim Staatsministerium in Weimar, sowie für den Fall, daß diesem Einspruch nicht stattgegeben würde, Anfechtungsklage beim Oberverwaltungsgericht Jena.
Wir Heutigen können uns gar nicht mehr vorstellen, welcher Mut damals dazu gehörte, mit Rechtsmitteln gegen einen nationalsozialistischen Minister vorzugehen. Unmißverständlich hatte Wächtler den Geschäftsleitern mit Konzentrationslager gedroht.
Die Beschwerde enthielt eine umfangreiche Dokumentation der Vorgänge. Sie war von Friedrich Schomerus im Auftrag der Geschäftsleitung verfaßt und formell an Wächtler gerichtet, tatsächlich aber für das Reichswehrministerium bestimmt. Der nationalsozialistische Staat war kein monolithischer Block, und jeder Machthaber hatte einen anderen Machthaber zum Gegner. Hier lag die Chance.
Im Februar 1934 beauftragte der Reichswirtschaftsminister die Professoren Abraham Esau und Hans Harting mit einem Gutachten. Beide waren auf ihrem Gebiet (Hochfrequenztechnik bzw. Optik) hervorragende Fachleute, und sie würdigten die wissenschaftliche und wirtschaftliche Bedeutung der Zeiss-Werke. Auf einer interministeriellen Sitzung am 3. Mai 1934 fiel schließlich die Entscheidung: Der aufoktroyierte Stiftungskommissar wurde abgesetzt und an seiner Stelle Abraham Esau berufen, der damals als Rektor der Universität Jena amtierte. Hans Harting, der schon 1897/98 als Assistent Abbes gearbeitet hatte, kehrte ins Werk zurück, zunächst als kommissarisches und seit 1935 als ordentliches Mitglied der Geschäftsleitung. Auch der Betriebsrat wurde neu besetzt und schließlich noch Fritz Wächtler aus Thüringen abgeschoben.

Es ist schon richtig, was der Stuttgarter Rechtsanwalt Ernst Rupp 1958 in einem Schriftsatz festgestellt hatte: Die Geschäftsleiter haben sich »ohne Rücksicht auf ihre schwer gefährdete persönliche Sicherheit« mutig und mit Erfolg gegen »diesen massiven Gleichschaltungsakt« gewehrt.[7]

Möglich war dieser Erfolg freilich nur durch Konzessionen an den neuen Staat. Einige leitende Mitarbeiter traten schon im Mai 1933 in die NSDAP ein. Walther Bauersfeld allerdings wurde zunächst nur bei dem NSKK Mitglied, dem Nationalsozialistischen Kraftfahrer-Korps.

Nach dem Kriege wurde die Parteizugehörigkeit von der sowjetischen Militäradministration und der SED als politische Waffe benutzt. Sie wollten mit der Denunziation der Geschäftsleiter als »Nazi- und Kriegsverbrecher« die gesamte Abbesche Tradition bei der Belegschaft desavouieren und damit ihre eigenen Machenschaften rechtfertigen. Bei den juristischen Auseinandersetzungen zwischen Oberkochen und Jena spielten die Vorgänge während des Dritten Reiches dann abermals eine große Rolle.

Die Kampagne der SED gegen die »Oberkochener Kriegsverbrecher« hat die alten Arbeiter und Beamten in Jena aber nicht überzeugt. Sie wußten genau, wie sich die Geschäftsleiter während des Dritten Reiches verhalten hatten. Aus ihren Zeugnissen geht hervor, daß die Geschäftsleiter nur nominell Mitglieder der Partei geworden waren. Aktivitäten hat keiner von ihnen entwickelt. Was hätte auch Bauersfeld im Nationalsozialistischen Kraftfahrer-Korps zu schaffen? Er konnte weder Motorrad noch Auto fahren.

Aufgrund dieser Aussagen wurden die Geschäftsleiter alle in die Gruppe der »Entlasteten« eingestuft.

In dem DDR-Geschichtsbuch über »Carl Zeiss – Einst und Jetzt« heißt es, daß die Personen, die den Geschäftsleitern Leumundszeugnisse ausgestellt haben, sich dadurch als »Feinde des Volkes« entlarvt hätten. Es sei ihre Absicht gewesen, »die alte Macht der Konzernherren«* zu bewahren.[8]

* Die Verfasser belegen die Geschäftsleiter durchweg mit Ausdrücken wie »Konzernherren« und »Kriegsverbrecher«.

Zu den »Feinden des Volkes« muß demnach auch der DDR-Nationalpreisträger Hugo Schrade gehört haben, der bis 1965 als Werksleiter und Generaldirektor an der Spitze des Volkseigenen Betriebes stand. Eben dieser Hugo Schrade nämlich richtete an Heinz Küppenbender am 13. Januar und am 22. Oktober 1946 zwei Briefe, von denen er hoffte, daß sie »dem Recht und der Gerechtigkeit zum Siege verhelfen« würden. Er bestätigte: Heinz Küppenbender sei bei seiner »Tätigkeit im Zeiss-Werk nicht als aktiver Verfechter der Ziele und Maßnahmen der NSDAP hervorgetreten«, sondern habe »im Gegenteil häufig ohne Rücksicht« auf eigene Gefährdung »zu der Politik der Parteistellen in offenem Gegensatz« gestanden. In der Tat sei (schrieb Schrade) Küppenbender als politisch unzuverlässig im Sinne des Dritten Reiches »Verfolgungen durch die Gestapo und den SD ausgesetzt« gewesen.[9] Damit nicht genug: Schrade sandte der Spruchkammer am 26. November 1946 eine eidesstattliche Erklärung und kam mit seiner Frau nach Heidenheim, um persönlich vor der Kammer auszusagen.[10]

Hugo Schrade hat aus Dankbarkeit gehandelt. Er war mit einer Jüdin verheiratet und im Dritten Reich in höchstem Maße gefährdet gewesen. Fritz Sauckel, der Gauleiter und Reichsstatthalter in Thüringen, hatte die Geschäftsleiter gedrängt, ihn zu entlassen; Küppenbender und seine Kollegen aber waren standhaft geblieben.

> Als ich nach Jena kam [berichtete Küppenbender], waren alle jene technischen Daten und Unterlagen, an welche ich als Direktor anderer Firmen gewöhnt war, nicht vorhanden. Ich gründete deshalb eine kleine Abteilung, die direkt und ausschließlich mir unterstellt war und die die Weisung hatte ... mir laufend eine gewisse Zusammenstellung von Zahlen anzufertigen, welche einem Ingenieur das Röntgenbild eines Unternehmens gibt. Ich machte Herrn Dr. Schrade zum Chef dieses Planungsbüros, um ihn nahe bei mir zu halten und ihn so gegen die Gestapo zu schützen.[11]

Hugo Schrade ist nur ein Beispiel. Viele gefährdete Mitarbeiter konnten geschützt werden. Friedrich Schomerus, der sich bis 1933 aktiv in der Deutschen Demokratischen Partei betätigt hatte, mußte zwar als Leiter der Personalabteilung abberufen werden, aber er blieb Mitarbeiter und diente den Geschäftsleitern »für besondere Aufgaben«.

Eine dieser »besonderen Aufgaben« war die Abfassung der Beschwerde gegen den Minister.
Rudolf Straubel, der eine jüdische Frau hatte, mußte 1933 von seiner exponierten Stellung als Geschäftsleiter zurücktreten. Er war damals 69 Jahre alt und nicht unglücklich über die unfreiwillig gewonnene Muße. Nachdem er drei Jahrzehnte lang nur noch Manager gewesen war, kehrte er gerne zur Wissenschaft zurück. Trotzdem empfanden es seine Kollegen als eine Schande, daß sie sein Rücktrittsgesuch annehmen mußten. Dafür aber konnte Dr. Otto Eppenstein trotz seiner jüdischen Abstammung gehalten werden. Er war noch unter Abbe und Czapski 1901 in das Werk eingetreten und leitete seit 1919 die Abteilung für Feinmeßwerkzeuge. Auch Dr. Werner Straubel, der Sohn Rudolf Straubels, und Dr. Gerhard Hansen, der faktische Leiter der Meßabteilung, die beide, wie man damals sagte, »Halbjuden« waren, behielten ihre Stellungen.
In seiner »Geschichte des Jenaer Zeisswerkes 1846–1946« hat Friedrich Schomerus festgestellt, daß es das stete Anliegen der Mitglieder der Geschäftsleitung war, das Zeiss-Werk vor den »schlimmsten Auswirkungen des Nationalsozialismus« zu bewahren.[12]
Im Zuge der Gleichschaltung mußten im Jahre 1935 beim Stiftungsstatut einige Abstriche von der Substanz hingenommen werden. Natürlich paßte der § 56, wonach die Anstellung neuer Mitarbeiter »jederzeit ohne Ansehen der Abstammung, des Bekenntnisses und der Parteistellung« zu erfolgen hatte, nicht zu den Grundsätzen des Dritten Reiches. Auch nach der erzwungenen Änderung hielt sich die Firma, wo immer möglich, an den Willen Abbes.
Als zwanzig Jahre später Carl Zeiss Oberkochen und der Volkseigene Betrieb einander vor Gericht gegenüberstanden, spielte auch dieser Punkt eine Rolle. Provoziert von den Fragen des Gegenanwaltes sagte Heinz Küppenbender: »Wenn Sie das Statut durchsehen, werden Sie finden, daß bei jeder Änderung die Geschäftsleitung eine Fußnote angebracht hatte, die besagte, geändert an dem und dem Datum, so daß jedermann sehen konnte, daß es sich bei diesen Änderungen um solche handelte, die nach 1933 erfolgten. Das erforderte auch Mut.«[13]
Für die Entscheidung, um die zwischen Oberkochen und Jena vor

Gericht gerungen wurde, waren die Ereignisse während des Dritten Reiches juristisch unerheblich. Sie kamen dennoch zur Sprache, und besonders ausführlich im amerikanischen Verfahren. Der New Yorker Richter war oft zornig, daß sie, wie er sagte, ihre Zeit damit vergeudeten, »counting the number of petals on a daisy indefinitely«[14], das heißt »unablässig die Blätter eines Gänseblümchens zu zählen«. Und doch hatten diese Abschweifungen auch ihr Gutes: Sie haben zur historischen Klärung beigetragen.

Im amerikanischen Zivilprozeß hat der Anwalt die Möglichkeit, die Zeugen der Gegenpartei einem Kreuzverhör zu unterziehen. Dieses Recht benutzte der Anwalt des VEB, um eine Reihe von, wie er meinte, unangenehmen Fragen zu stellen:

> *Frage:* »Ich wäre dankbar, wenn Herr Dr. Küppenbender uns die ganze Geschichte erzählen würde und uns dabei sagen würde, welche Beschuldigungen [von der Spruchkammer] erhoben und welche endgültigen Entscheidungen getroffen wurden.«
> *Antwort:* »... In einer öffentlichen Sitzung befanden sich in einem großen Raum ungefähr 200 Menschen ... Dann wurden eine Menge Zeugen gehört. Briefe wurden verlesen ... Dann passierte nach zwei oder drei Stunden etwas Eigenartiges. Der öffentliche Ankläger und nicht der Richter stellte den Antrag, daß ich zu entlasten sei. Mein Verteidiger schloß sich diesem Antrag mit ein oder zwei Sätzen an. Der Vorsitzende ... hielt eine Lobrede auf mich ... und dann war ich entnazifiziert.«[15]

Die Feststellung von Schomerus, daß die Geschäftsleiter bestrebt waren, das Werk vor den »schlimmsten Auswirkungen des Nationalsozialismus« zu schützen, muß sogar noch erweitert werden: Die Geschäftsleiter haben sich nicht lediglich im Werk selbst, sondern überall in Wissenschaft und Industrie gegen die nationalsozialistische Ideologie zur Wehr gesetzt.

Solidarisch unterstützt von seinen Kollegen in der Geschäftsleitung hat sich damals Georg Joos hervorgetan im Kampf gegen die »arische« oder »Deutsche Physik«. Der im ganzen Reich geführte Abwehrkampf ist in vielen zeitgenössischen Berichten und Briefen dokumentiert, und deshalb haben wir auch ohne Rückgriff auf das in Jena liegende Betriebsarchiv genügend Belege.

Die von den beiden Nationalsozialisten Philipp Lenard und Johannes

Stark begründete »Deutsche Physik« wollte eine »Physik der nordisch gearteten Menschen« sein; die größten Errungenschaften der modernen Wissenschaft, die Quantentheorie und die Relativitätstheorie, wurden als »Judenbetrug« abqualifiziert.
Wie die Nationalsozialisten in der modernen Kunst eine Entartung sahen, so auch in der Wissenschaft: »Einst unseres Volkes größter Stolz«, äußerte sich Hitler, werde die Wissenschaft jetzt von den »Hebräern« als Mittel benutzt »zur bewußten planmäßigen Vergiftung unserer Volksseele und dadurch zur Herbeiführung des inneren Zusammenbruchs unseres Volkes«[16].
Als am 18. Juli 1937 in München die Ausstellung über »Entartete Kunst« eröffnet wurde, verstärkten auch Philipp Lenard und Johannes Stark ihre Angriffe gegen die von ihnen »jüdisch« genannte moderne Physik. Das »Schwarze Korps«, die Zeitschrift der SS, schmähte die führenden Physiker des Landes – Max Planck, Arnold Sommerfeld, Max von Laue und Werner Heisenberg – als »Statthalter des Judentums im deutschen Geistesleben«. Sie müßten ebenso verschwinden wie die Juden selbst.[17]
Zu diesen »Statthaltern des Judentums« gehörte auch Georg Joos. Nach der Emeritierung von Felix Auerbach war Joos 1925 zu seinem Nachfolger als ordentlicher Professor für theoretische Physik an der Universität Jena ernannt worden. Als sich die Notwendigkeit ergab, den berühmten »Michelson-Versuch« mit gesteigerter Genauigkeit zu wiederholen, stellte ihm die Firma bereitwillig ihre optischen Hilfsmittel zur Verfügung, und so konnte Joos bei seinen im Keller der Zeiss-Werke ausgeführten Versuchen mit bisher unerhörter Genauigkeit die Existenz eines »Äther-Windes« ausschließen und damit die Spezielle Relativitätstheorie endgültig bestätigen.
Welche Art von Physik sollte fortan im Deutschen Reich betrieben werden? Auf Anordnung der Reichsdozentenführung trafen am 15. November 1940 im Ärztehaus in München sechs Repräsentanten der Lenard-Gruppe mit sechs Gegnern der Ideologie aufeinander. Weil die Auseinandersetzung an die Zeit der Glaubenskriege denken ließ, hat man die Diskussion später das »Münchener Religionsgespräch« genannt. An der Spitze der Lenard-Gegner stand der Darmstadter Physiker Wolfgang Finkelnburg. Dieser suchte sich, um die Ideolo-

gen wissenschaftlich in die Enge zu treiben, die kompetentesten Kollegen: Carl Friedrich von Weizsäcker für die Theorie und »Herrn Joos als Fachmann für Theorie wie Experimente«.[18]

Diesem Sachverstand waren die Ideologen nicht gewachsen. Am Ende der Diskussion unterzeichneten die Gesprächsteilnehmer ein Protokoll, das fortan den Physikern in Deutschland als Richtschnur dienen sollte. Ausdrücklich wurden darin die Relativitätstheorie und die Quantentheorie als unentbehrliche Bestandteile der Physik anerkannt.[19]

Eigentlich waren es nur Selbstverständlichkeiten, die man hier festgehalten hatte. Aber diese »Selbstverständlichkeiten« waren im Dritten Reich eben nicht selbstverständlich. Zwar ging die Reichsdozentenführung endlich auf Distanz zur »Deutschen Physik«; es fanden sich aber andere Parteiinstanzen, die den ideologischen Kampf weiterführten. Auch Lenard und Stark hielten sich nicht an den vereinbarten Burgfrieden.

So mancher Universitätsphysiker hat damals seine Stellung aufgegeben, um vom nationalsozialistischen Staate weniger abhängig zu sein. Zu diesen gehörte auch Georg Joos. Die Geschäftsleiter der Zeiss-Werke in Jena hatten von neuen gehässigen Angriffen gegen ihn erfahren und nahmen ihn als Kollegen in ihren Kreis auf.

Auch in der neuen Stellung ging für Georg Joos der Kampf gegen die Ideologen weiter. In Absprache mit Joos wandte sich der Göttinger Aerodynamiker Ludwig Prandtl am 28. Juni 1941 an Reichsmarschall Hermann Göring:

> Es dreht sich kurz gesagt darum, daß eine Gruppe von Physikern, die leider das Ohr des Führers besitzt, gegen die theoretische Physik wütet ... und zwar mit der Begründung, daß die moderne theoretische Physik eine jüdische Mache wäre, die man nicht schnell genug auszutilgen und durch eine »Deutsche Physik« zu ersetzen haben würde.[20]

Dadurch aber, so Prandtl, habe sich eine Situation im Fach herausgebildet, »die, wenn sie bestehen bleiben würde, zwangsläufig zu einer Unterlegenheit Deutschlands in diesem kriegs- und wirtschaftswichtigen Fach führen müßte und uns besonders gegenüber der amerikanischen Konkurrenz in eine ganz hoffnungslose Lage bringen müß-

te«[21]. »Ich möchte Sie bitten«, schrieb Prandtl, »zwei bekannte in der Industrie stehende Physiker, Professor Ramsauer, Leiter des Forschungslaboratoriums der AEG, und Professor Joos, Chefphysiker der Zeiss-Werke, befragen zu lassen, die durch ihre Stellung gegenüber dem terroristischen Verhalten der Lenard-Gruppe genügend unabhängig sind.«[22]
Dieses selbstbewußte Auftreten konnten sich die Forscher erlauben, weil die Staatsführung mit fortschreitendem Kriege auf die Leistungsfähigkeit der Industrie angewiesen war. Die Ideologen verloren Terrain, aber der Preis war hoch. Immer mehr und immer schrecklichere Waffen mußten die deutschen Gelehrten und Industriellen dem machtbesessenen Diktator zur Verfügung stellen.
Unter dem Zwang der Kriegsereignisse entwickelte sich auch das Zeiss-Werk weitgehend zum Lieferanten von Militäroptik. Im Jahre 1943 stieg der Umsatz auf die Rekordmarke von 236 Millionen, wovon fast 194 Millionen oder 82 Prozent auf das Militärgeschäft entfielen.
Im Jahr 1946 hat Clemens Münster, der zur Gruppe der 84 aus Jena evakuierten Wissenschaftler gehörte, einen kritischen und lesenswerten Aufsatz über die Verbiegungen des ursprünglichen »Zeiss-Geistes« während des Dritten Reiches geschrieben. Fast unmerklich, sagt er, habe sich »unter dem Einfluß der Partei das ungezwungene und menschliche Verhältnis zwischen Untergebenen und Vorgesetzten in ein quasi-militärisches und rein funktionales« gewandelt.[23] Sein Aufsatz über die »Fabrik im Kriege« ist damals in den von Eugen Kogon und Walter Dirks gegründeten »Frankfurter Heften« erschienen. Clemens Münster gab seine Stellung bei Zeiss und die Physik auf und hat sich als Publizist einen Namen geschaffen. Zuletzt war er Fernsehdirektor des Bayerischen Rundfunks.
Wie die »Frankfurter Hefte« überhaupt, hatte auch der Aufsatz eine entschieden pazifistische Tendenz:

> Der Nationalsozialismus brachte es in sechs Friedens- und sechs Kriegsjahren fertig, die sozialen Werte der Betriebsverfassung zu zerstören und aus dem Werk einen »nationalsozialistischen Musterbetrieb« mit der »goldenen Fahne« der DAF zu machen, der der Rüstung uneingeschränkt zur Verfügung stand und dessen einziger Makel der war, daß

Das Zeiss-Werk in Jena (Photo von 1937/38).

der weit überwiegende Teil der Belegschaft den Nationalsozialismus im stillen ablehnte – was man auf seiten der Partei sehr wohl wußte, aber durchgehen ließ, weil eben doch pariert wurde.
Die entscheidenden Bestimmungen des Statuts wurden formell oder tatsächlich außer Kraft gesetzt. Zuerst diejenigen, deren Ziel die Achtung der persönlichen Freiheit war und die den Unterschied zwischen politischen und kriminellen Vergehen betrafen. Es fielen aber auch die obere Grenze der Gehälter, die Sicherung des Grundlohnes bei Akkordarbeit, der Achtstundentag. Für die älteren Betriebsangehörigen wurde die Werkstradition in dem Sinne verfälscht, daß die Gründer als Vorläufer des Nationalsozialismus hingestellt und ihre Bilder unter die von Adolf Hitler und Robert Ley gehängt wurden.[24]

Die führenden Mitarbeiter, so schrieb Clemens Münster, »waren in der widerspruchsvollen Lage, daß die Arbeit in der Industrie einen gewissen Schutz vor dem Zugriff der Partei bot, sich aber zugleich als Dienst am Nationalsozialismus entlarvte«:

> Man brauchte kaum Parteiveranstaltungen mitzumachen, man brauchte nicht einmal in den Krieg, und genoß eine größere persönliche Freiheit als irgend jemand sonst im Lande – aber der Preis dafür war die Funktionserfüllung an der Stelle, die dem Regime paßte.[25]

Je länger der Krieg dauerte, um so deutlicher wurde die Unterlegenheit des Dritten Reiches auf wirtschaftlichem Gebiet. »Schafft mehr Waffen und Munition, steigert eure Leistung und euren Einsatz«, appellierte Robert Ley, der Leiter der »Deutschen Arbeitsfront«, an die Mitarbeiter der Jenaer Stiftungsbetriebe. »Sage mir keiner, er kann nicht mehr.«[26]

Mit dem Kriegseintritt der Vereinigten Staaten ging zuerst dort, wo die nationalsozialistische Propaganda Überlegenheit suggeriert hatte, auf dem Gebiete des Luftkrieges, die Initiative auf die Alliierten über. In der Nacht zum 29. März 1942 begann mit einem schweren Angriff auf Lübeck die Zerstörung der deutschen Städte.

In Jena verloren durch die Bombenangriffe 710 Einwohner ihr Leben. 4000 Wohnungen, etwa ein Fünftel der gesamten Bausubstanz, wurden zerstört, ebenso die Kollegienkirche, die Stadtkirche, das Abbeanum und die Universitätsbibliothek.[27]

Die Alliierten kannten die Bedeutung des Zeiss-Werkes, und es ging ihnen darum, die Lieferungen an Heer, Marine und Luftwaffe nach Kräften zu hindern. Als aber der Sieg näher rückte, trat ein ganz anderes Ziel in den Vordergrund. Die Vereinigten Staaten trafen Vorbereitungen, das gesamte wissenschaftliche und industrielle Knowhow der Deutschen als Kriegsbeute an sich zu bringen. Davon ahnte man nichts bei Carl Zeiss, und doch sollte diese Aktion viel tiefer als alle Bombardierungen in das Schicksal des Werkes eingreifen.

Dreizehntes Kapitel

DIE JAGD AUF GEHIRNE

Nach dem Kriegseintritt der Vereinigten Staaten waren die Alliierten zuversichtlich, daß der Sieg ihnen zufallen würde. Die amerikanischen und britischen Gelehrten aber sorgten sich, daß eine ganz neuartige Waffe das Kräfteverhältnis grundlegend verändern könnte. Der Chemiker James B. Conant, der spätere Hohe Kommissar und Botschafter in Bonn, berichtete in seinen Memoiren, wie erschüttert die Chefberater des amerikanischen Präsidenten waren, als ihnen die »catastrophic possibilities of a German bomb« bewußt wurden.[1] Um auszuschließen, daß der schon gewonnene Krieg im letzten Augenblick doch noch verlorengeht, bauten die Vereinigten Staaten und Großbritannien gemeinsam eine neuartige Organisation auf, die alle nur erreichbaren Informationen über die deutschen Forschungs- und Entwicklungsarbeiten sammelte.
Als die Alliierten im März 1945 den Rhein überschritten, folgten der kämpfenden Truppe 3000 Wissenschaftler und Ingenieure. Sie trugen normale Offiziersuniformen, aber ihre Waffen und Rangabzeichen waren Camouflage. Sie arbeiteten für CIOS, wie sich die Organisation nannte, und ihr Ziel waren Universitäten, Laboratorien und Industriebetriebe.[2]
Im April 1945, als Patton mit seiner Dritten Armee Thüringen besetzte, bestand Gewißheit, daß man keine militärischen Überraschungen mehr befürchten mußte. Dafür aber wurde der Krieg im Pazifik härter. Die Eroberung der dem japanischen Mutterland vorgelagerten Inseln Iwo Jima und Okinawa erforderte eine erschrekkend hohe Zahl an Opfern. Die Aufgabe der alliierten Wissenschaftler war nun, »to further the prosecution of the war against Japan«.[3] Es spielte aber auch schon eine Rolle, daß man die Beute unter keinen Umständen den Russen überlassen wollte. Ein besonderer Coup

glückte in Nordhausen. Hier entdeckten die Amerikaner das sogenannte »Mittelwerk«, eine unterirdische Fabrik, in der unter Aufsicht der SS KZ-Häftlinge die V2 produziert hatten. Einhundert komplett fertiggestellte Raketen wurden in die Vereinigten Staaten gebracht. Den gleichen Weg gingen ein paar Monate später die Konstrukteure.

Als mit dem Start des Sputnik und des Explorer zwischen den beiden Großmächten der »Wettlauf zum Mond« einsetzte und die deutschen Raketenpioniere in den Vereinigten Staaten eine ungeheure Popularität gewannen, da erinnerte man sich auch wieder an die Tätigkeit von CIOS anno 1945.

Deshalb erhielt der junge amerikanische Historiker Clarence G. Lasby die bereitwillige Hilfe der Streitkräfte, als er über die Aktion eine umfangreiche Studie anfertigte. Sein Buch über »die deutschen Wissenschaftler und den kalten Krieg« ist eine seriöse Darstellung, liest sich aber stellenweise wie ein Kriminalroman:

> In Dessau forschten mehrere CIOS-Teams die Junkers-Flugzeugwerke aus und nahmen alle Ingenieure in Gewahrsam, einschließlich des Chefingenieurs Dr. Anselm Franz ... Andere Teams fanden Personal und Ausrüstung bei der Luftwaffenakademie in Bad Blankenburg, den Siebel-Flugzeugwerken in Halle, bei Telefunken in der Nähe von Eisenach, den Askania-Flugzeugwerken in Morsleben, bei den IG-Farben in Bitterfeld und den Leuna-Werken in Merseburg.[4]

»Die aufregendsten Entdeckungen aber«, schrieb der amerikanische Historiker, »gab es in Jena, wo sich die Teams auf die Optischen Werke von Zeiss konzentrierten.« Auf die denkwürdigen Ereignisse ging er aber nicht näher ein. Diese Lücke können wir mit Hilfe der vielen Berichte von Firmenmitarbeitern schließen, die im Archiv in Oberkochen gesammelt sind.

Als die 80. Infanteriedivision die Stadt genommen hatte, begaben sich die Kommandeure – Oberst Normand O. Costello und Oberstleutnant Henry Fisher – ins Werk.[5] Es war der 13. April 1945 und um die Mittagszeit. Sie ließen den »Boss« rufen, und der zeigte ihnen die Werksanlagen. Am 17. und 19. März hatten zwei heftige Luftangriffe Jena verwüstet. Das Gefühl, bei Carl Zeiss für alles verantwortlich zu sein, war bei Heinz Küppenbender so stark ausgeprägt, daß es ihm fast peinlich war, das Werk nicht in der gewohnten Verfassung präsentieren zu können.[6]

Am folgenden Tag kam Lieutenant-Colonel Williams vom Stab der 12. Armeegruppe. Er ließ an den Fabriktoren das Off Limits mit der Unterschrift von General Omar N. Bradley anschlagen und kündigte an, daß eine Offizierskommission den Schutz des Werkes übernehmen werde. Der Oberstleutnant befahl, für die Offiziere Büroräume freizumachen.

Zur Werkskommission gehörten Captain W. Linder, von dem die Zeissianer sagten, daß er sich immer sehr zurückhaltend und anständig verhalten habe, und Lieutenant Brayer, der »rücksichtslos Requisitionen durchführte«. Leiter der Kommission war bis Anfang Juni Colonel George W. Goddard und später, als sich die Ereignisse zuspitzten, Colonel Hubert Zemke sowie als dessen Vertreter Colonel Stone. Alle Offiziere gehörten zur Air Force und unterstanden direkt dem Supreme Headquarter (SHAEF) in Paris.[7]

Den ganzen Mai und Juni hindurch erschienen immer neue Gruppen von Offizieren im Werk, und die Zeissianer wußten oft nicht, um wen es sich handelte und welche Funktionen sie im einzelnen hatten. Auffällig war jedenfalls, daß viele Emigranten darunter waren, die sich gegenseitig mit »Josl, Seppl und Franzl« anredeten.[8]

Die Aufgabe all der Kommissionen war ganz offiziell »exploitation«, zu deutsch »Ausbeutung«. Wenn schon Deutschland weitgehend zerstört war, so blieb doch als Reparation das Wissen der Menschen. Die alliierten Wissenschaftler interessierten sich für alles: für optische Instrumente, für die Organisation der deutschen Rüstung, für die Wirkung von Luftangriffen auf die Menschen und die Produktion.

Mitte Mai 1945 erhielt Zeiss den Befehl, 3400 Luftbildobjektive zu produzieren. Die amerikanischen Luftwaffenoffiziere hatten festgestellt, daß die mit den Zeiss-Luftbildkameras gemachten Photos besser waren als die amerikanischen. Die Zeiss-Objektive mußten umkonstruiert werden, damit sie in die amerikanischen Fairchild-Kameras paßten, und Heinz Küppenbender kümmerte sich um den Auftrag.

Der Befehl wurde jedoch zurückgezogen. Auf der Konferenz von

Jalta im Februar 1945 hatten sich Churchill, Roosevelt und Stalin auf die Aufteilung des Deutschen Reiches in Besatzungszonen geeinigt. Danach gehörte Thüringen, das »grüne Herz Deutschlands«, zur sowjetischen Zone.
Empört über das Verhalten der Sowjets in den Balkanstaaten und insbesondere in Polen, wo sie überall Marionettenregierungen etablierten, schlug Churchill noch Anfang Juni seinem amerikanischen Verbündeten vor, Mitteldeutschland als Faustpfand zu behalten. Der neue amerikanische Präsident Harry S. Truman aber wollte sich an die Vereinbarungen halten. Schließlich wurde der 1. Juli als Tag der Übergabe bestimmt.
In Thüringen und Sachsen konnte es sich also nur noch darum handeln, die wichtigsten Fachleute zu evakuieren. Von den amerikanischen Offizieren wurde »in rascher Arbeit und oft in Reaktion auf Gerüchte eines baldigen Rückzugs« eine »reiche Ernte von Beutestücken und Menschen« eingebracht.[9]
Im Falle von Zeiss hatte CIOS eine kapitale Idee. Spezialisten sind gut, die Fabrik als ganzes ist besser. Ernsthaft planten die amerikanischen Offiziere, das Werk, oder wenigstens einen Teil davon, nach Westdeutschland in ihr Besatzungsgebiet zu verlagern und dann dort (unter anderem) die benötigten 3400 Luftbildobjektive zu produzieren.
In Begleitung von Colonel Goddard flogen Henrichs, Küppenbender und Opitz nach München, um nach einer geeigneten Betriebsstätte zu suchen. Nach der Besichtigung von Deckel, Steinheil und Linhoff, die alle in Trümmern lagen, fuhren sie mit Lieutenant Ginsberg im Jeep nach Stuttgart: Vielleicht ließ sich im Contessa-Werk von Zeiss Ikon eine Fertigung aufbauen. Hier kannte sich Küppenbender gut aus: Er war zwölf Jahre lang für Zeiss Ikon tätig gewesen, zuletzt als Mitglied des Vorstandes.
Die Franzosen, die damals in Stuttgart saßen, verweigerten ihre Zustimmung. So wollte man denn die Fabrikanlagen von Deckel in München zum neuen Standort des Zeiss-Werkes machen.
Ende Mai gab Colonel Stone die Anweisung, den Plan für die Verlagerung auszuarbeiten. In kurzer Zeit erhielt Küppenbender von seiner Planungsabteilung alle Unterlagen, die er brauchte, und am

9. Juni diktierte er das Memorandum über die »Errichtung einer Zweigfertigungsstelle des Zeiss-Werkes«:

> Die Zusammensetzung des neuen Werkes soll so gewählt werden, daß ein geschlossenes, lebensfähiges feinmechanisch-optisches Unternehmen gegeben ist, d. h., daß neben den Fachkräften und Spezialisten des Betriebes auch die Spezialkräfte der Konstruktionsbüros, der Laboratorien mit verlagert werden.[10]

Gemäß den amerikanischen Vorgaben handelte es sich um eintausend »produktive Arbeitskräfte« und weitere eintausend »kaufmännische, wissenschaftliche und technische Angestellte«, was mit den Familienangehörigen sechstausend Personen ausmachte. An Maschinen ermittelte Küppenbender einen Bedarf von 2465 Einheiten, darunter 490 Drehbänke, 55 Halbautomaten, 30 Vollautomaten, 280 Fräsmaschinen und 210 Schleifmaschinen.

Alles in allem ergab sich, daß 600 Eisenbahnwaggons für den Transport benötigt wurden. Dieses Resultat war für die Amerikaner niederschmetternd. Bis zur Übergabe Thüringens ließ sich ein solches Projekt nicht mehr durchführen.

Nachdem er sein Memorandum übergeben hatte, hörte Küppenbender mehrere Tage nichts. Am 13. Juni kam es zu einer Aussprache zwischen Oberst Stone und Leutnant Brayer mit Küppenbender und Henrichs. Dolmetscher war Sigmund Meyer, der später in Oberkochen Prokurist wurde.

Die Amerikaner wollten sich nun auf die entscheidenden Produktionsmaschinen konzentrieren und Standardausrüstung beiseite lassen. Es sollte ein neuer Plan aufgestellt und davon ausgegangen werden, daß fünfzig »box-cars« für den Transport verfügbar sein würden. Gemeint waren wahrscheinlich Schwerlastwagen der US Army.

> If the volume to be moved is larger, the items should be listed according to priority, so that the most important machines move first and additional equipment can follow in the sequence of priority.[11]

Neben diesen Produktionsmaschinen sollten auch Forschungseinrichtungen verlagert werden, diese aber mit der Bahn. Küppenbender und Henrichs betonten, für sie sei es unmöglich, »einen beträchtlichen Teil von Zeiss ohne schriftliche Weisungen zu verlagern«. Eines Tages würden sie dafür zur Rechenschaft gezogen werden.

> Wir bereiteten dann zusammen ein Memorandum vor, in welchem klar zum Ausdruck kam, daß es sich um einen Befehl handelte. Ich [Küppenbender] erinnere mich noch, daß die amerikanischen Offiziere das Memorandum korrigierten und auch Herr Henrichs ... Wir kamen überein, daß uns eine Reinschrift ... übergeben werden sollte. Das wurde nicht getan, aber Herrn Meyer gelang es, ... sich in Besitz des Originals zu bringen.[12]

In den Gerichtsverfahren, die später zwischen Zeiss-West und Zeiss-Ost geführt wurden, spielte das Memorandum eine große Rolle. Es zeigte eindeutig, daß es für die Geschäftsleitung gar keine Alternative gab. Sie mußte an der Vorbereitung ihres eigenen Abtransports mitwirken.

Neben den Produktionsmaschinen und den Forschungseinrichtungen ging es am 13. Juni auch noch um die Menschen. Die Amerikaner verlangten Listen des für die Produktion und die Forschung notwendigen Personals. Da man für die Fahrt mit der Eisenbahn fünf Tage und mehr rechnen mußte, wurde Straßentransport vorgesehen, in Bussen, wenn Zeiss solche beschaffen konnte, sonst in Lastwagen der US Army.

Ein paar Tage später, es war der 18. Juni, erhielt Küppenbender am Abend zu Hause einen Telefonanruf: Er solle sofort alle Geschäftsleiter von Zeiss und von Schott zusammenrufen.

> Es war im großen Konferenzraum im 9. Stockwerk. Auf der einen Seite des Tisches saßen die britischen und amerikanischen Offiziere, ... auf der anderen Seite die Herren von Zeiss und Schott. Mehrere Stühle in der Mitte blieben leer. Dann kam mit festen Schritten ein junger amerikanischer Luftwaffenoffizier, Oberst Zemke, herein, übernahm den Vorsitz ... und erklärte kurz, daß er von Paris [vom Supreme Headquarter Eisenhowers] käme und daß er uns einen Befehl zu überbringen habe. Alles, was bisher ... diskutiert worden sei, könne nicht mehr ausgeführt werden, die Russen würden kommen, und es verbliebe keine Zeit mehr dazu. Ich höre ihn noch heute sagen: »We take the brain.«[13]

Auch der zweite, reduzierte Plan war also hinfällig geworden. »We take the brain.« Was sollte das bedeuten? Colonel Zemke hatte einige

Papiere in der Hand, Namenslisten, wie sich herausstellte. Auf der ersten Liste standen sechs Namen mit »top priority«. Das waren Joos, Henrichs, Küppenbender, Kotthaus, Straubel und Pistor.[14]
Als Küppenbender sagte, daß Kotthaus und Straubel nicht mehr lebten, lachte Zemke. »Then we take the bodies.« Dann nehmen wir die Leichen. Ein makabrer Scherz. Henrichs bat darum, Professor Hermann Pistor von der Liste zu streichen. Er gehöre gar nicht zu Zeiss, sondern sei der Direktor der Staatlichen Meisterschule für Optik und im übrigen bereits 70 Jahre alt.
Dann kamen die weiteren Listen mit den Wissenschaftlern, den Ingenieuren und den Kaufleuten. Als er die vielen Namen hörte, fühlte Professor Walther Bauersfeld, daß seine ganze Lebensarbeit zunichte wurde. 1908, nur drei Jahre nach dem Tode Abbes, war er als Neunundzwanzigjähriger in die Geschäftsleitung eingetreten, und seither hatten er und seine Kollegen ihre ganze Kraft eingesetzt, um das Erbe im Sinne des Meisters weiterzuführen.
Bauersfeld erhob sich. Leidenschaftlich protestierte er gegen die Trennung der Spitzenkräfte vom Werk. Als Geschäftsleiter sei es ihre Pflicht, hier in Jena zu bleiben; sie seien gemeinsam verantwortlich für die Betriebe und die Werksangehörigen. »Was Sie vorhaben«, schleuderte er Zemke entgegen, »bedeutet, den Stiftungsbetrieben den Kopf abzuschlagen!«
Colonel Hubert Zemke war der Kommandeur des berühmten 56. Jagdgeschwaders, das sich stolz das »Zemke-Wolfsrudel« nannte, und selbst einer der erfolgreichsten amerikanischen Jagdflieger mit 20 Abschüssen.[15] Bei aller Härte hatte sich dieser Offizier die Ritterlichkeit im Kampfe bewahrt. Zemke blieb ruhig und freundlich. Er bedauere diesen Ausbruch, sagte er, aber er könne ihn verstehen. Es sei sogar richtig, von den 125 Männern als dem »Kopf« von Zeiss und Schott zu sprechen. Gerade deshalb würden sie in die amerikanische Zone gebracht. »We take the brain.«
Millionen von Menschen haben damals ihre Heimat verloren, und bis auf den heutigen Tag sind Zwangsumsiedlungen Mittel der Politik geblieben. »Es ist eine alte Geschichte, doch ist sie immer neu«, könnte man mit Heinrich Heine sagen, »und wem sie just passieret, dem bricht das Herz entzwei.«

Als die 84 Mitarbeiter von Carl Zeiss und die 41 von Schott mit ihren Angehörigen in den Militärlastwagen saßen, den »trucks« der US Army, und einem ungewissen Schicksal entgegenfuhren, fühlten sie sich alle unglücklich. Nur ein paar wenige wußten, daß sich der Plan mit Deckel in München ganz zerschlagen hatte und sie nach Heidenheim gebracht wurden.

Wohl keiner hat geahnt, daß sie später einmal die erzwungene Umsiedlung als einen hoffnungsvollen neuen Anfang betrachten würden. In Jena konnte sich das Werk Ernst Abbes gegen die übermächtigen Kräfte aus dem Osten nicht behaupten, und sie waren zur Fortsetzung an einem neuen Platz, aber im alten Geiste berufen.

Wie die Pilgerväter, die 1620 auf der »Mayflower« in die Neue Welt kamen, in der Gründungsgeschichte der Vereinigten Staaten eine hervorragende Rolle spielten, so in der Geschichte von Carl Zeiss West Germany die 84 Evakuierten. Akribisch wie in den USA bei den »pilgrim fathers« ist bei Carl Zeiss jeder Name in den Annalen verzeichnet.

Die Carl-Zeiss-Stiftung besaß im Westen noch ein paar Betriebe und Verkaufsniederlassungen. Vielleicht hätte man damit für fremde Rechnung produzieren und Waren vertreiben können. Das aber stand niemals zur Diskussion: Wie schon Ernst Abbe schlossen die Geschäftsleiter die »bloße Verwaltung einer Vermögensmasse« ausdrücklich aus.

Der größte Aktivposten für die Stiftung waren nicht die Gebäude und nicht die Bankkonten, sondern die Menschen mit ihrem Know how.

Nach einer Definition, die von der Internationalen Handelskammer stammt, bedeutet Know how »die Gesamtheit der Kenntnisse, des Fachwissens und der Erfahrung bei der technischen Durchführung der Fabrikation eines Produktes.«[16] Diese Definition faßt nur ein einzelnes Produkt ins Auge. Im Falle Zeiss handelte es sich um die volle Palette der optischen Instrumente.

Das Know how der Oberkochener umfaßte weitgehend alles, was zum Management einer großen optischen Fabrik gehörte: den betriebswirtschaftlichen Überblick, der ihnen sagte, daß die Rentabilität erst bei einer Gesamtbelegschaft von mindestens 2500 Mitarbeitern gesichert war[17]; die Fähigkeit, ausgereifte Produkte mit optimalen Eigenschaften zu konzipieren; die rationelle Planung des Arbeitsablaufes, um eine hohe Produktivität zu erreichen.

Als endlich die Fertigung in Oberkochen anlief, stellte sich heraus, daß doch noch etwas fehlte: die praktische Erfahrung. Wie der amerikanische Fliegeroberst Zemke richtig gesagt hatte: Die Oberkochener Gruppe war der Kopf des Unternehmens. In der Industrie aber brauchte man Verstand *und* Hand. Die Jenaer Werkmeister kannten, ohne viel Worte darüber zu verlieren, jeden Handgriff. Schriftlich fixiert aber war ihr Wissen nicht.

Unter dem Druck der politischen Verhältnisse kamen viele von diesen Werkmeistern nach Oberkochen, aber das war erst einige Zeit später. »So mußten wir in mühsamer, systematischer Arbeit uns die Erkenntnisse von neuem verschaffen, die in Jena Allgemeingut der Firma waren«, berichtete Gerhard Hansen: »Das hat uns viel Zeit gekostet, aber es hat uns auch eine größere Sicherheit bei der systematischen Neuerarbeitung mancher Methoden verschafft.«[18]

Finanziell gesehen waren sie Habenichtse, als sie Anfang Oktober 1946 mit der »Opton Optische Werke Oberkochen, Gesellschaft mit beschränkter Haftung« begannen: Die Gebäude, in denen sie arbeiteten, waren nur gemietet. Ihre Maschinen waren alt und die meisten reparaturbedürftig, die Kapitalausstattung lächerlich gering.

Es war einzig und allein ihr umfassendes Know how, das sie von jeder anderen Gruppe von Flüchtlingen unterschied.

Deswegen hatten auch die amerikanischen »Interrogators«, die nach Heidenheim kamen, ein so lebhaftes Interesse an ihnen. Ihre Fragen waren ausgesprochen inquisitorisch. Weil es dabei hauptsächlich um Militärgeräte ging, hofften die Zeissianer, daß ihre Angaben nur der Auswertung im Pentagon dienen sollten und nicht auch der amerikanischen Industrie. Das aber war bloßes Wunschdenken, wie sie im Grunde schon damals wußten. Hatten sie doch oft genug erfahren, »daß jede Idee und jedes Verfahren, welches im Kriege von Bedeutung war, auch in Friedenszeiten von großem wirtschaftlichen Werte ist«[19].

Durch die Arbeiten des Historikers Lasby und ähnliche Untersuchungen ist eindeutig festgestellt, daß kein Unterschied zwischen friedlicher und militärischer Nutzung gemacht wurde. Das Know how der Deutschen galt bei den Siegern als eine ihnen zustehende Kriegsbeute. Das Handelsministerium in Washington rief die amerikanische Industrie auf, sich nach Kräften zu bedienen: »Never before has American industry had such an opportunity to acquire information based on years of painstaking research so quickly and at such little cost.«[20]

Bei seinem Besuch in Jena im September 1946 erfuhr Walter David, daß auch die sowjetischen Ingenieuroffiziere im Werk einen ungeheuren Wissensdurst besaßen. Durch ständig neue Anforderungen käme man überhaupt nicht richtig zur eigentlichen Arbeit.[21]

Der sowjetische Generaldirektor ließ eine bis in die Einzelheiten gehende Bestandsaufnahme der gesamten Technologie des Werkes anfertigen. Es wurden viele Bände mit Photos, graphischen Darstellungen und Beschreibungen.

So wanderte das Know how, das sich das Zeiss-Werk in 99 Jahren geschaffen hatte, im Jubiläumsjahr 1946 in die Vereinigten Staaten und in die Sowjetunion. Trösten aber konnte man sich immer noch damit, daß es sich nur um eine Mitbenutzung durch die Sieger handelte. Carl Zeiss behielt ja dieses Know how, und es war möglich, wenn auch gewiß schwierig, sich durch eine Kraftanstrengung erneut einen technischen Vorsprung zu erarbeiten.

Eine neue Dimension erreichte die Ausbeutung jedoch am 22. Oktober 1946. Durch die Zwangsverpflichtung von 274 Mitarbeitern des Jenaer Zeiss-Werkes in die Sowjetunion ging mit den Wissenschaftlern, Ingenieuren, Technikern und Werkmeistern auch ihr Know how verloren.

Derart rüde Methoden brauchte die Geschäftsleitung in Oberkochen nicht zu befürchten. Was aber sollte man tun, wenn die besten Wissenschaftler durch glänzende Angebote in die Vereinigten Staaten abgeworben wurden?

Schon 1945 hatten die Amerikaner 350 deutsche Spezialisten, unter ihnen die »Männer von Peenemünde«, in ihr Land geholt. Im Februar 1946 begann unter der Codebezeichnung »Project Paperclip« eine neue Aktion. Der Name »Paperclip« (Büroklammer) stammte von Offizieren, die sich erinnerten, wie sie bei der Auswahl der deutschen

Raketeningenieure an den Personalbogen eines jeden, der in die USA gebracht werden sollte, eine Büroklammer befestigt hatten.
An ausgesuchte deutsche Wissenschaftler und Ingenieure erging im Laufe des Jahres 1946 das Angebot, zusammen mit ihren Familien und unter den günstigsten Bedingungen in die Vereinigten Staaten zu kommen. Die Bereitschaft war groß, die Not hinter sich zu lassen und wieder eine interessante Forschungsaufgabe zu übernehmen. In einem Bericht des amerikanischen Hauptquartiers in Frankfurt heißt es dementsprechend, daß das »program for sending scientists to the United States (Operation Paperclip)« vorzügliche Fortschritte mache. »Apparently some of the top men have already produced extraordinary results.«[22]
Von seinen »Spitzenleuten« verlor Carl Zeiss insgesamt neun promovierte Wissenschaftler, darunter Gerhard Schwesinger, Alexander Smakula und Werner Weihe.[23] Dr. Schwesinger kehrte später nach Oberkochen zurück.
Bis Mitte November 1946 waren auf diese Weise insgesamt 279 Spezialisten aus Deutschland und Österreich in die USA gebracht worden. Das Pentagon gab die Anweisung, weitere 721 Deutsche und Österreicher in die Vereinigten Staaten zu holen, um auf eine Zahl von 1000 zu kommen.[24]
Auch Großbritannien entwickelte ein ähnliches Programm, und die beiden Mächte stimmten sich untereinander ab. So sollten etwa 250 »German specialists in Science and Technology«, die in der amerikanischen Zone lebten, nach England gebracht werden.
Von Carl Zeiss waren 14 Mitarbeiter betroffen. Jetzt aber erhob Major Lester H. Kyle von der amerikanischen Militärregierung in Heidenheim gegen die geplante Aktion energischen Einspruch. Er erklärte, daß »the Zeiss industries will play a vital part in re-establishing German economy« und daß keiner dieser Spezialisten entbehrt werden könne.

> *Dr. Wolfgang Roos:* is in charge of optical computing of spectacle lenses. His absence – even for a short time – would stop preparations for the manufacture of spectacle lenses. There is a catastrophic shortage of spectacle lenses in the US zone.
> *Dr. Robert Richter:* is head of the department of mathematics. He is

responsible for the computation of the optical system of the medico-optical instruments, microscopes, photographic objectives and spectacle lenses. This work is most urgent, since no data of this kind are available in the US zone. Therefore production in the items mentioned above can get under way only after the optical computations have been re-done.

Dr. Rudolf Messner: is an expert on optical mirrors and at present engaged in building up the optical shop. This corporation »Opton« cannot spare him for even a short period of time.

Dipl. Ing. Karl Sporkert: is head of the department for testing all raw materials used in the process of manufacturing. He is at present fully occupied in view of the fact that »Opton« is still in the first stages of processing. At present and for some time to come he will be absolutely indispensible to establishing this organization.

Dr. Kurt Räntsch: is in charge of establishing tolerances for the new optical production. Without this basic mathematical work production can not be begun. Its interruption would delay production for a period equal to the duration of Dr. Räntsch's absence ...

Dr. Hans Plesse: is in charge of all electrical problems in connection with optical instruments. He is an important and very necessary individual to the plant since the Zeiss group released its only two other experts in this field, Dr. Werner Weihe and Dr. Eduard Gerber, for work in the United States.[25]

Mit seinen jetzt 300 Mitarbeitern sei Opton gerade dabei, mit der Produktion beginnen zu können, erläuterte der amerikanische Major seinen Vorgesetzten. Die Brillengläser, Mikroskope und medizinisch-optischen Geräte würden von der deutschen Bevölkerung dringend gebraucht, und gegenüber dieser Not müßten alle anderen Absichten zurücktreten.

Wie diesen Major gab es auch viele andere Offiziere, die sich für das Schicksal der ihnen anvertrauten Menschen verantwortlich fühlten. Die Phase der Exploitation ging zu Ende, und die Militärregierung wurde zu einem Partner und schließlich zu einem Freund.

Das zeigte sich besonders bei der Entschädigung für die seinerzeitigen Requisitionen in Jena und für die Laborgeräte und 80000 Werkzeichnungen. Geräte und Zeichnungen waren zur gleichen Zeit wie sie selbst aus Jena abtransportiert worden und sollten ihnen im Westen beim Wiederaufbau zur Verfügung stehen. Nur ein ganz kleiner

(nicht recht brauchbarer) Teil kam in ihre Hände zurück, und sie erhielten eine Entschädigung von 23,1 Millionen DM. Dieses Geld half außerordentlich beim Start in Oberkochen.
Bei der Realisierung dieser Forderungen lernten sie die amerikanischen Offiziere als faire Verhandlungspartner kennen, und wie Ulrich Kühn in seiner »Geschichte des Claim« schrieb, entwickelten sich geradezu herzliche Beziehungen.

> Die große Anzahl amerikanischer Offiziere, mit denen Küppenbender, Henrichs, Meyer, David und Hofem jahrelang freundschaftlich verhandelt haben ... steht auch noch ... nach ihrem Ausscheiden aus ihrem Amt mit Carl Zeiss in Briefwechsel ... Alle nehmen am Fortgang der Sache regen Anteil, obwohl sie nicht mehr offiziell damit zu tun haben. Diese Nachwirkung allein ist ein schöner Beweis, wie sehr es den Amerikanern selbst auf eine gerechte Regelung im Verhandlungswege angekommen ist. Daß sie im Laufe ihrer Diensttätigkeit auch versuchen mußten, den Preis ... im Interesse ihres Landes so niedrig wie möglich zu halten, ändert [daran] ... nichts.
> Für sie alle ... kommt das in einem »Dokument« zum Ausdruck, das sich außerhalb des offiziellen Briefwechsels ... findet. Colonel Williams erhält als Andenken ... einen Bildband, für den ... die Widmung das hier Wesentliche zum Ausdruck bringt: »To a horse-trader and gentleman«.[26]

Während sich das Verhältnis zur amerikanischen Militärregierung erfreulich gestaltete, machte nun die Verständigung mit dem Stammwerk in Jena zunehmend Schwierigkeiten. Zwar änderte sich nichts an der freundschaftlichen Verbundenheit, und auf allen Ebenen war gegenseitige Hilfe zwischen den Mitarbeitern in Oberkochen und ihren Kollegen in Jena selbstverständlich. Aber der Einfluß, den die politischen Machthaber auf die Geschäftsvorgänge nahmen, wurde stärker.
Bei Entscheidungen der Jenaer Geschäftsleitung wußte man nun nicht mehr sicher, ob sie tatsächlich ihrem Willen entsprachen oder aufgezwungen waren. Später stellte sich heraus, daß sich die drei Geschäftsleiter unter dem ständigen politischen Druck ganz verschieden verhielten. Dr. Hugo Schrade wurde völlig »russophil«. Victor Sandmann leistete, wie er nach seiner Flucht selbst erklärte, »auf dauerndem Rückzug unter Vermeidung entscheidender Kampfhand-

lungen« hinhaltenden Widerstand. Dr. Friedrich Schomerus war, wie schon im Dritten Reich, der mutigste von allen. Nach offensichtlich gesteuerten Presseangriffen ging er 1949 in Pension. Die Jenaer Werksleitung hielt offiziell die Fiktion aufrecht, dies sei »freiwillig« erfolgt. In der parteioffiziellen Geschichte von »Carl Zeiss – Einst und Jetzt« aber heißt es, Schomerus habe »mit Schimpf und Schande« das Werk verlassen müssen.[27]

Vierzehntes Kapitel

ZEISS GEGEN ZEISS

Auf ihren Konferenzen in Jalta und Potsdam hatten die Alliierten für Deutschland eine umfassende Entnazifizierung beschlossen. In der sowjetischen Besatzungszone benutzte man diese notwendige Maßnahme dazu, gesellschaftliche Veränderungen im kommunistischen Sinne durchzusetzen.

So richtete sich die auf den berühmten Befehl Nr. 124 gestützte Beschlagnahme von Industrievermögen offiziell gegen die Nazi- und Kriegsverbrecher; in Wirklichkeit ging es der Sowjetischen Militäradministration um die Verfügungsgewalt über die Industrie.[1] Am 31. Dezember 1945 wurden auch die Optischen Werke Carl Zeiss und das Glaswerk Schott & Genossen beschlagnahmt, die der Carl-Zeiss-Stiftung gehörten.

Ganz ähnlichen Zwecken diente das thüringische »Gesetz zur Reinigung der gewerblichen Wirtschaft und freier Berufe von Nazi-Elementen«. Gewiß gehörten Bauersfeld, Henrichs und Küppenbender nicht zu diesen »Nazi-Elementen«. Sie hatten vielmehr Ende 1933 einen entschlossenen und erfolgreichen Abwehrkampf gegen die Gleichschaltung des Zeiss-Werkes geführt. Trotz ihrer lediglich nominellen Mitgliedschaft in der NSDAP erfuhren sie Mitte Januar 1946 aus Jena, daß sie aufgrund dieses Gesetzes als Geschäftsleiter der Carl-Zeiss-Werke entlassen werden müßten. Ihrer Abberufung könnten sie nur dann entgehen, so wurde ihnen eröffnet, wenn sie ihre Funktionen als auf Lebenszeit bestellte Geschäftsleiter freiwillig aufgäben.[2]

Diese Mitteilung aus Jena, datiert auf den 12. Januar 1946, hieß in Oberkochen nur der »Erpresser-Brief«. Er war nämlich mit einer »Anlage« versehen, einem (noch zurückgehaltenen) Antrag des Stiftungskommissars Dr. Arno Barth. Hier konnten Bauersfeld, Hen-

richs und Schott* lesen, »daß die Säuberung der beiden Stiftungsbetriebe von Nazi-Elementen« erfordere, daß sie als politisch belastete Persönlichkeiten aus den Geschäftsleitungen entfernt würden.[3]
Insbesondere Erich Schott war damals tief getroffen von diesem Vorwurf. Er hatte sich im Glaswerk erfolgreich für die aus politischen und rassischen Gründen Verfolgten eingesetzt und Abstand zu den politischen Drahtziehern gehalten; deshalb war es ihm »verwunderlich«, daß ausgerechnet er sich gegen die Beschuldigung verteidigen mußte, ein »Nazi-Aktivist« gewesen zu sein.[4] Daß es tatsächlich um etwas ganz anderes ging, ergab sich aus dem letzten Passus der »Anlage«:

> Die drei genannten Herren ... benutzen ihre relative Bewegungsfreiheit in der amerikanischen Besatzungszone, dort den Jenaer Stiftungsbetrieben Konkurrenz zu machen und unzulässigerweise deren Außenstände einzukassieren und berufen sich dabei auf ihre Geschäftsleitereigenschaft, die ihnen bislang nicht genommen ist.[5]

Anfang Februar 1946 fuhr Walter David nach Jena. Als erstes ging er in die Wohnung von Hugo Schrade, der von dem Besuch überrascht war, aber freundlich reagierte.
Zwei Tage später saß David den Geschäftsleitern von Zeiss und von Schott gegenüber. Das Schreiben aus Jena mit seiner Anlage, sagte David, sei ein Flecken in der bisher sauberen Geschichte der Carl-Zeiss-Stiftung. Die Herren hörten sich das schweigend an.[6]
Wahrscheinlich handelten sie auf Geheiß des Präsidenten des Oberlandesgerichts in Gera. Dieser Dr. Arno Barth hatte sich Ende Juni 1945, also noch zur Zeit der amerikanischen Besatzung, unter rechtlich anfechtbaren Umständen zum Stiftungskommissar der Carl-Zeiss-Stiftung einsetzen lassen und war ein Werkzeug der neuen Herren im Lande. Er hatte sogleich (ohne die Betroffenen davon zu verständigen) dafür gesorgt, daß die Geschäftsleiter im Jenaer Handelsregister gelöscht wurden.
»Es ist unerfindlich, wie es mangels Bestehens einer Stiftungsverwaltung zum damaligen Zeitpunkt [Juni 1945] zu einer ordnungsgemä-

* In einem zweiten, entsprechenden Antrag sollten die übrigen Geschäftsleiter von Zeiss und Schott »erfaßt« werden.

ßen Ernennung des Dr. Barth gekommen sein soll«, heißt es in einem späteren Rechtsgutachten.[7] Anfang 1946 aber war es ausgeschlossen, die Rechtmäßigkeit dieser Vorgänge durch die Gerichte prüfen zu lassen. Die Geschäftsleiter in Oberkochen befanden sich damit in einer fast ausweglosen Lage: Wenn ihre Legitimation nicht mehr aus dem Jenaer Handelsregister zu entnehmen war, benötigten sie, um noch im Namen von Carl Zeiss handeln zu können, eine Vollmacht des dort als »Bevollmächtigten der Carl-Zeiss-Stiftung« eingetragenen Friedrich Schomerus. Diese Vollmacht aber sollten sie nur bekommen, wenn sie ihren Rücktritt als Geschäftsleiter erklärten.

Der Nichtjurist mag an dieser Stelle den Kopf schütteln. Bauersfeld, Henrichs und Küppenbender waren doch auf Lebenszeit bestellte Geschäftsleiter, und sie hatten die Herren Sandmann, Schomerus und Schrade selbst als ihre Vertreter eingesetzt. Da beißt sich doch die Katze in den Schwanz: Warum brauchten sie eine Vollmacht der von ihnen selbst Bevollmächtigten?

Genau diese Frage stellte zwanzig Jahre nach den Ereignissen der Richter des Southern District Court of New York im Prozeß von Carl Zeiss Oberkochen gegen den Volkseigenen Betrieb in Jena.

> *Gericht:* Herr Dr. Küppenbender, haben Sie die Herren Professor Bauersfeld und Henrichs und sich selbst im Jahre 1946 als Mitglieder der Geschäftsleitung der Firma Carl Zeiss in der Westzone betrachtet?
> *Zeuge:* Ja, Hohes Gericht.
> *Gericht:* Warum war es dann nötig, daß Sie von Schomerus eine Vollmacht erhielten, um das Geschäft der Firma Zeiss in Westdeutschland führen zu können?
> *Zeuge:* Es war nicht ausreichend, Hohes Gericht, daß wir uns selbst als Geschäftsleitung betrachteten, sondern wir mußten auch in der Lage sein, unsere Berechtigung nachzuweisen. Da wir aber aus dem Handelsregister in Jena als Geschäftsleitung gestrichen waren, hatten wir keinen solchen schriftlichen Berechtigungsnachweis.[8]

Bei seinem Besuch in Jena im Februar 1946 erklärte David, daß Bauersfeld, Henrichs und Küppenbender »den verlangten Rücktritt weder für notwendig noch für zweckmäßig halten«:

> Er sei nicht notwendig, weil den Herren in Jena der Ausübung nach die Funktionen der Geschäftsleitungs-Mitglieder übertragen seien. Sie

könnten sich also wie eine Geschäftsleitung gerieren und, soweit überhaupt unter der russischen Besatzungsmacht möglich, durchsetzen.
Umgekehrt müsse man aber auch die Gefährdung der Carl-Zeiss-Stiftung in ganz Deutschland bedenken. Es könnten in jeder Zone vernichtende Ereignisse eintreten, wie die Demontagen, Requisitionen und Reparationen allenthalben zeigen. Die größte Gefahr bestände gewiß in Jena. Ohne den Teufel an die Wand malen zu wollen, müsse man realistisch sein und damit rechnen, daß die Tage der Carl-Zeiss-Stiftung möglicherweise gezählt seien.
Ob es dann eine Chance gebe, sie außerhalb der russischen Zone fortzusetzen, lasse sich jetzt nicht sagen. Aber wenn eine solche Chance bestünde, dann könne die Stiftung nur fortgesetzt werden von den Mitgliedern der Geschäftsleitung auf Grund ihrer überlieferten Erfahrungen und nicht zuletzt gestützt auf ihre rechtliche Legitimation als lebenslänglich bestellte Vorstandsmitglieder. Würden sie zurücktreten oder etwa abberufen, so schneide man der Carl-Zeiss-Stiftung die Möglichkeit ab, im westlichen Teile Deutschlands ihre Tätigkeit fortzusetzen, und zwar gestützt auf das dortige Beteiligungsvermögen und etwa neu zu gründende Unternehmen.[9]

Wie so oft vor Kriegsende saß Walter David im Zimmer Küppenbenders im neunten Stock des Hochhauses. Es war nun das Büro von Friedrich Schomerus.
Oberste Maxime für diesen wackeren Ostfriesen war die Erhaltung der Stiftung. Er sah durchaus die Gefahr von »grundstürzenden Ereignissen in Jena«. Dann könnte es notwendig werden, »das Westvermögen der Carl-Zeiss-Stiftung solange zu verselbständigen, bis es wieder von Jena aus im Sinne des Stifters verwaltet werden kann«.[10]
Schomerus bestand nicht auf dem Rücktritt der Oberkochener Herren, und auch die angedrohte Entlassung aufgrund des »Gesetzes zur Reinigung der gewerblichen Wirtschaft« war vom Tisch. Ihm genügte die Erklärung, daß es keine Dualität Oberkochen – Jena und »nur eine verantwortliche Geschäftsleitung mit dem Sitze in Jena« geben dürfe: »Solange die Herren in Heidenheim ihre Funktionen als Geschäftsleiter nicht ausüben, sollten sie eine Vollmacht von den Herren in Jena bekommen zum Zwecke ihrer Legitimation.«[11]
Am 17. Juni 1946 ließ Schomerus die Vollmacht durch den Notar in Jena ausstellen. Sie wurde im September durch eine »Vereinbarung«

ergänzt. Danach waren Bauersfeld, Henrichs und Küppenbender beauftragt, »die Interessen der Carl-Zeiss-Stiftung und der Firma Carl Zeiss außerhalb der Jena einschließenden Besatzungszone wahrzunehmen«[12]. Das war der erste Pluspunkt. Zum zweiten hatten sie es nun schriftlich: »Die Beauftragten sind bei der Erfüllung ihrer Aufgaben streng an die im Statut der Carl-Zeiss-Stiftung niedergelegten Rechtsgrundsätze und Richtlinien sowie die Tradition der Carl-Zeiss-Stiftung gebunden.« Das bedeutete, anders ausgedrückt, daß sie alle Aufträge ablehnen konnten und sogar ablehnen mußten, die sich gegen Wortlaut und Geist des Statuts richteten. Zum dritten war die Vollmacht für fünf Jahre fest gegeben.

Mit der entschädigungslosen Enteignung der beiden Stiftungsbetriebe Zeiss und Schott traten die befürchteten »grundstürzenden Ereignisse in Jena« tatsächlich ein. Durch die Enteignung hatte die Carl-Zeiss-Stiftung ihren Daseinszweck, die *raison d'être*, verloren. Dieser bestand nach Abbe ja gerade darin, die Existenz der Optischen Werke auf Dauer zu sichern. »Ich will nicht«, hatte Abbe gesagt, »daß die Carl-Zeiss-Stiftung zu irgendeiner Zeit hinauslaufen könne auf bloße Verwaltung einer Vermögensmasse in toter Hand. Sie soll immer eine spezifische Aktion haben, die eines besonderen Rechtssubjekts und besonderer Organe wirklich bedarf.«[13]

Die kommunistischen Funktionäre aber brauchten die ihres Daseinszweckes beraubte Carl-Zeiss-Stiftung, denn die Stiftung war Inhaber der Namens- und Warenzeichenrechte und besaß im Westen bedeutende Vermögenswerte. Am 16. Juni 1948 faßte die Deutsche Wirtschaftskommission in Ostberlin den Beschluß, durch eine Unterkommission das Statut den neuen Verhältnissen entsprechend neu zu formulieren.[14] Dieser Auftrag aber grenzte an die Quadratur des Kreises. Das Statut beschäftigte sich in der Hauptsache mit der Geschäftstätigkeit der in Jena nicht mehr existierenden Stiftungsbetriebe und den Rechten der Arbeiter in den Betrieben.

Ob es je einen ernsthaften Versuch gegeben hat, zu einer Neufassung des Stiftungsstatuts zu kommen, wissen wir nicht. Ein Resultat ist jedenfalls nie bekannt geworden, obwohl bei den späteren rechtlichen Auseinandersetzungen die Gerichte hart nachgefragt haben.

Am 30. August 1948 kam der Oberlandesgerichtspräsident Dr. Arno

Barth, der sich immer noch als Stiftungskommissar gerierte, aus Thüringen nach Oberkochen. Er bat gleich von vornherein, wie er selbst berichtete, »nun nicht mit formal-juristischen Einwendungen zu kommen, sondern ... sich positiv zu diesem Beschluß zu stellen und mit uns in der Ostzone nach dem besten Wege zu suchen, um diesen Beschluß in die Wirklichkeit umzusetzen«[15].

Vier Stunden dauerte die Konferenz der Geschäftsleiter von Zeiss und Schott mit Dr. Barth. Beide Seiten wollten, wie sie feierlich erklärten, die Carl-Zeiss-Stiftung erhalten. Jede Seite aber hatte dabei ihre eigenen Vorstellungen. Den Geschäftsleitern ging es darum, Geist und Charakter der von Ernst Abbe geschaffenen Stiftung zu bewahren. Aber auch Barth beharrte auf seinem Standpunkt: »Nur so, wie es der Beschluß der Deutschen Wirtschaftskommission vorschreibt!«

Im Grunde war es nicht anders als bei der Konferenz der deutschen Ministerpräsidenten im Jahr zuvor.[16] Wie der Ministerpräsident Thüringens stand auch sein Oberlandesgerichtspräsident stark unter östlichem Einfluß, und wie jener im Juni 1947 mit seinen Kollegen aus den anderen Ländern der »Zone« im Unfrieden aus München abreiste, so schied jetzt Arno Barth im Zorn von Oberkochen.

Ein Dialog zwischen den offiziellen Repräsentanten von Deutschland (Ost) und Deutschland (West) war offensichtlich nicht mehr möglich. Man mußte sich eingestehen: Alle auf eine Wiedervereinigung zielenden Bemühungen waren zum Scheitern verurteilt, solange sich der westliche Teil Deutschlands nicht zur völligen Unterwerfung bereitfand.

Als er von 1949 an die Richtlinien der deutschen Politik bestimmte, verfolgte Konrad Adenauer deshalb konsequent das Ziel der Westintegration. Er widerstand allen Versuchungen, doch noch zu einem Dialog mit dem Osten zu kommen in der richtigen Einsicht, daß dadurch bei den westlichen Demokratien neues Mißtrauen gegen die Deutschen wachgerufen würde. Verhandlungen mit dem Osten über die Wiedervereinigung Deutschlands wären mit Sicherheit ohne Ergebnis geblieben und hätten nur die Politik der Aussöhnung mit den Westmächten gefährdet.

Obwohl wir alle Hoffnungen von damals auf einen »dritten Weg« Deutschlands zwischen West und Ost als eine Illusion (und sogar eine gefährliche Illusion) erkennen: Es ist trotzdem lehrreich, von den Hoffnungen Kenntnis zu nehmen, die damals viele Deutsche im Westen und Osten des geteilten Vaterlandes gehegt hatten. Dabei spielte nämlich die Carl-Zeiss-Stiftung eine besonders herausgehobene Rolle.

Deutschland sollte (das war die Illusion nach dem katastrophalen Ende des Zweiten Weltkrieges) seinen eigenen Weg zwischen West und Ost gehen. Was das für die zukünftige deutsche Außenpolitik bedeutete, war offensichtlich, nämlich Bündnisfreiheit. Welche Maximen aber sollten dann für die Wirtschaftspolitik gelten?

Die beiden Heidelberger Professoren, der Volkswirtschaftler Alfred Weber und der Psychologe Alexander Mitscherlich, schlugen 1947 vor, beim Wiederaufbau der deutschen Industrie möglichst weitgehend von der Organisationsform der Abbeschen Stiftungsbetriebe Gebrauch zu machen.[17]

Um Professoren und Studenten der Universität Frankfurt Aufschluß über die gerühmte Carl-Zeiss-Stiftung zu geben, sprach am 27. Juni 1947 Friedrich Schomerus auf Einladung des Rektors in der Großen Aula. »Ich bin vor meiner Abreise aus Jena durch die von den Russen demontierten Werkstätten gegangen«, berichtete er, »und konnte erfreut feststellen, wieviel in den kaum acht Monaten seit Beendigung der Demontage schon wieder hergerichtet ist und mit welchem Eifer gearbeitet wird.«[18]

Es war eine stolze Rede, die Friedrich Schomerus hielt. Wie Alexander Mitscherlich und Alfred Weber empfahl er dem deutschen Volk den Weg zu einer neuen Unternehmensform:

> Professor Abbe kannte als Naturwissenschaftler die Bedeutung des Experiments. Auch auf volkswirtschaftlichem Gebiet hat er ein Experiment durchgeführt. Wenn sein erfolgreiches Experiment ... Sie im Lande Hessen anregt und ermutigt, ein ähnliches Experiment *im großen Umfang* durchzuführen, so wird das Land Hessen sich Ruhm erwerben, dem deutschen Volke den Weg zu einer neuen Unternehmensform gezeigt zu haben, die über das privatkapitalistische System hinauswächst, ohne daß die Vorteile einer privatwirtschaftlichen Betriebsführung verloren gehen und die das gemeinwirtschaftliche Ideengut verwirklicht, ohne daß die Menschenwürde und die allgemeinen Menschenrechte in Gefahr geraten.[19]

Als Schomerus nach diesem Vortrag nach Jena zurückkehrte, begann dort gegen ihn ein Kesseltreiben. Die bloße Existenz der gut funktionierenden Stiftungsbetriebe war ein Ärgernis für die kommunistischen Dogmatiker.

Einst hatte der Philosoph Hegel sehr unwirsch reagiert, als man ihm die Tatsachen entgegenhielt, die seine Theorie widerlegten. »Um so schlimmer für die Tatsachen«, soll er gesagt haben. Die Entwicklung von Hegel zu Marx und weiter zu den Marxisten in der sowjetischen Zone war – philosophisch gesehen – zweifellos ein Abstieg. Eines aber vermochten nun die marxistischen Pseudo-Philosophen: *Die* Tatsachen aus der Welt zu schaffen, die in so ärgerlicher Weise dem kommunistischen Dogma widersprachen. Es war ihnen ein Triumph, daß sie die Macht besaßen, die beiden Jenaer Stiftungsunternehmen zu enteignen und in Staatsbetriebe umzuwandeln.

Auch in diesem speziellen Fall war es die Intransigenz der östlichen Seite, die auch später jeden Gedanken an einen »dritten Weg« als eine Illusion erwies. Die Tatsache, daß die beiden Betriebe in Oberkochen und Mainz im Geiste Ernst Abbes geführt wurden, veranlaßte die DDR keineswegs zu einer freundlicheren Einstellung. Im Gegenteil: Weil die Ideologen wußten, daß die Arbeiter in den ehemaligen Stiftungsbetrieben in Jena noch immer den Gedanken Abbes anhingen, war ihre Einstellung zu Carl Zeiss in Oberkochen und Schott & Genossen in Mainz noch viel feindlicher als zu den anderen »rein kapitalistischen« Unternehmen in der Bundesrepublik.

Eine friedliche Einigung zwischen den Volkseigenen Betrieben in Jena und den Stiftungsunternehmen im Westen über die Rechte an den Namen und Warenzeichen war somit ausgeschlossen. Schließlich kam es in über 60 Ländern zu langwierigen Prozessen. Diese fanden weltweit Beachtung als besonders merkwürdige Konsequenz des kalten Krieges.

Der New Yorker Rechtsanwalt Isaac Shapiro, der Carl Zeiss Oberkochen im amerikanischen Verfahren vertrat, hat später in einer Fachzeitschrift über den Fall geschrieben und seinem Aufsatz die Überschrift gegeben: »Zeiss versus Zeiss – The Cold War in a Microcosm«[20].

Fünfzehntes Kapitel

»VERTEIDIGUNG UNSERES NAMENS«

Am 12. Februar 1954 hatte Carl Zeiss Oberkochen die Verhandlungen mit der staatlichen Handelsorganisation DIA für gescheitert erklärt und am 27. Februar vom Landgericht Göttingen eine einstweilige Verfügung erwirkt. Gemäß Gerichtsbeschluß durfte der Volkseigene Betrieb in Jena für seine Erzeugnisse den Namen Carl Zeiss und die geschützten Warenzeichen nicht verwenden. Einstweilige Verfügungen der Landgerichte in Utrecht und Köln sowie des Gerichtes erster Instanz in Kairo folgten.[1]

Nunmehr mußte man mit einer Klage aus dem Osten und einer Hauptsache-Verhandlung rechnen. Ob nun der DIA, der Rat des Bezirkes Gera oder die angeblich in Jena noch existierende Carl-Zeiss-Stiftung vor Gericht auftreten würde, war im Grunde gleichgültig. In jedem Falle hatte man den Prozeß letztlich gegen die Regierung der DDR zu führen.

Wenn man auch zuversichtlich sein durfte, was die eigene Rechtsposition und die Unabhängigkeit der Gerichte betraf: In jedem Falle mußte man mit langen Auseinandersetzungen und einem zähen Prozeßgegner rechnen. Bei der Kompliziertheit der Rechtsmaterie ließen sich negative Entscheidungen zumindest von unteren Gerichten nicht ausschließen, und diese Entscheidungen, selbst wenn sie später korrigiert würden, konnten das im Aufbau befindliche Werk ernstlich in Gefahr bringen.

Die bevorstehenden gerichtlichen Auseinandersetzungen waren eine Konsequenz der deutschen Spaltung und darum von erheblicher politischer Bedeutung. Die unter Mißachtung rechtsstaatlicher Grundsätze durchgeführten Enteignungen in Mitteldeutschland hatten ja nicht nur die Carl-Zeiss-Stiftung betroffen, sondern eine Vielzahl von privaten und korporativen Eigentümern. Vom Bundesminister für

gesamtdeutsche Fragen war 1952 ein »Forschungsbeirat« gegründet worden, und dieser erklärte, daß die »ungemein schwierigen rechtlichen und wirtschaftlichen Probleme« zwar nur vom »definitiven gesamtdeutschen Gesetzgeber« gelöst werden könnten, daß aber bis dahin »Sofortmaßnahmen getroffen werden« müßten: »Mit diesen ... wird eine erfolgreiche Entwicklung dieser Betriebe anzustreben sein, ohne der Entscheidung über die Eigentumsfrage vorzugreifen.«[2]
Was solche gutgemeinten Absichtserklärungen wirklich wert waren, sollte man einmal in eine schwierige Lage geraten, wußte niemand. In dieser Situation mußte man sich wünschen, was man ein »politisches Signal« nennt, eine Demonstration der Solidarität von seiten der Bundesregierung.
Nun war bekannt, daß der Bundespräsident zu den Bewunderern Ernst Abbes gehörte. Im Auftrag von Robert Bosch, der ebenfalls eine Stiftung errichten wollte, hatte er in den zwanziger Jahren Jena besucht.
Theodor Heuss war Staatsmann und Schriftsteller, und in der erzwungenen Muße während des Dritten Reiches verfaßte er viele biographische Essays für die »Frankfurter Zeitung«. Eine Sammlung seiner Biographien erschien 1951 im Tübinger Rainer Wunderlich Verlag als »Deutsche Gestalten«.
Bei der Lektüre seines Aufsatzes über Ernst Abbe stellten die Zeissianer mit Genugtuung fest, daß Theodor Heuss von den sozialreformerischen Ideen Abbes und der, so seine Formulierung, »ruhmvollen Geschichte des Carl-Zeiss-Werkes«[3] fasziniert war. Sie freuten sich über das treffliche Portrait, das Heuss vom Gründer der Stiftung entworfen hatte:

> Er war aus der Kirche ausgetreten, aber er stellte, vielleicht wäre er über solche Aussage selbst erstaunt, einen eminent protestantischen Typus dar; man hat ihn einmal einen rationalistischen Heiligen genannt ... Das Magische und Mystische fehlte ihm; freilich hat er, eine hagere Erscheinung von fast zwei Meter Größe, mit einem bedeutenden, dunkelbärtigen Haupt, auf die Menschen, die ihm begegneten, in seiner inneren Überlegenheit stark gewirkt; aus den prüfenden Augen spricht ein fast trauriger Ernst.[4]

Bei einem Besuch im Bundespräsidialamt wurde Dr. Walter David mit Herzlichkeit aufgenommen. David unterrichtete Heuss über die Lage der Stiftung:

> Er erkundigte sich besonders lebhaft nach Herrn Dr. Schomerus, mit dem er in Jena Verbindung gehabt hat und der ihm auch als früherer Parteifreund nicht unbekannt ist. Als ich ihm erzählte, in welcher Art Herr Dr. Schomerus seit 1945 sich ... eingesetzt hat ohne Rücksicht auf persönliche Gefährdung, war der Bundespräsident nahe daran, ihm einen Gruß zu schicken. Erst im zweiten Satz äußerte er mit resigniertem Bedauern: »Ach, das kann ich ja nicht tun ... Als Bundespräsident muß ich schweigen können. Aber wenn Sie Herrn Dr. Schomerus einmal wiedersehen sollten, dann bestellen Sie ihm meine allerherzlichsten Grüße und Wünsche.«[5]

Im Namen der Firma regte David an, der Bundespräsident möge am 1. Mai 1954, am Weltfeiertag der Arbeit, von Oberkochen aus zu den Menschen im Westen und Osten Deutschlands sprechen. »Des muß i mir überlege«, antwortete Heuss.

> Aber er überlegte dann nicht lange. Wir haben noch über andere Dinge gesprochen, geplaudert besser, und als er mich zur Türe begleitete, sagte er: »I wer's mache.«[6]

Der 1. Mai 1954 war ein strahlender Frühlingstag. Viele tausend Menschen kamen nach Oberkochen. Firmenmitarbeiter hatten das Werksgelände mit Laubbäumen und schwarz-rot-goldenen Fahnen geschmückt.[7]

Als Senior der Geschäftsleiter begrüßte Professor Bauersfeld den Bundespräsidenten, den Ministerpräsidenten und den Kultusminister des Landes, die Festgäste und die Mitarbeiter:

> Es bewegt mich tief, Ihnen, Herr Bundespräsident, aber auch unseren Brüdern in Jena heute sagen zu können, daß die Carl-Zeiss-Stiftung wieder erstanden ist, und daß ihre Weltfirmen Zeiss und Schott außerhalb der Zone der Unfreiheit und des Terrors wieder aufgebaut sind. Weiter darf ich bekanntgeben, daß die Sozialrechte des Statuts hier wieder in einem beachtlichen Umfang eingeführt werden, insbesondere die Pensionsrechte zu 100 Prozent.[8]

Die deutschen Rundfunkanstalten übertrugen die Feierstunde, und so konnte sich Bauersfeld direkt an die Zeissianer »drüben« wenden:

Walther Bauersfeld begrüßt den Bundespräsidenten.
In der ersten Reihe von rechts Heinz Küppenbender und
Kultusminister Wilhelm Simpfendörfer;
zwischen Theodor Heuss und Walther Bauersfeld
(von rechts): Bürgermeister Gustav Bosch und Walter Traut.

> Seit zehn Wochen ist der Zeiss-Stiftung gegen ihren Willen von den Machthabern des Ostens der Abwehrkampf aufgedrängt worden, ihre Rechte und Positionen auf den Märkten des In- und Auslandes zu verteidigen und dem Mißbrauch ihres Namens und ihres geistigen Eigentums entgegenzutreten. Es ist mir ein tiefes Anliegen, in diesem Augenblick unseren Mitarbeitern in Jena zuzurufen, daß diese Abwehr sich nicht gegen sie, nicht gegen unsere Werke und Belegschaften in Thüringen richtet. Sie richtet sich ausschließlich gegen die stiftungsfeindlichen Kräfte, die sich unserer Werke bemächtigt haben.[9]

Die Anwesenden erhoben sich im Gedenken an den Gründer der Stiftung, und zwei Lehrlinge, ein Junge und ein Mädchen, enthüllten die von dem Bildhauer Kurt Bohn geschaffene Bronzebüste Ernst Abbes. Dann betrat der Bundespräsident die mit den Farben schwarz-rot-gold geschmückte Rednerbühne. Links und rechts wehten die Fahnen Baden-Württembergs und Thüringens; auch die Fahne »unserer Heimatstadt Jena«, wie Bauersfeld gesagt hatte, war aufgezogen.

Der Bundespräsident schrieb seine Reden am liebsten selbst. Dieses Mal hatte er einen Kuraufenthalt in Bad Kissingen genutzt. Ernst Abbe war einer der großen Pioniere der Arbeitszeitverkürzung gewesen, und das ermöglichte Heuss ganz zwanglos, auf das von den Gewerkschaften ins Gespräch gebrachte Thema »Fünftagewoche« einzugehen. Er mahnte Arbeitgeber und Gewerkschaften zu einer wahren Sozialpartnerschaft.[10]

Nach dem Willen des DGB sollten die Feiern zum 1. Mai 1954 auch ein Bekenntnis zur nationalen Einheit sein. Das gab dem Besuch des Bundespräsidenten in Oberkochen einen besonderen Sinn. »In wenigen Werken von Weltsichtbarkeit«, sagte Heuss, »ist so das deutsche Schicksal markiert wie in diesem Zeiss-Werk«:

> So ungeheuer schwer es war, ein geschichtlich an Jena gebundenes Werk … aus den menschlichen Voraussetzungen, aus denen allein es geworden war, zu verpflanzen – die Umpflanzung ist geglückt. Das Werk hat wieder Wurzeln gefaßt. Zu Hunderten sind Flüchtlinge von Jena herübergekommen zu »ihrem« Werk, und meine Zuversicht, daß auch die einsässigen Schwaben gute Zeiss-Leute werden, hat sich – wie ich mir erzählen ließ – aufs beste bestätigt.[11]

Das stimmte: Sie hatten in Heidenheim und Oberkochen wieder Wurzel gefaßt: Das Lob des Bundespräsidenten für die Wiederaufbauleistung tat wohl. Gerade jetzt konnten sie eine Stärkung gut gebrauchen.

Fünf Tage zuvor, am 26. April 1954, hatte der Rat des Bezirks Gera durch einen Stuttgarter Anwalt Klage beim Landgericht Stuttgart erhoben: Sie sollten ihren angestammten Namen »Carl Zeiss« und die Warenzeichen nicht mehr benutzen dürfen. Die Zeissianer mußten sich wehren, wenn sie nicht untergehen wollten. Sie waren froh, daß Walther Bauersfeld ganz klar gesagt hatte: Die Abwehr richtet sich nicht gegen die Werke und die Mitarbeiter in Jena, sondern einzig

Enthüllung der Abbe-Büste durch zwei Zeiss-Lehrlinge während der Rede von Walther Bauersfeld.
Rede des Bundespräsidenten: »Ihr habt wieder Wurzeln gefaßt.«

»In wenigen Werken von Weltsichtbarkeit ist so
das deutsche Schicksal markiert wie in diesem Zeiss-Werk.«

Werksbesichtigung nach dem Festakt.
Von links: Gerhard Hansen, Paul Henrichs,
Ministerpräsident Gebhard Müller,
Bundespräsident Theodor Heuss und Heinz Küppenbender.

und allein »gegen die stiftungsfeindlichen Kräfte, die sich unserer Werke bemächtigt haben«.

Zur Vorbereitung auf den Prozeß vor dem Landgericht Stuttgart sammelte der Justitiar alle relevanten Dokumente über die Carl-Zeiss-Stiftung. Stiftung und Firma entschlossen sich, diese Dokumentation drucken zu lassen und den Geschäftsfreunden im In- und Ausland zur Verfügung zu stellen.[12]

Hauptargument der Gegenseite war die Behauptung, Bauersfeld, Henrichs und Küppenbender hätten am 23. Juni 1945, unmittelbar vor dem Abtransport aus Jena, ihren Rücktritt als Geschäftsleiter erklärt. »Das ist falsch«, erklärte Carl Zeiss Oberkochen durch ihren Prozeßbevollmächtigten, einen Stuttgarter Rechtsanwalt: Die Geschäftsleiter hätten nur eine Prokuristenvollmacht ausgestellt. Zwar habe »noch vor dem Abtransport der damals in Jena als Stiftungskommissar auftretende Dr. Barth ... Zweifel geäußert, ob die Bestellung zum Prokuristen ausreichen würde, um das Zeisswerk in Jena während der Abwesenheit der Geschäftsleitung leiten zu können«:

> Doch haben das damals weder Herr Dr. Henrichs noch irgendeiner seiner Herren Kollegen zum Anlaß genommen, um irgendeinen über die Bestellung zu Prokuristen hinausgehenden Rechtsakt einzuleiten oder vorzuschlagen. Insbesondere hat auch keiner der Herren irgendeine Rücktrittserklärung abgegeben oder eine Abberufung nach § 27 III des Statuts entgegengenommen ...
> Im übrigen sei darauf aufmerksam gemacht, daß sowohl eine Rücktrittserklärung zu ihrer rechtlichen Wirksamkeit nach § 27 III der Annahme seitens der Stiftungsverwaltung bedurft hätte, wie auch eine Abberufung nur von der Stiftungsverwaltung (und nicht von Herrn Dr. Barth) hätte ausgesprochen werden können, und zwar nur aus den in § 59 niedergelegten Gründen: grobe Pflichtverletzung, fortgesetzte Vernachlässigung der Obliegenheiten oder ehrenrühriges Verhalten. Über Rücktritt oder Abberufung ist vor dem Abtransport ... nicht einmal im Stile auch nur einer Erwägung gesprochen worden.
> Dagegen ist sehr wohl und zwar in massivster Form den genannten Herren (ebenso wie den Mitgliedern der Geschäftsleitung Schott) der »freiwillige« Rücktritt durch ein Schreiben nahegelegt worden, das Herr Dr. Barth am 12. 1. 1946 veranlaßt hat ... Es wäre unverständlich, wie Herr Dr. Barth oder irgendein Unterzeichner dieses Schreibens den Empfängern den Rücktritt nahelegen konnte, sofern sie ... bereits am 22. oder 23. Juni 1945 von ihren Funktionen als lebenslänglich bestellte Mitglieder von Geschäftsleitungen zurückgetreten waren.[13]

Den von Arno Barth inspirierten und von Sandmann, Schomerus und Schrade unterzeichneten Brief vom 12. Januar 1946 nannte der Stuttgarter Anwalt »einen beschämenden Schritt«, der nur »aus der sittlichen und rechtlichen Verwüstung des Denkens in der ersten Nachkriegszeit zu erklären« sei und der »besser der endgültigen Vergessenheit überlassen worden wäre.«[14] Von der Defensive in die Offensive über ging der Anwalt mit der Frage nach der Handlungsfähigkeit der Stiftung in Jena und der Legitimation des als Kläger auftretenden »Rates des Bezirkes Gera«. Die Enteignung der Stiftungsbetriebe hatte die Stiftung völlig ausgehöhlt. Die Carl-Zeiss-Stiftung in Jena war tot, und nur um die wertvollen Namens- und Markenrechte nicht zu

verlieren, hatte man, wie Walter David zu sagen pflegte, »die Leiche wieder aufgewärmt«.
Der Schriftsatz vom 15. Juli ist ein glänzendes juristisches Plädoyer. Als Ergebnis wird festgestellt, »daß es in der Sowjetzone Deutschlands niemanden gibt, der sich als legitimer (statutarischer) Vertreter der Carl-Zeiss-Stiftung ausgeben könnte.«[15]
Am 31. Juli 1954 erging das Urteil des Landgerichtes Stuttgart. Wie von Carl Zeiss Oberkochen beantragt, wurde die Klage aus dem Osten* als unzulässig abgewiesen: »Der Rat des Bezirkes Gera ist nicht gesetzliche Vertreterin der Carl-Zeiss-Stiftung.«[16]
Gegen dieses Urteil legte der Osten Berufung beim Oberlandesgericht Stuttgart und nach Zurückweisung (am 6. April 1955) Revision in Karlsruhe ein. Am 28. Januar 1958 verhandelte der Bundesgerichtshof über die Revision. Wie üblich bestand der Zivilsenat aus vier Bundesrichtern und einem Senatspräsidenten.
Als Vertreter der Carl-Zeiss-Stiftung Heidenheim wurden dem Gericht Professor Walther Bauersfeld und Dr. Walter David vorgestellt; der Volkseigene Betrieb Jena hatte Dr. Hugo Schrade und seinen Justitiar nach Karlsruhe entsandt. Beide Seiten waren durch besondere, beim Bundesgerichtshof zugelassene Rechtsanwälte vertreten.
Mit Mißvergnügen registrierte Dr. David, daß sich der Gegenanwalt »in längeren und zähen Ausführungen« erging und von der Verhandlung »mindestens wieder 70 v. H. als Redezeit in Anspruch« nahm.[17] Der Anwalt erreichte tatsächlich die Zurückverweisung an das Oberlandesgericht Stuttgart.
Zwar war damit für die Hauptsachenverhandlung nichts präjudiziert, aber schon allein der Zeitverlust war ärgerlich. Damit konnte Unsicherheit bei den Kunden entstehen und womöglich bei den ausländischen Gerichten. Und es kam eine ganze Reihe von Prozessen auf die Firma zu.

* Die Klage wurde von der »Carl-Zeiss-Stiftung Jena, vertreten durch den Rat des Bezirkes Gera«, eingereicht. Wir sprechen der Einfachheit halber vom »Osten«, im Unterschied zum »Westen« (Carl-Zeiss-Stiftung Heidenheim bzw. Carl Zeiss Oberkochen).

Seine Entscheidung begründete der BGH mit der Ansicht,

> daß dem Rate des Bezirkes Gera nicht ohne weiteres eine Vertretungsbefugnis hinsichtlich der Klageansprüche abgesprochen werden könne, sofern die Herren Professor Bauersfeld, Dr. Henrichs und Dr. Küppenbender – wie die Klägerin behauptet – freiwillig von ihren Funktionen als lebenslänglich bestellte Mitglieder der Geschäftsleitung der Firma Carl Zeiss zurückgetreten seien. Der Bundesgerichtshof hält es deshalb für geboten, daß das Oberlandesgericht prüft, ob die genannten Herren freiwillig zurückgetreten seien oder nicht.[18]

Also beschäftigte sich das Oberlandesgericht Stuttgart erneut mit den Ereignissen in Jena und in Heidenheim unmittelbar nach dem Zusammenbruch. Zur mündlichen Verhandlung am 6. Juni 1958 hatten sich die Rechtsanwälte und die Justitiare der beiden Seiten intensiv vorbereitet. Auch »das Gericht war sehr gut im Bilde«, wie Walter David registrierte. Er stellte es »in der scharfen Durchdringung der Tatsachen wie der Rechtsgründe« über den Bundesgerichtshof.[19]
Am 4. Juli reichte die Gegenseite einen neuen Schriftsatz von 34 Seiten ein, und am 18. September erwiderte der Stuttgarter Rechtsanwalt im Namen von Carl Zeiss:

> Die Klägerin* setzt beharrlich den Versuch fort, sich als eine handlungsfähige juristische Person auszugeben, die identisch mit der am 19. Mai 1889 in Jena von Professor Dr. Ernst Abbe errichteten Carl-Zeiss-Stiftung sei ... Eine solche juristische Person gibt es aber im Gebiete der russisch besetzten Zone Deutschlands nicht mehr. Diese Identität würde voraussetzen den Fortbestand jener gesetzlichen Essentialen, ohne die keine Organisation rechtlich als die genannte Stiftung qualifiziert werden kann.[20]

Am 3. Oktober 1958 kam es erneut zur mündlichen Verhandlung. Es gab ein erbittertes Duell über die beiden Thesen,
- ob die Herren Bauersfeld, Henrichs und Küppenbender tatsächlich als Geschäftsleiter zurückgetreten waren
- und ob die Klägerin durch den Rat des Bezirkes Gera ordnungsgemäß vertreten sei.

Als er das Gericht verließ, war Walter David überzeugt, einen Sieg

* Carl-Zeiss-Stiftung Jena, vertreten durch den Rat des Bezirkes Gera.

errungen zu haben.[21] Tatsächlich bestätigte das Urteil des Oberlandesgerichts Stuttgart vom 29. Oktober 1958 in allen Punkten die für Carl Zeiss überaus günstige Entscheidung des Landgerichtes Stuttgart. Zwei Jahre später wies der Bundesgerichtshof die vom Osten angestrengte Revision zurück.[22]

Damit war nach sechseinhalb Jahren Prozeßdauer die Klage endgültig abgewiesen und zwar nicht lediglich als »unbegründet«, sondern stärker als »unzulässig«:

> Die Klage ... erweist sich als unzulässig, da im Bereich des früheren Landes Thüringen – soweit die Carl-Zeiss-Stiftung dort als juristische Person noch besteht oder als solche anzuerkennen ist – die vom Stifter Ernst Abbe gegebene Verfassung (einschließlich § 4 des Statuts) nicht mehr wirksam ist; selbst wenn dies aber der Fall sein sollte, so kann der Rat des Bezirkes Gera nicht als statutengemäße Stiftungsverwaltung gelten. Er ist keine Stiftungsverwaltung im Sinne der §§ 4,5 der Statuten und hat daher nicht die Befugnis, die Klagepartei ... vor Gericht zu vertreten.[23]

Ob in Jena noch eine Carl-Zeiss-Stiftung als bestehend anzunehmen sei oder nicht, hatte das Gericht also offengelassen. Ansonsten konnte man sich den Ausgang nicht besser wünschen.

Vom Landgericht Stuttgart wurde der Firma für die entstandenen Gerichts- und Anwaltskosten eine Entschädigung von über 100 000 DM zugesprochen. Der Rat des Bezirkes Gera hat aber seine Zahlungspflicht nicht erfüllt und alle Mahnungen unbeachtet gelassen. Auch die Gerichte konnten ihre Forderungen nicht realisieren.

Noch länger als dieser Zivilprozeß dauerte ein Verwaltungsgerichtsverfahren, mit dem die »Carl-Zeiss-Stiftung Jena, vertreten durch den Rat des Bezirkes Gera«, gegen das Land Baden-Württemberg klagte. Ziel des Ostens war, die beiden Verfügungen des Kultusministeriums in Stuttgart aufheben zu lassen, durch die Heidenheim zum Rechtssitz der Stiftung erklärt worden war.

Am 29. September 1961 wies das Verwaltungsgericht in Stuttgart die Klage ab: Die Carl-Zeiss-Stiftung war rechtsgültig nach Heidenheim verlegt worden. Der Verwaltungsgerichtshof Baden-Württemberg und das Bundesverwaltungsgericht in Berlin bestätigten diese Entscheidung.

Ernst Abbe (1840–1905).
»Der Geist dieses Mannes … soll uns von
Tag zu Tag gegenwärtiger werden.«

Parallel zum Zivilprozeß vor dem Landgericht und Oberlandesgericht Stuttgart (und dem Verwaltungsgerichtsverfahren) liefen zwei weitere Zivilprozesse in Düsseldorf. Anders als beim Stuttgarter Verfahren war hier Carl Zeiss Oberkochen der Kläger und der Osten (der VEB Jena und der DIA Berlin) der Beklagte.
Gegenstand des ersten Düsseldorfer Prozesses war die Verletzung von Namens-, Firmen-, Warenzeichen- und anderen Kennzeichnungsrechten durch den Osten sowie unerlaubte Handlung und unlauterer Wettbewerb. Nach dem Landgericht und dem Oberlandesgericht Düsseldorf untersagte der Bundesgerichtshof dem Volkseigenen Betrieb, sich in der Bundesrepublik und West-Berlin »im geschäftlichen Verkehr insbesondere zu Zwecken der Werbung, der Firmenbezeichnung VEB Carl Zeiss Jena zu bedienen.«[24]
Nach diesem Urteil ging der Osten dazu über, zur Kennzeichnung der vom VEB hergestellten Produkte statt »Carl Zeiss« den Namen

»Ernst Abbe« zu benutzen. Das war im wahrsten Wortsinne »dialektisch«: Auf der einen Seite schmähte man Ernst Abbe als besonders raffinierten Ausbeuter, der sich Stiftung und Statut zur Täuschung seiner Arbeiter ausgedacht habe, auf der anderen Seite wollte man jetzt sein hohes Ansehen zum eigenen Vorteil nutzen.

Carl Zeiss Oberkochen erhob Klage beim Landgericht Düsseldorf. Der ebenfalls durch alle Instanzen getriebene zweite Düsseldorfer Prozeß endete am 6. Februar 1959 mit der Entscheidung des Bundesgerichtshofes. Dem VEB wurde untersagt, sich auf Ernst Abbe zu berufen:

> Die Klägerin [Carl Zeiss Oberkochen] kann sich ... mit Fug und Recht als Gründung Ernst Abbes bezeichnen und die durch die Person ihres Gründers wesentlich mitbedingte Tradition des ursprünglichen Stiftungsbetriebes als eigene Tradition für sich in Anspruch nehmen. Wie das Berufungsgericht ... festgestellt hat, ist die Tatsache, daß Ernst Abbe der Gründer der Carl-Zeiss-Stiftung ist und maßgeblichen Anteil an der Gründung und Entwicklung des Stiftungsbetriebes Carl Zeiss gehabt hat, in den Kreisen der Gebildeten und insbesondere bei den Optikern, die als Abnehmer ... in erster Linie in Betracht kommen, allgemein bekannt ... Inhaber dieses an die Namen Abbe und Zeiss geknüpften Goodwill ist aber nach wie vor allein die Carl-Zeiss-Stiftung. Daraus folgt die Berechtigung der mit dem Stiftungsbetrieb »Optische Werkstätte (Carl Zeiss)« identischen Klägerin, sich diesen Goodwill zunutze zu machen.[25]

Schöner kann man es kaum sagen. Das Werk, das Carl Zeiss und Ernst Abbe begründet hatten, war durch den Zusammenbruch des Deutschen Reichs und die Enteignung nicht untergegangen. Mit der Umpflanzung von Jena nach Oberkochen war die von Friedrich List für das Schicksal eines Betriebes als entscheidend bezeichnete »Werkfortsetzung« geglückt.

Sechzehntes Kapitel

DAS DEUTSCHE WUNDER

Bereits Mitte der fünfziger Jahre sprach man in der deutschen Industrie von den »golden fifties«. Die günstige Konjunktur brachte auch für Carl Zeiss einen weiteren Aufschwung und eine Zunahme des Eigenkapitals. Am 1. Oktober 1957 wurde die Firma R. Winkel GmbH Göttingen, die in der Hauptsache Mikroskope und Polarimeter produzierte und an der Carl Zeiss schon seit 1911 maßgeblich beteiligt war, ganz in die Firma eingegliedert. Die Zahl der Mitarbeiter bei Carl Zeiss erhöhte sich damit auf 5400.

Noch günstiger sah es bei der Zeiss Ikon AG aus. Nach der Enteignung in der sowjetisch besetzten Zone war die Hauptverwaltung nach Stuttgart verlegt worden.

Deutsche Kameras besaßen in der Welt einen geradezu sagenhaften Ruf. Zeiss Ikon war Marktführer in Qualität, Produktion und Umsatz. 1956 stieg die Zahl der Mitarbeiter auf 6100. Allein das Contessa-Werk in Stuttgart beschäftigte 2500 Menschen. Der Umsatz betrug 92 Millionen, der Gewinn 850000 DM, beide mit steigender Tendenz.

Die Aktien lagen (bis auf wenige Prozent) bei Carl Zeiss. Vorsitzender des Aufsichtsrates war bis 1957 Paul Henrichs, dann übernahm Heinz Küppenbender das Amt. Als Vertreter der Deutschen Bank saß Hermann J. Abs in diesem Aufsichtsgremium, wobei die schon aus der Vorkriegszeit stammende Verbindung noch enger wurde.

In der gewohnt entschlossenen Weise griff Küppenbender zu, als sich die Gelegenheit bot, das Braunschweiger Kamerawerk Voigtländer von der Schering AG zu übernehmen. 1756 hatte Johann Christoph Voigtländer die Firma in Wien gegründet. Am 27. September 1956 wurde gleichzeitig mit dem 200. Jubiläum der Anschluß an die Zeiss-Gruppe gefeiert. Als der neue Vorsitzende des Aufsichtsrates hieß Heinz Küppenbender die Voigtländer AG, »das älteste Unternehmen

der Feinmechanik und Optik«, als das »jüngste Kind im Kranze der Unternehmen der Carl-Zeiss-Stiftung« herzlich willkommen.[1]
Für den Erwerb der Voigtländer AG mußte die Carl-Zeiss-Gruppe (Zeiss und Zeiss Ikon) insgesamt 23,56 Millionen aufbringen, davon 12,56 Millionen für das Aktienpaket, drei Millionen für den 1955 erwirtschafteten Gewinn und acht Millionen für die Ablösung des von Schering an Voigtländer gewährten Darlehens.[2]
Es fiel nicht leicht, den Kauf zu finanzieren. Durch das glänzende Verhältnis, in dem Heinz Küppenbender mit Hermann J. Abs stand, wurde das Problem durch Kredite der Deutschen Bank gelöst.[3]
Auch in Oberkochen trieb Küppenbender den Ausbau voran. Dafür mußten weitere Millionen aufgebracht werden. Adolf Hofem, der Leiter der Finanzabteilung, warnte, die Verschuldung noch weiter anwachsen zu lassen. Ausführlich besprach er mit dem kaufmännischen Geschäftsleiter Paul Henrichs die Probleme. Beide waren sich einig, daß die Firma dringend eine Konsolidierungsphase benötige. »Küp als die stärkere, taktisch kluge, auch wagemutigere Persönlichkeit baut schließlich doch«, notierte Hofem in seinem Tagebuch.[4]
Am 11. Oktober 1956 kam Hermann J. Abs mit seinem Vorstandskollegen Dr. Erhard Thron und dem Direktor der Hauptfiliale Stuttgart Dr. Trudbert Riesterer nach Oberkochen. An der Besprechung waren Küppenbender, Henrichs, Hofem und Ebbecke beteiligt.

> Die Kreditgewährung ging flott über die Bühne. Henrichs bekam dabei von Küppenbender vorgeführt, wie so etwas klappen kann.[5]

Anschließend gingen die Herren zum gemeinsamen Mittagessen in das bescheidene Bauernstübchen im Martha-Leitz-Haus. Am Schluß sagte Abs zu Küppenbender: »Die Formalitäten lassen wir unsere Prokuristen machen, wofür sind diese denn sonst da!«[6]
Daß seine Sorge nicht unberechtigt war, bestätigte sich für Adolf Hofem vier Wochen später, als er bei der »Deutschen Pfandbriefanstalt« in Wiesbaden ein Kreditgespräch führte. Das Darlehen wurde verweigert, weil Carl Zeiss nicht mehr die geforderten Sicherheiten bieten konnte.[7]
Müde und matt kehrte Hofem in sein Hotel zurück, und in der Nacht hatte er wieder seinen Russentraum: »Sie suchen mich in meinem

Büro; ich renne durch die Flure, treppauf, treppab, und kann wegen des Russenpostens nicht aus Tor I a.« Schweißgebadet erwachte er.[8]
Während der Demontage des Jenaer Zeisswerkes hatte er an den Gegenaktionen teilgenommen. Konstruktionszeichnungen, Werkzeuge, Waren und Geld wurden beiseite geschafft und der Beschlagnahme entzogen. Als Ende Dezember 1946 einige Mitarbeiter verhaftet wurden, befürchtete Hofem, daß in den Verhören auch seine Beteiligung zutage kommen würde. Er ging über die Grenze. Nach ein paar Monaten holte er auch die Familie in den Westen.
In Oberkochen erfuhr man später, daß fünf Mitarbeiter von Zeiss und vier von Schott durch ein sowjetisches Militärtribunal zu hohen Zuchthausstrafen verurteilt worden waren.[9]
Inzwischen waren zehn Jahre vergangen. Im Traum erlebte und erlitt Adolf Hofem die Ereignisse immer wieder von neuem. Ähnlich wie ihm ging es vielen von den Mitarbeitern, die in den Nachkriegsjahren aus Jena herübergekommen waren. Die Ärzte in Heidenheim, Oberkochen und Aalen diagnostizierten sehr häufig Spätfolgen schwerer Belastungserlebnisse.[10] Im Januar 1951 lagen gleichzeitig sieben leitende Angestellte der Firma im Kreiskrankenhaus Heidenheim, und der neue Chefarzt meinte zu dieser Invasion »leitender, jetzt leidender Angestellten«, daß in der Firma etwas nicht stimmen könne.[11] Den seelischen Schaden hatten sich diese Mitarbeiter aber nicht in Oberkochen geholt, sondern in Jena. Dankbar empfanden damals die Betroffenen, daß Küppenbender und Henrichs selbst ins Krankenhaus kamen und ihnen Mut zusprachen.[12]
Für Carl Zeiss Oberkochen bedeuteten die aus Jena geflohenen Mitarbeiter so etwas wie eine ständige Zufuhr frischen Blutes. Ohne große Einarbeitung konnten sie gleich ihren Platz voll ausfüllen. Mit ihrer Integration waren aber Verpflichtungen verbunden, und wie man an diesem Beispiel sieht, auch solche, an die man zunächst gar nicht dachte. Die Menschen, die aus Jena kamen, hatten Schlimmes erlebt, und darüber mußten sie erst einmal hinwegkommen.
Auch Adolf Hofem lernte es, die beim Ringen um den richtigen Weg der Firma unumgänglichen Konflikte rational auszutragen. Voller Bewunderung beobachtete er, wie Küppenbender vorging, um seine Auffassungen zur Geltung zu bringen. Im Tagebuch notierte Hofem

die wichtigsten Ereignisse in der Familie und in der Firma, und immer wieder hieß es: »Küp ist eben doch ein toller Mann.«[13] Als es in einer Sitzung einmal eine kontroverse Diskussion über die im Statut vorgesehene Lohn- und Gehaltsnachzahlung gab, hatte Küppenbender schließlich doch wieder »dank seiner Beredsamkeit und Überzeugungskraft alle Teilnehmer auf seiner Seite«[14]. Das war ein Kunststück. Im Interesse der Firma lag es, Rücklagen für die Investitionen zu bilden, während die Betriebsräte sich für möglichst hohe Ausschüttungen an die Mitarbeiter einsetzten.

Nach dem Statut sind die Geschäftsleiter gleichberechtigt. Ihre Beschlüsse müssen sie einstimmig fassen. Fasziniert sahen die engeren Mitarbeiter, wie bei ursprünglichen Meinungsdifferenzen nach einiger Zeit sich die anderen Geschäftsleiter Küppenbenders Auffassung zu eigen machten.

1957 war kein ganz leichtes Jahr. Die Hauptsorge galt der Finanzierung. Daß die Probleme gelöst werden konnten, hatte man nicht zuletzt dem alten, guten Namen »Zeiss« zu danken. Das mit diesem Namen verbundene Prestige war »immer wieder und fast allerorts zu verspüren«.[15] Wie jeder wußte, spielte die kraftvolle, Vertrauen ausstrahlende Persönlichkeit von Heinz Küppenbender dabei eine wesentliche Rolle und seine Freundschaft mit Hermann Josef Abs.

Hermann J. Abs war der Vorstandssprecher der Deutschen Bank. In der Welt stand für den politischen Wiederaufbau der Bundesrepublik Konrad Adenauer, für den Wirtschaftsaufschwung Ludwig Erhard und Hermann J. Abs. In den Vereinigten Staaten erwies man Abs fast die gleiche Aufmerksamkeit wie dem Bundeskanzler.

Auch Abs wurde die Ehre zuteil, von dem Zeitungsverleger Arthur H. Sulzberger zu einem Frühstück in die Redaktionsräume der New York Times gebeten zu werden. In dem holzgetäfelten Eßzimmer waren schon Konrad Adenauer und Felix von Eckardt »nach allen Regeln der journalistischen Kunst ausgequetscht«[16] worden. Niemand macht sich Notizen, und veröffentlicht wird keine Zeile, aber hier, bei einem solchen »Hintergrundgespräch«, bilden sich die Redakteure des Weltblattes ihre Meinung.

Abs wurde natürlich vor allem nach den Kriegszerstörungen gefragt, den Demontagen und dem Wiederaufbau. Er erzählte von der Entflechtung der IG-Farben und dem Aufstieg der drei großen Nachfolgegesellschaften, erzählte von Heinrich Nordhoff und dem Volkswagenwerk und noch vieles andere. Dann kam er auf Carl Zeiss:

> Ich habe berichtet, daß bei dem Einzug der Russen in Jena die Amerikaner mit Lastwagen etwa 100 Herren der Firma nach Württemberg evakuiert und die technischen Zeichnungen verladen haben. Die Lastwagen mit den technischen Zeichnungen seien spurlos verschwunden, die 100 evakuierten Herren seien aber auf ihrem Gebiete wohl die besten der Welt gewesen. Ich habe erzählt, daß nur auf dem Geiste dieser Herren fußend ... Zeiss praktisch auf grüner Wiese neu entstanden sei und heute wirtschaftlicher und billiger produziere als je zuvor.[17]

Wahrscheinlich erzählte Abs auch noch die Geschichte von der »Kopfquote«, die er immer gern zum besten gab: Nach der Währungsreform sei von ihm im Einvernehmen mit Küppenbender ein Investitionskapital von einer Million Mark pro evakuiertem Zeissianer als angemessen angesehen worden.[18] Mit seinem Charme und seiner Eloquenz wirkte Abs wie ein Franzose, und die Redakteure der »New York Times« waren hingerissen. Besonders diese Zeiss-Story mußten sie haben! Sie baten den Bankier um »eine kurze Geschichte« des Aufbaus auf der grünen Wiese.

Diesen Wunsch übermittelte Abs an Küppenbender, und der beauftragte Norbert Günther. Der ehemalige Betriebsratsvorsitzende hatte die Evakuierung miterlebt und schilderte, nun schon zum wiederholten Male, das »wunderliche Schicksal« der 84 Zeissianer. Er beschrieb, wie sie sich am 24. Juni um acht Uhr früh zum letztenmal im fünften Stock des Hochhauses versammelt hatten, um an diesem herrlichen Sonntagmorgen die Abschiedsworte eines Arbeitervertreters anzuhören. Dann kam er auf den »langen Treck der amerikanischen Militärlastwagen«, der in den frühen Morgenstunden des darauffolgenden Montags sein Ziel erreichte, »ein vor Schmutz strotzendes, von Stacheldraht umgebenes ehemaliges Polenlager in Heidenheim«[19].

Die drei Seiten machten ihm keine Mühe, und weil der deutsche Wiederaufbau in der Welt das Wirtschaftswunder genannt wurde, wählte er als Überschrift »Das deutsche Wunder«. Küppenbender las das Manuskript und schrieb an den Rand: »Ist es ein Wunder? Nein, Ergebnis harter Arbeit, eines team-works im besten Sinne.«

In diesem Jahr 1957, in dem der Wiederaufbau von Carl Zeiss die »New York Times« interessierte, nahmen auch die Menschen in Deutschland lebhaften Anteil am Schicksal der Firma. In den Kinotheatern lief ein Spielfilm über Ernst Abbe mit dem Titel »Made in Germany – Die dramatische Geschichte des Hauses Zeiss«. Der »Spiegel« prägte den Ausdruck vom »Abbe-Epos«, und eine Million Menschen ließen sich von diesem »Filmdokument eines großen Lebens im Dienste der Menschheit« anrühren.

Vielleicht nimmt man an, daß die Firma den Abbe-Film »gesponsert« habe. Denn es zahlt sich natürlich aus, wenn die Firma und ihre Geschichte im breiten Publikum Interesse finden.

Tatsächlich hatten Stiftung und Stiftungsbetriebe mit der Vorbereitung und Herstellung des Filmes nichts zu tun. Als man in Oberkochen von dem Projekt erfuhr, verhielt man sich sogar außerordentlich zurückhaltend, um nicht zu sagen feindlich. Den Drehbuchautoren und dem Regisseur traute man ein Verständnis für die Persönlichkeit Abbes und sein Lebenswerk nicht zu.[20]

Die deutsche Erstaufführung fand am 24. Januar 1957 gleichzeitig im Lichtspielhaus Oberkochen und im EM-Theater Stuttgart statt. Etwa 600 Werksangehörige sahen den Film bereits an diesem Tag. Ihre Bedenken schwanden, und selbst Professor Bauersfeld konnte »dieser Leistung seine – wenn auch vorsichtig formulierte – Zustimmung nicht versagen.« So jedenfalls berichteten die »Heidenheimer Neuesten Nachrichten«.[21]

Die Münchener Corona-Filmproduktion hatte mit diesem Film die Stimmung im Lande richtig erfaßt. Hier war ein Stück deutscher Vergangenheit, auf das man ohne Bedenken stolz sein konnte. Bei Abbe kam sozusagen alles zusammen: Er war ein physikalisches Genie, ein erfolgreicher Industrieller und überzeugter Demokrat.

Der Produzent Dr. Alexander Grüter kannte sich aus in der deutschen Industrie. Er war früher Generaldirektor des Schlesischen Zement-Syndikats gewesen. Ihn hatte, wie er »Spiegel«-Redakteuren berichtete, neben »dem Aufstieg eines in aller Welt renommierten Wirtschaftsunternehmens« besonders beeindruckt,

> daß Abbe schon damals ... die Gewinnbeteiligung der Arbeiter einführte;

daß er den Zeiss-Arbeitern eine Pensionsberechtigung und ihren Witwen eine Rente gab;
daß er nach dem Prinzip: acht Stunden Arbeit, acht Stunden Freizeit, acht Stunden Schlaf die Arbeitszeit bei gleichbleibender Leistung auf acht Stunden reduzieren konnte, während sie bis dahin oft genug an die sechzehn Stunden betragen hatte.[22]

Grundlage des Films war das 1938 erschienene Buch »Gläserne Wunder« von Fritz Scheffel. In romanhafter Freiheit bei den minder wichtigen Ereignissen wurde hier mit großer Sachkenntnis und vielen authentischen Zitaten die Geschichte von Zeiss, Abbe und Schott erzählt. Daraus hatte der bekannte Schriftsteller Frank Thieß 1943 ein Drehbuch gemacht. Die geplante Verfilmung aber kam zunächst nicht zustande, weil (wie die Herren des Propaganda-Ministeriums richtig erkannten) Abbes soziale Einstellung nur unliebsame Vergleiche mit den nationalsozialistischen Führern provoziert hätte. Nach dem Kriege wurde das Drehbuch dann noch einmal von zwei routinierten Skriptern umgeschrieben.[23]
Insgesamt hielt sich der Film einigermaßen an die historische Wirklichkeit. Viel zu ändern brauchte man wirklich nicht: Dieses Leben hatte wie ein Märchen vom braven Sohn begonnen, den die Eltern nicht mehr ernähren können und der in die Welt zieht, um sein Glück zu machen, und es endete wie eine Heiligenlegende: Er wurde Professor und Unternehmer, und jetzt, am üblichen Happy-End, kam die sensationellste Tat seines Lebens: Er übertrug Fabrik und Vermögen auf eine Stiftung, um für seine Mitarbeiter und seine Universität und die arme Bevölkerung zu sorgen.
Die Hauptrollen des Filmes wurden mit bekannten Schauspielern besetzt. Regisseur war Wolfgang Schleif, der mit Filmen wie »Ännchen von Tharau«, »Ferien in Tirol« und »Die Mädel vom Immenhof« bereits großen Erfolg gehabt hatte.
Schwierigkeiten hatte zuletzt noch der Titel gemacht. Ursprünglich sollte der Film »Carl Zeiss« heißen, aber das war sachlich unzutreffend, denn der eigentliche Held war Ernst Abbe. Als Filmtitel aber kam »Ernst Abbe« nicht in Frage; in Folge seiner übergroßen Bescheidenheit war sein Name kein Begriff für ein Millionenpublikum. Schließlich entschied man sich für »Made in Germany – Die

dramatische Geschichte des Hauses Zeiss«. Der Film ist im großen und ganzen positiv aufgenommen worden. Für die Firma Carl Zeiss war er für die Image-Pflege zweifellos von erheblichem Nutzen.[24]
Die Kritiker beanstandeten, daß vom Werk selbst und der sozialen Realität kaum etwas zu sehen war.[25] Was die Hauptdarsteller betraf, beurteilten sie die männlichen Rollen positiv:

> Zu loben ist die sympathisch posenfreie, eindringliche Darstellung Ernst Abbes durch Carl Raddatz. Ebenso ausgezeichnet in seiner männlichen Verhaltenheit ist Werner Hinz als Carl Zeiss. Paul Dahlke überzeugt als der derb-rührende Werkmeister Löber. Dietmar Schönherr verkörpert vornehm den Sohn Roderich Zeiss, der im Schatten seines Vaters und Abbes steht und schließlich aus der Firma ausscheidet.[26]

Kurz nach dem Anlaufen des Filmes erschien unter dem gleichen Titel eine auf den Massengeschmack berechnete Nacherzählung als Lesering-Roman.[27] Was im Film noch hingehen mag, wird hier vollends unerträglich: Das Auftreten einer Jugendfreundin Abbes und die konstruierten Dialoge dieser attraktiven Industriellen-Tochter mit Elise Snell, ihrer Rivalin um die Gunst des genialen Physikers. Diese Gespräche triefen, so hieß es in einer Besprechung, »von Edelmut und Schönrednerei«.[28]
In Wirklichkeit hat Abbe nie eine Jugendfreundin gehabt. Frauen gegenüber blieb er noch in seiner späteren Zeit in merkwürdiger Weise gehemmt. Sieben Jahre lang kam er regelmäßig in das Haus seines alten Professors, aber das entscheidende Wort an die Tochter hat er nicht auszusprechen gewagt. Elise mußte den ersten Schritt tun und den zaghaften Freier ermutigen.
Auch später, als er schon ein erfolgreicher Industrieller war, hat Abbe seine Menschenscheu nie ganz abgelegt. Wahrscheinlich erklärt sich von hier die ungewöhnliche Rücksicht auf seine Umgebung. Den Respekt vor der privaten Sphäre, den er für sich wünschte, erwies auch er seinen Mitmenschen. Die Arbeiter fühlten sehr deutlich seine Behutsamkeit. Da war nichts von der gespielten Jovialität, die sie von anderen »Industrieführern« kannten.[29]
Über solche Züge der Persönlichkeit Abbes aber erfuhr man nichts in dem Film »Made in Germany«. Wer sich informieren wollte, dem bot sich jedoch eine andere Möglichkeit.

Auf Drängen des Propyläen-Verlags hatte sich Theodor Heuss entschlossen, zusammen mit dem Historiker Hermann Heimpel und dem Publizisten Benno Reifenberg das Sammelwerk »Die Großen Deutschen« neu herauszugeben. Die Ende der dreißiger Jahre unter diesem Titel erschienenen fünf Bände entsprachen nicht mehr dem deutschen Selbstverständnis, und es war eine eminent politische Aufgabe, eine neue Auswahl zu treffen. »Unter den Männern, die in das Sammelwerk aufgenommen werden sollen, wird natürlich auch Ernst Abbe sein«, schrieb Hans Bott, der Persönliche Referent des Bundespräsidenten:

> Dr. Heuss selber hat ja wiederholt über Abbe gearbeitet, aber er hält es für absolut notwendig, daß das jemand besorgt, der auf der einen Seite literarisch ausdrucksvoll genug ist, um die menschliche Erscheinung wie auch die sozialpolitische Leistung zu würdigen, auf der anderen Seite aber auch seine außerordentliche Bedeutung für die Entwicklung der Optik nach der wissenschaftlichen wie nach der technischen Seite darstellen kann.[30]

Auf Wunsch des Bundespräsidenten übernahm es Walther Bauersfeld, die Biographie zu verfassen. Fast ein halbes Jahrhundert hatte sich Bauersfeld bemüht, das Zeiss-Werk im Geiste Abbes zu führen, und er verstand vielleicht besser als jeder andere, was Abbe als Gelehrter, Ingenieur, Organisator und Sozialpolitiker geleistet hatte.[31]

Wie man es bei Ernst Abbe in seinen letzten Jahren erlebt hatte, war auch Walther Bauersfeld, der Senior der Geschäftsleiter, »mit steigendem Alter mehr und mehr von einem ausgeprägten persönlichen Fluidum umgeben«.[32]

Mit dem Jahr 1959 ging für die Firma ein bedeutsamer Abschnitt zu Ende. Am 28. Oktober starb Walther Bauersfeld, und zum 31. Dezember gab Paul Henrichs seine Funktion als Geschäftsleiter auf. Er war der letzte, der Abbe noch gekannt hatte. »Wenn das erste Jahrhundert der Firmengeschichte durch die Namen Abbe und Zeiss gekennzeichnet ist«, sagte der baden-württembergische Wirtschaftsminister Dr. Eduard Leuze, »so werden am Beginn des zweiten Jahrhunderts die Namen Küppenbender, Bauersfeld und Henrichs stehen.«[33]

An die Stelle von Paul Henrichs trat Dr. Gerhard Kühn als kaufmännischer Geschäftsleiter. Wer aber sollte neben Heinz Küppenbender und Gerhard Hansen den vierten Platz in der Geschäftsleitung besetzen? Zum »Nachfolger des verstorbenen Kollegen Bauersfeld« wünschten sich Küppenbender, Hansen und Kühn wieder »einen konstruktiv besonders begabten Ingenieur«:

> Die Weltgeltung des Unternehmens könne nur erhalten werden, wenn wie bisher die wissenschaftliche Forschung ergänzt werde durch eine fortschrittliche und fertigungsgerechte konstruktive Gestaltung unserer Erzeugnisse. Mit ihrer rentablen Fertigung in höchster Qualität werde für den kaufmännischen Vertrieb schließlich die erforderliche Grundlage geschaffen, die vorhandenen Absatzmöglichkeiten im In- und Auslande auszuschöpfen.[34]

Leider ist es damals nicht gelungen, einen kongenialen Nachfolger für Walther Bauersfeld zu finden. Es blieb bis zum Ende der sechziger Jahre bei drei Geschäftsleitern.[35]

Der Motor des Unternehmens war nach wie vor Heinz Küppenbender. Am 12. Juni 1961, wenige Monate nach seinem 60. Geburtstag, kamen der Ministerpräsident des Landes Baden-Württemberg Dr. Kurt Georg Kiesinger und sein Wirtschaftsminister Dr. Eduard Leuze zu einem Besuch des Werkes nach Oberkochen, und bei dieser Gelegenheit erhielt Küppenbender das Große Bundesverdienstkreuz.

»Ich gehöre nicht zu den Besessenen, die glauben, daß das Unglück von der Technik kommt«, sagte Kiesinger in seiner Tischrede. »Im Gegenteil: Wenn mir eines etwas Hoffnung gibt für diese schwierige Welt, dann ist es die Technik.« Kiesinger war berühmt für seine Fähigkeit, »Girlanden zu reden«:

> Der liebe Gott und die Amerikaner haben manches Wunder gewirkt; der liebe Gott, daß wir alle lebend aus dieser Hölle herausgekommen sind, und die Amerikaner als seine Werkzeuge, daß sie Sie hierher in diese Landschaft gebracht haben.[36]

In seinem Dank sagte Küppenbender, daß er diesen Orden nicht nur als Ehrung für sich ansehe, sondern als Auszeichnung für alle Mitarbeiter. »Wenn ich ihn so tragen darf, dann nehme ich ihn gern.«[37]

12. Juni 1961: Ministerpräsident Kurt Georg Kiesinger, Wirtschaftsminister Eduard Leuze, Lothar Trapp, Gerhard Kühn und Heinz Küppenbender (von links). Vor der Werksbesichtigung hatte Kiesinger in seiner Tischrede den Neuaufbau in Oberkochen gerühmt: »Gott und die Amerikaner haben manches Wunder gewirkt.«

Siebzehntes Kapitel

DER AMERIKANISCHE PROZESS

Die juristischen Auseinandersetzungen zwischen Zeiss (West) und Zeiss (Ost) breiteten sich »wie ein Steppenbrand«[1] in der Welt aus. Schließlich mußten in über 60 Ländern Prozesse geführt werden. Sie zogen sich oft durch alle Instanzen und dauerten dann zehn Jahre und länger bis zur endgültigen Entscheidung.

Im Februar 1962 begann mit einer Klage aus Oberkochen der amerikanische Prozeß. Hier ging es um den größten Markt der Welt mit (damals) 180 Millionen Verbrauchern und einem Bruttoinlandsprodukt von 513 Milliarden Dollar.

Um auf diesem wichtigen Markt Erfolg zu haben, hatte Carl Zeiss schon 1919 eine eigene Filiale in New York gegründet, aus der 1926 die Carl Zeiss Inc. hervorging. Aufgabe war die Einfuhr und der Verkauf der von Carl Zeiss produzierten optischen Instrumente.

Nach dem Zweiten Weltkrieg bemühte sich Karl Bauer, der Präsident der amerikanischen Tochtergesellschaft, um die Rückgabe der beschlagnahmten Firma. Zu seiner Unterstützung flog Geschäftsleiter Gerhard Kühn im Januar 1961 nach New York.

> Ich weiß nicht, wie es möglich war, daß bei meinem schwachen Englisch ich die Gesprächspartner verstand und daß sie mich verstanden …
> Im Februar 1961 wurde ich nach Washington gebeten. Nach einem Besuch bei McCloy wurde uns die Firma zurückgegeben gegen Erstattung des Inventurbetrages.[2]

Solange die Vereinbarungen zwischen Carl Zeiss West und Carl Zeiss Ost funktionierten, hatte die New Yorker Firma Erzeugnisse von Oberkochen und von Jena importiert. Als die Geschäftsverbindung nach Jena abriß, suchte sich der VEB in den Vereinigten Staaten einen neuen Partner für den Vertrieb seiner Produkte.[3]

Wettbewerb gehört zu den Prinzipien der freien Marktwirtschaft.

Hier handelte es sich aber um einen recht sonderbaren Wettbewerb: Carl Zeiss West Germany und der VEB boten ihre Produkte unter gleichen oder ähnlichen Warenzeichen an. Als Staatsunternehmen mußte der VEB nicht nach den tatsächlichen Herstellungskosten kalkulieren. Oft hatte die DDR solchen Devisenhunger, daß sie sozusagen jeden Preis akzeptierte, um überhaupt ins Geschäft zu kommen.

Die Firma in Oberkochen brauchte die gerichtliche Bestätigung, daß nur sie berechtigt war, unter dem Namen Carl Zeiss aufzutreten. Am liebsten hätte Gerhard Kühn das Mandat John McCloy übertragen. Der frühere Hohe Kommissar in Bonn, der bei der Rückgabe der New Yorker Tochterfirma wirkungsvoll geholfen hatte, war ein erfolgreicher Rechtsanwalt. Jedoch hatte sich dieser abermals für den Staatsdienst entschieden und leitete als Direktor die amerikanische Abrüstungsbehörde.

Es gab aber in New York die Kanzlei Milbank, Tweed, Hadley & McCloy, für die John McCloy früher gearbeitet hatte. Carl Zeiss Oberkochen bestellte als ihren Rechtsvertreter diese renommierte Anwaltssozietät.

Mit dem Fall beauftragt wurde William E. Jackson, der als Sohn und Assistent des amerikanischen Chefanklägers Robert H. Jackson die Nürnberger Kriegsverbrecherprozesse mitgemacht hatte. Er teilte sich die ungeheure Arbeit mit einem zweiten Rechtsanwalt, Isaac Shapiro. Auch dieser stand durch seinen Vater, den Cellisten Konstantin Shapiro, in besonderen Beziehungen zu Deutschland.

Konstantin Shapiro war in Rußland geboren und hatte in Freiburg bei Edmund Husserl Philosophie studiert, bevor er die Meisterklasse von Julius Klengel am Leipziger Konservatorium besuchte. Seine Frau lernte er an der Berliner Musikhochschule kennen.[4] Er fühlte sich als Europäer und entdeckte sein Judentum erst durch die beginnenden Verfolgungen, denen er durch Emigration nach Japan auswich.[5] So wuchs Isaac Shapiro in Japan auf. Als die Amerikaner nach Kriegsende das Land besetzten, wurden einige Offiziere auf den aufgeweckten Jungen aufmerksam. Einer von ihnen brachte ihn 1946 mit Erlaubnis der Eltern in die Vereinigten Staaten, wo er eine vorzügliche Ausbildung erhielt.

Ein Zivilprozeß in den USA ist für deutsche Unternehmen oft ein traumatisches Erlebnis. So heißt es in einem juristischen Leitfaden.[6] In der Tat war schon das Beweiserhebungsverfahren, die sogenannte »pretrial discovery« vor der mündlichen Verhandlung, eine strapaziöse Angelegenheit:

> Wir hatten damals Tausende und Abertausende von Dokumenten einreichen müssen, nicht nur einreichen, sondern die gegnerischen Anwälte hatten das Recht, sie an Ort und Stelle einzusehen und auszusuchen, und die türmten sich zu Bergen. In New York bei unseren Anwälten war eigens ein Raum reserviert, um die Berge von Akten auszuwerten, die dort angehäuft waren.[7]

Neben der Sammlung der relevanten Dokumente bestand die »pretrial discovery« in der Einvernahme der Zeugen durch die Anwälte beider Seiten.

Die wichtigsten Zeugen waren natürlich die Hauptbeteiligten an den damaligen Ereignissen, in erster Linie also die Mitglieder der beiden Geschäftsleitungen. Von den Oberkochener Herren Bauersfeld, Henrichs und Küppenbender lebte nur noch Küppenbender. Er war der Kronzeuge für die westliche Seite. Große Bedeutung hatten auch die Aussagen von Walter David. Als Leiter der Rechtsabteilung war er an allen relevanten Entscheidungen beteiligt gewesen.

Auch die Anwälte des Volkseigenen Betriebes in Jena konnten von den drei früheren Geschäftsleitern nur einen einzigen für sich aufbieten, nämlich Dr. Hugo Schrade, der inzwischen den Titel »Generaldirektor« führte. Victor Sandmann war 1953 unter abenteuerlichen Umständen in den Westen geflohen und hatte in Oberkochen wieder die Funktion eines Prokuristen innegehabt. Er war schon im Jahr darauf verstorben. Friedrich Schomerus schließlich, der dritte der »drei S«, hatte sich sowenig wie den Nationalsozialisten den kommunistischen Machthabern gefügt und 1949 seinen Abschied nehmen müssen. Von da an ließ man ihn in Ruhe, und er blieb in Jena. Kompromisse machte er auch jetzt keine. So fuhr er als 84jähriger nach Westberlin, um dort vor dem Notar seine Aussage zu machen. Die beglaubigte Ausfertigung sandte er nach Oberkochen.

Für den amerikanischen Prozeß begannen die Zeugenvernehmungen 1962 in Stuttgart und Salzburg, jeweils im amerikanischen Konsulat.

Zunächst handelte es sich aber nur um Vorgeplänkel, bei dem die Anwälte den Prozeßgegner und seine Argumentation kennenlernen wollten.
Ernst wurde es erst 1965 in Wien, wohin im April und Mai und dann wieder im September aus Jena Generaldirektor Hugo Schrade anreiste und aus Oberkochen der Geschäftsleiter Heinz Küppenbender. Beide Herren waren vom Leiter ihrer Rechtsabteilung begleitet.
So kam es, daß die einst kollegial befreundeten Mitarbeiter einander nach langer Zeit wiedersahen. Früher war man oft in gemütlicher Runde zusammen, und keiner hatte es für möglich gehalten, daß die Politik die Welt in zwei Teile spalten und die Trennungslinie mitten durch ihren Kreis verlaufen würde.
Vor allem Hugo Schrade war tief bewegt.[8] Die SED in Jena, der er selbst angehörte, hatte die Oberkochener maßlos angegriffen, zuletzt noch in der 1962 erschienenen Geschichte des Jenaer Zeiss-Werkes[9], und vielleicht empfand er, daß damit die einst so engen Bande endgültig zerschnitten wurden. Hugo Schrade war auch hier wieder zu nachgiebig gewesen und hatte dieses Machwerk nicht verhindert.
Einen Richter gab es nicht im Palais Palffy, wo man sich zur Verhandlung zusammenfand. Die Autorität des Staates, in dessen Namen am Ende Recht gesprochen werden sollte, wurde durch einen amerikanischen Vizekonsul repräsentiert, der aber von der Sache nichts zu verstehen brauchte. Die Anwälte stellten die Fragen, die Zeugen antworteten, und die gesammelten Niederschriften, die »Depositions«, bildeten dann für den New Yorker Richter das Material, aus dem er sich über die Fakten informierte.
Die Anwälte spielten die aktive Rolle. Für Carl Zeiss West Germany waren William E. Jackson, Isaac Shapiro und Professor Walter J. Derenberg aus New York gekommen, letzterer ein Spezialist für Warenzeichenrecht. Der Volkseigene Betrieb war durch die New Yorker Anwälte Harry I. Rand und Warren F. Schwartz vertreten.
Hugo Schrade wurde von Anwalt Jackson einem »in der Form fairen, in der Sache harten Verhör« unterzogen. Viermal mußte er um Unterbrechung bitten. Ganz offensichtlich hatte er seelisch schwer zu kämpfen, und zeitweise war er am Ende seiner Kraft.[10]
Am letzten Sitzungstag sprach er mit Walter David unter vier Augen.

August 1967: Ankunft von Heinz Küppenbender in New York. Von links: Siegfried Kessler, Heinz Küppenbender, Horst Skoludek und Franz Schneider.

Schrade suchte »persönliches Verständnis«. Er erzählte, daß seine Frau die Erlaubnis zu einer Kur in Bad Orb erhalten habe und bei dieser Gelegenheit auch nach Heidenheim kommen werde.[11]

Die eigentliche Verhandlung begann am 11. September 1967 im United States Court House am Foley Square No. 7 in Downtown Manhattan. Zum ersten Male sahen die Deutschen den Richter, District Judge Walter R. Mansfield, einen schlanken und energischen Herrn, der aus Boston stammte und die Harvard University und die Harvard Law School absolviert hatte. Er mochte etwa 65 Jahre alt sein. Wie sie später erfuhren, hatte er im Kriege als Fallschirmjäger gekämpft und war mehrfach ausgezeichnet worden.[12]

Der Richter saß erhöht hinter seinem Pult, und wer ihn in seiner schwarzen Robe sah und seinen weißen Haaren mit dem charakteristischen Mittelscheitel, der begriff, daß es die Amerikaner sehr wohl

verstehen, eine Gerichtsverhandlung in würdigen Formen zu führen. Der Saal war wie üblich zweigeteilt: Vorne saßen die Anwälte, im rückwärtigen Teil, hinter einer Barriere, die Zuhörer.
Mit einem »Good morning, gentlemen«, eröffnete Judge Mansfield die Sitzung. Nach dem »Good morning, your Honor« der Anwälte rief der Clerk: »Carl-Zeiss-Stiftung versus VEB Carl Zeiss Jena. Both sides ready?«
»Ready for plaintiff«, sagte William E. Jackson. Er begründete die Klage, und am Nachmittag rief er Heinz Küppenbender in den Zeugenstand. Die auf Englisch gestellten Fragen wurden übersetzt; Küppenbender antwortete in Deutsch, worauf der Dolmetscher wieder ins Englische übersetzte.
Zuerst mußte Küppenbender über seine Person, seine Funktionen bei Carl Zeiss mit den Beteiligungsfirmen und seine sonstigen Ämter und Ehrenämter Auskunft geben. Auch nach den Stationen des Berufslebens fragte der Anwalt, und Küppenbender berichtete, daß er nach seinem Maschinenbaustudium in Aachen am 1. September 1927 bei Carl Zeiss eingetreten war. Als Jackson das Datum hörte, zeigte sich auf seinem Gesicht ein leises Augurenlächeln: Erst vor wenigen Tagen hatten sie gemeinsam mit den Mitarbeitern von Carl Zeiss New York das 40. Dienstjubiläum gefeiert, und er selbst hatte beim Essen im Four-Seasons-Hotel auf dem Ehrenplatz rechts neben Küppenbender gesessen.
Nach den Standardfragen zur Person kam der Anwalt auf den legendären 13. April, als die amerikanische Armee Jena besetzte, und auf die sich überstürzenden Ereignisse. Küppenbender gab Auskunft, daß er Ende Mai oder Anfang Juni von Oberst Stone angewiesen worden sei, einen Plan für eine Teilverlagerung und den Aufbau eines Zweigwerkes mit 2000 Arbeitern in der amerikanischen Besatzungszone auszuarbeiten. Nach der Besichtigung von möglichen Standorten in München und Stuttgart habe er dann am 9. Juni diesen Plan fertiggestellt und Oberst Stone ausgehändigt.
An dieser Stelle unterbrach Rechtsanwalt Jackson: »Herr Dr. Küppenbender, ich zeige Ihnen ein Dokument, welches als ›Exhibit 20 der Kläger‹ bezeichnet wurde, und ich frage Sie, ob Sie uns sagen können, worum es sich bei diesem Dokument handelt?«[13] Der Zeuge

1. September 1967: Festessen aus Anlaß des vierzigsten Dienstjubiläums von Heinz Küppenbender im Four-Seasons-Hotel in New York: während der Tischreden von Heinz Küppenbender (oben) und William E. Jackson (unten). Links neben Jackson Isaac Shapiro.

bestätigte: »Das ist der Bericht, den ich Oberst Stone am 9. Juni über die vorgeschlagene Verlagerung und Überführung von 2000 Arbeitern übergeben habe.«

»If your Honor please, I offer this document in evidence«, wandte sich Jackson nun an den Richter. Da der Gegenanwalt keine Einwände erhob, wurde »Plaintiffs' Exhibit 20« vom Gericht ohne weitere Diskussion angenommen.

Bei diesen »Exhibits« oder Beweisstücken handelte es sich um eine Besonderheit des amerikanischen Zivilprozesses. Sowohl die Kläger (Plaintiffs) als die Beklagten (Defendants) stellen vor der Verhandlung die relevanten Dokumente zusammen (im vorliegenden Falle von beiden Seiten mehrere hundert). Diese werden von den Rechtsanwälten vor Gericht präsentiert. Die angenommenen Dokumente bilden dann neben den Zeugenaussagen die Grundlage für die richterliche Entscheidung.

Die nächsten Fragen bezogen sich auf die weitere Entwicklung in Jena, und Küppenbender berichtete, ähnlich wie schon zwei Jahre zuvor in Wien: Ihm sei am 13. Juni 1945 von Oberst Stone eröffnet worden, daß eine Verlagerung in dem ursprünglich beabsichtigten Ausmaß nicht mehr in Frage komme und die Pläne reduziert werden müßten. Über dieses am 13. Juni geführte Gespräch war damals ein Vermerk angefertigt worden, und diesen präsentierte Jackson als »Plaintiffs' Exhibit 21«.[14]

Das war die Verhandlung des ersten Tages. Am zweiten Tag setzte der Rechtsanwalt die Vernehmung seines Zeugen fort. Zur Sprache kamen die Ereignisse Mitte und Ende Juni und schließlich wurde Küppenbender gefragt, was sich am 24. Juni 1945 abgespielt hatte, dem Tag, an dem er Werk und Heimat verlassen mußte. Küppenbender berichtete, wie er es ebenfalls schon in Wien getan hatte: Er sei mit Schrade zum Transportoffizier gegangen, um das Reiseziel in Erfahrung zu bringen. Und dann erzählte er die Story, wie Schrade lachen mußte, als er den Namen »Heidenheim« hörte. »Das ist dort, wo ich zur Schule ging.«[15]

Am dritten Tag bat William E. Jackson den ehemaligen amerikanischen Luftwaffenobersten Carl E. Nelson in den Zeugenstand. Nelson besaß, wie er auf die Fragen mitteilte, einen Master in Business

Administration und einen PhD in Physik, eine seltene Doppelqualifikation, und war jetzt als Berater für die IBM tätig. Im Juni 1945 hatte er, damals noch als Major im Ordnance Corps, eine aktive Rolle bei der Evakuierung gespielt.

Nelson erzählte von den Ereignissen in Jena und besonders von dem entscheidenden 18. Juni: Da habe es um acht Uhr abends eine erste Sitzung gegeben. In dem kleinen Arbeitszimmer von Leutnant Brayer verhandelten Nelson und Brayer mit Küppenbender und Henrichs. Die Amerikaner wollten wissen, ob es von den Konstruktionszeichnungen Mikrofilme oder andere Kopien gebe. Geplant war, die Mikrofilme mitzunehmen, die Originale jedoch in Jena zu lassen. Anschließend begaben sich die Herren in den großen Konferenzraum im 9. Stock.

»Ich erinnere mich gut«, berichtete Nelson, »denn ich fuhr zum ersten Mal mit einem solchen, sich ständig bewegenden Lift.« Er meinte den im Hochhaus installierten Paternoster. »Es war wirklich der 9. Stock, denn es schien mir eine Ewigkeit in diesem Aufzug.«[16]

> Bei der Sitzung waren vom Zeiss-Management Dr. Küppenbender, Herr Henrichs, Dr. Bauersfeld und Dr. Joos anwesend – das sind vier – und gleich danach kam Dr. Erich Schott. Er hatte einen Herrn bei sich, ich glaube Herrn Hirsch, der ihm als Berater diente. Auf der amerikanischen Seite waren Oberst Zemke, Leutnant Brayer, Major Alley und ich, und wie ich mich erinnere, kamen zwei britische Offiziere herein, kurz nachdem wir angefangen hatten, und baten, zuhören zu dürfen.[17]

Auf die Fragen des Anwalts berichtete der Zeuge, daß Oberst Zemke den Vorsitz übernommen habe: »Er sprach recht gut Deutsch. Er sprach zu den Deutschen, und dann übersetzte er es ins Englische. Wie sich herausstellte, verstanden die deutschen Herren meist recht gut Englisch, und ich nehme an, daß sie seine Übersetzungen beurteilen konnten.«[18]

Carl E. Nelson berichtete dann von dem Befehl, den Zemke aus dem alliierten Hauptquartier mitgebracht hatte und der in der Sitzung am 18. Juni 1945 verlesen wurde. An dieser Stelle unterbrach der Anwalt des VEB: Er wolle den Befehl sehen. Hier wird man dem Anwalt unbedingt recht geben: Der seinerzeitige schriftliche Befehl ist ein authentischer Beweis; bei der Erinnerung aber weiß man nie, wie

zuverlässig sie ist. Schließlich ging es um Ereignisse, die mehr als zwanzig Jahre zurücklagen.
Hier aber waren die Anwälte von Zeiss Oberkochen gescheitert: Trotz aller Nachforschungen in den Militärarchiven hatten sie das Dokument nicht finden können. Also mußte man doch auf die Zeugenaussage zurückgreifen: »Ich erinnere mich, daß der Befehl im Namen von General Eisenhower von Oberst Sheldon unterschrieben war, dem ranghöchsten Nachrichtenoffizier.« Und der Zeuge berichtete weiter, nur gelegentlich von den Anwälten mit kurzen Fragen unterbrochen:

> Der Befehl wurde in der Versammlung vorgelesen. Professor Joos war die Nummer 1 in der Prioritätsliste, gefolgt von Herrn Henrichs und Dr. Küppenbender. Dann kamen zwei andere Namen. An dieser Stelle erklärten die Geschäftsleiter von Zeiss, daß diese Männer schon seit einiger Zeit nicht mehr lebten. Offensichtlich waren die Informationen der Leute falsch, die diesen Befehl herausgaben …
> Als der Abend fortschritt – und es war ein langer Abend – erhob Herr Henrichs Einwände gegen seinen Abtransport. Er sagte: »Ich bin Kaufmann. Ich bin kein Techniker. Für was also brauchen Sie mich?« Er protestierte ziemlich energisch gegen seine Evakuierung, aber wir bedeuteten ihm, daß wir ihn wollten und brauchten.
> Auch Professor Bauersfeld protestierte gegen seinen Abtransport. Ich weiß nicht, ob es erlaubt ist, als Zeuge vor Gericht einen Zwischenfall zu beschreiben, aber es ist sehr interessant: Dieser Herr, der mehr einem Schullehrer glich als einem Gelehrten, stand von seinem Platz ganz am Ende des Tisches auf, hatte seine Hände hinter dem Rücken und ging vorwärts und rückwärts und sagte: »Ich kann meine Mitarbeiter nicht im Stich lassen. Unter keinen Umständen kann ich meine Mitarbeiter im Stich lassen. Sie würden das als illoyal empfinden.«[19]

Die Deutschen waren, wie sich der Zeuge genau erinnerte, alle ganz unglücklich, daß sie abtransportiert werden sollten. Aber auf ihre Gefühle wurde keine Rücksicht genommen:

> Oberst Zemke sagte dann mit großem Nachdruck: »Sie haben keine Wahl. Sie werden Jena auf militärischen Befehl verlassen. Sie werden auf militärischen Befehl evakuiert.«[20]

An das Verhör durch Jackson, die sogenannte »examination«, schloß sich das Kreuzverhör durch Rand, die »cross examination«. Unter anderem fragte Rand nach dem Verbleib der Laborausrüstungen und Zeichnungen, die Ende Juni 1945 von den Amerikanern aus Jena abtransportiert worden waren. Diese sollten, wie den Deutschen damals gesagt wurde, für den Aufbau im Westen zur Verfügung stehen.

»Ich habe herausgefunden, was damit geschehen ist«, war die diplomatische Antwort von Dr. Nelson, der als ehemaliger amerikanischer Oberst aus Loyalität zur Armee das seinerzeitige Verhalten nicht publik machen wollte. Schließlich war die Verhandlung öffentlich, und im Gerichtssaal saßen Journalisten. Darauf entspann sich zwischen dem Anwalt und dem Zeugen folgender Dialog:

> *Rand:* Did they [equipment and drawings] ever arrive in Heidenheim?
> *Nelson:* Only a small portion of the equipment arrived in Heidenheim and a very limited amount of the technical information ever reached them.
> *Rand:* What happened to the rest of it?
> *Nelson:* That is a story I would just as soon not tell, Sir, but I will tell it if the Court requires.
> *Rand:* I will withdraw the question.[21]

Die amerikanischen Zeitungen berichteten ausführlich über die Gerichtsverhandlung »Zeiss versus Zeiss«. Aus der »New York Times« konnte man sogar erfahren, was der amerikanische Oberst alles ausgesagt hatte. Es sei damit, hieß es, ein »element of intrigue« zutage getreten.[22] Offenbar haben auf den Berichterstatter die Jenaer Ereignisse wie ein klassisches Intrigenstück gewirkt. Bei diesen nämlich sind es Ränke und Hinterlist, die die Handlung bestimmen.

Übereinstimmend meinten die Zeitungen, daß die Verhandlung bisher wenig Aufschluß erbracht habe, wem nun das Recht auf die wertvollen Warenzeichen zustehe. Jedoch gäben die Zeugenaussagen »konzentrierten Unterricht in der deutschen Geschichte«.[23]

Das war in der Tat der Fall. Erstaunlicherweise ging es nicht nur um die Nachkriegsgeschichte mit der Spaltung Deutschlands und der Spaltung der Firma Zeiss. Auch die Zeit des Dritten Reiches kam zur Sprache, und besonders ausführlich am vierten und fünften Verhandlungstag, als Harry I. Rand, der Anwalt des VEB, den Zeugen Heinz Küppenbender ins Kreuzverhör nahm.

Die These des Anwaltes war, daß Küppenbender mit seinen Kollegen Bauersfeld und Henrichs ständig und in vieler Hinsicht das Stiftungsstatut verletzt hätte.[24] Weil er jedoch, was die Nachkriegszeit betraf, dabei keine Punkte sammeln konnte, ging Harry I. Rand, kräftig von seinen Mandanten bestärkt, ausführlich auf das Dritte Reich ein. In dieser Zeit waren überall, auch in Jena bei den Zeiss-Werken, viele unschöne Dinge geschehen, die sich womöglich den Geschäftsleitern in die Schuhe schieben ließen.

Bei einem deutschen Prozeß ist der Richter der Herr des Verfahrens. Nach amerikanischem Verständnis sind die Anwälte die Matadore, und der Richter beschränkt sich auf die Funktion des Moderators. Als der Anwalt des VEB jedoch ständig nach den dienstverpflichteten 5000 deutschen und ausländischen Arbeitskräften fragte und ob sie Pensionsrechte nach dem Stiftungsstatut hatten, wurde Judge Walter R. Mansfield ungeduldig: »Manchmal kommen Sie mit der Frage, wieviel Engel auf einer Nadelspitze tanzen können. Spielt es für diesen Prozeß tatsächlich eine Rolle, ob diese 5000 Arbeiter Pensionsrechte hatten?«[25]

Auch die wiederholten Fragen nach der Rolle Küppenbenders in der deutschen Kriegswirtschaft schnitt der Richter ab: »Sind denn diese Ernennungen und Ämter überhaupt bestritten? Warum muß denn das tote Pferd hier erschlagen werden?«[26]

Bei anderer Gelegenheit lenkte Rechtsanwalt Rand seine Fragen auf Fritz Sauckel, den Gauleiter und Reichsstatthalter von Thüringen, der die im Abbeschen Statut vorgesehene Stiftungsverwaltung repräsentierte und für die Massendeportationen ausländischer Arbeitskräfte während des Krieges verantwortlich war. William E. Jackson, der Anwalt von Carl Zeiss West Germany, erinnerte sich an Sauckel als Angeklagten in Nürnberg, wo ihn sein Vater den »größten und grausamsten Sklavenhalter seit den Pharaonen« genannt hatte.[27] Hier am Foley Square in New York aber wurde nicht gegen Sauckel verhandelt. Dieser Fall war in Nürnberg mit dem Todesurteil abgeschlossen worden.

Eine diesbezügliche Bemerkung erwies sich als unnötig, denn Judge Mansfield griff selbst ein und bat den Anwalt des Volkseigenen Betriebes, zur Sache zu kommen: »Wenn wir uns mit so nebensächlichen Punkten befassen, werden wir den Prozeß noch in künftigen Generationen verhandeln.«[28]

Schließlich versuchte Harry I. Rand aus seinem Zeugen durch geschickte Fragen die Aussage herauszuholen: Das nationalsozialistische Regime sei absolut stiftungsfeindlich gewesen. Wenn aber die Stiftung die Zeit des Dritten Reiches doch überstanden habe – diese These wollte der Anwalt suggerieren –, so sei sie erst recht in der SBZ und späteren DDR unangetastet geblieben. Hier aber erteilte der Richter eine Lektion in Logik: »Ich werde mich nicht mit dem Streitpunkt befassen, ob die Stiftung unter dem russischen Regime existieren mußte, weil sie unter dem Nazi-Regime existiert hat. Wenn sie ein Feuer überlebt hat, so scheint mir, daß dies nicht notwendigerweise bedeutet, daß sie etwas anderes überleben wird.«[29]

Ganz in Übereinstimmung mit seinen Mandanten behauptete der Anwalt des VEB, daß sich die Geschäftsleiter während des Dritten Reiches tief in die Machenschaften der Nationalsozialisten verstrickt hätten. »Deeply involved«, betonte Harry I. Rand: »I use the characterization ›deeply‹.«[30] Daraus folgerte der Anwalt: Für Küppenbender und seine Geschäftsleiter-Kollegen sei in einer »antifaschistischen Gesellschaftsordnung«, wie sie die sowjetische Besatzungsmacht in ihrer Zone aufrichtete, kein Platz gewesen. Das hätten sie selbst gefühlt und deshalb im Juni 1945 die amerikanischen Offiziere bedrängt, sie aus Jena zu evakuieren.

Von der juristischen Bedeutung abgesehen: Heinz Küppenbender konnte eine solche Behauptung unmöglich auf sich sitzen lassen. In der Stunde der Not empfindet ein Geschäftsleiter wie der Kapitän eines Schiffes. Niemals, niemals!, hätte er in diesem kritischen Augenblick das Werk und die Mitarbeiter freiwillig verlassen.

Alle Zeugenaussagen bestätigten es: Die Amerikaner hatten den Abtransport angeordnet, und ein Widerspruch gegen diesen Befehl war unmöglich.

Die Schlußfolgerung also, die die Gegenseite aus ihrer Behauptung zog, war klar widerlegt. Wie aber konnte man die Behauptung selbst – die angebliche politische Belastung der Geschäftsleiter – ad absurdum führen?

Hier zeigte sich die Qualität des Anwaltes. Im Unterschied zu allen anderen Prozeßbeteiligten hatte Jackson Erfahrung in der juristischen Beurteilung, was Verstrickung in »Nazi activities« wirklich bedeutete. Wäre das bei Küppenbender oder seinen Kollegen der Fall gewesen, hätte er das Mandat gar nicht übernommen.

Als erstes legte Jackson die beiden Briefe vor, in denen der Generaldirektor des VEB selbst bestätigte: Heinz Küppenbender hat sich für die politisch und rassisch Verfolgten eingesetzt.[31] Dann fragte Jackson seinen Zeugen, ob er eine Rückkehr nach Jena erwogen habe. »Zur damaligen Zeit hatte ich gehofft und geglaubt«, antwortete Küppenbender, »daß wir spätestens innerhalb von fünf Jahren, nachdem ein Friedensvertrag unterzeichnet worden ist, nach Jena zurückgehen könnten. Ich habe diese Absicht, wenn ich mich richtig erinnere, auch dem Vorsitzenden des Arbeiterausschusses, Herrn Mathes, und dessen Stellvertreter, Marquardt, mitgeteilt, die beide im Jahre 1946 nach Oberkochen gekommen waren.«[32]

Der Clou aber war die Frage Jacksons: »Herr Küppenbender, sind Sie jemals aufgefordert worden, nach Jena zurückzukehren?«

Küppenbender erzählte nun, daß bei zwei verschiedenen Gelegenheiten sowjetische Offiziere nach Heidenheim gekommen seien. Sie hätten mit seiner Frau gesprochen, Grüße des sowjetischen Generals Kolesnitschenko überbracht und den Wunsch ausgesprochen, er möge nach Jena zurückkehren.[33]

Sofort beantragte der Gegenanwalt, diese Antwort im Protokoll zu streichen: Das Gericht aber ließ seine Einwände nicht gelten. Hält man nun diesen Bericht für glaubwürdig (was das Gericht unseres Wissens getan hat), so folgt, daß Heinz Küppenbender auch in der sogenannten »antifaschistischen Gesellschaftsordnung« eine wichtige Rolle hätte spielen können, wenn er nur gewollt hätte. Zu gerne hätte man diesen genialen Konstrukteur und Organisator in Jena gehabt und von seiner angeblichen politischen Belastung wäre keine Rede mehr gewesen. Sie wurde ohnehin nur aufgebauscht, um dem Aufbau in Oberkochen zu schaden.

Damit schloß William E. Jackson sein Verhör mit Heinz Küppenbender. Es war der 18. September, der sechste Verhandlungstag. Der Geschäftsleiter hatte insgesamt etwa fünfzig Stunden im Zeugenstuhl gesessen. Am Ende der Woche mußte er zurück nach Oberkochen.

Das Gericht setzte die Verhandlung mit anderen Zeugen fort. Erich Schott und Walter David wurden befragt und Repräsentanten der Stuttgarter Stiftungsverwaltung. Ende des Monats kamen die von der Gegenseite benannten Zeugen an die Reihe.

Sechs Wochen, bis zum 18. Oktober 1967, dauerte die Verhandlung. Immer wurde vormittags um zehn Uhr begonnen, und von der kurzen Mittagspause abgesehen ging es durch, meist bis sieben oder acht Uhr am Abend. Das war für alle Beteiligten eine Strapaze. Die Deutschen sprachen mit Hochachtung von dem amerikanischen Richter, der oft bis spät in die Nacht arbeitete, um sich mit der Materie vertraut zu machen.

Die Niederschrift der gesamten Verhandlung erreichte einen Umfang von 4129 Seiten. Dazu kamen die fast ebenso umfangreichen »Depositions« in Stuttgart, Salzburg und Wien und die vielen hundert Exhibits der Kläger in Oberkochen und der Beklagten in Jena.

Auf der Grundlage des ganzen Materials legte William E. Jackson am 1. März 1968 seine abschließende Klagebegründung vor. Diese bildete selbst wieder ein Buch von 166 Seiten. »Der vorliegende Fall«, schrieb Jackson, »ist ein Nebenprodukt des Kalten Krieges und spiegelt die Spaltung Deutschlands in zwei einander feindliche Teile mit grundsätzlich verschiedenen Wirtschaftssystemen«.

> It is the saga of a venerable and world-renowned commercial enterprise – the Carl Zeiss optical firm – and of its owner, the Carl Zeiss Foundation, founded three-quarters of a century ago as the tangible expression of the social and economic ideals of Professor Ernst Abbe as set down in his Foundation Statute.[34]

Am 7. November 1968 erging das mit Spannung erwartete Urteil. Rechtsanwalt Jackson telefonierte sofort mit Walter David und unterrichtete ihn über die wichtigsten Punkte. Aus dem Verlauf der Verhandlung hatte David den Schluß gezogen, daß das Ergebnis günstig sein werde. Seine Erwartungen wurden noch übertroffen.

Der Bundesgerichtshof in Karlsruhe hatte in seiner Entscheidung die Identität der im Westen neu gegründeten Betriebe mit den 1846 bzw. 1884 in Jena gegründeten Firmen Zeiss und Schott bestätigt, die zentrale Frage nach der Identität der Carl-Zeiss-Stiftung jedoch offengelassen. Judge Walter R. Mansfield gelangte auch hier zu einem Ergebnis: Die Stiftung ist im Gebiet der DDR untergegangen, weil sie ihre statutarischen Zwecke nicht mehr erfüllen kann. Die von den ostdeutschen Behörden vorgeschobene Carl-Zeiss-Stiftung in Jena sei lediglich »sham and subterfuge«, zu deutsch Täuschung und List. Hingegen sei die Carl-Zeiss-Stiftung in Heidenheim eine getreue Fortsetzung der Abbeschen Gründung. Die zwangsweise nach Heidenheim evakuierten Vertreter der Stiftung hätten alles in ihren Kräften Stehende getan, um an dem Statut festzuhalten.

> Its management has dedicated itself conscientiously to operating in accordance with the spirit, terms and purposes of the Abbe Statute.[35]

Am 8. November 1968 trafen sich die Geschäftsleitungen der beiden Stiftungsbetriebe in Mainz zu ihrer statutengemäßen gemeinsamen Sitzung, um über den Finanzplan für das neue Geschäftsjahr zu diskutieren. Für Dr. Erich Schott war es die letzte Sitzung in seiner Funktion als Geschäftsleiter. Viele bedauerten das Ausscheiden dieses sympathischen und tatkräftigen Mannes, der als Sohn des Glaschemikers Otto Schott 1927 dessen Nachfolge in der Geschäftsleitung angetreten hatte und mit seinem Namen symbolisierte, daß das 1948 in Jena enteignete Glaswerk am neuen Ort im alten Geiste weiterlebte.

Walter David berichtete über den positiven Ausgang des amerikanischen Prozesses, soweit er selbst schon durch das Telefongespräch mit Jackson am Abend zuvor unterrichtet war.

> Hiernach sei insbesondere die Identität der Carl-Zeiss-Stiftung Heidenheim mit der von Abbe gegründeten Stiftung festgestellt worden und damit auch ihr alleiniges Recht an Firmennamen und Marken. Außerdem sei die Schadenersatzpflicht des VEB und seiner amerikanischen Vertretungen dem Grunde nach festgestellt worden.[36]

Wie der Staatsmann hütet sich der Industrielle, sich dem Gefühl der Freude vollkommen zu überlassen. Er weiß aus Erfahrung, daß auch bei einer guten Nachricht der Pferdefuß rasch zum Vorschein kommen kann.

Jetzt aber geschah, was man in diesem Kreise noch nie erlebt hatte: Die Herren gerieten in Euphorie. Zum Abendessen holten die Mainzer ihre besten Weine aus dem Keller, und in ausgelassener Stimmung machten sie ihre Scherze. Küppenbender berichtete von dem von Hofem gelegten Kuckucksei, den Sonderrückstellungen für die geplanten Lohn- und Gehaltsnachzahlungen. Kühn schaltete sich mit der Bemerkung ein, daß auch er unter Hofem zu leiden hätte, zum Ausgleich aber dieser auch unter ihm. Hofem aber meinte: Er sei durch eine harte Schule gegangen. »Bei Henrichs war's noch schlimmer.«[37]

Walter David lenkte das Gespräch zurück auf den Prozeß. Es sei immer schwierig, Vorhersagen zu machen, sagte er, vor allem wenn es sich um die Zukunft handle. Er wage jedoch die Behauptung, daß sie den amerikanischen Prozeß auch in den höheren Instanzen gewinnen würden.

So kam es tatsächlich. Dafür ging es in England »sozusagen von vorn los«.[38] Bereits im Jahre 1955 hatte der Rat des Bezirkes Gera vor der Chancery Division des High Court of Justice in London Klage gegen die Carl-Zeiss-Stiftung Heidenheim erhoben.[39] Zehn Jahre waren mit der Klärung einer prozessualen Vorfrage vergangen: Ist die Stiftung in Jena überhaupt prozeßfähig und ist sie rechtmäßig durch den Rat des Bezirkes Gera vertreten? Im Westen betrachtete man die Stiftung als in Jena durch die Enteignung untergegangen, zumindest als handlungsunfähig. In einem vom Bundesgerichtshof bestätigten Urteil hatte das Oberlandesgericht Stuttgart am 29. Oktober 1958 befunden: Eine solche Klage sei unzulässig.

Die westdeutsche Rechtsprechung aber wurde vom High Court in London als »pervers« bezeichnet.[40] Am 18. Mai 1965 entschied das House of Lords als dritte und letzte Instanz: Zwar sei die DDR von Großbritannien völkerrechtlich nicht anerkannt, trotzdem gebe es dort eine gewisse staatliche Autorität, eine »dependent and subordinate organisation«. Alle in der DDR erlassenen Gesetze müßten somit als Hoheitsakte der Sowjetunion angesehen und als solche respektiert werden.[41]

Dieses Zwischenurteil ermutigte den Volkseigenen Betrieb, sein Ziel höher zu stecken. Zunächst hatte man nur Carl Zeiss Oberkochen die Benutzung des Namens »Zeiss« verbieten wollen. Jetzt wurde die Klage erweitert und die Herausgabe aller in Großbritannien vorhandenen Vermögenswerte verlangt.[42]

Am 11. Januar 1971 begann vor dem High Court of London das Hauptverfahren. Es ging, ganz anders als im amerikanischen Prozeß, außerordentlich schleppend voran. »Wenige Tage nach Verhandlungsbeginn«, berichtete Walter David, »spürte wohl die Gegenseite, daß die Wasser nicht über ihre Mühle liefen.« Beim Verlassen des Gerichtssaales meinten die Herren aus Jena, daß man ohne den vornehmen englischen Richter vielleicht besser und schneller zu einer Klärung käme. Sollte das als Aufforderung verstanden werden? »Ende Januar wiederholte die Gegenseite deutlicher dieses Angebot, und diesmal gingen wir unter gewissen Bedingungen darauf ein.«[43]

Der Prozeß vor dem High Court wurde unterbrochen und die »feindlichen Brüder« sprachen direkt miteinander. Tage- und nächtelang saß man in einem Nebenzimmer des Savoy-Hotels. Zunächst ging es nur um die Beendigung des englischen Prozesses. Die Gespräche liefen aber so gut, daß man sich eine größere Aufgabe stellte: die anderen, in neun Ländern noch schwebenden Verfahren ebenfalls abzuschließen und ein »Weltabkommen« zustande zu bringen, das die Koexistenz von Carl Zeiss Oberkochen mit dem VEB in Jena regelte.

Auch in der »großen Politik« bahnte sich eine Änderung im Ost-West-Verhältnis an. Im Oktober 1969 hatte sich in Bonn der »Machtwechsel« vollzogen und die sozialliberale Koalition bemühte sich um eine neue Ostpolitik.[44]

Ganz allgemein kam jetzt der Grundsatz zur Geltung, ohne »Berührungsängste« zu verhandeln. Jede Seite mußte dabei die seit Kriegsende geschaffenen »Realitäten« anerkennen.

Nach diesem Prinzip wurden auch die Londoner Verhandlungen zwischen Zeiss (West) und Zeiss (Ost) geführt. Als Realität akzeptierte die Delegation aus Jena die durch die positiven Urteile in der Bundesrepublik, den Vereinigten Staaten und anderen westlichen Ländern erreichte Rechtsposition. Hier durfte also auch weiterhin nur der Stiftungsbetrieb in Oberkochen unter dem Namen Carl Zeiss auftreten. Der VEB war gehalten, seine Produkte unter anderem Namen zu vertreiben; er blieb bei »Jenoptik«. Umgekehrt mußte Carl Zeiss Oberkochen den Status quo in den Comecon-Ländern anerkennen. Dort tritt die Firma unter dem Namen »Opton« auf.

Schließlich gibt es eine dritte Gruppe von Ländern, die sogenannten »Koexistenzländer«. Sowohl Carl Zeiss Oberkochen wie auch der Volkseigene Betrieb dürfen hier den großen Namen »Carl Zeiss« führen, aber mit unterscheidungskräftigem Zusatz. Neben Großbritannien gehört dazu eine Reihe von weiteren europäischen Ländern (Dänemark, Finnland, Irland, Island, Norwegen, Portugal, Schweden, Schweiz, Spanien und die Türkei), die meisten Länder Afrikas, Asiens und Amerikas (mit Ausnahme der USA).[45]

In der Nacht vom 26. auf 27. April 1971 war der Vertrag fertig. Für alle Länder der Erde hatte man eine Regelung gefunden. Ausgespart blieb Frankreich.* Hier wollte man die Gerichte entscheiden lassen.

Das »Londoner Abkommen« war für die Öffentlichkeit eine Überraschung. Trotz aller Unkenrufe ist die Vereinbarung von beiden Seiten bis heute korrekt eingehalten worden. Zweimal im Jahr gibt es eine gemeinsame Sitzung, bei der über die Verstöße gegen das Londoner Abkommen gesprochen wird, die die eine oder andere Seite begangen hat. Manchmal kommt sogar Professor Wolfgang Biermann, der Generaldirektor des Kombinats Carl Zeiss in Jena, selbst zu diesen Sitzungen. Von Oberkochen waren früher regelmäßig Walter David als Leiter der Rechtsabteilung dabei und Franz K. Schneider als Spezialist für Warenzeichenrecht. Nach der Pensionierung der beiden Herren sind es jetzt der neue Syndikus Neithardt von Einem und seine Mitarbeiterin Claudia Bolsinger.

»Glücklicherweise«, sagt der Syndikus, »glücklicherweise handelt es sich fast immer um unbeabsichtigte Verstöße, um Dummheiten.« Beispiele? »Einmal haben unsere Leute bei einer Ausstellung in Moskau die falschen Prospekte verteilt und auf den abgebildeten Koordinatenmeßmaschinen und Operationsmikroskopen las man den Namen Carl Zeiss statt Opton.«[46]

In den Zeitungen ist 1971 viel spekuliert worden, was denn nun

* Ungeklärt blieb die Situation auch in einigen sogenannten »UNO-Embargoländern« (Israel, Südafrika, Rhodesien, Taiwan, Südkorea und Südvietnam). Über diese Länder wurde 1985 eine Vereinbarung geschlossen. Dabei wurde ausdrücklich bestätigt, daß man bezüglich Frankreich die Gerichtsentscheidung abwarten wollte.

Restaurierungsarbeiten mit Hilfe von Zeiss-Stereomikroskopen am Kruzifix von Cimabue im Gabinetto dei Restauri Florenz. Die Flutkatastrophe von 1966 hatte die Bemalung des kurz vor 1300 entstandenen Kunstwerkes weitgehend zerstört.

letztlich die Verständigung der »feindlichen Brüder« veranlaßt habe.[47]
Die Auseinandersetzungen hatten beiden Seiten viel Zeit und Kraft gekostet. Man mußte zweifeln, ob hier Aufwand und Erfolg noch in einer vernünftigen Relation standen. Dazu kam ein allgemein-politischer Gesichtspunkt: Die Streitigkeiten zwischen der Bundesrepublik und der DDR, diese »querelles allemandes«, waren der Welt lästig geworden.[48] Die Prozeßmaterie bereitete den ausländischen Richtern außerordentliche Schwierigkeiten, und sie waren immer weniger bereit, den Gordischen Knoten mit Geduld zu entwirren.
Auch die finanzielle Seite spielte eine erhebliche Rolle. Der Volkseigene Betrieb sollte der DDR Devisen bringen und nicht Devisen kosten. Auch Carl Zeiss Oberkochen mußte streng auf die Ausgaben achten. »Wir waren damals dicht vor dem Ende«, sagt Dr. Walter David.[49] Der Zeiss-Gruppe stand eine Not-Operation bevor, und alle verfügbaren Mittel mußten für das Überleben mobilisiert werden. Da konnte man sich keine zusätzlichen Risiken leisten.

Achtzehntes Kapitel

DIE GROSSE MISERE

Einen Vorgeschmack hatte es schon 1958 gegeben, als plötzlich billige japanische Ferngläser auf dem deutschen Markt auftauchten und insbesondere von Waren- und Versandhäusern angeboten wurden. Gemessen nach den verkauften Stückzahlen erreichten die Japaner innerhalb ganz kurzer Zeit den Platz Nr. 1.

In einer Hausmitteilung erfuhren die Mitarbeiter, daß die japanischen Prismenfeldstecher in Hunderten von kleinen Familienbetrieben in Itabashi, einem Vorort von Tokio, zusammengebastelt wurden. Großeltern, Eltern und Kinder arbeiteten in einem Raum der Wohnung »ohne irgendwelche Vorschriften über Sozialversicherung, Arbeitszeit oder Feiertagsruhe, Kinderarbeit oder Tarifmindestlöhne«. Bei der Vermarktung über eine Absatzorganisation bediene man sich bedenkenlos der Begriffe wie »Zeiss-Type« und »Zeiss-Style«: »Sie haben sich nicht gescheut, die patentrechtlich geschützte kleine und handliche Bauweise, durch die wir uns von allen übrigen Konkurrenzfabrikaten unterscheiden, sklavisch nachzubauen.«[1]

Das war bestimmt alles richtig. Übersehen aber wurde, daß es die Deutschen achtzig Jahre zuvor, als sie auf den Weltmarkt drängten, nicht viel anders gemacht hatten. Noch 1876 bei der Weltausstellung in Philadelphia galten die deutschen Waren als »billig und schlecht«, und in großem Umfange und übrigens recht skrupellos suchten die deutschen Hersteller den Eindruck zu erwecken, ihre Erzeugnisse stammten aus englischen Fabriken. Deshalb nämlich mußten die deutschen Waren mit einem »Made in Germany« gekennzeichnet werden.

Wie sich damals die deutsche Industrie anschickte, den Weltmarkt zu erobern, so waren es jetzt die Japaner.

Nach Besuchen in Japan mahnten einige Mitarbeiter schon 1957, sich rechtzeitig auf die Konkurrenz einzustellen. Hätte Küppenbender selbst nach Japan reisen müssen? Diese Frage wurde hinterher oft gestellt. Die einen meinten, daß der Geschäftsleiter hier etwas unterlassen habe, was sich folgenschwer auswirken mußte.[2] Die anderen aber sagten, es wäre die Pflicht derjenigen gewesen, die dort waren, ihre Erkenntnisse klar und überzeugend zu formulieren.[3]

Im November 1961 unternahm der kaufmännische Geschäftsleiter Gerhard Kühn eine Weltreise, die ihn auch nach Japan führte. In der internen Mitarbeiterzeitschrift »Unter uns« hat er interessant darüber berichtet.[4] Offensichtlich wurden von ihm die technische Begabung der Japaner und die expansive Kraft ihrer Industrie unterschätzt.

Mitte der sechziger Jahre begannen japanische Firmen eine Exportoffensive auf dem Kameramarkt. Um standhalten zu können, kamen auch die deutschen und amerikanischen Hersteller mit aufsehenerregenden Neuentwicklungen heraus, wie der »Minox« und der »Polaroid«. Zeiss Ikon brachte die erste gebrauchstüchtige und heute noch begehrte Spiegelreflex-Kamera Contaflex auf den Markt. Das verschärfte den Wettbewerb weiter.

Für den aufziehenden Sturm war Zeiss Ikon ungenügend gerüstet. Als brave Tochter hatte die Firma die benötigten Kameraobjektive in Oberkochen und die Verschlüsse bei den zur Zeiss-Gruppe gehörenden Werken Compur und Prontor zu guten Preisen gekauft. Zudem wurden die erzielten Gewinne teilweise an Carl Zeiss abgeführt. Damit leistete Zeiss Ikon einen beachtenswerten Beitrag zum Wiederaufbau in Oberkochen, aber die Kamerawerke hätten diese Mittel auch dringend selbst für Investitionen benötigt. Fertigungstechnisch blieb das Goerz-Werk in Berlin und das Contessa-Werk in Stuttgart auf dem Stand der fünfziger Jahre.[5]

Ähnliches galt für Voigtländer. Nach ein paar guten Jahren erwies sich die mit großen Erwartungen übernommene Braunschweiger Firma als schwere Last. Die Sorgen, die man hatte, hatte man doppelt.

Unter dem Zwang der Verhältnisse gründeten Zeiss Ikon und Voigtländer zum 1. Oktober 1966 eine gemeinsame Vertriebsgesellschaft. Das Grundübel wurde damit jedoch nicht beseitigt: Beide Firmen produzierten viel zu viele Modelle, und die beiden Programme waren, außer in der Spitzenklasse, nahezu identisch. Welche Marke sollte wem offeriert werden? Welche Marke verdiente wann und wo den Vorzug?[6]

Im Geschäftsjahr 1964/65 hatte Voigtländer noch einen Gewinn von vier Millionen ausgewiesen, schon drei Jahre später zeigte die Bilanz bedenkliche Verluste. Bei Zeiss Ikon bot sich das gleiche Bild.

Die Antwort war die immer engere Zusammenarbeit und schließlich die Fusion von Voigtländer mit Zeiss Ikon. Am 9. Januar 1970 wurde der Verschmelzungsvertrag geschlossen. Die Planungen sahen vor, Kameras nur noch im Stuttgarter Contessa-Werk zu fertigen und sich bei Voigtländer auf Objektive zu konzentrieren.

Die Lage auf dem Kameramarkt aber entspannte sich nicht, und um weitere Einschränkungen kam man nicht herum. Am 28. Oktober 1970 beschloß der gemeinsam mit dem Vorstand tagende Aufsichtsrat unter Vorsitz von Heinz Küppenbender, im Stuttgarter Contessa-Werk die Kameraentwicklung und -produktion einzustellen.

Auf dem Gebiet der Phototechnik hatte sich innerhalb eines Jahres der Inlandsumsatz zwar nur um 5,6 Prozent, aber der Auslandsumsatz drastisch um 33,6 Prozent (von 51,3 auf 34 Millionen) vermindert. Bei den anderen deutschen Kameraherstellern sah es nicht besser aus. Der Vergleich der Exportzahlen zwischen der Bundesrepublik und Japan zeigte, welche dramatische Entwicklung sich in den letzten Jahren vollzogen hatte.

Was hier vorging, läßt sich am besten erkennen, wenn man zunächst die Zahl der exportierten Kameras betrachtet:

Exportierte Kameras (Stückzahlen)

1961	Bundesrepublik 950 000	Japan 850 000
1969	Bundesrepublik 2 333 000	Japan 2 758 000

Das Bild schien nicht allzu bedrohlich. 1961 lagen die Japaner um 10,5 Prozent zurück; 1969 hatten sie einen Vorsprung von etwa 18,5 Prozent. Jetzt aber mußte man nach dem Wert dieser Kameras fragen. Dabei ergab sich, daß die deutschen Kameras im Durchschnitt immer billiger, die japanischen immer besser und teurer wurden:

Exportierte Kameras (Durchschnittswert in DM)

1961	Bundesrepublik 165	Japan 95
1969	Bundesrepublik 58	Japan 156

Die Stückzahlen über die exportierten Kameras lesen sich nun in anderem Lichte. Der japanische Exporterfolg ist bei gleichzeitigem Übergang zu höheren Qualitäten und Preisen gelungen, was doppelt und dreifach zählt. Man muß also die Werte der exportierten Kameras betrachten:

Exportierte Kameras (Wert in DM)

1961	Bundesrepublik 157 Millionen	Japan 80 Millionen
1969	Bundesrepublik 136 Millionen	Japan 430 Millionen

Es konnte also keine Rede mehr davon sein, daß die Japaner den Markt mit billigen Produkten überschwemmten. Vielmehr stellten sie ihr Können gerade in der mittleren und oberen Preisklasse unter Beweis.

Als Antwort auf die »japanische Herausforderung« bauten einige Produzenten, insbesondere die Braunschweiger Rollei-Werke, in den sogenannten »Billiglohnländern« wie Singapur und Taiwan Fertigungsbetriebe auf. Die notwendigen Investitionen wurden dort mit hohen Staatszuschüssen und Steuervergünstigungen subventioniert.

Aufsichtsrat und Vorstand von Zeiss Ikon lehnten einen solchen Weg ab: Diese Entwicklung führe zu noch höheren Kapazitäten und dabei sei der Weltmarkt schon heute gesättigt. »Die letzte Konsequenz wird sein, daß die Unternehmen nur noch Vertriebszentrum ihrer ausländischen Werke werden, ohne eine nennenswerte Produktion im eigenen Land aufrechterhalten zu können.«[7]

In der Sitzung des Aufsichtsrates am 28. Oktober 1970 wurde ausführlich über die Lage am Kameramarkt beraten. Der Vertreter der Deutschen Bank, Dr. Wilhelm Vallenthin, betonte, »daß der Fleiß und die hohe Arbeitsmoral in Japan nicht ausreichen, um den wirtschaftlichen Erfolg der Japaner zu verstehen. Es ist deshalb notwendig, Schritt zu halten im Hinblick auf einfallsreiche Konstruktionen und zeitgemäßes Styling.« Darüber hinaus gelte es, den Markt zu beeinflussen und Bedürfnisse zu wecken.[8]

An den »einfallsreichen Konstruktionen« und dem »zeitgemäßen Styling« fehlte es wohl nicht. Die Probleme hatten andere Ursachen. In der Wohlstandsgesellschaft von 1970 war die Kamera längst kein

Wertobjekt mehr, sondern ein Konsumartikel. Weder die Herstellung noch das Marketing trugen den veränderten Umständen Rechnung.

Was die Fertigung betraf, hätte man durch konsequente Einführung von Automaten den Anteil der Handarbeit erheblich reduzieren müssen; Voraussetzung dafür wäre eine drastische Bereinigung der Modellvielfalt gewesen.

Auch im Marketing hätte man, wie die Japaner, unkonventionelle Wege suchen sollen. Heute findet niemand mehr etwas dabei, wenn Kameras über Versandhandel und Kaufhäuser vertrieben werden. Was hat also die Treue zum Fachhandel genutzt? Es gibt praktisch keine deutschen Amateur-Kameras mehr.

Hinterher ist es leicht, die Ursachen für den Zusammenbruch der gesamten deutschen Kameraindustrie namhaft zu machen.

Wie immer in solchen Fällen, gab es auch bei Zeiss kluge Leute, die überall herumerzählten: Sie hätten die Entwicklung kommen sehen, ihren Rat habe man jedoch in den Wind geschlagen. Wie ein Insider dazu feststellt, waren diese Herren in Wirklichkeit, als die unbequemen Entscheidungen anstanden, keineswegs in der Lage gewesen, eine klare Aussage zu machen. Zu bieten hatten sie nur »eine Vielzahl von ungewichteten Lösungswegen«. Sie hätten es vorgezogen, auf die Entscheidung von Küppenbender zu warten: »Dann gab es im Falle des Falles ja einen Schuldigen.«[9]

Doch zurück zu den Ereignissen, die nun schnell der Krise zutrieben.

Im April 1971 sahen Vorstand und Aufsichtsrat der Zeiss Ikon AG »keine Möglichkeit mehr, den phototechnischen Sektor im Umsatzvolumen wieder auszuweiten und rentabel zu gestalten«.[10] Von den etwa 1300 Mitarbeitern im Stuttgarter Contessa-Werk konnten nur etwa 300 gehalten werden. Glücklicherweise bereitete die Übernahme der Mitarbeiter durch andere Stuttgarter Firmen keine großen Schwierigkeiten. Auch im Voigtländer-Werk Braunschweig mußte man »den Umfang des Kameraprogramms deutlich reduzieren«.[11] Beschäftigung gab es für etwa 800 Mitarbeiter, aber auch das nur für den Fall, daß »die Firma Rollei ihre Objektivaufträge nicht weiter kürzt.«

10. August 1964: Bundespräsident Heinrich Lübke in der Abteilung Astronomische Instrumente und Planetarien. Vorne von links: Heinz Küppenbender, Wilhelmine Lübke, Heinrich Lübke, Gerhard Schwesinger und Heinz Martin.

Einen Monat später führte Geschäftsleiter Gerhard Kühn mit den Vorstandsmitgliedern von Zeiss Ikon Besprechungen, und seine Aktennotiz trägt, was im Geschäftsstil sonst nicht üblich ist, den Zusatz: »Es ist zum Heulen.«

Ein Militärauftrag wurde im Umfang reduziert und über einen längeren Zeitraum verteilt. Auch die Lage auf dem Kameramarkt verschärfte sich weiter. Es war wirklich zum Heulen.

Auf der Sitzung des Aufsichtsrates am 4. August 1971 kam es zum Beschluß, Fertigung und Vertrieb von fototechnischen Erzeugnissen für den Amateurbereich ganz einzustellen.[12] Das Voigtländer-Werk in Braunschweig mußte geschlossen werden.

Eine Alternative gab es nicht. Alle Beteiligten wußten, »daß dieser Schritt eine harte soziale Angelegenheit ist«. Er mußte getan werden,

»damit der übrigbleibende gesunde Rest von Zeiss Ikon nicht mit in den Strudel gezogen wird, unter Umständen sogar Carl Zeiss«[13].

Am 2. August hatte bei Voigtländer der Betriebsurlaub begonnen. Als die Mitarbeiter am 23. August die Arbeit wieder aufnahmen, erfuhren sie von den Beschlüssen. Der Vorstandsvorsitzende Dr. Fritz Gössler hatte die Aufgabe, auf der Betriebsversammlung die getroffenen Entscheidungen zu vertreten. Die Stimmung war feindselig.

Am 27. August veranstaltete die IG Metall eine Protestversammlung auf dem Burgplatz in Braunschweig. Mit schwarzen Fahnen zog die Belegschaft in einer »Demonstration des Unwillens« durch die Straßen der Stadt. Auf den Transparenten las man: »Zeiss hat Voigtländer verraten und verkauft«, »Zeiss unfähig« und »Durch Zeiss in 15 Jahren k.o.«[14].

Zeiss hatte inzwischen Verhandlungen mit der Stadtverwaltung und dem niedersächsischen Wirtschaftsministerium eingeleitet. Am 7. September kamen die Mitglieder des Aufsichtsrates nach Braunschweig. Als sie kurz vor 15 Uhr das Werksgelände verlassen wollten, um zu der vereinbarten Besprechung zum Rathaus zu fahren, blokkierten 1500 Belegschaftsangehörige – wieder mit schwarzen Fahnen und Transparenten – die Ausfahrt.[15]

Am folgenden Tag wurde die gemeinsame Sitzung von Aufsichtsrat, Vorstand und Gesamtbetriebsrat in das Hotel Atrium am Hauptbahnhof verlegt.

> Kurz nach Beginn der Beratungen erschienen dort rund 300 Voigtländer-Beschäftigte mit Spruchbändern und schwarzen Fahnen. Sie postierten sich auf der vor dem Hoteleingang endenden Fußgängerbrücke sowie rund um das Gebäude. Eine Stunde später verließen die Mitglieder des Aufsichtsrates in ihren in der Hotel-Tiefgarage abgestellten Autos den Tagungsort mit unbekanntem Ziel. Die Demonstranten fuhren daraufhin mit Straßenbahnen zu ihrem Werk am Stadtrand zurück.[16]

Das »unbekannte Ziel« war das Hotel Intercontinental in Hannover, wo um 12 Uhr die Aufsichtsratssitzung begann. Der Vorsitzende des Gesamtbetriebsrates Helmut Steinig distanzierte sich von den Tumulten: »Im Interesse der Arbeitsplätze sollte man alles unterlassen, was für die bevorstehenden Verhandlungen ... zum Schaden sein könnte.«[17]

Für die Medien ist ein Unternehmen erst interessant, wenn es Probleme hat. Über mangelndes Interesse brauchte sich Zeiss jetzt nicht zu sorgen. Im Oktober 1971 brachte die Zeitschrift »Capital« einen polemischen Aufsatz über die Management-Fehler bei Carl Zeiss. Heinz Küppenbender habe »seinen Anspruch auf Unfehlbarkeit« endgültig verspielt. Aufmacher war ein großes Portrait-Photo »Konzernboß Heinz Küppenbender, genannt ›der liebe Gott von Oberkochen‹«, mit der Schlagzeile: »Mein Gott, warum hast Du uns *nicht* verlassen«.

Kenner der damaligen Verhältnisse versichern übereinstimmend: Küppenbender wäre nie auf die Idee gekommen, als »unfehlbar« gelten zu wollen. »Nur wer nichts tut«, sagte er oft, »kann keine Fehler machen.« Und was die Bezeichnung »der liebe Gott von Oberkochen« angeht: die gab es überhaupt nicht.

Der Zeitgeist selbst hatte hier zur Feder gegriffen. Die Kamerakrise fiel zusammen mit der Protestbewegung gegen das »Regiment der Alten«. Studenten und Journalisten haben sich dabei besonders hervorgetan. Wer von den »jungen Rebellen« sich damals mit Zeiss beschäftigte, der mußte wohl, von seinem Standpunkt aus, Anstoß nehmen: Hier war ein Siebzigjähriger, eine Persönlichkeit von unbestrittener Autorität, der die Zügel seit dreißig Jahren fest in der Hand hatte und auch in der Gefahr kein Zeichen von Schwäche erkennen ließ.

Einen Monat nach »Capital«, im November 1971, brachte auch das neugegründete »Manager-Magazin« gleich in seinem ersten Heft einen langen Aufsatz über das »Mismanagement« bei Zeiss Ikon:

> Das Image der Carl-Zeiss-Stiftung hat gelitten. Zeiss-Manager erklären das Fiasko als Ergebnis eines erbarmungslosen Wettbewerbs im internationalen Photogeschäft. Verschwiegen wird: Zeiss Ikon-Manager haben versagt.[18]

Die Schuld an der Misere wurde hier zunächst dem Vorstand der Zeiss Ikon gegeben, insbesondere dem Vorsitzenden Dr. Fritz Gössler. »Ich bin kein Kaufmann, spreche keine Fremdsprache«, soll dieser gesagt haben: »Ich bin der Mann, der die Phototechnik nicht gerettet hat ... In diesen Wirtschaftszweig wollte ich nicht hinein.«[19]

Also mußte es letztlich doch wieder Küppenbender gewesen sein.

> Beharrlich schweigt Küppenbender auf Fragen, warum er Gössler und seinen Vorstand nicht schon vor Jahren durch tatkräftige Manager ersetzt hat. Liegt die Wurzel in einer persönlichen Dankesschuld Küppenbenders seinem früheren Assistenten gegenüber? Oder war es Nibelungentreue zu alten Zeissianern der Jenaer Zeit?[20]

In diesem Punkt, sagen die Kenner, war die Kritik nicht unberechtigt. Hatte Küppenbender einmal einem Menschen sein Vertrauen geschenkt, so konnte nichts mehr sein Gefühl der Verbundenheit erschüttern. Wie alle starken Persönlichkeiten war er zuletzt vielleicht von zu vielen Männern umgeben, die ihm nach dem Munde redeten.

»Schade, daß keiner von diesen kritischen Journalisten ihn genauer kennengelernt hat«, meint Albert Rudert, der 1966 persönlicher Referent des Geschäftsleiters wurde. »Sie wären von ihm begeistert gewesen, wie ich damals.«[21]

Die negative Publicity war unerfreulich. Als der Anlageberater Kurt Fiebich um Ablichtungen der »diversen Presseberichte« bat, erklärte sich Gerhard Kühn dazu nicht in der Lage: Es stehe »in diesen Berichten zum Teil so viel Falsches, daß eine Fülle von Kommentaren gegeben werden müßte.«[22]

Die Arbeit wurde nicht leichter durch die Begleitmusik in den Zeitungen.

Auf Einladung der IG Metall trafen sich am 4. November 1971 Betriebsräte und Vertrauensleute aus allen zur Zeiss Ikon AG gehörenden Werken, aus Oberkochen und aus Göttingen mit Gewerkschaftern in Frankfurt. Themen waren die wirtschaftliche Situation im Bereich »Feinmechanik & Optik« und die Schließung der Voigtländer-Werke.

Heinz Müller und Heinz Papendorf gaben eine Schilderung der Ereignisse aus ihrer Sicht. Sie warfen dem Vorstand und dem Vorsitzenden des Aufsichtsrates »Rücksichtslosigkeit und Unfähigkeit, gepaart mit unglaublicher Arroganz« vor.

Dieser Darstellung aber widersprach Heinz Martin, der Vorsitzende des Zeiss-Betriebsrates in Oberkochen. Er hat seine Ausführungen selbst folgendermaßen zusammengefaßt:

> Zunächst wies ich darauf hin, daß uns eigentlich wundert, wenn Küp* so stark ... angegriffen wird. Wir könnten zwar von Oberkochen aus die Braunschweiger Geschehnisse nicht beurteilen, aber wir würden ja immerhin seit 25 Jahren mit Küp zusammenarbeiten, und ich könne nur bestätigen, daß diese Zusammenarbeit ausgezeichnet sei. Zwar seien wir uns auch nicht immer in allen Dingen einig, aber das menschliche und partnerschaftliche Verhältnis sei hervorragend. Daß die Geschäftsleitung in Oberkochen nicht rückschrittlich sei, könne unter anderem dadurch dokumentiert werden, daß eine ganze Reihe von Betriebsvereinbarungen für Entlohnungsmethoden und Gehaltsmethoden abgeschlossen worden sind, die als vorbildlich gelten können. Der Betriebsrat sei immer gut informiert, und die Geschäftsleitung sei bis heute immer gern zu allen Auskünften bereit gewesen ... Der erst kürzlich zum Geschäftsleiter ernannte Dr. Skoludek sei noch vor sechs Jahren Betriebsratsvorsitzender von Carl Zeiss Köln gewesen.[23]

Dr. Horst Skoludek hatte bereits als »Sachberater« an den letzten Aufsichtsratssitzungen der Zeiss-Ikon AG teilgenommen. Er setzte sich dafür ein, die wertvolle Systemkamera Contarex (die 1959 die Contax abgelöst hatte) nicht mit der übrigen Phototechnik aufzugeben, sondern von Oberkochen aus weiter zu verkaufen.
Als das »Manager-Magazin« meldete, Skoludek solle fortan die Geschäftspolitik bestimmen und Zeiss »retten«, sandte Gerhard Kühn einen Leserbrief an die Zeitschrift:

> Dr. Skoludek habe ich selbst seit Jahren für seine Aufgabe planmäßig aufgebaut. Früher nannte man das: »Er ist mein Schüler.«[24]

Während seines Aufenthaltes in New York hatte auch Heinz Küppenbender Respekt und Sympathie für den damaligen Executive Vice President von Carl Zeiss Inc. gewonnen. Wenn es darum geht, ein Leben zu retten, ist die Einigkeit des Ärzteteams sicher eine notwendige Voraussetzung. Bei der schwierigen Operation an dem »fast todkranken Patienten«, wie die F.A.Z. die Zeiss Ikon AG charakte-

* Küp ist die intern gebrauchte Abkürzung für Küppenbender.

risierte, wirkten alle vier Geschäftsleiter eng zusammen: die Siebzigjährigen, Heinz Küppenbender und Gerhard Kühn, und die Neulinge Horst Skoludek und Martin Ahrend.

Die im Bereich Phototechnik vorhandenen Werte mußten notgedrungen verkauft, die übrigen Bereiche von Zeiss Ikon durch Umstrukturierung gestärkt, Sozialpläne aufgestellt und alle finanziellen Verpflichtungen erfüllt werden. So wurden vier neuentwickelte Kamera-Modelle mit allen für die Herstellung notwendigen typengebundenen Produktionsmitteln und Unterlagen für 1,8 Millionen an Rollei abgegeben. Die Stadt Braunschweig und eine Frankfurter Gesellschaft erwarben die Grundstücke und Gebäude. Als Auffanggesellschaft gründeten Carl Zeiss, die Rollei-Werke und die Bank für Gemeinwirtschaft zu je einem Drittel die Optischen Werke Voigtländer GmbH, die 300 Mitarbeitern Beschäftigung gab. An Abfindungen wurden 8,875 Millionen bezahlt.[25]

Insider schätzen, daß die tatsächlichen Vermögensverluste, die Carl Zeiss zu verarbeiten hatte, bei rund 120 Millionen lagen.

Damals wurde der Entschluß, die Kameraproduktion aufzugeben, bei Gewerkschaften und Bundesregierung scharf kritisiert. Es gehörte Mut dazu, bei der Entscheidung zu bleiben.[26]

Anders als Zeiss haben die Rollei-Werke in Braunschweig noch 1971 voll auf Expansion gesetzt und astronomische Summen in neue Produktionsanlagen in Singapur investiert. 1975 stellte sich dann heraus, daß den Banken aus ihrem Engagement bei Rollei ein Verlust von 800 Millionen entstanden war.

Verglichen damit erschienen einer Schweizer Photozeitschrift die Verluste bei Zeiss lediglich als »Fehlgriff in die Portokasse«.

Für Zeiss war es ein kleiner Trost in der Misere, daß die Firma als ordentlicher Kaufmann niemandem auch nur eine Mark schuldig blieb. Was aber noch mehr zählte: Zeiss kümmerte sich darum, daß alle von der Krise betroffenen Arbeiter und Angestellten wieder einen Arbeitsplatz fanden. Und nach dem ersten Schock fühlten diese Menschen Dankbarkeit, daß hier jemand am Werke war, der sich um die Lösung ihrer Probleme wirklich kümmerte.

Heinz Küppenbender entsandte seinen persönlichen Referenten Albert Rudert »vor Ort« nach Braunschweig und Berlin, um den

Schaden für alle Beteiligten so klein wie möglich zu halten. Dieser wurde später Vorstandsmitglied der reorganisierten Zeiss Ikon AG in Berlin und hat berichtet, daß ihn nie jemand angegriffen hat: »Viele Ehemalige schreiben mir noch heute. Und sie erkennen hoch an, daß Zeiss seine Beiträge zur Altersversorgung pünktlich leistet. Eine gesetzliche Verpflichtung hat es damals noch nicht gegeben.«[27]
Am kältesten ist es, sagt ein altes Sprichwort, eine Minute nach Sonnenaufgang. Bei der Abwicklung kamen Gespräche mit dem japanischen Kamerahersteller Yashica in Gang, die schließlich zu einer engen Kooperation führten. Ein neues Contax-Programm wurde entwickelt mit der Verantwortung von Yashica für die Mechanik und Elektronik und von Zeiss für die Optik. In Okaya in Japan entstand ein Contax-Werk, vor dem heute neben der Fahne mit der aufgehenden Sonne auch die Farben Schwarz-Rot-Gold wehen.[28]
Wenn auch nicht unbeschädigt, so ist Zeiss doch mit eigener Kraft aus der Krise herausgekommen. Der Nimbus hat einen kleinen Sprung erhalten, aber wie der Dichter in dem Märchen von den »drei Schwestern mit den gläsernen Herzen« sagt: Was einen Sprung bekommt und nicht gleich entzwei geht, das hält dafür um so länger.[29]
Die große Misere hatte aber auch noch einen persönlichen Aspekt. Seit dreißig Jahren stand Heinz Küppenbender an der Spitze von Carl Zeiss, und ohne ihn wäre der Wiederaufbau in Oberkochen wahrscheinlich gar nicht gelungen. Mit seiner Dynamik und seinem Willen waren die unglaublichsten Schwierigkeiten gemeistert worden. Immer war ihm der Erfolg treu geblieben. Und jetzt, als Siebzigjährigen, hatte ihn das Glück gerade auf dem Gebiet verlassen, auf dem er als junger Mann seine besonderen Gaben so wirksam unter Beweis gestellt hatte.

Neunzehntes Kapitel

GENERATIONSWECHSEL

Zur menschlichen Gesellschaft gehört der Konflikt zwischen den Generationen. Jugendprotest hat es immer gegeben. Überraschend kam jedoch 1968 die Gewalttätigkeit bei den Studentenunruhen. Zielscheibe der Angriffe waren die »Herrschenden«, die sich die Jungen in jedem Falle als »alt und verbraucht« dachten; es mochte sich um Politiker, Professoren oder Industrielle handeln.

Als in der Kamerakrise Carl Zeiss zum Thema für die Wirtschaftspresse wurde, richtete sich die Kritik auch gegen das »Alten-Regiment« und »Greisenasyl« bei Zeiss. In der Zeitschrift »Capital« las man im Oktoberheft 1971:

> Oberster Kontrolleur der renommierten Carl-Zeiss-Stiftung ... ist der 81jährige Dr. Karl Bernard;
> Geschäftsleiter des Konzerns sind Dr. Heinz Küppenbender, 70, und Dr. Gerhard Kühn, 69.
> ...
> Das Alten-Regiment bei Zeiss hat Tradition. Der Vorgänger des Geschäftsleiters Kühn, Dr. Paul Henrichs, ließ sich noch mit 79 Jahren mit dem Rollstuhl ins Werk fahren ... Seit kurzem indes ist das »Greisenasyl« aus seiner Beschaulichkeit aufgestört ...[1]

Eine merkwürdige Perspektive: Als der alte Zeiss 1887 mit dem Rollstuhl ins Werk kam, empfanden das die Zeitgenossen, Junge und Alte, als einen rührenden Beweis der Anhänglichkeit. Jetzt dachte man bei Studenten und Journalisten anders. Wenn ein Alter noch in Amt und Würden stand, galt dies für sich allein schon als verwerflich, was seine Motive auch sein mochten. Wurde ein Junger zum Professor berufen, fand dies unter allen Umständen Beifall.

In dieser Atmosphäre vollzog sich Anfang der siebziger Jahre der Generationswechsel in der Geschäftsleitung der Firma Carl Zeiss.

Wahrscheinlich wäre dieser auch ohne die damalige Studentenrevolte gekommen. Nun aber wurde er vor allem unter diesem Aspekt gesehen und beurteilt.
Was dies für die alten und verdienten Geschäftsleiter bedeutete, kann man nur ahnen. Gesprochen darüber haben sie nicht.
Am 21. Januar 1972, sechs Wochen vor seinem 71. Geburtstag, kündigte Heinz Küppenbender dem Betriebsrat die Absicht an, von seinen Funktionen als Geschäftsleiter zurückzutreten.
Bei den Prozessen gegen den Volkseigenen Betrieb hatte es eine wichtige Rolle gespielt, daß gemäß Stiftungsstatut die Geschäftsleiter auf Lebenszeit berufen waren. Walther Bauersfeld hatte seine Funktionen tatsächlich bis zu seinem Tode ausgeübt. Paul Henrichs bis ins 78. Lebensjahr. Wahrscheinlich fühlte Küppenbender, daß für ihn jetzt die Zeit war, Jüngeren Platz zu machen.
Drei Aufgaben hatte er sich für diese letzten Jahre noch vorgenommen: die Prozesse gegen den VEB zu Ende zu bringen, den Komplex Phototechnik zu bereinigen und eine Reform des Stiftungsstatuts durchzuführen. Die Prozesse waren tatsächlich beendet, die notwendigen Maßnahmen im Zeiss Ikon-Bereich in Angriff genommen und zur Statutenänderung hatte er seine Auffassung dargelegt. Im Gefühl, daß das Haus bestellt war, konnte er seinen Abschied nehmen.

> Da die drei ... wichtigen Gründe für meine Mitarbeit weitgehend verwirklicht sind und deshalb mein Verbleiben in der Geschäftsleitung nicht mehr erforderlich machen, beende ich demnächst eine fast fünfundvierzigjährige Tätigkeit für die Stiftung. In diesen Zeitraum ist eingebettet eine über dreißigjährige verantwortungsvolle Tätigkeit als Geschäftsleiter des Stiftungsbetriebes Carl Zeiss. Ich beende meine Lebensarbeit für die Stiftung in ungetrübter Harmonie mit meinen Kollegen.[2]

Dr. Gerhard Kühn folgte dem Beispiel. Er war ein Jahr jünger als Küppenbender und ein Jahr später als dieser – nämlich 1928 – zu Zeiss gekommen. Nachdem er noch am 21. März 1973 seinen 71. Geburtstag als »Aktiver« gefeiert hatte, ging er zum 31. Dezember 1973 in den Ruhestand – wieder ein Jahr nach Küppenbender. Insgesamt war also Gerhard Kühn wie Heinz Küppenbender 45 Jahre im Dienste der Firma tätig gewesen.

Im Februar 1974 informierte Dr. Kühn die Mitarbeiter von der Absicht, eine Firmengeschichte für die Nachkriegszeit zu erarbeiten. Sein Rücktritt und diese Ankündigung brachten den Zeissianern zum Bewußtsein, daß eine Epoche in der Geschichte der Firma zu Ende gegangen war. Fast überall hatten die Jüngeren die Verantwortung übernommen, die die Evakuierung aus Jena und den »Aufbau auf der grünen Wiese« nur vom Hörensagen kannten.

Zur geplanten Firmengeschichte ist es damals nicht gekommen. Dr. Gerhard Kühn hat aber seine Erinnerungen geschrieben. Hier hat er auch von den Pionierjahren nach dem Ende des Zweiten Weltkrieges berichtet, die er in Göttingen als alleiniger Geschäftsführer des zu Zeiss gehörenden Winkel-Werkes verbracht hat.[3]

In Göttingen wurden Brillengläser und Mikroskope produziert, und die Arbeit stand unter einem glücklichen Stern, als es gelang, Dr. Kurt Michel als wissenschaftlichen Leiter zu gewinnen. Dieser begabte Biologe gehörte seit 1934 als wissenschaftlicher Mitarbeiter zur Mikroskopabteilung und teilte 1945 das Schicksal der Jenaer Spitzenwissenschaftler. Die Ideen, die Michel in der Zeit der unfreiwilligen Muße gesammelt hatte, konnte er in Göttingen verwirklichen. Eine entscheidende Hilfe war ihm dabei der Konstrukteur Otto Erbe, der als Flüchtling aus Jena herüberkam. »Auch der dritte, den wir brauchten, kam«, berichtete Dr. Kühn. »Das war der optische Rechner, Dr. Johannes Flügge.« Das Team entwickelte 1948 das Standard-Mikroskop mit einem modernen Grundstativ als Basis vielartiger Spezialgeräte; bis 1953 wurden 10000 Stück verkauft. Ihm folgte 1952 das Mikroskop Standard-Junior, das nicht minder erfolgreich war.

Mit 200 Mann hatte Gerhard Kühn 1945 in Göttingen angefangen und nicht gewußt, wie er sie halten sollte. Jetzt mußte er laufend neue Mitarbeiter einstellen. Derart erfolgreich war das Winkel-Werk in seiner fast einhundertjährigen Geschichte noch nie gewesen, nicht unter der Ägide der Gründerfamilie Winkel und auch nicht nach der Anlehnung an Carl Zeiss im Jahre 1911.

Anläßlich des einhundertjährigen Jubiläums im Jahre 1957 erfüllte sich der große Wunsch der 1180 Göttinger Mitarbeiter. Das Winkel-Werk wurde Carl Zeiss eingegliedert, und die Mitarbeiter erhielten die Stiftungsrechte.[4]

21. März 1967: 65. Geburtstag von Gerhard Kühn.
Von links: Gerhard Kühn, Kurt Räntsch, Erich Schott und Heinz Küppenbender.

Im Jahr zuvor war Dr. Gerhard Kühn nach Oberkochen geholt worden. Sobald es die Bestimmungen des Stiftungsstatuts gestatteten, und das war nach dem Tode Walther Bauerfelds am 28. Oktober 1959, wurde er zum Geschäftsleiter berufen. Von den Aufgaben her gesehen, war er der Nachfolger von Paul Henrichs mit der Zuständigkeit für die kaufmännischen Belange.
Obwohl Kühn früher in Jena einige Jahre lang persönlicher Referent von Henrichs und Assistent der Geschäftsleitung gewesen war, empfand er den Übergang nach Oberkochen als einen Sprung ins kalte Wasser. »In der Mikroskopie und den Brillengläsern kannte ich mich aus. Aber nun kam alles andere hinzu.«

Da waren die komplizierten, hochwertigen optischen Meßgeräte, die Feinmeßgeräte, die Luftbildaufnahme- und Auswertgeräte, die astronomischen Großinstrumente (jeweils Millionenobjekte) und vieles andere

> ... Über alles mußte ich irgendwie wenigstens annähernd Bescheid wissen, über die Charakteristiken der Geräte, ihre Anwendungsgebiete, ihre Verkaufsaussichten. Natürlich hatte ich zur Beratung ... die große Zahl der Spezialisten. Aber die letzte Entscheidung, was gefertigt werden sollte und in welchem Umfang ... und schließlich auch die Entscheidung über die Preisstellung lagen bei mir.[5]

Eine der wichtigsten Aufgaben war die Wiedergewinnung der Auslandsmärkte. Es ging dabei um Sein oder Nichtsein. Die hochwertigen Erzeugnisse erforderten, von der Forschung angefangen, derart hohe Investitionen, daß der deutsche Markt allein für den Absatz nicht genügte. »Vom Schreibtisch in Oberkochen ließ sich nichts entscheiden«, sagte Dr. Kühn. »Ich mußte schon selbst hinaus, um mir ein Bild zu machen.«[6]

Bei den Auslandsreisen traten dem Geschäftsleiter überall zwei große Probleme entgegen: Die deutschen Vermögen waren beschlagnahmt; die früher für Zeiss tätigen Mitarbeiter und Vertreter hatten sich andere Auftraggeber gesucht. Fast überall erschienen nun auch Abgesandte des Volkseigenen Betriebes in Jena und versuchten, mit diesen alten Mitarbeitern ins Geschäft zu kommen.

Während seiner Tätigkeit für Zeiss in Brüssel von 1929 bis 1931 hatte Gerhard Kühn gut französisch gelernt; mittlerweile war jedoch Englisch zur Weltsprache geworden. Als sein größtes Handikap hat Kühn die geringen englischen Sprachkenntnisse empfunden: »Der Bann wurde erst gebrochen mit meiner zweiten Amerikareise im Jahre 1960. Von da ab hatte ich keine Hemmungen mehr, auch Ansprachen und Vorträge in englisch zu halten.«

Nach den anstrengenden Auslandsreisen hätte sich Gerhard Kühn gerne einige Tage Ruhe gegönnt. Aber die gab es nie:

> Da warteten stets eine Fülle von Korrespondenz, Besprechungen mit den Kollegen, mit den Abteilungen, mit dem Vertrieb, dem Rechnungs- und Finanzwesen, den Verwaltungsabteilungen. Mit Wissenschaftlern und Betriebsleitern gab es Probleme zu erörtern. Die Werbeabteilung wartete auf mich. Die Zeiss-Werbung trug meinen persönlichen Stempel. Hier lag mein besonderes Engagement. Die »Profilwerbung«, die vielfach von anderen übernommen wurde, war meine Idee.
>
> In den weltweiten Prozessen mit dem VEB Jena waren immer wieder z. T. schwerwiegende Entscheidungen zu treffen. Die Aufsichtsratssit-

> zungen, die Sitzungen mit dem Stiftungskommissar waren vorzubereiten. Je vier Sitzungen gab es im Jahr. Es gab Besprechungen mit der Regierung in Stuttgart, mit Ministerien in Bonn, mit den Banken. Die Kette der Besucher, die mich sprechen wollten oder denen ich mich widmen mußte, riß nie ab: Wissenschaftler, Optiker aus dem In- und Ausland, Ingenieure, Minister, Diplomaten.[7]

Er habe all das leisten können, meint Dr. Kühn, weil er das »uneingeschränkte Vertrauen« seiner Kollegen Küppenbender und Räntsch besessen habe. Auf Auslandsreisen mußte »sofort an Ort und Stelle entschieden werden«: Nie war Zeit, sich in Ruhe abzustimmen.

Als 1968 für Dr. Kühn das 40jährige Dienstjubiläum gekommen war, entzog er sich der obligaten Feier durch eine große Rundreise zu den Auslandsvertretungen. Auch hier gab es eine Parallele zu Küppenbender: Wie dieser im Jahre zuvor war Kühn zum Zeitpunkt des 40jährigen Jubiläums in New York.[8]

Die mit ihm gleichaltrigen Studienkameraden und Freunde waren nun alle bereits Pensionäre, ganz gleich, wo sie früher in Dienst gestanden hatten. Für einen aktiven und noch im Alter gesunden Menschen bedeutete der § 27 des Stiftungsstatuts zweifellos ein besonderes Privileg: Die Geschäftsleiter konnten den Zeitpunkt selbst bestimmen, zu dem sie in den Ruhestand treten wollten.[9]

Eine ganz andere Frage war es, wie weit man dieses Recht in einer Zeit beanspruchen konnte, die nur den Jungen eine Chance geben wollte.

Die Mitarbeiter fragten sich manchmal, wer wohl von der »alten Garde« als erster von seinen Funktionen als Geschäftsleiter zurücktreten würde: Dr. Küppenbender – Jahrgang 1901, Dr. Kühn – Jahrgang 1902 oder Dr. Räntsch – Jahrgang 1903.

Es war Dr. Kurt Räntsch. Er schied zum 1. April 1971 aus der Geschäftsleitung aus.

In der damals gültigen Fassung sah das Stiftungsstatut in § 26 vor, daß mindestens ein Mitglied des Vorstandes Fachmann sein müsse »hinsichtlich wissenschaftlicher Interessen des Betriebes«. Zweifellos war Dr. Kurt Räntsch auf dem Gebiete der optischen Feinmeßtechnik dieser international anerkannte Fachmann. Das bestätigte auch die zweifache Ehrenpromotion, 1962 durch die Rheinisch-Westfäli-

Kultusminister Wilhelm Hahn, Stiftungskommissar
Herbert Hochstetter und die beiden Geschäftsleiter Gerhard Kühn
und Kurt Räntsch (von links) bei der Werksbesichtigung.

sche Technische Hochschule Aachen und 1968 durch die Universität Stuttgart.

Wie bei seinen Kollegen Küppenbender und Kühn zeigte sich auch bei ihm früh Begabung und Charakter, die beiden wohl wichtigsten Voraussetzungen für eine Karriere in der Industrie. Als Sohn eines in der Inflation arm gewordenen preußischen Beamten konnte der Berliner nach dem Abitur nicht Maschinenbau studieren, wie es während der Schulzeit sein Wunsch gewesen war. Er absolvierte eine Banklehre, hörte nebenbei volkswirtschaftliche Vorlesungen, und obwohl er beides ernsthaft betrieb, hatte er noch Zeit für sein Hobby, die Farbphotographie. 1923 ließ er ein Verfahren zur Aufteilung des weißen Lichtes in drei Farbanteile patentieren.

Bei der mündlichen Verhandlung mochte der Prüfer kaum glauben, daß die Erfindung ein Bankangestellter gemacht hatte, der in der

Physik nur Schulkenntnisse besaß. Von diesem Wunderknaben erzählte der Patentamtsbeamte seinem Präsidenten, und dieser wiederum setzte den Nobelpreisträger Walther Nernst in Kenntnis, den Präsidenten der Physikalisch-Technischen Reichsanstalt. Auf dessen energisches Zureden gab Räntsch die Banklaufbahn auf und studierte Technische Physik an der Technischen Hochschule Berlin-Charlottenburg. »Ich habe eine einmal begonnene Sache stets mit vollem Einsatz und mit einer gewissen Besessenheit durchgeführt«, sagte er von sich selbst: Nach genau acht Semestern war er Diplom-Ingenieur.[10]

Es folgte eine sechsjährige Tätigkeit bei Siemens und die Promotion. 1937 ging Räntsch zu Carl Zeiss und übernahm schon im folgenden Jahr die Abteilung für Feinmeßinstrumente, die heute Industrielle Meßtechnik genannt wird.

Unter Protest war Räntsch damals bei Siemens ausgeschieden, weil er neue Erkenntnisse nicht durchsetzen konnte. Eine Generation später – das Jahr der Studentenproteste war gekommen – zog der Rektor der Universität Stuttgart daraus die Nutzanwendung. Als am 12. Juli 1968 Kurt Räntsch die Ehrendoktorwürde erhielt, sagte Fritz Leonhardt in seiner Laudatio:

> Wir haben in Räntsch einen Mann vor uns, der in jungen Jahren ein Rebell war. Dies bestätigt mir einmal wieder, daß wir uns um die jungen Rebellen besonders bemühen müssen, denn sie sind meist am stärksten kritisch und schöpferisch begabt ... Unsere geplanten Reformen werden unbedingt so sein müssen, daß junge Rebellen eine bevorzugte Chance erhalten, Forscher und Wissenschaftler zu werden.[11]

Zum Lieblingsgebiet des »jungen Rebellen« wurden die Interferenzen, die der optischen Feinmeßtechnik viele Anwendungen ermöglichen. 1945 brachten die Amerikaner Kurt Räntsch nach Heidenheim, während sein Interferenzkomparator von den Russen demontiert wurde.

In Oberkochen widmete sich Räntsch weiter der Geräteentwicklung, und Kenner rühmten seine Genialität und Produktivität. Seit einer Reise in die Vereinigten Staaten beschäftigte er sich intensiv mit der Synthese von Optik und Elektronik und leitete mit der Digitalisierung von Feinmeßgeräten eine neue Entwicklung bei Zeiss ein.[12]

Ernst Abbe hatte es zum Geschäftsprinzip der Firma Zeiss gemacht, in neue Gebiete der praktischen Optik nur einzutreten mit solchen Erzeugnissen, die aus der eigenen Arbeit hervorgegangen sind und überhaupt nicht oder nicht in gleicher Art von anderen hergestellt werden.[13]

Räntsch blieb dieser Maxime treu: »Ich habe der Konkurrenz nie etwas unmittelbar nachgemacht, sondern habe immer nach einer eigenen und besseren Lösung gesucht, das heißt, ich habe immer versucht, stets das zu tun, was man heute als offensive Entwicklung bezeichnet.«[14]

Der Rücktritt der alten Herren – Küppenbender, Kühn und Räntsch – leitete die fast völlige Umbildung des Vorstandes ein. Nur wenige Jahre in der Geschäftsleitung tätig waren Dr. Martin Ahrend und Dr. Hans Eberhard Scheffler. Stetigkeit brachte erst wieder die Berufung von Dr. Gert Littmann zum 1. Januar 1974 und von Professor Dr. Jobst Herrmann zwei Jahre darauf.

Dr. Littmann hatte 1957 bei Zeiss als wissenschaftlicher Mitarbeiter des Entwicklungslaboratoriums für medizinisch-optische Geräte begonnen. Er übernahm im Vorstand die Sprecherfunktion für den Geschäftsbereich Augenoptik, für den er schon seit 1969 die wissenschaftliche Verantwortung besaß.

Professor Jobst Herrmann trat 1976 als Fachmann für Fertigungstechnik und den Einsatz der EDV in der Produktion in den Vorstand ein. Er kam von der Rheinisch-Westfälischen Technischen Hochschule Aachen, wo ihm 1965 die Lehrberechtigung erteilt worden war. Die nötige Praxis hatte er sich bei der Maschinenfabrik Pittler in Langen erworben.

Obwohl er selbst erst seit Oktober 1971 der Geschäftsleitung angehörte, war nun Dr. Horst Skoludek das dienstälteste Mitglied des Zeiss-Vorstandes. Als 1982 bei den beiden Stiftungsunternehmen die Funktion des Vorstandssprechers als eines *primus inter pares* eingeführt wurde, übernahm er diese Aufgabe für Carl Zeiss.

Schließlich gehörte noch seit 1. August 1978 Wolfgang Adolphs zur Geschäftsleitung. Bereits seit 1. März 1975 war er als »Beauftragter und Bevollmächtigter« für das Finanz- und Rechnungswesen verantwortlich.

Diese vier Männer – Skoludek, Littmann, Herrmann und Adolphs* – leiten bis heute die Geschicke der Firma. Hinzu kam 1984 noch Gustav Pieper.**

Rechnet man wie üblich den Abstand der Generationen zu dreißig Jahren, so konnte man mit Recht von einem Generationswechsel sprechen: Skoludek und Littmann sind 1927 geboren, Adolphs 1928 und Herrmann 1932. Zwar hatten alle die Zeit des Dritten Reiches noch bewußt erlebt, aber die entscheidende Prägung gab ihnen erst die Nachkriegszeit.

Was seit Anfang der siebziger Jahre bei Zeiss geschah, fällt in die Verantwortung der heutigen Geschäftsleitung. Das hat Konsequenzen für den Historiker, der sich mit der Firmengeschichte beschäftigt.

Verfolgt man die Entwicklung von der Gründung im Jahre 1846 an chronologisch, kommt man von der ungewöhnlichen Firmengeschichte der ersten 99 Jahre schließlich zu den noch viel ungewöhnlicheren Ereignissen, die sich seit dem denkwürdigen, in Oberkochen, Jena, Kiew, Leningrad und Krasnogorsk gefeierten Jahrhundertjubiläum abgespielt haben. An interessantem Stoff ist kein Mangel. Geht man schließlich noch weiter an die Gegenwart heran, stößt man Anfang der siebziger Jahre, bei den Londoner Vereinbarungen und der Überwindung der Kamerakrise, an eine Grenze.

Überraschend ist das nicht. Eine solche Grenze tritt jedesmal auf, wenn Geschichte in Zeitgeschichte übergeht. Die großen Staatsarchive haben für die Benutzung eine Sperrfrist von dreißig Jahren eingeführt. Nur Dokumente, die älter sind als dreißig Jahre, stehen für die historische Forschung zur Verfügung.

Mit großer Liberalität haben die Mitarbeiter der Firma dem Verfasser Zugang zu den Archiven gewährt. Die neueren Akten aber sind an ganz anderen Stellen aufbewahrt und werden, zum Teil jedenfalls,

* Adolphs wirkte gleichzeitig auch als Mitglied der Schott-Geschäftsleitung. Als er am 1. Oktober 1988 dort die Funktion des Vorstandssprechers übernahm, schied er bei Carl Zeiss aus der Geschäftsleitung aus. Sein Nachfolger wurde Dr. Hans-Kurt Fugert.

** Gemäß § 7 des Stiftungsstatuts konnte die Geschäftsleitung aus drei oder aus vier Mitgliedern bestehen. Nach der am 1. Januar 1978 in Kraft getretenen Änderung ist es möglich, noch mehr Geschäftsleiter zu bestellen.

noch heute von den Geschäftsleitern benutzt. Auch bei Carl Zeiss bestehen Regelungen, wie bei anderen Firmen, die eine Einsicht in diese aktuellen Vorgänge durch Außenstehende verhindern.
Für die Geschichte von Carl Zeiss markieren also die Jahre 1971/72 die Grenze, bis zu der professionelle historische Arbeit möglich ist. In dem vorliegenden Buch wird diese Schwelle trotzdem überschritten und die Darstellung bis zur Gegenwart fortgeführt. Der Leser, der sich für die abenteuerliche Geschichte der Firma Carl Zeiss interessiert, will schließlich wissen, wie es weitergegangen ist und wie es heute bei Zeiss aussieht. Das kann aber nur dadurch geschehen, daß der Verfasser den Anspruch aufgibt, wie bisher nach den Regeln der historischen Wissenschaft alle Angaben aus den Quellen zu prüfen.
Das Ziel bleibt weiterhin die Faktentreue, aber die Darstellung beruht nicht mehr auf methodisch sicheren Grundlagen. Um diesen Unterschied deutlich zu machen, will der Verfasser aus dem Hintergrund des anonymen Beobachters heraustreten. Der Leser soll ihm sozusagen über die Schulter schauen können, wenn es im folgenden um die jüngste Vergangenheit und den heutigen Zustand der Firma geht.

Zwanzigstes Kapitel

BESUCH IN OBERKOCHEN

Seit letztem Jahr hat die Bundesbahn auch auf der Strecke Stuttgart–Aalen den Regionalschnellverkehr im Stundentakt eingeführt. Von Aalen sind es mit dem neuen Eiltriebwagen noch acht Minuten bis Oberkochen.

Auf der eingleisigen und kurvenreichen Strecke fährt der Zug nur mit mäßiger Geschwindigkeit, und in Unterkochen sehen wir die von einem Kranz von Buchen umgebene Marienkirche. In hellem Rot leuchtet das Ziegeldach des Turmes und des Kirchenschiffes in der Morgensonne. Die Pfarrkirche sei im ganzen Ländle für ihre gute Akustik bekannt, sagt Wolfram Knapp. Er habe hier einmal als Bratscher bei der Matthäus-Passion mitgespielt.

Wolfram Knapp ist Wissenschaftsjournalist und Redakteur bei »Bild der Wissenschaft«. Im Februar 1976 haben wir zusammen die Titelgeschichte zum Tode Heisenbergs gemacht[1], einen journalistischen »Schnellschuß« innerhalb von zwei Tagen.

Der große Physiker hat einmal die These vorgebracht, daß jede Epoche durch ihre spezifischen Kulturleistungen gekennzeichnet sei.[2] Dieser Gedanke war damals eines unserer Gesprächsthemen gewesen, und daran knüpfen wir jetzt an. Die höchsten Kulturleistungen der Gotik, sagen wir, hätten im Bau solcher Kirchen bestanden. Die größten Leistungen unserer Zeit aber seien Wissenschaft und Technik. Das Pendant einer gotischen Pfarrkirche sei also ein Teleskop von Carl Zeiss.

Bei zwei Themen wird Wolfram Knapp lebhaft: bei der Musik und bei der Astronomie. Jetzt erzählt er von der Europäischen Südsternwarte und ihrem »New Technology Telescope«, dem berühmten NTT. Es besteht aus drei Glaskeramik-Spiegeln, die Carl Zeiss mit einer bisher unerhörten Genauigkeit geschliffen hat. Beim 3,6-Meter-

Der 3,6-Meter-Hauptspiegel des
»New Technology Telescope« (NTT) aus Zerodur Glaskeramik von
Schott in Bearbeitung bei Carl Zeiss.

Hauptspiegel betragen die Abweichungen von der berechneten Sollfläche maximal nur 2 Prozent der Lichtwellenlänge.
Wolfram Knapp war bei der Pressekonferenz dabei, bei der die Firma die Spiegel vor der Auslieferung gezeigt hat. Er erzählt auch von einer früheren Pressekonferenz Anfang Februar 1986, bei der die neue Mikroskop-Generation vorgestellt wurde. Seitdem schwebt ihm vor, einen Aufsatz über die »Mikroskope der Zukunft« zu schreiben, und er hat, wie er mir zeigt, einen ganzen Stoß von Informationsbroschüren gesammelt. Wegen ihrer kompakten Bauweise, lese ich, würden die neuen Mikroskope die »Pyramiden von Zeiss« genannt. Am meisten begeistert ist Wolfram Knapp von den »Inversen«, bei denen das Objekt von unten beobachtet wird.
Mir selber geht es darum, durch Gespräche mit Firmenangehörigen einen Eindruck von »Zeiss heute« zu gewinnen und den Bogen von der Vergangenheit zur Gegenwart zu schlagen. Eine vollständige Darstellung aller Aktivitäten aber ist nicht beabsichtigt; dafür gibt es andere Literatur.[3]
Auch die Bedeutung der einzelnen Abteilungen und die individuellen Leistungen der Mitarbeiter kann ich nicht würdigen oder gar gegeneinander abwägen. Mit Höfert und Kinder habe ich Gesprächstermine vereinbart; ich hätte auch Schwesinger und Plesse wählen können. Wie der amerikanische Schriftsteller John Dos Passos in seinem Roman »Manhattan Transfer« durch die Schilderung von dreißig Menschenschicksalen ein Bild von New York entworfen hat, will ich durch etwa zwanzig Interviews ein Bild von Carl Zeiss zu zeichnen versuchen.
Der Zug durchfährt eine Kurve nach rechts; das Tal weitet sich, und wir sehen auf der rechten Seite erst Schrebergärten und dann hintereinander drei Sportplätze. Vor der Tribüne stehen Baumaschinen. Aus Anlaß ihres 100jährigen Jubiläums hat die Carl-Zeiss-Stiftung der Stadt Oberkochen drei Millionen gespendet. Von Ernst Abbe war die Stiftung auch auf die »Betätigung in gemeinnützigen Einrichtungen und Maßnahmen zugunsten der arbeitenden Bevölkerung« verpflichtet worden.
Wir sprechen über die sozialpolitischen Vorstellungen Abbes, der sich selber einen »alten Demokraten« genannt hat. Das große Ziel der

Demokraten sei eine Verfassung gewesen, die die Menschenrechte garantiere. »Als sich diese Hoffnung im Deutschen Kaiserreich nicht erfüllte, wollte Abbe wenigstens den Arbeitern in seinen Fabriken ein Höchstmaß von Menschenwürde sichern.«
Schon hält der Zug in Oberkochen. Auf dem Platz vor dem Bahnhof steht eine Tafel des Schwäbischen Albvereins und daneben ein Hinweisschild auf die Firma Zeiss. In alle Himmelsrichtungen führen Wanderwege.
Ähnlich idyllisch mag es vor 100 Jahren in Jena ausgesehen haben, zu der Zeit, als Ernst Abbe seine Apochromate berechnete. Mit seinen Freunden hat er oft Ausflüge in den Thüringer Wald gemacht.
Vielleicht kann Wolfram Knapp, überlegen wir, seinen Aufsatz über die »Pyramiden von Zeiss« mit einem Vergleich von 1886 und 1986 beginnen. Es war ja kein Zufall, daß Zeiss die neuen Mikroskope gerade 1986 herausgebracht hat, sondern es geschah zur Feier des einhundertjährigen Jubiläums der Abbeschen Apochromate.
Zwischen dem Jena von damals und dem Oberkochen von heute stellen wir ein paar Parallelen fest: 12000 »Seelen« zählte die thüringische Universitätsstadt 1886. »Industrie und Handel sind nicht bedeutend«, heißt es in Meyers Konversationslexikon, »doch besitzt Jena eine große Fabrik optischer und mechanischer Apparate, verbunden mit Glasfabrik.« Oberkochen, Stadt seit 1968, hat 8000 Einwohner. Auch hier ist das Zeiss-Werk der mit Abstand größte Arbeitgeber. Daneben gibt es einige Werkzeug- und Maschinenfabriken, eingesessene Unternehmen wie Neugründungen.
Wir folgen einem der markierten Wege, der zur Hauptstraße und weiter in Richtung Dreißental führt. Ringsum sehen wir die bewaldeten Hänge, und wir scherzen, daß wir besser »hinter die Schule« gehen und am Zeiss-Werk vorbei zum Volkmarsberg laufen sollten. »Das wäre im Sinne von Ernst Abbe«, sagt Knapp, der die Biographie von Auerbach gelesen hat: »Abbe war ein großer Wanderer«. »Aber nur an Sonntagnachmittagen«, antworte ich: »Im übrigen war er besessen von seiner Arbeit.«
Schon nach fünf Minuten stehen wir vor dem Haus Dreißentalstraße 22. »Zentrale Marketing Services (ZMS)«, lesen wir, »Werbung, Messen und Ausstellungen, Allgemeine Verkaufsförderung,

Technische Information«. Das Gebäude ist etwas größer als die umliegenden Ein- und Zweifamilienhäuser, und im rückwärtigen Teil besitzt es keine Fenster. Es war früher einmal das »Lichtspielhaus Oberkochen«, und hier fand die Erstaufführung des Filmes »Made in Germany« statt. Jetzt hat es die Firma Zeiss gemietet.

Wir besuchen Heinz Martin, den dienstältesten Mitarbeiter. Von den Jenaer Evakuierten, die im Juni 1945 nach Heidenheim kamen, ist heute keiner mehr bei der Firma tätig. Heinz Martin hat im August 1946 als der 207. Firmenmitarbeiter in Oberkochen angefangen.

Er war von 1955 bis 1972 Betriebsratsvorsitzender, und im Stadtrat von Heidenheim ist er noch heute Fraktionsvorsitzender und stellvertretender Bürgermeister. Im Gespräch äußert er seine Meinung, aber ohne den Anspruch, daß jeder andere ebenso denken müsse. Vielleicht liegt hier die Ursache dafür, daß er überall großes Ansehen genießt. Für Carl Zeiss war es ein ausgesprochener Glücksfall, daß die Arbeiter und Angestellten ihm die Vertretung ihrer Interessen anvertraut haben. Er hat viel für die Mitarbeiter erreicht und doch immer das Gesamtinteresse über das Einzelinteresse gestellt.[4]

Zusammen mit Manfred Berger, dem Leiter von ZMS, ist Heinz Martin auch verantwortlich für den Kulturring Carl Zeiss. »Am 25. September 1967 war die erste Veranstaltung mit einem Konzert der Bamberger Symphoniker. Damit haben wir den Carl-Zeiss-Saal im Hauptgebäude des Werkes eingeweiht.« Sechs Konzert- und Theaterveranstaltungen gebe es im Jahr. Über die Eintrittspreise lasse sich das anspruchsvolle Programm nicht finanzieren. Die Firma habe für den Kulturring einen Fonds zur Verfügung gestellt, und MB bemühe sich, gefragte Künstler nach Oberkochen zu bringen.

Wir staunen über das »MB« und erfahren, daß jeder Zeissianer sein eigenes Namenskürzel besitzt. Küppenbender ist Küp, Skoludek Sko und Manfred Berger MB. In Jena hat sich ein Rationalisierungsfetischist einmal dieses System ausgedacht, und die Evakuierten haben es 1945 nach Oberkochen mitgebracht.

Bei Manfred Berger sind, als wir kommen, Azubis angesagt, die einige Daten über die wirtschaftliche Lage der Firma kennenlernen sollen. Bis die jungen Leute um den langen Tisch sitzen, können wir ihn noch kurz sprechen: Er meint, daß wir mit zuhören sollen.

Jetzt erzählt er vom Aufbau in Oberkochen und den vielen Flüchtlingen aus Jena, die glücklich waren, hier ein Stück Heimat wiederzufinden. Mit ein paar Handgriffen baut er währenddessen das Epidiaskop auf. Die ersten Folien geben einen Überblick über die Branche und die beiden Stiftungsbetriebe. Im letzten Jahr hatten Zeiss und Schott zusammen einen Umsatz von 3,8 Milliarden bei 31 725 Beschäftigten. Manfred Berger berichtet, daß Ernst Abbe im Stiftungsstatut zwingend Betätigung in der Feintechnik und Optik vorgeschrieben hat.
Dann geht es um das Lieferprogramm. 55 Prozent des Umsatzes wird im Instrumentenbereich erzielt, 23 Prozent im Projektbereich und 21 Prozent in der Augenoptik. Die Folien geben einen guten Überblick über die einzelnen Produkte:

Instrumentenbereich (55 Prozent)
Lichtmikroskope, Mikroskope für Photometrie und Bildanalyse
Elektronenmikroskope
Ophthalmologische Geräte, Operationsmikroskope
Geodätische Instrumente
Photogrammetrische Aufnahme- und Auswertgeräte
Objektive
Geräte für industrielle Meßtechnik

Projektbereich (23 Prozent)
Feuerleitsysteme, Nachtsichtgeräte, Entfernungsmeßgeräte
U-Boot-Sehrohre
Astronomische Teleskope
Planetarien

Augenoptik (21 Prozent)
Brillengläser
Ferngläser

Andere Folien zeigen uns, wo die Firma die führende Weltmarktstellung hat und wo »nur« einen Platz in der Spitzengruppe. Es gibt noch manches Interessante. Als Manfred Berger zum Ende kommt, haben wir alle eine Menge über die Firma gelernt.
Inzwischen ist Thomas Zecher gekommen, der Leiter der Pressestelle, um Wolfram Knapp zur Abteilung »Mikro« zu begleiten. Dort

sind die beiden Physiker Günther Höcherl und Franz Muchel informiert, daß »Bild der Wissenschaft« ein Interview haben will. Wolfram Knapp kennt die Herren von der Pressekonferenz im Februar 1986. Dr. Höcherl ist der Entwicklungsleiter der Abteilung; Muchel hat die optischen Rechnungen ausgeführt.
Gemeinsam sehen wir die Pressemappe durch, die damals an die Journalisten verteilt worden ist. Thomas Zecher hat für jeden von uns ein Exemplar mitgebracht. »Es gibt heute kaum noch eine naturwissenschaftliche Disziplin, kaum noch eine moderne industrielle Technologie«, lesen wir, »in denen keine Mikroskope benötigt werden.«[5]
Das wird sicher ein interessantes Gespräch mit Höcherl und Muchel. Soll ich mich anschließen?
Es stellt sich heraus, daß Manfred Berger die Mittagsstunden freigehalten hat. Knapp verabschiedet sich, und wir wünschen uns gegenseitig »frohes Schaffen«. Manfred Berger fährt mit mir zu einem nahegelegenen Restaurant.
Unser erstes Thema sind die »leitenden Angestellten«, die ihn zum Sprecher gewählt haben. Unabhängig vom Betriebsverfassungsgesetz, in dem die Rechte und Pflichten der »Leitenden« festgelegt sind, brauche die Firma einen solchen Kreis. »Die Geschäftsleiter können ja nicht dauernd selbst im Werk herumgehen.«
Die Gruppe der 103 »Leitenden« werde bei Zeiss noch ergänzt durch Nachwuchskräfte, so daß es etwa 230 Mitarbeiter sind, die regelmäßig über die wichtigsten Ereignisse und Entscheidungen informiert werden. »Diese Mitarbeiter haben täglich Entscheidungen zu treffen. Sie müssen über die Firmenpolitik orientiert sein.«
Während Berger erzählt, habe ich das Bild eines sehr großen Orchesters vor mir. So viele Mitwirkende sind es, daß sie keinen Blickkontakt mehr bis nach vorne zum Pult haben, wo die fünf Dirigenten stehen. Dafür aber sind 103 Vorspieler da, die sich mit den Dirigenten über das Tempo und den Rhythmus verständigen. Das geordnete Zusammenwirken von Dirigenten, Vorspielern und den ihr Instrument beherrschenden Musikern ermöglicht ein sehr anspruchsvolles Programm.
Berger berichtet, daß er 1976 eine Meinungsumfrage in Auftrag gegeben hat. »Für mehr als 70 Prozent der Erwachsenen war Carl Zeiss

ein Begriff. Mit der Kenntnis der Produkte aber sah es nicht gut aus. Nur 4 bis 5 Prozent nannten die Mikroskope, nur 6 Prozent kamen auf Brillengläser.«

Im Grunde sei die Situation gerade umgekehrt wie bei Beiersdorf gewesen. Niemand habe etwas von dem Hamburger Chemieriesen gewußt, aber seine Produkte und Marken waren bestens bekannt. Beiersdorf hat sich in einer großen Aktion dem Publikum vorgestellt und ein Firmenzeichen geschaffen, das bei allen Produkten obligatorisch wurde: »Auch wir brauchten ein modernes Markenzeichen und haben uns für das Quadrat mit dem Schriftzug ›Zeiss‹ und dem Zusatz ›West Germany‹ entschieden.« Heute sei Carl Zeiss mit seinem Firmenzeichen »Zeiss im Quadrat« in aller Welt eindeutig zu identifizieren.

Das sei aber nur der erste, vorbereitende Schritt für die schwierigere Aufgabe, eine Zuordnung des Namens zu den Produkten zu erreichen. Ziel sei es, die Begriffe »Brillenglas« und »Zeiss« zu einer Einheit werden zu lassen. Man habe Formeln geprägt wie »Zeiss für meine Augen« und »Qualität für gutes Sehen«, die in den Anzeigen ständig wiederkehren.

Manfred Berger hat eine stimulierende Art, die Dinge vorzutragen. »Wir müssen vermitteln«, sagt er, »daß wir mit unseren Produkten überall neue Ideen realisieren.« Besonders zufrieden ist er, auch was das Marketing betrifft, mit der neuen Generation der Mikroskope, den »Pyramiden«. Die ICS-Optik sei ganz neu gerechnet und biete ein Höchstmaß an Auflösungsvermögen, Brillanz, Farbreinheit und Zuverlässigkeit. Aber wie sollte man das den Medizinern und Biologen verständlich machen? Durch ein neues Design, die Pyramide, wolle man den potentiellen Benutzern signalisieren, daß hier eine neue Stufe der Entwicklung erreicht sei. Der Slogan laute: »Die neue Geometrie für Mikroskope«. Den Satz finde ich gut, weil »Geometrie« zum einen auf die äußere Form hinweist, zum anderen auf die neugerechnete Linsenkombination.

Nach der großen Meinungsumfrage von 1976 hat Zeiss die Aktion 1988 wiederholt. Der hohe Bekanntheitsgrad der Firma war nicht weiter gestiegen, aber nun wußten die Befragten sehr viel besser über die Produkte Bescheid. Jetzt nannten 40 Prozent Brillengläser als ein

typisches Erzeugnis, knapp 30 Prozent Ferngläser und 12 Prozent Mikroskope.
Bisher hat MB alles mit großer Geduld erklärt; jetzt drängt er zum Aufbruch. Kurz nach zwei sind wir wieder in der Dreißentalstraße bei ZMS. Die Sekretärin berichtet über die Anrufe, die zwischenzeitlich gekommen sind. Ich nehme meinen Aktenkoffer und gehe die hundertfünfzig Meter zum Zeiss-Hochhaus.
Im Erdgeschoß ist der Empfang, und hier erhalte ich meinen mit einem großen F gekennzeichneten Werksausweis. »Ein halbes Jahr haben Sie jetzt bei uns freien Eintritt.«
Ich fahre in den neunten Stock. Hier hat der neue Geschäftsleiter Dr. Hans-Kurt Fugert sein Büro, der seit 1. Oktober 1988 für das Finanz- und Rechnungswesen verantwortlich ist. Ich bin mit seinem Vorgänger verabredet. Dreizehn Jahre lang hat Wolfgang Adolphs dieses wichtige Ressort geleitet, davon die letzten zehn als Mitglied des Vorstandes. Er war gleichzeitig auch noch Mitglied der Schott-Geschäftsleitung, und in dieser Doppelfunktion hat er die Geschäftspolitik der beiden Schwesterfirmen koordiniert. Dreizehn Jahre lang kam er regelmäßig Mittwochabend nach Oberkochen, wohnte im Hotel und fuhr Freitagabend wieder nach Mainz zurück.
Seit 1. Oktober 1988 wirkt der jetzt sechzigjährige Adolphs als Vorstandssprecher bei der Schwesterfirma Schott. Die Verantwortung für das Finanz- und Rechnungswesen bei Zeiss hat er deshalb abgegeben. Aber auch jetzt kommt er noch oft nach Oberkochen, und bei Zeiss hat er weiterhin sein eigenes, kleines Arbeitszimmer.
Wissen möchte ich, wie es Mitte der siebziger Jahre gelungen ist, die Finanzkrise zu meistern.
1974 machten sich die Verantwortlichen große Sorgen: »Es gab nur noch zwei Ertragssäulen bei Zeiss, die Augenoptik und die Medizintechnik. Der Kauf der amerikanischen Firma Titmus Optical und der Aufbau der Produktion in Taiwan lastete auf den Finanzen.« Vom Stiftungskommissar erhielt Wolfgang Adolphs den Auftrag, sich um Zeiss zu kümmern. »Ich wurde dem Vorstand als Kuckucksei ins Nest gelegt.« Von anderen Mitarbeitern habe ich schon erfahren, daß das Geheimnis seines Erfolges zum Teil darin bestand, daß er mit großem Takt bei Zeiss aufgetreten ist.

»Kein einziges Mal hat es Krach gegeben«, sagt Adolphs. Dabei sei keineswegs richtig, was manche Kritiker behaupten, daß es in einem vier- oder fünfköpfigen Vorstand nur zu faulen Kompromissen komme. »Wir haben uns zu sehr harten Entscheidungen durchgerungen.«

Was waren nun die konkreten Maßnahmen? Die strengen Maßstäbe, die Adolphs bei Schott eingeführt hat, wurden auch auf die Zeiss-Bilanzen übertragen. Daß die unangenehme Wahrheit voll ans Licht kam, war Voraussetzung für die Gesundung. Nun ließ sich genau erkennen, wo man eingreifen mußte. Als sie *diese* Bilanz sahen, waren die Banken schockiert und hatten Sorge um ihr Geld. Jetzt aber bewährte sich der Verbund mit Schott. Die beiden Stiftungsunternehmen sind einander zur Haftung verpflichtet. Die Banken fragten sofort: »Wie steht es mit den Bilanzen bei Schott?« Bei Schott aber sah es gut aus, und das wirkte ungemein beruhigend. »Gemeinsam sind wir stark«, sagt Adolphs. Auch später haben die beiden Unternehmen auf diese Weise einander gegenseitig helfen können.

Der erste Schock bei den Banken muß groß gewesen sein. Adolphs berichtet von ernst gemeinten Vorschlägen, einige Geschäftsbereiche zu schließen und die gesunden, wie die Augenoptik, in eigene Aktiengesellschaften umzuwandeln: »Die können nur in Aktiengesellschaften denken. Für den Charakter der Stiftungsunternehmen haben sie kein Verständnis.«

Der Wille, das Werk Abbes auch durch diese Krise hindurchzusteuern, trug schließlich Früchte. Und wieder folgt der Satz: »Gemeinsam sind wir stark.« 1975 kam ein Aufschwung in der Feinmechanik und Optik. »Das zweite, was sich tat, war der Erfolg der Drei-Koordinaten-Meßmaschinen. Wir kamen schnell wieder auf die Beine.«

Und nun zeigt mir Adolphs zwei DIN A 4-Seiten, auf denen er die für die »Zeiss-Gruppe Welt« relevanten Daten mit feinem Bleistift notiert hat. Da machen auch die Milliarden noch einen zarten Eindruck. Wir gehen die einzelnen Positionen durch, und mir wird bewußt, daß sich für den Fachmann der Zustand eines Unternehmens aus wenigen Zahlen ablesen läßt. »1974 hatte Zeiss Finanzschulden von 380 Millionen, heute ein Guthaben von 160 Millionen: Unter-

Wolfgang Adolphs (links) und Horst Skoludek auf der Bilanzkonferenz in Frankfurt 1985.

schied 540 Millionen. Das ist das Ergebnis des guten Zusammenwirkens von Zeiss und Schott. Alle haben mitgezogen. Die Bilanz bei Zeiss sieht jetzt wieder hervorragend aus.«

Er meint, daß ihm die Rolle, die er 13 Jahre bei beiden Unternehmen gespielt hat, »auf den Leib zugeschnitten« war. »Ich habe das sehr gerne gemacht.«

Zum Abschied gibt er mir die beiden Blätter mit den Finanzzahlen der Zeiss-Gruppe. Wie ich sehe, hat sich der Umsatz seit 1974 ständig erhöht, teilweise sogar mit zweistelligen Zuwachsraten. Weltweit sind es bei Zeiss jetzt zwei Milliarden bei 15600 Mitarbeitern. Die Pensionsrückstellungen (»eigenkapitalähnliche Mittel«) liegen bei fast einer Milliarde. Ich nehme mir vor, die beiden Blätter meiner kleinen Autographensammlung einzufügen, und bedauere, daß ich ihn nicht gebeten habe, sie zu signieren. Vielleicht läßt sich das einmal nachholen.

Anschließend besuche ich Klaus Herzog, der für die »Industrielle Meßtechnik« verantwortlich ist. Von diesem begabten Konstrukteur habe ich schon viel gehört. Seit Mitte der siebziger Jahre sind seine Meßmaschinen der besondere Stolz von Carl Zeiss. Erst 1986 wurde für seinen Geschäftsbereich ein großer Neubau außerhalb des bisherigen Firmengeländes errichtet.

Über 25 Jahre ist er nun bei der Firma. Zum Dienstjubiläum 1987 hat seine Sekretärin ein großes Album angelegt, in dem seine wichtigsten Stationen bei Zeiss durch Photos und Texte dokumentiert sind. Sie legt mir den schweren Lederband auf den Tisch, und ich glaube aufs Wort, daß sie viele Wochenenden daran gearbeitet hat.[6]

Klaus Herzog schlägt die erste Seite auf. Man sieht den kleinen Bahnhof in Oberkochen. Nach seinem Examen als Jahrgangsbester am Nürnberger Ohm-Polytechnikum hatte sich der 23jährige Ingenieur bei 30 Firmen beworben. 25 luden ihn zu einem Vorstellungsgespräch ein. So kam er »irgendwann im Sommer 1962« nach Oberkochen, und Dr. Gerhard Schwesinger, einer von der alten Garde, führte mit ihm ein Fachgespräch. Die wissenschaftliche Atmosphäre hat ihm gefallen, und zum 1. November 1962 fing er als Konstrukteur an. Er produzierte ein paar gute Ideen, und es wurde beschlossen, ihn zum Vertriebsingenieur auszubilden. »Das ist so eine Art zweites Physikstudium.«

Zwei Jahre war Klaus Herzog dann tatsächlich als Vertriebs- und Serviceingenieur in Köln tätig, kehrte aber dann auf eigenen Wunsch in die Entwicklung nach Oberkochen zurück. Hier wurde er Dr. Gerfried Zeichen »für Sonderaufgaben« zugeordnet.

Kurt Räntsch und Gerfried Zeichen erkannten ganz neue Chancen im Bedürfnis der Industrie nach einer rationellen Qualitätskontrolle. Eine Fabrik muß ständig alle Teile überprüfen, die sie produziert. Weicht »Ist« von »Soll« ab, besteht die Gefahr, daß dieses Teil in der Funktion versagt oder schnell schadhaft wird.

Zwei Wochen lang durfte sich Klaus Herzog im Volkswagenwerk alles genau ansehen. Dann hatte er begriffen, wie das ideale Meßgerät für die Industrie beschaffen sein muß. So konnte auch er seinen Beitrag leisten, nämlich den 3 D-Meßkopf, und das Ergebnis war die Universalmeßmaschine UMM 500. Alle waren sie mächtig stolz.

In diese hoffnungsvolle Enwicklung platzte der Entschluß von Gerfried Zeichen, die Firma zu verlassen. Als Nachfolger wurde Klaus Herzog technischer Leiter der Abteilung, und unmittelbar danach, ebenfalls im Januar 1973, kam die Microtecnic, die große Messe in

Zürich. »Hier haben wir die UMM 500 zum ersten Mal öffentlich vorgestellt.«

Seit Jahren hatte die Feinmeßtechnik nur Verluste gebracht. Eine Kommission diskutierte drei Möglichkeiten: Sofort schließen, ausverkaufen und schließen oder weiter existieren lassen. Die Entscheidung lautete auf »ausverkaufen und schließen«, und das war ein Glück für die Firma und Klaus Herzog. In dieser Atempause kam der Erfolg. Die Industrie kaufte die UMM 500. Mit dem Modell einer neueren, größeren Maschine, das Herzog im Maßstab 1 : 10 gebaut hatte und das voll funktionsfähig war, fand er noch stärkeres Interesse. »Obwohl noch nicht einmal ein Prototyp existierte, habe ich Aufträge akquiriert. Von einer Schließung war keine Rede mehr: Wir kamen echt in Stückzahlen.«

Auf seinen Vorschlag erhielt der Geschäftsbereich 1977 den Namen »Industrielle Meßtechnik« oder abgekürzt IMT. War vordem Feinmess das Sorgenkind, wurde nun IMT der Stolz der Firma. Klaus Herzog legt mir ein Diagramm vor mit dem Umsatz in rot und dem Gewinn in blau. Beide Kurven steigen erfreulich in die Höhe und haben nur einen Schönheitsfehler: Sie zeigen bei der Gegenwart eine »Stagnation auf hohem Niveau«. Bei der Übernahme des Geschäftsbereiches habe er schon viel schwierigere Probleme gelöst, und er wolle jetzt dafür sorgen, daß »diese Kurven wieder in Ordnung kommen«.

Um fünf Uhr bin ich mit Wolfram Knapp am Empfang verabredet. Die Damen haben inzwischen Feierabend, und auf einem Schild lesen wir: »Bitte Nebenausgang benutzen«.

Herr Knapp hat seine Story »im Kasten«, und er fährt nach Stuttgart zurück. Ich will ein paar Tage bleiben, um noch mehr über die Firma zu erfahren.

Am Abend besuche ich Walter Kinder, der jetzt als Pensionär in Heidenheim lebt. In sein Haus ist er 1952 eingezogen. »Ohne die Hilfe von Zeiss wäre es nicht gegangen.« Er hat damals die »Traditionsabteilung« geleitet, war also für die Mikroskopentwicklung verantwortlich. 1954 hat er die Interferometrie übernommen. 1968 wurde er Leiter der Forschungsgruppe. »Vierzig wissenschaftliche Mitarbeiter sollten damals neu eingestellt werden.«

Er erzählt von einer Unterredung mit »Küp« oben in der Geschäftsleitung. Küppenbender habe am Fenster gestanden, habe hinausgesehen und gefragt: »Wo bauen wir denn nun das Forschungsinstitut?« Später seien dann die Mittel knapp geworden. Dr. Martin Ahrend habe die Entlassung eines eben erst eingestellten jungen Wissenschaftlers verlangt. Alles Sträuben blieb vergeblich. Schließlich habe er die Konsequenzen gezogen und sich vorzeitig pensionieren lassen: »Mit 64.« Die Forschungsgruppe habe sich in alle Winde zerstreut. »Ein schwerer Fehler. Unter hohen Kosten mußte man später die Forschung neu aufbauen. Geblieben ist nur Dr. Raimund Torge, der sich, das müsse gesagt werden, immer solidarisch verhalten habe. Torge verkörpere die Kontinuität der alten Forschungsgruppe mit der ›Zentralen Forschung‹ von heute.«

Wir sprechen über die damalige Kamerakrise. »Die Geschäftsleitung stand wohl unter schwerstem Druck«, sage ich. »In einer Bestandsaufnahme Anfang 1971 hat man die bisher geleisteten Forschungs- und Entwicklungsarbeiten ausdrücklich als ›Geisteskapital‹ und ›Ertragskraftreserve‹ bezeichnet. Das Memorandum liegt im Archiv der Geschäftsleitung.«

Wir kommen auf Werner Schmidt, der unter Dr. Kinder den Laser-Bereich geleitet hat. Auch er hat Zeiss verlassen, wurde aber 1978 nach Oberkochen zurückgeholt und hat dann die »Zentrale Forschung« mit jetzt 76 Mitarbeitern aufgebaut.

Ich denke an meine Vorlesung über Wissenschaftsorganisation: In den Notzeiten nach dem Ersten Weltkrieg hatten führende deutsche Gelehrte konstatiert: Die Wissenschaft läßt sich mit relativ bescheidenen Mitteln am Leben erhalten. Wenn aber die Entwicklung einmal abbricht, kann nur mit ungeheuren Anstrengungen und Geldopfern der Anschluß an die verschüttete Tradition wieder hergestellt werden.

Inzwischen hat Frau Kinder noch einmal frischen Tee bereitet, und vorsichtig gießt sie ihn in die Tassen. »Meißner Porzellan«, sagt der Hausherr. »Kennen Sie die Geschichte?«

Walter Kinder gehört zu der Gruppe der 84 Evakuierten. Zu dem Schicksal, das allen gemeinsam war, hatte jeder noch seine ganz persönlichen Sorgen. Bei Kinder wurde kurz vor der Abfahrt eine Blind-

darmoperation notwendig, und nur mit einem mühsam beschafften Bruchband konnte er den Transport überstehen. Das Porzellan war in Jena geblieben. Daran dachte keiner. »Am ersten oder zweiten Tag in Heidenheim wurde ich von Ingenieuren der Maschinenfabrik Voith nach dem Mach-Zehnder-Interferometer gefragt, das Voith bei uns in Jena bestellt hatte. ›Alle Einzelteile sind fertig‹, habe ich gesagt: ›Wenn ich gewußt hätte, daß wir nach Heidenheim kommen, hätte ich es mitbringen können.‹«
Für die Industrie hatte damals ein solches Instrument unvorstellbaren Wert. Die Ingenieure von Voith bestürmten ihn, noch einmal nach Jena zu fahren und das Interferometer zu holen.
Am 29. Juni ging es los, mit einem 2½-Tonnen-Armee-Lastwagen und zwei amerikanischen Soldaten. Abends um zehn war Dr. Kinder wieder in seiner alten Wohnung in Jena. Die Amerikaner wohnten im »Schwarzen Bären«. Dort gab es auch für ihn Frühstück und Mittagessen. »Mahlzeiten wie im Frieden.«
Im Werk staunten die Mitarbeiter, als Kinder am Vormittag des 30. Juni auftauchte. Er kam mit den kuriosesten Aufträgen. Als nämlich die Evakuierten in Heidenheim von der bevorstehenden Reise gehört hatten, war dem einen eingefallen, daß seine Geige noch in Jena lag, der andere brauchte seine Schreibmaschine, der dritte den Sonntagsanzug und der vierte sein Sofa. »Die Organisation bei Zeiss klappte hervorragend«, erzählt Kinder. »Bis Sonntagabend sollte alles zusammen sein. Der Sonntag, das war der 1. Juli.«
Samstagabend eröffneten ihm seine beiden Amerikaner: »Wir fahren morgen früh. Ganz Thüringen wird geräumt.« In der Nacht verpackte Kinder mit der Hilfe von Kollegen sein Porzellan. Als die Amerikaner am Morgen vorfuhren, wollten sie die Kisten nicht aufladen: »Wir brauchen Platz für das Instrument.«
Kinder aber hatte erfahren, daß vom alliierten Hauptquartier in Paris ein striktes Verbot ergangen war, die Fabriken noch weiter auszuräumen. Der Abtransport der vielen Spezialisten und der Laborgeräte war den Verbündeten bekannt geworden, und die Sowjets hatten schärfsten Protest erhoben.
So sagte Kinder: »Ihr dürft alle meine Kisten herauswerfen, wenn wir das Interferometer wirklich bekommen.« Tatsächlich stand das wert-

volle Instrument in Einzelteile verpackt auf dem Fabrikhof. Aber sie durften es nicht mitnehmen. Ein paar Minuten nach der Abfahrt sah er, noch in Jena, einen Jeep mit den ersten Russen. Auf vielen Umwegen erreichten sie bayerisches Gebiet. Das war der 1. Juli 1945, der Tag seines zehnjährigen Firmenjubiläums. »War es nicht ein schönes Jubiläumsgeschenk, unser Meißner Porzellan?«
In der Nacht träume ich von eigenen Erlebnissen im Sommer 1945, die sich mit dem Stoff meiner Vorlesung und den Geschichten vermischen, die mir Walter Kinder erzählt hat. Wir fahren im Lastwagen über die Zonengrenze, und ich merke, daß ich mich mit Meißner Porzellan zugedeckt habe. Durch ein Mikroskop sehe ich die gekreuzten Schwerter und erkenne plötzlich, daß es Bakterien sind, die höhnisch grinsen. Paul Ehrlich kommt mit einem Pinsel und streicht sie mit grüner Farbe an. »Zielen lernen, chemisch zielen lernen.«

Einundzwanzigstes Kapitel

GESPRÄCHE BEI ZEISS

Gerhardt Wagner ist einer der drei Meistervertreter in der Abteilung für Optische Kleinserien. Auch er gehört zu den gebürtigen Jenensern. 1951 hat er im Südwerk in der Lehrwerkstätte angefangen und drei Jahre später seine Gesellenprüfung gemacht. 1955 tauchten dann die Parolen auf von den »sozialistischen Errungenschaften«, die man verteidigen müsse. Wer sich nicht freiwillig zur Volksarmee meldete, wurde schikaniert. »Mit drei Kollegen ging ich in den Westen.«

Eine der wichtigsten Aufgaben der Abteilung ist die Herstellung von Linsenflächen. Gerhardt Wagner zeigt eine Werkszeichnung: Angegeben sind die Krümmungsradien der Linsen und die zugelassenen Toleranzen. Zur Prüfung werden die auftretenden Interferenzen beobachtet, und aus jahrelanger Erfahrung wissen die »Männer mit den goldenen Händen«, an welcher Stelle noch weiter korrigiert werden muß.

Auch diese gelernten Optiker gehören zu den Trägern von Know how wie die Wissenschaftler und Ingenieure. Das Know how ist es, was heute den Wert eines Unternehmens ausmacht.

In den ersten Nachkriegsjahren sprachen viele von Zeiss als dem »Wasserkopf«. Es gab zu viele Wissenschaftler, und erst langsam hat sich eine gesündere Proportion zwischen dem Kopf und den Händen herausgebildet. Und dann bestand auf einmal Mitte der siebziger Jahre die Gefahr, daß aus dem einstigen »Wasserkopf« ein »Schrumpfkopf« würde.

Um mich über die heutige »Befindlichkeit des Kopfes« zu orientieren, besuche ich den Generalbevollmächtigten für die Forschung.

Professor Werner Schmidt stammt aus Wetzlar und hat in Marburg Physik studiert. »In den Semesterferien war ich Werkstudent bei Leitz, und deshalb hat mich auch die Optik am meisten interessiert.«

Er wurde Assistent am Marburger Physikalisch-Chemischen Institut und arbeitete in der Lasergruppe. Im August 1968 kam er nach Oberkochen. »Von Marburg habe ich die Farbstoff-Laserei mitgebracht.« 1971 erhielt er den Physik-Preis der Deutschen Physikalischen Gesellschaft. »Es war der Transfer von Know how aus der Hochschule in die Industrie«, sagt Herr Schmidt, »der besonders gewürdigt werden sollte.« 1973 kam der Ruf an die Universität Essen. »Ich ging zur Geschäftsleitung, und man hat mir offen gesagt, daß die Firma ihre Forschungsaktivitäten einschränken müsse.« 1978 wurde Professor Schmidt zurückgeholt, um als Generalbevollmächtigter die Zentrale Forschung neu aufzubauen.
Wir sprechen von der erstaunlichen Renaissance der Optik.[1] Seit den Tagen des alten Zeiss habe die Optik drei große Entwicklungsschübe erlebt: Der erste Schub wurde von Abbe bewirkt; er führte zu einer ingenieurmäßigen Optik auf wissenschaftlicher Grundlage und zu Instrumenten mit ganz neuen Leistungsmerkmalen. Ende der fünfziger Jahre brachte die Synthese von Optik und Elektronik den zweiten Schub. »Und jetzt erleben wir mit dem Durchbruch der Quantenelektronik in die technischen Anwendungen den dritten Schub.«
Jede optische Epoche habe ihre spezifischen Produkte; die Erzeugnisse der früheren Epochen würden sich aber weiterhin ihre Anwendungen suchen. Das sei wie bei der Evolution des organischen Lebens. In erdgeschichtlich aufeinanderfolgenden Epochen seien Insekten, Kaltblüter und Warmblüter aufgetaucht. Das Erscheinen des Neuen bedeutete aber keineswegs das Absterben des Alten. Vielleicht sei der Vergleich »leicht hinkend«, aber er verwende ihn gern:

Insekten	–	Objektive, Brillengläser
Kaltblüter	–	Mikroskop mit Bildauswertung
		Drei-Koordinaten-Meßmaschine
Warmblüter	–	Laser-Entfernungsmesser
		Laser-Scan-Mikroskop
		Laserchirurgische Instrumente

Ich frage nach dem Laser-Scan-Mikroskop. »Damit wurde zum ersten Mal ein Lichtmikroskop realisiert, bei dem ein Bild auf ganz andere Art erzeugt wird, nämlich durch Abtasten des Objektes Punkt für Punkt. Es zeigte sich, daß dieses Abtastprinzip eine Reihe von neuen Möglichkeiten erschloß.« Das Instrument ist am Markt, und es laufen Forschungsarbeiten, die auf dem Laser-Scan-Mikroskop »aufsetzen«.

Ein anderes Entwicklungsprojekt betrifft ein Mikroskop, das mit Röntgenstrahlen arbeitet, und in dem er eine »neue Dimension für die Mikroskopie« sieht. Die Versuche an einem großen Elektronenbeschleuniger haben schon erste Ergebnisse gebracht.

Nach dem Mittagessen verschaffe ich mir ein paar Minuten Bewegung und gehe die Carl-Zeiss-Straße hinunter. 360 Meter sind es von der Nordgrenze des Werksgeländes, der Dreißentalstraße, bis zur Südgrenze, der Wacholdersteige. Hier fließt der Schwarze Kocher, und hier stehen die ältesten Gebäude. Sie wurden im Kriege von der Maschinenfabrik Fritz Leitz GmbH errichtet. Zeiss hat sie zuerst gemietet und dann gekauft. Aus der Werkzeitung weiß ich, wie die Gebäude Anfang 1951 ausgesehen haben. Von den alten Photos würde man sie nicht wiedererkennen. Umbau und Aufstockung haben ihnen ein neues Gesicht gegeben.

Die fünf- und sechsstöckigen Gebäude stehen verhältnismäßig dicht. Wie viele gibt es? Mit dem Zählen hat es in dieser Agglomeration seine Schwierigkeit. Einem Lageplan ist zu entnehmen, daß es 32 Gebäude sind. 5500 Menschen arbeiten hier.

Vielleicht hatte man gute Architekten, vielleicht spielte auch eine Rolle, daß seit 35 Jahren ständig gebaut und erweitert wird: Fassaden und Formen wechseln ab, und es bietet sich das lebendige Bild einer gewachsenen Struktur. Die vorherrschende Farbe ist das Zeiss-Blau, unterbrochen von einigen Gebäuden in einem leuchtenden Ocker.

Auf einem Fußweg laufe ich zur Quelle des Schwarzen Kocher, die nur einen Kilometer entfernt ist, und gehe dann zurück zum Optischen Museum. Es ist in einem ehemaligen Privathaus untergebracht und hat 1970 einen modernen Anbau erhalten. Um zwei Uhr soll ich hier Professor Hansen treffen. Ich bin eine Viertelstunde vor der Zeit da, aber der alte Herr wartet schon. Er ist jetzt 89 und stand fast vierzig Jahre im Dienste der Firma, von 1952 bis zu seiner Pensionierung 1965 als Geschäftsleiter.

Die Abteilung Technisch-Wissenschaftliche Information möchte das

Gespräch archivieren und hat ein Tonbandgerät zur Verfügung gestellt. Bald kommt Professor Hansen in Fahrt, und ich bin froh, daß von dem, was er berichtet, nichts verlorengeht.
Als er 1927 in die Firma eintrat, wurde ihm gleich »die Sorge um die ersten 25 Stück des Pulfrichschen Photometers« übertragen. Kurz zuvor war Carl Pulfrich, der verdiente Leiter der Meßabteilung, im Alter von 69 Jahren im Urlaub an der Ostsee mit seinem Paddelboot gekentert und ertrunken.
Nun geschah folgendes: In der nahegelegenen internistischen Klinik regierte ein Chefarzt mit hervorragenden diagnostischen Fähigkeiten. »Auf seine Anordnung mußte bei den Visiten der Urintopf auf dem Nachttisch stehen. Das war nicht ästhetisch, aber didaktisch. Mit ein wenig Übung konnte man sofort sehen, »ob eine Herzinsuffizienz im Stadium der Ödemausschwemmung oder der Dekompensation war.« Und dieser Chefarzt sagte eines Tages: »Wenn man das nur messen könnte!« Für den Assistenzarzt Ludwig Heilmeyer war das die Aufforderung, zum Zeiss-Werk zu gehen, »das von der Klinik nur durch eine kleine Straße getrennt war.«[2]
Für das Pulfrich-Photometer war eine Aufgabe gefunden. »Die Versuche gelangen sofort, mit drei hellen Farbfiltern einen Zusammenhang zwischen der Photometer-Ablesung und den Konzentrationen der gelösten Substanzen herzustellen.«
Von da an stürzten sich Physiker und Ärzte auf das Instrument, und eine Veröffentlichung jagte die andere. Die Firma verkaufte bis Kriegsende 5000 Pulfrich-Photometer.
Nach dem Neubeginn in Oberkochen ging es auch hier darum, die Meßgeräte von der visuellen Beobachtung auf die automatische Auswertung umzustellen. Unter der Bezeichnung »Wechsellichtphotometer«, abgekürzt WEPHO, brachte die Firma 1950 das erste lichtelektrische Instrument auf den Markt. Es wurde später von dem lichtelektrischen Filterphotometer »ELKO II« verdrängt, das hundertmal höhere Meßgenauigkeit besitzt und das Resultat in wesentlich kürzerer Zeit liefert.
Auch mit der Firmengeschichte hat sich Professor Hansen beschäftigt. »Wissen Sie, unter welchen Umständen 1879 die Verbindung zwischen Abbe und Schott zustande gekommen ist?« – »Aufgepaßt«,

sagt er, »hier liegen Fallstricke für den Historiker!« Ohne Kenntnis der spezifischen Aufforderung Abbes, Gläser mit ganz neuen optischen Eigenschaften zu erschmelzen, habe Schott von sich aus die Initiative ergriffen und eine Probe seines Lithium-Glases nach Jena geschickt.
In seiner Abbe-Biographie sei Moritz von Rohr diesbezüglich ein Fehler unterlaufen. Die Kritik daran wäre aber übertrieben gewesen. Er habe den 1940 verstorbenen Moritz von Rohr gut gekannt, »weil er längere Zeit sein Arbeitszimmer neben dem meinen hatte«:

> Er war ein außerordentlich freundlicher alter Herr von weltmännischer Höflichkeit. Ich habe die äußerste Akribie, mit der er seine zahlreichen historischen Untersuchungen verfaßt hat, immer bewundert und zweifle nicht an seinem Bemühen um eine unparteiische, korrekte Darstellung. Seine Verehrung für Ernst Abbe kann man ihm nicht verdenken, ebensowenig wie Erich Schott die Verehrung für seinen Vater Otto Schott.[3]

Von hier kommen wir auf das Verhältnis der beiden Stiftungsbetriebe. In Jena waren die Unternehmen gute Nachbarn. Jetzt hat die eine Firma in Mainz ihren Sitz, die andere in Oberkochen. »Zwischen Mainz und Oberkochen entwickelten sich gehässige Emotionen«, hatte »Die Zeit« 1975 geschrieben. Gerhard Hansen zeigt mir den Aufsatz, und jetzt noch ist er tief empört:

> Die Ursache für alle Mißstimmungen war der vielbeschworene Zeiss-Geist: Ein aus der wissenschaftlichen Leistung herrührendes, höchst elitäres Selbstbewußtsein, das jedem anderen eine allenfalls wohlwollende Geringschätzung zukommen läßt. So sahen die Zeissianer ihre Firma mit höchst renommierter Weltgeltung versehen und blickten auf Schott herab, wie man eben auf einen Glasfabrikanten herabblickt.[4]

Gerhard Hansen ist überzeugt, daß der Journalist sich diese Behauptungen »aus den Fingern gesogen« hat. »Niemand konnte so töricht sein, auf Schott mit Geringschätzung als ›Glasfabrikanten‹ herabzublicken«:

> Jedermann weiß, daß der steile wirtschaftliche Aufstieg der Zeißschen Werkstätte, der in den 80er Jahren einsetzte, als die apochromatischen Mikroobjektive eingeführt wurden, nur möglich war, weil Otto Schott

> eine große Anzahl ganz neuer Gläser entwickelt hatte. Ohne diese Gläser hätte es keine Apochromate gegeben. Auch später haben Mitarbeiter der Glashütte für ihre wissenschaftlichen und technischen Leistungen hohe Anerkennung gefunden.[5]

Seine 89 Jahre sieht man Professor Hansen überhaupt nicht an, und jetzt redet er sich in Hitze. Ich spüre die geistige und emotionale Kraft, die noch immer in ihm steckt. »Niemand, der etwas verkaufen will, wird seine Kunden und Partner geringschätzig behandeln«:

> Man sollte doch meinen, daß jemand, der wie ich vierzig Jahre für ein Unternehmen tätig war, eine ungefähre Vorstellung haben muß, in welchem »Geist« gearbeitet wurde. Natürlich waren diejenigen, denen eine besonders gute Lösung geglückt war, stolz auf das Ergebnis, aber zur Überheblichkeit war kein Anlaß.

»Was die Qualität betrifft«, sagt Hansen, »wollten wir immer mehr leisten, als wir versprochen hatten. *Das* war für mich der Zeiss-Geist.« Auch die Einstellung den Arbeitern gegenüber war für ihn immer ein Prüfstein, und er kann bestätigen, daß zu seiner Zeit die Geschäftsleiter sich immer dem »Erbe des Stifters« verpflichtet fühlten.

Vom Optischen Museum laufe ich zurück zum Hochhaus. Die Arbeiter, die zwischen 6.20 und 8.20 ihren Dienst beginnen, haben das Werk bereits verlassen. Der Haupteingang ist geschlossen, und der Pförtner bei Tor 1 verlangt meinen Ausweis.

Zuerst gehe ich zu Neithardt von Einem, dem Leiter der Rechtsabteilung. Er hat diese Aufgabe 1978 übernommen, als Walter David die Altersgrenze erreichte. Davids Verhalten war von den Erfahrungen der Nachkriegszeit geprägt, und er hatte stets Härte zeigen müssen. Der Wechsel brachte einen neuen Stil bei den rechtlichen Auseinandersetzungen. Man hält nun nicht mehr unnachgiebig am eigenen Standpunkt fest, sondern sucht die Interessen des Unternehmens auf geschmeidigere Weise zu wahren.

Das Vorzimmer ist leer, und der Syndikus findet um diese Zeit endlich Ruhe für konzentrierte Arbeit. Wahrscheinlich ist er nicht ganz glücklich über meinen Besuch, aber er blickt freundlich.

»Sammeln Sie historische Wertpapiere?« ist meine erste Frage, denn an der Wand sehe ich unter Glas eine alte Obligation, von Kennern ein »Nonvaleur« genannt. »Ein Stück der alten Holland-Anleihe, die die Carl-Zeiss-Stiftung 1926 begeben hat«, sagt Herr von Einem. »Siebenprozentige Anleihe in Höhe von fünf Millionen Gulden niederländischer Währung«, liest er vor und erklärt: Die Stiftung haftete mit ihren Grundstücken in Jena. Obwohl diese durch die Enteignung verlorengingen, hat die Stiftung in Heidenheim die Schuld mit allen Zinsen von 1960 an voll zurückbezahlt. »Eine Pflicht, die wir selbstverständlich erfüllt haben.«

Wir setzen uns an den langen Tisch mit den acht Stühlen. Hier finden die Besprechungen mit den Mitarbeitern der Rechtsabteilung und den Rechtsanwälten statt, die für Zeiss tätig sind. Durch die Fenster hat man einen weiten Blick auf die Höhen im Osten und Norden.

Früher sei er bei der Europäischen Gemeinschaft tätig gewesen, später für einen Chemiefaserkonzern im niederländischen Arnheim, berichtet Herr von Einem. Die sich durch die europäische und internationale wirtschaftliche Kooperation ergebenden rechtlichen Probleme haben ihn schon während des Studiums interessiert. Seine besondere Neigung gilt der Kultur und dem *savoir vivre* der Franzosen. »Da sind Sie wohl nicht unglücklich«, frage ich, »daß in Paris der Prozeß mit dem VEB immer noch läuft?« Als 1971 die Vereinbarung mit dem Osten geschlossen wurde, hat man Frankreich ausgeklammert: Hier sollten die Gerichte entscheiden.

Lieber heute als morgen möchte er den Prozeß beenden, sagt der Syndikus. Die Sache sei schon mehrmals durch alle drei Instanzen gelaufen. Die oberste Instanz, der Cour de Cassation, spreche jedoch nicht selbst das Endurteil, sondern verweise zurück unter Angabe der Grundsätze, die anzuwenden seien. Befaßt damit werde dann ein anderer, unvoreingenommener Senat des Oberlandesgerichtes, des Cour d'Appel, der sich wieder ganz neu einarbeiten müsse. Diese *querelles allemandes* seien für die französischen Richter eine ganz ungewohnte Materie. Entsprechend lange müsse man auf die Entscheidungen warten, und nie sei man vor Überraschungen sicher. Da habe doch tatsächlich bei der letzten Verhandlung der Procureur den *bon sens* anwenden wollen, den gesunden Menschenverstand.

Ich bin kein Jurist; aber aus meinem Fach, der Wissenschaftsgeschichte, kann ich bestätigen, daß der *bon sens* bei schwierigen Pro-

blemen auf den Holzweg führt: »Am Anfang unseres Jahrhunderts hat es französische Gelehrte gegeben, die die Relativitätstheorie und die Quantentheorie ablehnten mit dem Argument: Diese Theorien widersprechen dem *bon sens.*«
Die gerichtlichen Auseinandersetzungen in Frankreich haben im Juli 1956 begonnen:

> Da ging es zuerst gegen die französische Domänenverwaltung auf Rückgabe der beschlagnahmten Warenzeichen. Wir haben geklagt und der Osten hat auch geklagt. Gewonnen haben wir. 1966, nach zehn Jahren also, hat der Cour de Cassation dieses Urteil endgültig bestätigt. 1969 begann dann die direkte gerichtliche Konfrontation mit dem Volkseigenen Betrieb. Jetzt – nach abermals zwanzig Jahren – haben wir endlich die Entscheidung des Oberlandesgerichtes in Paris. Dagegen kann der Osten noch einmal Revision einlegen, aber es ist sehr unwahrscheinlich, daß dem stattgegeben wird. Wir können jetzt schon das Urteil vollstrekken.

Wenn also der Prozeß endgültig abgeschlossen ist, wird Frankreich – so verstehe ich den Syndikus – zu den Ländern gehören, in denen nur Oberkochen den Namen »Zeiss« verwenden darf.*
»Und wie ist es mit Schott?« – »Die Schotten haben sich 1980 ein für allemal über die Bezeichnungen geeinigt. Und zwar weltweit. Dem Mainzer Unternehmen steht das ausschließliche Recht am Namen ›Schott‹ zu, und es firmiert unter dem Namen Schott Glaswerke. Die Gegenseite hat die Rechte an der Bezeichnung ›Jena‹ übernommen und führt den Namen VEB Jenaer Glaswerk.«
Von der Rechtsabteilung im siebten Stock bringt mich der Lift drei Etagen höher zur Geschäftsleitung. Um halb sieben ist hier noch voller Betrieb.
Ich bin mit Dr. Horst Skoludek verabredet. Im Vorzimmer liegen Unterschriftsmappen und Stöße von Manuskripten. Auch Frau Ursula Braun ist noch da. Sie hat schon für Gerhard Hansen, Kurt Räntsch und Heinz Küppenbender gearbeitet und wichtige Stationen in der Entwicklung von Carl Zeiss aus der nächsten Nähe miterlebt. Bei ihr ist ganz ausgeprägt, was ich schon bei anderen Mitarbeitern beobachtet habe: die Identifikation mit der Firma.

* Man vgl. S. 288 (Fußnote).

Drinnen ist das Telefongespräch zu Ende, und Horst Skoludek kommt, mich zu begrüßen. Ich berichte, daß gerade ein Buch über den amerikanischen Fliegerobersten Hubert Zemke herausgekommen ist, der noch lebt und in Kalifornien eine große Farm bewirtschaftet.[6]
»We take the brain«, sagt Skoludek. »Das Jahrhundert-Jubiläum der Stiftung soll er mit uns feiern. Wir laden ihn ein.«
Wir sprechen dann über »die große Misere«, deren Ende Skoludek noch miterlebt hat. Als jüngstes Mitglied der Geschäftsleitung wurde er damals »ins Feuer geschickt«.
Zuerst kamen die japanischen Ferngläser. Das war noch in der Phase, als die Japaner wie jeder Newcomer auf dem Weltmarkt Qualitätsprodukte sklavisch imitierten. »Da hat man uns nach Oberkochen zur Reparatur in Japan hergestellte Ferngläser geschickt mit der Gravur: ›Zeiss Wetzlar‹. Über einen Rechtsanwalt in Japan haben wir den Hersteller verklagt. Der war ganz erstaunt: Es sei doch ein Ausdruck von Hochachtung, wenn sie diesen Namen verwendeten.«
Küppenbender habe damals gegen den Rat aller Fachleute unternehmerisch richtig gehandelt. Die Herstellung der Ferngläser wurde bei den zur Zeiss-Gruppe gehörenden Optischen Werken M. Hensoldt & Söhne in Wetzlar konzentriert.
Wie kam es zur Krise? »Die einzelnen Kameramodelle waren gut bis sehr gut, sowohl bei Zeiss Ikon wie bei Voigtländer, aber es gab viel zu viele Modelle und deshalb zu geringe Stückzahlen. Eine Automatisierung in der Fertigung lohnte nicht. Bei allen deutschen Kameraherstellern im Grunde das gleiche Bild. Nur Küppenbender hatte den Mut zu handeln, und er wurde dafür von allen Seiten angegriffen. Heute sieht man seine Entscheidung in einem anderen Licht.«
Auch Skoludek hat sich mit seinen Kollegen ein paar Jahre später zu einer harten Entscheidung durchringen müssen und die Meßabteilung geschlossen. »Wir haben 37 Mitarbeitern kündigen müssen. Übrigens das einzige Mal, daß es in Oberkochen zu Entlassungen gekommen ist.« Der Geschäftsleiter berichtet, daß ihm Professor Gerhard Hansen deswegen immer noch Vorwürfe macht. »Jedesmal, wenn er mich sieht, hält er mir die damalige Entscheidung vor. Dabei war Mess meine Lieblingsabteilung, ohne die ich nie zu Zeiss gegangen wäre.«

Ein paar Stunden zuvor hatte ich das Interview mit Professor Hansen, davon aber hat er mir nichts erzählt. Skoludek bestätigt, daß Hansen Kritik nie nach außen dringen läßt: Noch heute fühle er sich der Firma eng verbunden. Vielleicht spiele dabei auch eine Rolle, daß er während des Dritten Reiches bei Zeiss geschützt war.
Horst Skoludek ist der Sprecher des jetzt fünfköpfigen Vorstandes und vertritt das Unternehmen in der Öffentlichkeit. Er koordiniert die Arbeit der Geschäftsleitung und stimmt sie mit den übrigen Stiftungsorganen ab.
In den einhundert Jahren Carl-Zeiss-Stiftung hatte man viele Anlässe zur Bewunderung dieses Werkes, sagt Skoludek. Nur in seltenen Fällen sei die Entwicklung anders verlaufen, als von Abbe vorausgesehen, und diesbezüglich habe man das Statut ändern müssen. So wollte Abbe, daß zum Stiftungskommissar ein »aktiver oberer Beamter des öffentlichen Dienstes« bestellt werde. Nun besitzt aber der Stiftungskommissar bei allen Grundsatzentscheidungen ein Mitspracherecht, und seine Stimme gibt sogar den Ausschlag, »falls in einer Sache Einstimmigkeit der Geschäftsleitung nicht besteht«.
Beispiele für solche Grundsatzentscheidungen seien etwa der Erwerb einer Firma, der Aufbau einer Verkaufsorganisation im Ausland oder die Beendigung einer bisherigen Aktivität. Abbe habe die Komplexität des modernen Wirtschaftslebens nicht vorausgeahnt: Bei derlei Problemen sei ein »aktiver oberer Beamter des öffentlichen Dienstes« überfordert. Jedoch habe Abbe in den Schlußbestimmungen des Statuts die Möglichkeit der Anpassung an die geänderten »technischen und ökonomischen Bedingungen« geschaffen, um die »Wirksamkeit der Stiftung« sicherzustellen. Es sei also der entsprechende Paragraph revidiert worden. Nach dem neuen § 5 muß der Stiftungskommissar eine Persönlichkeit sein, »die nach ihrer beruflichen Erfahrung ... Gewähr dafür bietet, ihre Aufgaben sachkundig ... zu erfüllen«.
Es sei ein Glücksfall gewesen, daß 1983 Professor Dr. Herbert Grünewald für dieses Amt gewonnen werden konnte. Grünewald habe große Erfolge gehabt als Vorstandsvorsitzender der Farbwerke Bayer AG und Erfahrungen in der Führung eines Großunternehmens gesammelt, bei dem wie im Falle Zeiss und Schott die Forschung eine Schlüsselrolle spielt. Er wirke jetzt bei Bayer als Vorsitzender des

Im Arbeitszimmer von Horst Skoludek.
Rechts neben dem Geschäftsleiter Manfred Berger.

Aufsichtsrates. Grünewald sei eine souveräne, unternehmerisch denkende Persönlichkeit mit weltweitem Ansehen: »Für uns ist er ein treuer Freund, auf den wir immer rechnen können.«

Nun zeigt mir Dr. Skoludek die historischen Stücke, die in einer Vitrine in seinem Arbeitszimmer stehen. Er deutet auf das um die Jahrhundertwende gebaute Mikroskop mit dem Abbeschen Beleuchtungsapparat: »Die Konstruktion war stabil und praktisch. Viele Jahrzehnte sind wir dabei geblieben.« Daneben sehe ich eine um 1930 gebaute Zeiss Ikon-Nettel Tropenkamera und die berühmte, von Heinz Küppenbender konstruierte Contax. »Die Tessar Objektive sind eine geniale Konstruktion von Paul Rudolph. 1902 hat er dieses Objektiv konstruiert mit nur vier Linsen und Maßstäbe gesetzt für kontrastscharfe Abbildung.« Auch einen frühen Theodoliten sehe ich und ein Fernglas. »Patent von Ernst Abbe, gebaut um 1908. Davon haben wir Millionen hergestellt und verkauft.«

Skoludek ist Jahrgang 1927 und stammt aus Niederschlesien. Erst nach der Entlassung aus der englischen Kriegsgefangenschaft konnte er 1948 sein Abitur machen, und er hat zwei Semester in Jena verbracht. »Meine Studentenbude lag direkt gegenüber dem Haupteingang von Schott, und der Weg zur Universität führte mich jeden Morgen am Zeiss-Werk vorbei.«

Anfang 1949 ging er in den Westen. In Göttingen und Frankfurt studierte er Physikalische Chemie. Promoviert hat er 1961 bei Hermann Hartmann über die Elektronenkonfigurationen bei den wasserfreien Zirkonbromiden.

Stipendien gab es nicht, und nur die Studiengebühren wurden ihm durch regelmäßige Fleißprüfungen erlassen. Skoludek mußte Geld verdienen und hat Spektralphotometer und Spektralfluorimeter für amerikanische Firmen verkauft, die auf den deutschen Markt drängten. Die Kunden waren im wesentlichen Universitätsinstitute, und jedes Verkaufsgespräch geriet zu einer Prüfung auf Herz und Nieren. So hat sich Skoludek Mitte der fünfziger Jahre im Dienst von Wettbewerbern Kompetenz für wissenschaftlich-technische Instrumente verschafft.

Die Physiker und Chemiker an den Universitäten fragten ihn damals häufig nach Zeiss-Instrumenten, und so wandte er sich an Dr. Rudolf

Ramb, einen der 84 Evakuierten, der damals die Verkaufsniederlassung in Frankfurt leitete.

Dieser Dr. Ramb holte nun eine Bankauskunft ein. »Und daraufhin wurde ich von Zeiss abgelehnt.« Inzwischen hatte aber Dr. Ramb Gefallen an dem Doktoranden gefunden. »In seinem Opel-Kapitän nahm er mich mit nach Oberkochen und hat mich zu Dr. Höfert geführt. Der zeigte mir die ganze Meßabteilung. Ich war begeistert. Noch am gleichen Abend schickte man mich zu Dr. Kühn.« Wie gewöhnlich intensiv bei der Arbeit hob der Geschäftsleiter den rechten Arm um ein weniges über den Aktenberg, blieb aber weiter in seine Schriftstücke vertieft. Gesprochen wurde kein Wort. Nach einer Weile fragte Dr. Kühn: »Wollen Sie mir nicht die Hand geben?«

Jetzt erst schaute er sich den jungen Mann an und stellte ein paar Fragen. Dann hieß es: »Wann können Sie bei uns anfangen?« Aus den Lebenserinnerungen Kühns wissen wir, daß er für sich als sein größtes Handikap betrachtete, als Kaufmann von den eigenen Produkten nicht genug zu verstehen. Es muß ihm mächtig imponiert haben, daß da ein kaufmännisch begabter junger Mann die wissenschaftlichen Grundlagen bereits aus dem Studium mitbrachte: Nach kurzer Einarbeitungszeit in Oberkochen kam Skoludek zur Filiale nach Köln, von wo er die nahegelegenen Universitäten betreute.

Schon vier Jahre später wurde er Executive Vice President der Tochtergesellschaft Carl Zeiss Inc. in New York. Hier erwarb er sich die Kenntnisse im Auslandsvertrieb, die ihn später als Geschäftsleiter in die Lage setzten, den von Gerhard Kühn begonnenen Ausbau der Auslandsorganisationen weiter zu vervollständigen. Sein besonderes Augenmerk hat Skoludek dabei auf Nordamerika und Fernost gerichtet mit, wie er sagt, »einer Fermate auf Japan«.

New York war für ihn eine faszinierende Erfahrung. Noch heute kommt er häufig in die Stadt, den »big apple«, wie die New Yorker sagen. Wenn er dann an der Westside am »Travel Lodge« in der 42. Straße vorbeifährt, muß er an die Hafenszenen denken, die er damals erlebt hat.

1967 kam der amerikanische Prozeß. Skoludek schildert Judge Mansfield als imponierende Persönlichkeit. In der Verhandlung vor dem

Horst Skoludek.

District Court war Heinz Küppenbender der Hauptzeuge. »Zwischen den beiden sprang schon in der ersten Minute ein Funke über: Da hatten sich zwei Löwen getroffen.«

Trotz seiner großen Beanspruchung durch den Prozeß fand Küppenbender die Zeit, sich um die New Yorker Firma zu kümmern. In diesen Wochen haben sie sich angefreundet, und auch jetzt sieht Skoludek regelmäßig den alten Herrn und informiert ihn über die wichtigsten Vorgänge. Erst am Wochenende habe er ihn wieder besucht. Küp gehe es mit seinen 88 Jahren erstaunlich gut. Er wolle unbedingt das Werk noch einmal sehen, scheue sich aber in seinem hinfälligen Zustand, sich vor den Mitarbeitern zu zeigen. »Da habe ich ihm gesagt: ›Ich führe Sie am Sonntag durch das Werk.‹«

Durch den amerikanischen Prozeß kam Skoludek auch in Verbindung mit dem New Yorker Rechtsanwalt Isaac Shapiro. Was Jackson und Shapiro während der Verhandlung vor dem District Court geleistet hätten, sei unvorstellbar. Noch heute wirke Shapiro, der ein außerordentlich fähiger Mann sei, als ständiger Berater der Firma. In Amerika könne man schnell in einen Schadenersatzprozeß verwickelt werden, und Shapiro halte Zeiss »out of trouble«.

Wir sprechen dann über die wissenschaftliche »Kompetenz« der Firma. Zur Jahrhundertwende habe Ernst Abbe die gesamte Optik in

Theorie und Praxis beherrscht. Wie überall sei die Spezialisierung weitergegangen, und es sei sozusagen für jeden Geschäftsbereich ein »kleiner Abbe« herangebildet worden: Für die medizinisch-optischen Geräte sei das Hans Littmann gewesen, der übrigens im Juni seinen 80. Geburtstag gefeiert habe. Die Meister auf dem Mikroskopgebiet waren Kurt Michel und Walter Kinder. Gerhard Kühn habe, wie jetzt wieder sein Vorstandskollege Gert Littmann, alles über Brillen und den Berufsstand der Optiker gewußt. Wenn Kühn vor den Optikern sprach, galt er als »Mr. Abbe«. Ein anderes Beispiel sei Erhard Glatzel, der Leiter der mathematischen Abteilungen. Er habe sich auf dem Gebiet der Optikrechnung einen so guten Namen geschaffen, daß von der Technischen Universität Berlin ein Ruf auf einen Lehrstuhl an ihn ergangen sei. Glücklicherweise sei es gelungen, ihn zu halten.

Der Geschäftsleiter macht eine kleine Pause: »Und dann natürlich Kurt Räntsch!« Ihm habe man die Weltgeltung auf dem Gebiet der optischen Meßtechnik zu danken. Die von Räntsch entwickelten optischen Präzisionsmeßgeräte zur Längenmessung, zur Oberflächenprüfung und Werkstückkontrolle hätten weite Verbreitung in der Maschinen- und Werkzeugmaschinenindustrie gefunden und eine deutliche Qualitätssteigerung bewirkt. Seine drei Bücher seien Standardwerke der technischen Messung.

»Oberkochen ist eine Art von Optik-Universität«, sagt Horst Skoludek. Vor allem in der Instrumenten-Entwicklung habe die Firma Bahnbrechendes geleistet.

Ich berichte, daß ich in einer Stunde einen Gesprächstermin bei Dr. Höfert habe. Der Geschäftsleiter erzählt mir von diesem bedeutenden Wissenschaftler, der fast ein Vierteljahrhundert lang die Abteilung für Optische Meßinstrumente geleitet hat.

Ein Wagen aus dem Fuhrpark bringt mich nach Heidenheim. Als Direktionsfahrer wisse man vieles, sagt Hans Niess, aber zum Beruf gehöre Verschwiegenheit. Vielleicht weiß er, daß ich über Zeiss schreiben will, oder es ist sein lebhaftes Temperament. Jedenfalls erzählt er von den Zeiten, als die Prozesse mit dem Volkseigenen Betrieb liefen und er Walter David nach München zu Professor Ernst Steindorff fahren mußte, dem Spezialisten für Internationales Wirtschaftsrecht. Immer am Samstagvormittag. »Dann haben wir«, sagt Niess, »die Londoner Vereinbarung geschlossen«, und nun gingen die Fahrten nach Jena. »Einmal wollten sie an der Grenze Schwierigkeiten machen. Da sind sie aber bei Dr. David an den Richtigen gekommen.« Niess strahlt.

Nach wenigen Minuten sind wir am Ziel, und der Fahrer zeigt mir, wo Dr. David wohnt. Auch Hans Joachim Höfert hat sich hier sein Haus gebaut.

Höfert gehörte zur Gruppe der 84, die Ende Juni 1945 von den Amerikanern aus Jena evakuiert wurden. Mit dem Aufbau ist auch seine Verantwortung gewachsen. Als Gerhard Hansen 1953 in die Geschäftsleitung aufstieg, hat er die Leitung der Abteilung für Optische Meßinstrumente übernommen. 1970 wurde er »Beauftragter der Geschäftsleitung« für die Entwicklung; auch die Leitung der Forschungsgruppe kam noch hinzu.

1975 ist Höfert in Pension gegangen; noch im gleichen Jahr wurde er in die Sprechergruppe der Pensionäre gewählt. Wie ist die Stimmung bei den Pensionären? »Wir preisen uns glücklich, bei Zeiss gewesen zu sein.«

Gesprächsthema ist die »Optik-Universität«. Wenn man das Humboldtsche Prinzip der Freiheit der Forschung zum Maßstab nehme, sagt Höfert, dann war Carl Zeiss tatsächlich immer eine Universität. »Die einzige mir bekannte Firma, die den Wissenschaftlern völlig freie Hand ließ. Deshalb ging ich 1939 zu Zeiss, als meine Assistentenzeit bei Jonathan Zenneck in München zu Ende war.« In Oberkochen sei die Situation insofern eine andere gewesen, als man jetzt auf den Erlös aus dem Instrumentengeschäft angewiesen war. Trotzdem habe Gerhard Hansen seine Physiker immer gegen die Kaufleute in Schutz genommen. Jeder konnte weiterhin *l'art pour l'art* vor sich hin forschen, »aber langsam haben wir doch gemerkt, daß wir auf die Bedürfnisse der Kunden eingehen müssen.«

Bei den jährlichen Tagungen mit den Außenbeamten hat Höfert eine Art von »Parlamentsdebatte« organisiert. Die Außendienstler übernahmen die Rolle der Opposition und mußten die Sünden der »Regierung« rückhaltlos kritisieren. »Die Regierung, das waren in diesem Falle die selbstzufrieden in ihren weichen Stühlen sitzenden

Wissenschaftler.« Es habe seine Mitarbeiter sehr nachdenklich gestimmt, wenn sie hörten: »Was ihr macht, kann der Kunde nicht brauchen.«

Höfert bestätigt die Aussage von Skoludek, daß auf vielen Gebieten der technischen Optik Carl Zeiss die führenden Fachleute besessen hat und heute noch besitzt: Für die Photooptik falle ihm Hans Sauer ein, für die Elektronenmikroskopie Hans Mahl. Nicht umsonst habe Hans Mahl 1941 zusammen mit Ernst Ruska die silberne Leibniz-Medaille der Preußischen Akademie erhalten. Der Kollege Gustav Förstner sei zu nennen, der Leiter der geodätischen Abteilung, und Hans Plesse, der die Elektronik bei Zeiss eingeführt habe. Und natürlich Kurt Schwidefsky für die Photogrammetrie, der später an die TH Karlsruhe gegangen sei.

Besonders bewundert hat er immer Gerhard Hansen. »Ein wissenschaftlich fundierter Konstrukteur ersten Ranges. Er besaß enormes experimentelles Fingerspitzengefühl. Wenn im Labor Probleme auftraten, kam Hansen, schaute sich das Ding an, drehte hier und dort und sagte dann, was los war.«

Kurt Michel und Hans Littmann hätten das richtige Prinzip vertreten, daß die Instrumente von den Bedürfnissen der Anwender her entwickelt werden müßten. Kurt Michel sei selber Biologe gewesen und hätte also gewußt, was man als Forscher mit dem Mikroskop wolle. Hans Littmann, zuerst Mitarbeiter von »Mess«, dann verantwortlich für »Med«, das heißt die medizinisch-optischen Geräte, habe stundenlang die Ärzte bei ihren Operationen beobachtet. Dabei sei ihm immer schlecht geworden, weil er kein Blut sehen konnte.

Wie die meisten seiner Generation hat auch Hans Joachim Höfert die Aufbauzeit nach 1945 trotz aller Not als »heiter« in Erinnerung. Zusammen mit Eduard Gerber, der in Jena »die Schwingquarze gemacht« hatte, saß er in einem winzigen Dachzimmer, und mit manuellen Rechenmaschinen haben sie Strahlengänge bei Brillengläsern gerechnet. Jeder wollte den andern an Schnelligkeit und Genauigkeit übertreffen. Aus welchen Motiven wird man Physiker? Auch der Ehrgeiz spielt eine Rolle, die eigenen Geisteskräfte zu messen. Wissenschaft ist Gottsuche und Schachspiel.

Ich frage nach den ersten Jahren in Oberkochen. Am Brenz-Topf in

Königsbronn, in den malerischen Felsen des Kalkgebirges, wo die Brenz entspringt, hatten sie ihr erstes Physikalisches Kolloquium. »Kurt Räntsch mußte uns Optik beibringen. Ich kam ja von den Gasentladungen. Gerber war Hochfrequenzingenieur. Räntsch machte es didaktisch sehr geschickt und hatte ein vorzügliches Manuskript ausgearbeitet.«

Heute ist das alles institutionalisiert. Im Rahmen der Deutschen Physikalischen Gesellschaft hat Dr. Claus Freitag, der Leiter der Bibliothek, ein paar Jahre lang eine Vorlesungsreihe zu anspruchsvollen Themen wie »Ramanspektroskopie« und »Oberflächenphysik« organisiert, und seit 1972 gibt es auch ein Physikalisches Kolloquium.

Wir sind am Ende unserer Zeit, und Dr. Höfert begleitet mich zum Bahnhof. Wir sprechen vom »Wissenschaftler-Stammtisch« in Heidenheim, an dem er regelmäßig teilnimmt, und der auf die »alten Jenenser« beschränkt ist. Der Kreis wird immer kleiner. »Auch hier wirken die ehernen Naturgesetze.« Vielleicht ist auch Dr. Höfert bald nicht mehr dabei. Er denkt daran, in das Augustinum in Dießen am Ammersee zu ziehen.

Am nächsten Tag frage ich Dr. Freitag nach der Resonanz des Physikalischen Kolloquiums in Oberkochen. Gewöhnlich sind es 70 Teilnehmer, nicht alle von Zeiss; auch die benachbarten Firmen und die Gymnasien beteiligen sich. »Bei Klaus von Klitzing waren es 250.«

Auf meine Bitte sucht mir der Bibliotheksleiter die von Zeiss-Mitarbeitern verfaßten Bücher zusammen, die für ihr Fach als »Standardwerke« gelten. »Ich war selbst überrascht«, sagt er, »wie viele es sind.«

Wir blättern in den »Dünnen Schichten für die Optik« von Hugo Anders, den »Grundlagen der Polarimetrie« von Johannes Flügge, in der »Microscope Photometry« von Horst Piller und in ein paar anderen. »Optik-Universität Carl Zeiss«, sage ich. »Auch die schon 1946 von Fritz Gössler und Norbert Günther gegründete Zeitschrift ›Optik‹ gehört hierher.«

Den Tag verbringe ich hauptsächlich im Optischen Museum. Der Grundstock der Sammlung stammt von den Münchener Augenoptikern Otto und Gustav Kröner. Die beiden Brüder waren leidenschaftliche Sammler von optischen Instrumenten und allem, was mit

der Entwicklung der Optik zusammenhängt. Wertvolle Bestände kamen auch von Zeiss Ikon und Voigtländer.
Dr. Wolfgang Pfeiffer, der Leiter der Technisch-Wissenschaftlichen Information, ist auch für das Museum verantwortlich. In einer Vitrine zeigt er mir Nietbrillen des 14. Jahrhunderts, die noch mit der Hand festgehalten werden mußten, und spricht über die kulturgeschichtliche Rolle der Brille: Daß sich die geistige und technische Entwicklung seit der Renaissancezeit so fühlbar beschleunigt habe, sei auf die ständig steigende Zahl von Menschen zurückzuführen, die sich daran aktiv beteiligten. Ursächlich für dieses Anwachsen seien das Bildungswesen, die Erfindung des Buchdrucks und schließlich auch die immer bessere Brillenversorgung. Die Bedeutung der Brille in diesem Prozeß werde leider meist übersehen: Rund 70 Prozent der Bevölkerung leiden an Fehlsichtigkeit und sind bei jeder anspruchsvolleren Tätigkeit – ob geistig oder manuell – auf eine Sehhilfe angewiesen.
Zu den Schätzen des Optischen Museums Oberkochen gehören auch das Handfernrohr, das Napoleon 1815 bei der Schlacht von Waterloo benutzt hat, und Hasselblad-Kameras mit Zeiss-Objektiven, wie sie die NASA-Astronauten gebrauchten. In anderen Vitrinen sehen wir schlichte Mikroskope des 17. Jahrhunderts, mit denen Antoni van Leeuwenhoek die Bakterien entdeckt hat, und prächtige englische Messingmikroskope: Man begreift, daß die Wissenschaft damals eine kultivierte Beschäftigung für reiche Herren gewesen ist.
Wie in jedem Museum gibt es auch hier Bestände, die der Öffentlichkeit nicht zugänglich sind. Dazu gehört das Firmenarchiv mit einer großen Sammlung von Lebenserinnerungen. Über einhundert Zeissianer, Pensionäre zumeist, haben ihre Memoiren geschrieben und dem Archiv zur Verfügung gestellt.
Ich habe schon oft mit diesem Material gearbeitet, und jetzt frage ich Wolfgang Pfeiffer nach dem Zustandekommen der Sammlung. Als Stiftungsbetrieb habe das Unternehmen eine Sonderstellung innerhalb der deutschen Industrie, und auch die historische Entwicklung sei in vielem anders verlaufen. So gab es in der Firma schon immer ein starkes Interesse an der eigenen Geschichte.
Als der Geschäftsleiter Dr. Gerhard Kühn mit Ablauf des Jahres 1973

in den Ruhestand ging, nahm er sich vor, »die geschichtliche Entwicklung des Zeiss-Werkes seit Kriegsende zu bearbeiten«.[7] Das müsse geschehen, solange noch die Generation am Leben sei, die die Gründerjahre unmittelbar nach Kriegsende aus der eigenen Anschauung kenne. Im Februar 1974 richtete er ein Schreiben an viele aktive und pensionierte Mitarbeiter und forderte sie auf, ihre Erinnerungen festzuhalten und zur Verfügung zu stellen. Dies könne je nach Zweckmäßigkeit mündlich, schriftlich oder durch Tonband erfolgen.[8]

Ich blättere in dieser Sammlung. Das schwerste Schicksal, so schien es 1945, hatten die 84 Evakuierten. Das Zeiss-Werk war ihr Lebensinhalt gewesen. Was wollten sie in Heidenheim? Dann aber wuchs hier das Pflänzlein Hoffnung, während in Jena der Leidensweg begann.

Draußen ist es inzwischen dunkel geworden. Kurz nach sieben Uhr kommt Dr. Pfeiffer und zeigt mir zum Ausklang des Tages ein mit einer Zeiss-Reihenmeßkamera aufgenommenes Satelliten-Photo von Granada, auf dem die Alhambra deutlich zu erkennen ist.

Zweiundzwanzigstes Kapitel

ZU DEN QUELLEN

Inzwischen bin ich Stammgast im Optischen Museum Oberkochen. Das hier gesammelte Material ist der Rohstoff, aus dem sich Teile der Zeiss-Geschichte destillieren lassen.

Heute lese ich in den Aufzeichnungen von Dr. Gerhard Kühn. Als er im Februar 1974 die Mitarbeiter aufforderte, ihre Erinnerungen festzuhalten, mußte er selbst mit gutem Beispiel vorangehen. Er berichtete über den Neuaufbau der Vertriebsorganisation. Bei den vielen Auslandsreisen haben ihn oft seine Frau und die zuständigen Oberkochener Referenten begleitet. Im September 1960 flog er nach Tokio. Auch hier war die frühere Tochtergesellschaft beschlagnahmt.

> Ich ließ sofort ein neues Gebäude suchen. In Frage schien nur eines der neuen Hochhäuser zu kommen. Aber die Mieten waren unerschwinglich. Ich hatte schließlich das Glück, ein kleines japanisches Häuschen für DM 100000.– zu erstehen. Carl Zeiss Tokyo war wieder gegründet. ... Ich entsandte Dipl.-Ing. [Hanns] Maaz nach Tokio, der später durch Heinz Schmidt (er war mein Lehrling bei Winkel gewesen und kam jetzt aus Johannesburg) abgelöst wurde. Beide haben Hervorragendes geleistet. Japan ist heute unser gewinnreichstes Außenunternehmen. Es hat einen stolzen Neubau und Niederlassungen in anderen wichtigen Städten.[1]

In den Unterlagen finde ich auch seine »Disposition für die Geschichte von Carl Zeiss«.[2] Weil die Entwicklung bis zum Zweiten Weltkrieg schon mehrfach behandelt wurde, zuletzt in dem großen Werk von Friedrich Schomerus, wollte sich Dr. Kühn auf die Zeit ab 1945 beschränken. Er hatte vor, mit den letzten Monaten in Jena zu beginnen:

1. Verhinderung der Verteidigung Jenas
2. Requisitionen und Verlagerungspläne
3. Abtransport.

Punkt 1 war wohl als Hommage à Küppenbender gedacht, der in den letzten Kriegswochen zuerst bei dem deutschen General Hermann Hoth und dann bei Albert Speer gegen die Absicht interveniert hatte, das Zeiss-Werk zu sprengen.
Dann sollte sich der »Aufbau im Westen« anschließen. Diesen Hauptteil dachte sich Dr. Kühn offensichtlich nicht zeitlich, sondern systematisch gegliedert.
Außer mir arbeitet Otto Nordt im Archiv des Optischen Museums. Er stand seit 1935 im Dienst von Carl Zeiss und hat jetzt als Pensionär in der Beschäftigung mit der Firmengeschichte eine schöne Aufgabe gefunden. Seit ein paar Jahren sitzt er an diesem Material und schreibt zu einzelnen Themen zusammenfassende Darstellungen. Während meiner Arbeit an den ersten Kapiteln dieses Buches habe ich von seinen Ausarbeitungen über »Jena im Kriege« und »den schweren Anfang« in Oberkochen Gebrauch machen dürfen.
In der Hauptsache geht es Otto Nordt um die Klärung von Widersprüchen zwischen den Erinnerungen der Firmenangehörigen. Der erste amerikanische Soldat, der sich am 13. April 1945 den Zeiss-Werken näherte, war, wie Josef Dinser gemeint hat, ein junger Leutnant, der mit einer Pistole wild um sich schoß. Er habe das Angebot, ihn zur Geschäftsleitung zu bringen, abgelehnt und wollte allein durch das Werk gehen.
Folgt man Walter David, hat es sich dagegen um einen Sergeanten gehandelt, der im Geschwindschritt, aber friedlich die Carl-Zeiss-Straße heruntergekommen sei, und der sich zur Geschäftsleitung im neunten Stock begleiten ließ. Darin stimmten Dinser und David dann wieder überein, daß der Soldat stolz verkündet habe, der erste Amerikaner in Erfurt, Weimar und Jena gewesen zu sein und daß er auch noch in Gera der erste sein wollte.
Einige Punkte hat Otto Nordt inzwischen geklärt. Als ich ihn nach dem Fortgang seiner Arbeit frage, berichtet er, daß Josef Dinser sich darin irre, daß die Geschäftsleitung bei ihrem Abtransport aus Jena 18 Millionen Reichsmark mitgenommen habe.

> Die Geschäftsleitung nahm nur drei Millionen mit und nicht in bar, wie es im VEB-Geschichtsbuch steht, sondern durch Überweisung von der Reichsbank Jena auf ein Reichsbankkonto in München. Die Überwei-

sung erfolgte bereits am 7. Juni, ein Zeichen, wie erstaunlich früh die Geschäftsleitung von dem bevorstehenden Abtransport unterrichtet gewesen sein muß. Es wurde aber, was ich der Vollständigkeit wegen erwähne, noch mehr Geld transferiert. David nahm 500000 RM nach Wetzlar mit, die später nach Heidenheim überwiesen wurden. 275000 RM überwies die SAG Saalfeld an Kollmorgen, Coburg. Und neuerdings bin ich auf handschriftliche Notizen von Henrichs gestoßen, wonach Zeiss-Aerotopograph 1,9 Millionen von der Commerzbank Jena auf ein Commerzbank-Konto in München überwiesen hat. Frau Messter schimpft in einem hinterlassenen Tonbandbericht, daß die Commerzbank es ablehnte, wegen fehlender Legitimation Auszahlungen an ihren Mann vorzunehmen.[3]

Otto Nordt ist nun in Fahrt, und es gelingt nur schwer, ihn auf ein anderes Thema zu bringen. Schließlich kommt er auf die Frage, wieviel Zeissianer denn nun wirklich von den Amerikanern aus Jena evakuiert worden seien. Diese Zahl eindeutig festzustellen, ist ihm ein besonderes Anliegen: »Das einzige amtliche Dokument, das ich aufspüren konnte, nennt 81 Namen.« Dabei aber sei irrigerweise auch ein Jenaer Universitätsmechaniker mit aufgeführt, wofür aber Otto Ratz fehle, »der zweifelsfrei ein Zeiss-Mann war«.
Zu diesen 81 müßten jedoch noch vier Mitarbeiter von Zeiss-Aerotopograph hinzugerechnet werden. Dann käme man auf 85 Zeissianer, was mit den 41 Schott-Mitarbeitern, deren Zahl eindeutig feststehe, 126 Evakuierte ergebe. Von der Richtigkeit dieser Gesamtzahl für Zeiss und Schott gehe er aus. Wenn man also die Namen der vier Zeiss-Aerotopograph Mitarbeiter angeben könnte, die nicht nach Heidenheim, sondern nach München evakuiert wurden, sei das Problem gelöst. »Und«, frage ich, »haben Sie die Namen?« Die Enttäuschung ist ihm anzusehen. Er hat nur drei Mitarbeiter ermitteln können. »Es verbleibt eine Differenz von einem Namen.« Eine halbe Stunde geht es um diesen letzten, noch fehlenden Mitarbeiter. Wahrscheinlich muß man Insider sein, um Genugtuung zu empfinden: Herr Nordt steht kurz vor der Lösung des Rätsels.*

* Bei einem späteren Besuch erfahre ich, daß doch nur drei Mitarbeiter von Zeiss-Aerotopograph nach München gebracht wurden, was mit den 81 Heidenheimern insgesamt 84 Evakuierte ergebe. Diese Zahl sei endgültig.

Schließlich kann ich mich zurückziehen, um in den gesammelten Erinnerungen der Mitarbeiter zu blättern. Es gibt viele Überschneidungen. Am ausführlichsten sind überall die ersten Nachkriegsjahre behandelt, und aus den verschiedenen Blickwinkeln ergibt sich ein plastischer Eindruck dieser verrückten und doch so schönen Zeit. »Es hieß nicht mehr, wie in den zwölf Jahren vorher, daß dies oder jenes *noch* möglich sei«, hat Heisenberg einmal gesagt, »sondern es hieß, daß es *schon wieder* möglich sei.«[4] Die Hoffnung, daß die Lebensbedingungen und überhaupt alles bald besser werde, gab den Menschen Vertrauen in die Zukunft.
In den Erinnerungen von Erich B. Richter, einem Direktor der Zeiss Ikon in Stuttgart, lese ich von dem Besuch von Dr. Karl Bauer aus New York im Mai 1947:

> Er wurde auf unsere Bitte von der Militärregierung telegraphisch aufgefordert, nach Stuttgart zu kommen. Als Ausweis, der ihm die Reise ermöglichte, hatte Bauer (damals noch deutscher Staatsangehöriger) ein Photo auf den Briefbogen seiner New Yorker Firma geklebt, neben dem ein befreundeter Senator bescheinigte, daß »die abgebildete Person Dr. Bauer darstelle, President of Carl Zeiss Inc.« Daneben die Genehmigung des Kriegsministeriums zur Einreise nach Deutschland.
> Bauer kam in der Nacht in Stuttgart an. Der Posten am Zeppelin-Hotel, wo ein Zimmer reserviert war, verweigerte dem Zivilisten den Eintritt. Im Bunkerhotel am Rathaus war das letzte Zimmer kurz vorher weggegeben. Es blieb nur übrig, ihn im Contessa-Werk in einem alten Luftschutzbett unterzubringen. Die Militärregierung entschuldigte sich am andern Tag, aber Bauer nahm später in New York kein Blatt vor den Mund über diese und andere Vorfälle. Es bedurfte eingehender Verhandlungen bei der JEIA (Joint Export Import Association) in ihrem Hauptquartier in Minden, um zu erreichen, daß wir an Carl Zeiss New York liefern konnten.[5]

In diesen Aufzeichnungen ist dann noch die Rede von den vielen Fettpaketen, die Karl Bauer aus New York nach Oberkochen geschickt hat. Als treuer Nothelfer in der Nachkriegszeit erwies sich auch Reinhardt Czapski in São Paulo. Es war also doch kein leeres Gerede vom Zusammengehörigkeitsgefühl in der großen »Zeiss-Familie«.
Wolfgang Pfeiffer lädt mich zum Mittagessen in den »Roten Salon«.

Das ist ein Speisesaal neben der Kantine, in den die leitenden Herren ihre Besucher führen. Ich frage ihn nach Reinhardt Czapski. Es handelt sich um einen Sohn von Dr. Siegfried Czapski, dem frühverstorbenen Nachfolger und Freund von Ernst Abbe. Dieser Reinhardt Czapski übernahm die Filiale der Firma in Amsterdam, mußte nach der Besetzung der Niederlande 1940 seine Stellung aufgeben und gründete dann die Firma Opticon in São Paulo.

Wir können zwischen Obstsäften, Limonaden oder Mineralwasser wählen. Herr Pfeiffer sagt, daß es grundsätzlich keinen Alkohol gibt. Einmal hat er erlebt, daß eine italienische Besuchergruppe empört war, keinen Wein zu bekommen. Es ist möglich, räumen wir ein, daß man sich an Wein als »digestivo« gewöhnen könne. Weil ich schon 25 Jahre Wissenschaftsgeschichte treibe, fallen mir einschlägige Beispiele aus der Gelehrtenwelt ein. Ich erzähle von dem Wiener Physiker Ludwig Boltzmann, der 1905 als Gastprofessor nach Berkeley ging, wo Prohibition herrschte. In seinem Aufsatz über »Die Reise eines deutschen Professors ins Eldorado« hat er amüsant beschrieben, wie er sich durch den Genuß von Wasser Verdauungsstörungen zuzog, die sofort verschwanden, als er beim Lunch das Wasser heimlich durch eingeschmuggelten kalifornischen Wein ersetzte.[6]

Ich komme dann auf die Geschichte, die mir eben in den Lebenserinnerungen von Erich Richter begegnet ist: Als 1945 die Franzosen Stuttgart besetzten, waren sie scharf auf Kameras. Sie ließen fragen, was zur Herstellung der Contax gebraucht werde. Die Antwort lautete: Verpflegung für die Belegschaft. »Der Leutnant kam am nächsten Tag mit einem Schwein für die Kantine. Natürlich war es irgendwo gestohlen.«

Nach dem Essen gehen wir zurück zum Museum. Dr. Pfeiffer bereitet eine Sonderausstellung vor zum Thema »Ein Jahrhundert Carl Zeiss Photomikroskope«. Er will die Entwicklung vom ersten mikrophotographischen Apparat, der von Roderich Zeiss stammt, bis zum heutigen Axiophot dokumentieren.

Ich kann mich mit einigen Aktenordnern in sein Zimmer setzen. Unter den vielen Lebenserinnerungen finde ich die von Heinz Freundel, der 1935 als Mechanikerlehrling bei Zeiss angefangen hatte und es 1968 zum Fertigungsgruppenleiter brachte. In seiner Versuchswerk-

statt, genannt MV (Mechanikversuch), sind viele neue Geräte, vom Okular bis zum Bildmeß-Großgerät, als erste Prototypen entstanden. »Für die Aufgabe einer Versuchsabteilung bietet sich der Vergleich mit einer Geburtsstation eines Krankenhauses an.«
Der Chemiker Justus von Liebig hat den Ausdruck von der »Poesie des Naturforschers« geprägt und darunter das »Schaffen in Gedanken« verstanden. Mir erscheinen die Aufzeichnungen von Heinz Freundel nicht unpoetisch, und vielleicht könnte man (ganz ohne Ironie) von der »Poesie des Feinmechanikers« sprechen:

> Die Wissenschaftler als »Väter« und die Konstrukteure als »Mütter« neuer Geräte stehen außerhalb unseres Bereiches. Wir haben die Aufgabe, den Schöpfungen dieser »Eltern« zum Leben zu verhelfen. Alle Beteiligten sind glücklich, wenn ein neuer »Gerätesproß« erfolgreich seinen Weg in die Serienfertigung geht, aber auch bei uns kommen Früh- und Notgeburten vor, und manche Erzeugnisse pendeln lange zwischen Leben und Tod.[7]

Am Abend besuche ich in Aalen Dr. Adolf Hofem, den früheren Leiter der Betriebswirtschaftlichen Abteilung. Von seinem Sohn, der in Oberkochen zum Controlling gehört, erfährt er, was bei Zeiss vorgeht, und bei mir erkundigt er sich nach den Interviews mit den Mitarbeitern. Auch vom französischen Prozeß möchte er hören. »Nach 36 Dienstjahren kommt man von der Firma nicht mehr los.«
Was hat ihn in seiner aktiven Zeit am meisten gefreut und was am meisten geärgert? Stolz war er, als der Stiftungskommissar in seiner Abschiedsrede ihn den »getreuen Ekkehart« der Carl-Zeiss-Stiftung nannte.[8] Tatsächlich hatte Hofem die zum 1. Mai 1954 vollzogene Wiedereinführung des Stiftungs- und Pensionsstatuts mit vorbereitet. Dieser wichtige Schritt war, wie er sich genau erinnerte, im wesentlichen von Dr. Küppenbender vorangetrieben und durchgesetzt worden, was ihm damals den größten Respekt abgenötigt hatte.
Mit Heinz Küppenbender hatte es wegen dessen »Bauwut« oft Krach gegeben. Hofem wollte weit vorsichtiger disponieren. Geärgert hat er sich aber eigentlich nicht über Küppenbender, sondern über sich selbst, weil er in der Argumentation Küp nicht gewachsen war.
Dr. Gerhard Kühn, mit dem er sich sonst gut verstand, hat ihn einmal – kurz vor der Pensionierung – einen »reinen Zahlenmenschen«

genannt, der »nicht unternehmerisch denken« könne. Das hat er als ungerecht empfunden, da ihm die Zahlen im Grunde gar nicht so sehr liegen: »Unternehmer will ich gar nicht sein, da ich mehr ein ›Verwaltungstyp‹ zu sein glaube.«[9]

Es habe sich auch einmal eine Firmenübernahme unter unangenehmen Begleitumständen abgespielt. Üblicherweise war es immer etwas Besonderes, wenn Firmen erworben und in die Zeiss-Gruppe eingegliedert werden konnten. Er habe dann »nach den Regeln der Kunst« den Wert dieser Firmen ermittelt. Einmal jedoch seien seine Mitarbeiter und er von den Erben ganz von oben herab behandelt worden. Schließlich aber blieb von der gespielten Vornehmheit nichts als der Wunsch, möglichst schnell Kasse zu machen. Erst in solchen kritischen Situationen lerne man die menschlichen Qualitäten seiner Mitarbeiter kennen. Stolz erwähnt er Heinz Branitzki, der 1965 zu Porsche ging und es dort bis zum Vorstandsvorsitzenden gebracht hat.[10]

Auch mit Dr. Hofem kommt das Gespräch auf die schwierigen Anfangsjahre. 15 Monate hat er in Oberkochen mit seiner Frau und den beiden Kindern auf dem Firmengelände in einer Baracke gehaust, was eine »Vorzugsbehandlung durch die Geschäftsleitung« war: »Sonst mußten die Jenaer Ankömmlinge im Massenlager im Martha-Leitz-Haus kampieren.«[11] Am 5. März 1949, der Tag ist ihm unvergeßlich, zog die Familie wieder in eine ordentliche Wohnung.

Damals fielen auch für Zeiss die wichtigen Entscheidungen. Am 21. Juni fuhren sie zu viert nach München, um die Möglichkeit zu erkunden, das Gelände der Optischen Werke Steinheil zum Hauptsitz von Carl Zeiss zu machen: »Die wissenschaftlichen Mitarbeiter wollten nach München. Auch die Belegschaft von Steinheil war sehr interessiert.« Der Plan aber zerschlug sich. Die Hauptgründe waren die katastrophale Wohnungsnot in München und die »Rücksichtnahme auf das Land Württemberg-Baden, dem sich die Leitung verpflichtet fühlte.«[12] Erstaunlich aus heutiger Sicht sei die Geschichte auch noch aus einem anderen Grunde, sagt Dr. Hofem. Unter den vier Zeissianern, die nach München fuhren, war auch Victor Sandmann, einer der kommissarischen Geschäftsleiter in Jena. Das zeige, daß sich Oberkochen und Jena damals noch als Einheit betrachteten.

Der alte Herr hat auch die Namen der beiden anderen Kollegen parat, die 1949 das Gelände in München besichtigten, und ich rühme sein Gedächtnis. Er erzählt, daß er sein ganzes Leben lang Tagebuch geführt hat und zur Vorbereitung unseres Gesprächs in den alten Aufzeichnungen gelesen habe. Ich staune, als er fünf dicke Bände herbeischleppt, und empfinde es als einen besonderen Vertrauensbeweis, daß er mir diese Bände zur Verfügung stellt.
Im Hotelzimmer lese ich noch lange in den Aufzeichnungen. Was war das für eine verwickelte Geschichte mit dem Claim!* Für den Verlust der Laborgeräte und der Werkszeichnungen hat sich die Firma eine Entschädigung von 23 Millionen erstritten. »Die Amerikaner haben uns letztlich entscheidend gegen den eigenen Finanzminister geholfen«, lese ich. Als das Geld endlich angewiesen wurde, kam das Finanzamt und wollte davon zehn Millionen! Ein externer Steuerexperte empfahl, die Steuerpflicht anzuerkennen, aber die Steuerlast auf 24 Jahre zu verteilen:

> Diese Empfehlung war allen an der Lösung dieses Problems Beteiligten unsympathisch, da sie zu einer unerwünschten langfristigen Belastung des Unternehmens führte. Sie widersprach auch den Erwartungen, den so sehr benötigten Claim-Gesamtbetrag ungeschmälert nutzen zu können.[13]

Auch diesen Kampf haben sie schließlich siegreich bestanden: »Am 24. Januar 1962 erhielt das Finanzamt Heidenheim von der Oberfinanzdirektion Stuttgart die Anweisung, unserem Antrag auf volle rückwirkende Steuerbefreiung des Claim stattzugeben.«
Am nächsten Tag kommt Neithardt von Einem wie verabredet zum Hotel, um mich abzuholen. Er rechnet nun sicher mit einem erfolgreichen Ausgang des französischen Prozesses, was bedeuten würde, daß auch in Frankreich nur Oberkochen unter dem Namen »Zeiss« auftreten darf.**

* Man vgl. S. 58.

** Am 18. Januar 1989 hat das Oberlandesgericht in Paris entschieden, daß der VEB in Frankreich keine Namen oder Warenzeichen mit dem Bestandteil »Zeiss« verwenden darf. Das Urteil ist inzwischen rechtskräftig geworden. Damit sind nach 35 Jahren endlich alle Prozesse um den Namen Zeiss beendet (Anmerkung bei der Schlußredaktion).

In der Rechtsabteilung wird der Syndikus schon erwartet. Die Sekretärin übergibt mir den Schlüssel, und ich fahre mit dem Aufzug in den Keller. Den verwinkelten Weg zum Rechtsarchiv bin ich oft gegangen, aber wieder habe ich Mühe, mich zurechtzufinden. Der Raum hat keine Fenster; die Luft ist abgestanden, und man schmeckt den Staub. In den Regalen stehen Hunderte von Aktenordnern: Hier liegt der Stoff, aus dem Geschichte geschrieben wird.

In diesem Verlies habe ich in den letzten Semesterferien viele Wochen zugebracht. Hier ist es für mich aufregender als sonstwo. Die staubigen Akten mit der Aufschrift »Oberlandesgericht Düsseldorf«, »High Court London« und »BGH Karlsruhe« werden lebendig, sobald man darin zu lesen anfängt.

Für die Geschichte von Zeiss sind die Zeugenaussagen eine hervorragende historische Quelle. Das mühsame Beweiserhebungsverfahren im Prozeß vor dem District Court of New York beispielsweise hatte eine von den Beteiligten gewiß nicht vorausgesehene Folge: Es erleichtert jetzt die Arbeit des Historikers. Bei Widersprüchen in den Aussagen haben die Rechtsanwälte unbarmherzig nachgefragt und von den Zeugen schriftlich Originaldokumente verlangt. Auch der Historiker kann nicht anders vorgehen.

Immer wieder entdecke ich neue Dokumente. Heute kommt mir das Tagebuch des amerikanischen Obersten Carl E. Nelson in die Hände, der im Juni 1945 – damals noch als Major – zu den Schicksalsgöttern von Zeiss gehörte.

Ich vergesse die Umgebung und erlebe den sonnigen Juni 1945 aus der Sicht der jungen amerikanischen Offiziere. Was damals die Deutschen als unerbittliches Schicksal traf, war für die Sieger ein spannendes Abenteuer.

Major Nelson und Leutnant Brayer wohnten im Hotel »Zum schwarzen Bären«, dem besten Haus am Platze. Hier hatte Luther 1522 als »Junker Jörg« auf seiner gefährlichen Reise von der Wartburg nach Wittenberg logiert. Ob die Offiziere die Gedenktafel beachtet haben, geht aus dem Tagebuch nicht hervor. Ihre Gedanken galten der Gegenwart: Colonel Hubert Zemke brauste mit seiner Thunderbolt im Tiefflug über das Hotel. Das war das Zeichen: »Hoppla, jetzt komm' ich.« Und bei Zeiss stand ein neuer Wirbel bevor.

Wie hat Major Nelson den 18. Juni 1945 erlebt? Ich kenne seine Aussage vor dem District Court in New York*. Was schrieb er darüber im Tagebuch?

An diesem herrlichen Junitag holten Major Nelson und Leutnant Brayer den Luftwaffenobersten Stone am Feldflughafen ab. Auf dem Wege hinunter in die Stadt Jena sahen sie Colonel Zemke einfliegen; sie kehrten um und trafen Zemke oben am Flugplatz. Hubert Zemke kam von SHAEF, dem alliierten Hauptquartier in Paris. Dort hatte man sich auf einer Konferenz mit dem Schicksal von Zeiss und Schott beschäftigt.

> At this meeting [in Paris] it was decided to take certain personnel from the plant and move them to where they could be used for continuing projects of interest to the Army. Col. Zemke had a teletype with him which stated the policy of taking top technical personnel and laboratory equipment which would be necessary for this work. It was signed in General Eisenhower's name by the chief signing officer (Col. Sheldon) of SHAEF.[14]

Einen Tag später, unter dem 19. Juni, schreibt Major Nelson von den Bedenken hoher amerikanischer Offiziere. »Stripping a plant of its brains?« Die Aktion stünde im Widerspruch zum Geist der interalliierten Zusammenarbeit. Diese Kooperation aber sei lebenswichtig für die Funktionsfähigkeit der deutschen Industrie.

> I pointed out that these [Zeiss] people have things we haven't and which we want to have: the results of 100 years of experience by which we can profit immeasurably.[15]

Breiten Raum im Tagebuch nimmt ein, was Major Nelson alles bei Zeiss gesehen hat: ein optisches Telefon, bei dem ein modulierter Infrarotstrahl zur Signalübertragung benutzt wird, und ein Ortungsverfahren ebenfalls mit infrarotem Licht.

Stoff für die Firmengeschichte habe ich genug. Eine Karikatur im Simplicissimus kommt mir in den Sinn: Ein Gelehrter besucht einen Kollegen, der am Schreibtisch hinter Stößen von Büchern sitzt. Und stolz sagt der Gast: »Sie sammeln noch. Ich werfe schon wieder über Bord.«

* Man vgl. S. 208 f.

Dreiundzwanzigstes Kapitel

THE POWER OF THE EYE

Zu meinen Hörern an der Universität Stuttgart gehört der Heilbronner Facharzt Dr. Christian Haellmigk. Neben seiner Praxis für Augenheilkunde treibt er Medizin- und Wissenschaftsgeschichte als ernsthaftes Hobby.

Mein Interesse für Carl Zeiss hat ihn veranlaßt, sich mit der Entwicklung der mikroskopischen Methoden in der Medizin zu beschäftigen. Nach der Vorlesung setzen wir uns manchmal noch eine Viertelstunde in das Café Stadtgarten.

Entscheidend für die Entwicklung der Mikrochirurgie, erfahre ich, sei die Zusammenarbeit von Dr. Hans Littmann von Zeiss und Professor Heinrich Harms gewesen. Harms war der Direktor der Universitäts-Augenklinik in Tübingen. »Er hatte im Kriege unter ungünstigsten Lichtverhältnissen und bei unzureichender Vergrößerung schwierige Augenoperationen durchzuführen, und er ist aus diesem Erleben heraus mit dem Bedürfnis nach optischen Hilfen in die Nachkriegszeit hineingegangen.«

In Oberkochen dachte Hans Littmann zunächst an die Gynäkologen, fand aber bei ihnen keinen Beifall. Ganz anders nahm Heinrich Harms seine Ideen auf. Er führte 1953 an seiner Tübinger Augenklinik das Zeiss-Operationsmikroskop ein, das berühmte »OPMI 1«. Haellmigk hat das einschlägige Lehrbuch von Harms mitgebracht und liest nun vor: »Sehr schnell waren wir davon beeindruckt, wieviel schonender und genauer operiert werden konnte als bisher.«[1]

Ebenfalls im Jahre 1953 wurde Professor Horst Wullstein auf das »OPMI 1« aufmerksam. Das Instrument war bei einem internationalen Fachkongreß in Amsterdam ausgestellt, und Wullstein erreichte, daß er es für seine Würzburger Universitäts-HNO-Klinik erhielt: »Wullstein führte die Mikrochirurgie des Ohres mit Vehemenz ein.«

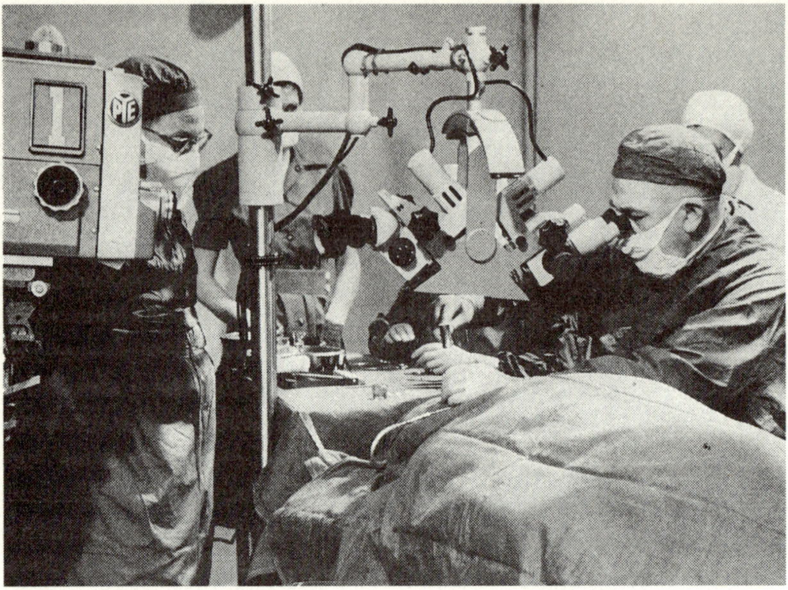

Mikrochirurgischer Eingriff am Ohr (Stapesmobilisation)
mit Hilfe des von Hans Littmann entwickelten »Diploskops«.
Die am King's College Hospital am 5. Februar 1962
durchgeführte Operation wurde vom BBC-Fernsehen übertragen.

Über die Entwicklung im HNO-Bereich sei inzwischen sogar eine Dissertation erschienen.[2]

Nach der Mikrochirurgie des Auges und des Ohres entwickelte sich die neue Technik auch in der Gefäß- und Hirnchirurgie. Heute wird ganz allgemein die Mikrochirurgie als »Teilgebiet verschiedener chirurgischer Disziplinen« definiert. An vielen deutschen Universitäten, aber längst nicht an allen, gibt es heute mikrochirurgische Vorlesungen und Kurse. Dr. Haellmigk zeigt mir das Vorlesungsverzeichnis von Erlangen–Nürnberg. Hier wird eine einstündige Vorlesung und ein dreistündiges Praktikum über Mikrochirurgie angeboten.

Aus seiner Aktentasche holt Herr Haellmigk noch einige Aufsätze. Auch Dr. Pfeiffer hat sich schon mit dem Thema beschäftigt.[3] Es gibt sogar eine Firmenschrift zur »Einführung in die Technik und Handhabung der Zeiss Operationsmikroskope«.[4] Wie immer mit Büchern bepackt, kann ich mich mit einem Zitat revanchieren. Es stammt von dem heute kaum mehr gelesenen amerikanischen Philosophen John Fiske, der Ende des vorigen Jahrhunderts lebte:

> All human science is but the increment of the power of the eye, and all human art is the increment of the power of the hand.[5]

Die Mikrochirurgie ist als »ärztliche Kunst« die Zunahme der Macht der Hand und gleichzeitig als Wissenschaft die Steigerung der Macht des Auges.

Wir kommen auf den Stoff der Vorlesung und die berühmte Rede des Berliner Physiologen Emil Du Bois-Reymond von 1872, mit der er eine heftige Diskussion unter den Gelehrten ausgelöst hat. Es ging dabei um die Frage, ob für den Menschen bei der Erforschung der Natur irgendwo unüberwindliche Hindernisse aufgerichtet sind. Du Bois' Antwort: Es gibt prinzipiell unlösbare »Welträtsel«[6]. Vielen Naturforschern war es damals ein Ärgernis, daß dem menschlichen Erkenntnisvermögen Grenzen gesetzt sein sollten, und mehr noch, daß Du Bois solches öffentlich aussprach.

In dieser Situation stellte Ernst Abbe 1873 in seiner Theorie des Mikroskops fest, daß es für das Auflösungsvermögen eine prinzipielle Schranke gibt, die »niemals über den Betrag der halben Wellenlänge des blauen Lichtes um ein Nennenswertes hinausgehen« werde.[7]

Ich zeige Dr. Haellmigk, was Abbe zu diesem Thema fünf Jahre später, also 1878, gesagt hat:

> Nach allem, was im Gesichtskreis unserer heutigen Wissenschaft liegt, ist der Tragweite unseres Sehorgans durch die Natur des Lichtes selbst eine Grenze gesetzt, die mit dem Rüstzeug unserer dermaligen Naturerkenntnis nicht zu überschreiten ist.[8]

Bei der Bedeutung, die das Auge als wichtigstes Beobachtungsmittel des Menschen besitzt, ist diese Aussage damals so verstanden worden, als hätte Abbe gesagt: Für die Einsicht des Menschen in den Mikrokosmos bestehen unüberschreitbare Grenzen. In Wirklichkeit gehörte Ernst Abbe zu den Optimisten, die von der Kraft der Wissenschaft überzeugt waren:

> Es bleibt der Trost, daß zwischen Himmel und Erde noch so Manches ist, von dem sich unser Unverstand nichts träumen läßt. Vielleicht, daß es in der Zukunft dem menschlichen Geist gelingt, sich noch Prozesse und Kräfte dienstbar zu machen, welche auf ganz anderen Wegen die Schranken überschreiten lassen, welche uns jetzt als unübersteiglich erscheinen müssen. Das ist auch mein Gedanke. Nur glaube ich, daß diejenigen Werkzeuge, welche dereinst vielleicht unsere Sinne in der Erforschung der letzten Elemente der Körperwelt wirksamer, als die heutigen Mikroskope unterstützen, mit diesen kaum etwas Anderes als den Namen gemeinsam haben werden.[9]

Zu meiner Überraschung kennt Dr. Haellmigk das Zitat. Er hat in Heidelberg bei dem Dermatologen Josef Hämel gehört. Hämel war einer der Pioniere bei der Einführung des Elektronenmikroskops in die Medizin. In diesem Zusammenhang sei Hämel immer auf Ernst Abbe eingegangen. In der Tat ist es merkwürdig, daß Ernst Abbe, der große Meister der klassischen Optik, an die Möglichkeit von Mikroskopen ganz neuer Art gedacht hatte – mehr als ein halbes Jahrhundert bevor Ernst Ruska, Bodo von Borries und Max Knoll das Prinzip des Elektronenmikroskops entdeckten.

Für den Hinweis auf Professor Hämel bin ich dankbar. Abermals bestätigt sich der Satz, daß man nur entdeckt, worauf man innerlich vorbereitet ist. Bei meinem nächsten Besuch in Oberkochen stoße ich im Firmenarchiv auf die Korrespondenz, die Professor Horst Köhler und andere Mitarbeiter mit dem Dermatologen geführt haben. Seit dessen Berufung nach Jena im Jahre 1935 hatten sich enge Beziehungen zur Firma Zeiss entwickelt. Hämel war ein großer Verehrer von Ernst Abbe. Das zeigte sich am 14. Januar 1955 anläßlich des 50. Todestages des großen Physikers und Philanthropen. Am Grabe hatten sich Angehörige der Volkseigenen Betriebe, Mitglieder der Universität und Schüler des Ernst-Abbe-Gymnasiums Eisenach versammelt. Als Rektor der Universität sprach Hämel die Gedenkworte.

Nach den Augenzeugenberichten muß eine ganz eigenartige Stimmung geherrscht haben. Es regnete in Strömen. Generaldirektor Hugo Schrade hielt seinen großen Regenschirm über den Redner, und Professor Hämel las seine Rede vom Blatt. Sollte es ganz schlimm kommen (womit er immer rechnete), wollte er jedes einzelne Wort belegen können.

Der Rektor feierte Abbe als großen Gelehrten und Bahnbrecher der technischen Optik. Das war unbestritten und entsprach auch der Meinung der Partei. Professor Hämel blieb aber dabei nicht stehen und nannte Abbe einen großen Humanisten und Arbeiterfreund. Den Verehrern Abbes klopfte das Herz: Seit Jahren hatte man in den offiziellen Reden immer nur gehört, daß Abbe in besonders abgefeimter Weise die Arbeiter über seine wahren Absichten getäuscht habe.

> Der Rektor wandte sich schließlich an eine bestimmte Fakultät, deren Namen er nicht nannte (gemeint war die Gesellschaftswissenschaftliche Fakultät) mit der Aufforderung, sich ernsthaft mit Abbe auseinanderzusetzen und seine geschichtliche Bedeutung für das Zeiss-Werk, die Universität, die Stadt Jena und die damalige Zeit herauszuarbeiten.[10]

Dreieinhalb Jahre später war es abermals Professor Hämel, der von sich reden machte. Die Friedrich-Schiller-Universität Jena feierte den 400. Jahrestag ihrer Gründung. Einladungen ergingen an die akademischen Körperschaften in der ganzen Welt. Wenigstens in der scientific community wollte die DDR die Anerkennung erleben, die ihr auf der politischen Ebene bisher versagt geblieben war.

Bei den Vorbereitungen fand sich der Rektor in den Entscheidungsgremien fest eingebunden und von Funktionären majorisiert, die das Jubiläum zur politischen Demonstration gegen die angeblichen »Kriegsvorbereitungen in der BRD« nutzen wollten. Die für den 1. bis 5. September 1958 geplanten Feiern sollten einen Meilenstein bilden beim Übergang zur »sozialistischen Universität«. Am 21. August aber meldete sich Professor Hämel mit seiner Familie in Westberlin. Es war der Tag, an dem in Ostberlin eine internationale Pressekonferenz über das Universitätsjubiläum angesetzt war.[11]

Aus dem Firmenarchiv geht hervor, daß in Oberkochen viele Mitarbeiter den Dermatologen von Jena her kannten, und sie nahmen sogleich die alten Kontakte wieder auf. Bei seinem Besuch in Oberkochen überzeugte sich Professor Hämel, daß sich hier im Westen die Firma »getreu der alten Tradition« entwickelte.

Von der Arbeit der Firma interessierte ihn am meisten die Weiterentwicklung des Elektronenmikroskops. Als er 1960 nach Heidelberg

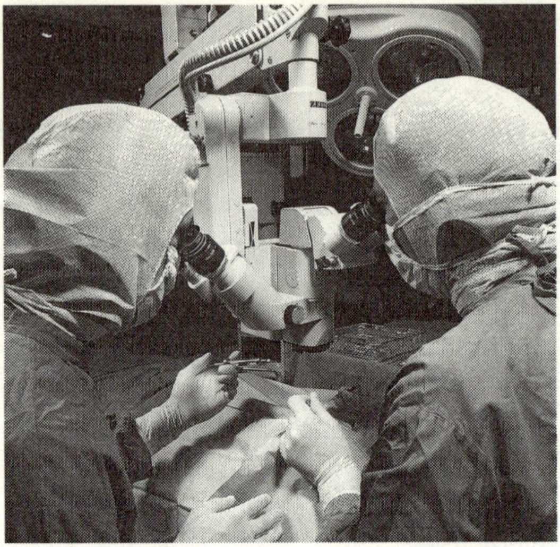

Das neue Operationsmikroskop OPMI CS
(Component System) für die Ophthalmologie.

berufen wurde, bestellte er in Oberkochen das neue Modell EM 9 mit elektromagnetischen Linsen.[12]

Das Elektronenmikroskop verwendet, wie der Name sagt, zur Abbildung nicht Licht, sondern Elektronen. Auch diese besitzen, dem Welle-Teilchen-Dualismus entsprechend, eine »Wellenlänge«, aber eine um Größenordnungen kleinere, und deshalb kann die Auflösung hier bis zu wesentlich kleineren Strukturen getrieben werden. Es war wörtlich so, wie Ernst Abbe 1878 vorausgesehen hatte: Mit ganz neuen Methoden wurden die Schranken nach unten überwunden, die damals als »unübersteigbar« galten.[13]

»All human science is but the increment of the power of the eye.« Klingt das nicht wie eine »Hommage à Zeiss«? Durch die Entwicklung von instrumentellen Hilfsmitteln hat das Unternehmen die Kraft des menschlichen Auges um viele Größenordnungen und in mehrfacher Hinsicht verstärkt und damit erheblich zur Entwicklung der Wissenschaft beigetragen: Die verbesserten Mikroskope führten

Ende des vorigen Jahrhunderts zur Begründung der Bakteriologie; in den fünfziger Jahren entwickelte sich auf der Basis der neuen Operationsmikroskope von Hans Littmann die Mikrochirurgie, und eine ähnliche Bedeutung hat das Elektronenmikroskop für die Virologie.

Das nächste Interview führe ich mit Professor Jobst Herrmann, und ich eröffne das Gespräch mit dem Zitat von John Fiske: Für das Teleskop gelte doch das Gleiche wie für das Mikroskop. Unsere Kenntnis des Makrokosmos hänge ab von der technischen Vervollkommnung der Fernrohre. Auf meine Bitte berichtet der für den Projektbereich und damit die Großgeräte der Astronomie zuständige Geschäftsleiter über die neuen Technologien.

Die Himmelsfernrohre, die Carl Zeiss zum Beispiel für das Max-Planck-Institut für Astronomie entwickelt und gebaut hat, ermöglichen den deutschen Astronomen »nach längerer Pause wieder Forschung an der Spitze«. Seit einigen Jahren arbeitet die Firma an einer neuen Generation von Teleskopen. Im Juli 1988 wurde der Spiegel für das »New Technology Telescope«, das NTT, abgeliefert. Es wurde von der ESO, der Europäischen Organisation für astronomische Forschung in der südlichen Hemisphäre, auf dem Berg La Silla in Chile Anfang 1989 in Betrieb genommen.*

Beim New Technology Telescope findet ein neuer Gedanke Anwendung, die sogenannte »aktive Optik«. Es handelt sich um ein vom Computer gesteuertes Unterstützungssystem, das den relativ dünnen Hauptspiegel stabil hält. »Neu ist auch das bei Zeiss entwickelte Bearbeitungsverfahren mit computergesteuerten Werkzeugen und die hierbei erreichte Genauigkeit. Der mittlere Restfehler beträgt nur noch 12,5 Nanometer oder 1/50 Lichtwellenlänge.«**

Der Normalbürger besitzt für derartige minimale Toleranzen keine Vorstellung, und Professor Herrmann vergleicht deshalb die Oberfläche mit der eines »spiegelglatten« Sees. Vergrößert man in Gedanken

* Die ersten Bilder wurden Ende März 1989 von La Silla via Satellit nach Garching bei München übermittelt. Sie sind nach Angaben der Astronomen »schärfer als von jedem anderen Fernrohr der Erde« (Anmerkung bei der Schlußredaktion).

** 1 Nanometer = ein millionstel Millimeter. Der Durchmesser des kleinsten Atoms, des Wasserstoffs, beträgt 0,1 Nanometer.

den Hauptspiegel des NTT auf die Größe des Bodensees, so seien die »Wellen« nicht höher als $\frac{1}{10}$ mm.

Neben den erdgebundenen Fernrohren würden die im Weltraum stationierten immer größere Bedeutung erlangen. Mit dem Röntgensatelliten ROSAT beobachte und analysiere man die im Kosmos vorhandenen Röntgenstrahlen, um Aufschluß über die Sternenentwicklung zu erhalten. Zeiss hat dazu das Spiegelsystem geliefert und eine bisher unerreichte Mikrorauhigkeit von nur 0,3 Nanometern realisiert, was der Dicke von drei Wasserstoff-Atomen entspreche.

Wir sitzen im achten Stock des Hochhauses. Ich bin mit meinem Notizblock gekommen, und damit ich besser mitschreiben kann, sind wir in das Besprechungszimmer gegangen. Den Raum mit dem großen runden Tisch teilt er sich mit seinem Kollegen Pieper.

Jobst Herrmann ist Jahrgang 1932, hat an der TH Aachen Maschinenbau mit der Fachrichtung Fertigungstechnik studiert, dort 1963 promoviert und sich schon zwei Jahre später habilitiert. Sein akademischer Lehrer war Herwart Opitz, der in Aachen das große Institut für Werkzeugmaschinen und Betriebslehre geleitet hat.

1966 ging Jobst Herrmann zur Maschinenfabrik Pittler in Langen; die Firma Carl Zeiss holte ihn von dort in die Geschäftsleitung. In all den Jahren hat er noch Vorlesungen in Aachen gehalten und trotz der großen Belastung will er, wie er mir sagt, die Lehrtätigkeit weiterführen. Siebenmal im Jahr fährt er nach Aachen, um dort für eineinhalb Tage seine Veranstaltungen durchzuführen. An den Hochschulen nennt man das »Blockunterricht«, und ich weiß, daß es eine Strapaze für Professor und Studenten ist. Seine Vorlesungen möchte er nicht aufgeben: Er empfindet sie als »heilsamen Zwang«, in Forschung und Entwicklung auf dem laufenden zu bleiben.

Zum Projektbereich und damit in seine Zuständigkeit gehört auch die »Sonderoptik«, worunter man bei Zeiss die Aufträge aus den Nato-Verteidigungsministerien versteht. Es liegt auf der Hand, daß die optischen Hilfsmittel, die die Kraft des menschlichen Auges in geradezu unglaublicher Weise verstärken, auch zur militärischen Aufklärung genutzt werden können.

Als Galilei 1609 aufgrund vager Nachrichten aus den Niederlanden die Nacherfindung des Fernrohres glückte, hat er die Signoria von

Reinraum-Montage der glattesten Spiegel der
Welt für das Röntgenteleskop ROSAT.
Die Abweichungen von der Sollfläche betragen höchstens
0,3 Nanometer, was etwa dem Durchmesser eines
Eisenatoms entspricht. Der Satellit soll 1990 in eine
Erdumlaufbahn gebracht werden.

Venedig sogleich auf das neue Instrument aufmerksam gemacht: Nun könne die Annäherung einer feindlichen Flotte viel früher entdeckt werden. Galilei wirkte damals als Professor an der venezianischen Universität Padua und war stolz, seiner Regierung diesen Dienst leisten zu können.

Wie fast alle Deutschen waren auch die Zeissianer im Zweiten Weltkrieg ein Werkzeug der Machthaber, und sie haben hart gebüßt. Die Firma hat sich deshalb genau überlegt, ob sie unter den ganz anderen politischen Bedingungen abermals auf dem Gebiet der Wehrtechnik tätig werden soll. Carl Zeiss fühlt sich eingebunden in unseren Staat und bejaht ausdrücklich die freiheitlich demokratische Grundordnung. Daraus aber ergibt sich die Pflicht, die speziellen Fähigkeiten des Unternehmens auf den Gebieten der Feinmechanik, Optik und Elektronik auch in den Dienst der Verteidigung unseres Landes zu stellen.

Was also liefert Carl Zeiss auf dem Gebiet der Sonderoptik? Sehrohre für U-Boote mit stabilisiertem Ausblickkopf und Wärmebildkanal. Bisher waren nur Panzer mit diesen Geräten ausgerüstet worden. Nach den U-Booten sollen sie nun auch in einer anderen Version in Flugzeuge eingebaut werden. »Bei Dunkelheit können Häuser und Fahrzeuge auch aus der Luft und über größere Entfernungen durch die von ihnen ausgehenden Wärmestrahlen wahrgenommen werden. Die Geräte haben den Vorteil, daß sie – anders als das Radar – den Benutzer nicht verraten.«

Professor Herrmann ist stolz darauf, daß Zeiss die Aufträge »nur durch die technische Leistung« erhält. Sie sichern die Beschäftigung vieler Mitarbeiter, und auch aus diesem Grunde betrachtet die Firma eine Beteiligung als gerechtfertigt: »Wir achten darauf, daß ein bestimmter Prozentsatz unserer Fertigungskapazität nicht überschritten wird.«

Der gesamte Projektbereich macht bei Zeiss etwa 25 Prozent aus, davon ist SO oder Sonderoptik wiederum nur ein Teil. Ein Problem bei den Großprojekten, so verstehe ich Professor Herrmann, ist die kontinuierliche Auslastung der Kapazitäten, das heißt der Mitarbeiter und der Maschinen. Wenn ein Auftrag abgewickelt ist, soll sich der nächste nahtlos anschließen. Bisher sei das gelungen, weil durch sol-

Professor Dr.-Ing. Jobst Herrmann.

che Aufträge Know how aufgebaut werde. So habe sich die Firma durch das New Technology Telescope für das nächste Projekt qualifiziert. Und was ist das nächste Projekt? Es handelt sich um das ebenfalls von der Europäischen Südsternwarte geplante Very Large Telescope oder VLT. Die Spiegel sollen einen Durchmesser von 8 m erhalten bei einer Dicke von nur etwa 20 cm, und es sollen vier solche Spiegel hintereinander in einer Reihe angeordnet werden und optisch zusammenwirken. Schott hat bereits den Auftrag auf Lieferung der vier Rohlinge aus dem Material Zerodur erhalten.
Um aus diesen Rohlingen die gewünschten vier Spiegel zu fertigen, sind die traditionellen Verfahren nicht mehr anwendbar. Man benötigt eine neue Technologie. Um die Aufgabe richtig einzuschätzen, kann man sich aus den optischen Daten die Zahl ausrechnen, die die »Schwierigkeit« bei der Herstellung angibt. Setzt man diesen Wert

Das von Carl Zeiss gebaute 3,5-Meter-Spiegelteleskop
des Max-Planck-Instituts für Astronomie auf dem Calar Alto
in Spanien.

bei dem 3,5 m-Spiegel des Max-Planck-Instituts auf dem Calar Alto gleich 1, beträgt er für das NTT 56 und für das Very Large Telescope 41300!
Das Know how, das Zeiss im Bau der neuen Teleskope erworben hat, gibt der Firma die Hoffnung, den Auftrag für das VLT zu erhalten.*
Der Vorsprung gegenüber der Konkurrenz liege in der Erfahrung von ein paar Dutzend Mitarbeitern. Dazu gehörten Akademiker und Facharbeiter.
Wir sprechen von diesen »Männern mit den goldenen Händen«. Um einen Stamm heranzubilden, bedürfe es einer langfristigen Personal-

* Inzwischen hat die ESO den Auftrag für das Schleifen der vier Hauptspiegel an die französische Firma R.E.O.S.C. in Ballainvilliers bei Paris vergeben. Über weitere Aufträge muß noch entschieden werden.

politik. Es gebe nämlich gar nicht so viele Menschen, die fähig seien, sich solche Spitzenqualifikationen zu erwerben. Man müsse also mit einem Überschuß beginnen, um dann einige wenige von diesen Super-Facharbeitern zu haben. Aufgabe sei es daher, für ein entsprechend hohes Beschäftigungspotential auch im Vorfeld dieser Hochtechnologie zu sorgen.

An dieser Stelle erhebt sich Professor Herrmann, geht zur Tafel und zeichnet, mit der Spitze nach oben, ein Dreieck, dessen Basis die nach der Lehre übernommenen oder sonst eingestellten Facharbeiter symbolisiert. Für die jetzt noch notwendige Einarbeitung müsse man mindestens fünf Jahre rechnen, und laufend fallen Mitarbeiter heraus. Diese würden an anderen Stellen eingesetzt.

Wie er es wahrscheinlich von seinem Seminar in Aachen gewohnt ist, argumentiert Jobst Herrmann von der Tafel aus, indem er gelegentlich ein Wort anschreibt. Ich bin der Assistent, der die Ausführungen des Professors bekräftigt, und sage, daß es sich mit der Heranbildung der für die Spitzenforschung geeigneten Persönlichkeiten ebenso verhalte. Von dem Chemiker und Nobelpreisträger Fritz Haber stamme das Wort: Wenn nur einer von vieren das Ziel erreicht, die anderen aber erlahmen oder den rechten Platz nicht finden, »so macht der Vierte reichlich den Aufwand bezahlt, den alle zusammen verursacht haben«[14].

Zusätzlich zu dem Geschäftsbereich Projekte ist der Geschäftsleiter auch für das Ressort Produktion und Technologie verantwortlich. Es gibt sonst keine Firma dieser Größe, erklärt er mir, mit einer derartigen Breite des Produktprogramms. Das bringe im Auf und Ab der Nachfrage erwünschte Kompensationsmöglichkeiten bei den Fertigungskapazitäten, stelle aber große Anforderungen an die Produktionslogistik. Die computergestützte Produktionssteuerung gehört zu seinen Spezialgebieten. Auch der Laie begreift, daß nur dann Geld verdient werden kann, wenn die teuren Anlagen optimal genutzt werden.

Zu seinem Spezialgebiet, der Technologie, sagt er mir, daß es häufig um die Bearbeitung von optisch nutzbaren Oberflächen gehe, zunehmend im Bereich der Nanometer: »Wir kaufen die Produktionsmittel, die im Angebot auf dem Markt sind; darüber hinaus benötigen wir manchmal Einrichtungen, die die Grenze des Machbaren verschieben; diese müssen wir dann selbst entwickeln.« Projekte wie ROSAT oder NTT oder die modernen Gleitsichtgläser könnte man nicht mit käuflichen Bearbeitungssystemen realisieren. Bei neuen Produkten, die Zeiss auf den Markt bringen will, käme es vor, daß die Fertigungstechnologie schon vorhanden sei; es gebe aber auch den Fall, daß sie erst noch entwickelt werden müßte.

Zu den Aufgaben des Geschäftsleiters gehört auch die Aufsicht über einige Beteiligungsgesellschaften, wie die Hensoldt AG, die Zeiss Ikon AG, die Prontor-Werke A. Gauthier GmbH und die auf Kreiselkompasse spezialisierte Firma Anschütz & Co. GmbH. Der Gründer dieses Unternehmens war Hermann Anschütz-Kaempfe, der mir durch seine Verbindungen zu vielen Physikern bekannt ist. Jobst Herrmann berichtet, daß Carl Zeiss erst kürzlich bei einer Autographenauktion einige Briefe Einsteins an Anschütz-Kaempfe ersteigert hat.*

Zwischendurch hat mir Jobst Herrmann mehrfach gesagt, daß ihm die Aufgabe bei Zeiss »sehr große Freude« mache. Er hätte vor Jahren auch einem Ruf an eine Technische Hochschule folgen können, sei aber froh, in der Praxis geblieben zu sein mit einer kleinen Verbindung zur Hochschule. Dieser Zustand sei optimal und liefere in beiden Richtungen gute Impulse.

Zum Schluß kommt der Geschäftsleiter noch auf die »Unternehmenskultur«, die für ihn eine »feste, aber auch lebendige Größe« sei. In einem Fachbuch über Menschenführung lese ich später, daß man dann von einer Unternehmenskultur spreche, »wenn die demokratischen Werte die Atmosphäre des Miteinander-Umgehens deutlich und erlebbar charakterisieren«.[15] Die Führungskräfte hätten den Mitarbeitern Handlungsspielräume zu gewähren, innerhalb derer sie frei verantwortlich entscheiden könnten. Bei größeren Firmen würden

* In einem dieser Briefe vom September 1923 rühmt Albert Einstein die Präzisionsarbeit der Firma Zeiss. Es geht um die Herstellung einer Spiegelfläche, und Einstein schreibt: »Die Schwierigkeiten der Herstellung sind, da es auf 10^{-4} mm dabei ankommt, so groß, daß gegenwärtig nur Zeiss so was machen kann. Deshalb soll jeder Kreisel zu Zeiss geschickt werden, daß er die Flächen anschleift. Es scheint, daß diese Schwierigkeit nur in dieser Weise befriedigend und wirtschaftlich gelöst werden kann.«

deshalb »Grundsätze« formuliert, die man »in Parenthese zur politischen Ordnung als ›Grundgesetz‹ verstehen« könne.[16]
Genau das, so begreife ich das Stiftungsstatut, hat aber Ernst Abbe bereits 1896 getan. Ohne die Identifikation der Mitarbeiter mit der Firma hätte Carl Zeiss unmöglich die politischen Stürme des 20. Jahrhunderts überstehen können.
Das nächste Gespräch führe ich mit Gustav Pieper. Er ist seit 1984 Mitglied des Vorstandes und zuständig für den Instrumentenbereich und die »Zentrale Entwicklung«. Bereits mit 43 Jahren hat er es zum Geschäftsleiter gebracht. Pieper kommt aus der Praxis: Er hat mit einer Mechanikerlehre angefangen und sich danach zum Wirtschaftsingenieur weitergebildet. Ich halte es für einen großen Vorzug, wenn in einer Firma wie Zeiss mit ihren vielen Arbeitern ein solcher Mann in der obersten Verantwortung steht.
Gustav Pieper beginnt mit sehr konzentrierten Darlegungen zur Organisationsstruktur. Es gebe eine »klassische Funktionsordnung«, erfahre ich, mit der Einteilung in
- Finanz- und Rechnungswesen,
- Forschung und Entwicklung,
- Personalwesen,
- Produktion und
- Vertrieb.

Diese Struktur habe »vornehmlich für Firmen mit Monokultur ihre Daseinsberechtigung«; für ein »derartig stark diversifiziertes Unternehmen wie Carl Zeiss« sei sie heute nicht mehr zeitgemäß. So wurden die speziellen Entwicklungs- und Vertriebsabteilungen zu Produkt- bzw. Geschäftsbereichen zusammengefaßt und mit mehr Verantwortung ausgestattet. Die weltweiten Verkaufsorganisationen haben sich im Anschluß daran ebenfalls stärker spezialisiert. Wer etwas von Operationsmikroskopen verstehe, kann schwerlich auch bei den elektronischen Vermessungsgeräten die nötigen Spezialkenntnisse besitzen. »Früher gingen unsere Verkäufer mit dem Bauchladen los, jetzt müssen sie fähig sein zum Dialog. Unsere Kunden wollen nicht ein Gerät kaufen, sondern eine Problemlösung.«
Was Gustav Pieper meint, verstehe ich, als er mir von einem neu auf den Markt gebrachten Mikroskopsystem berichtet. Dieses wurde von

Zeiss-Ingenieuren speziell für die Zellbiologie entwickelt: Die dort angewandte Grundoperation – die Mikroinjektion in die lebende Zelle – kann mit Hilfe der neuen Geräte automatisch und mit einer bislang unerreichten Zuverlässigkeit und Schnelligkeit ausgeführt werden. Auch die Zellbiologie beruht auf dem Mikroskop und ist damit – im Sinne von John Fiske – das Beispiel einer wissenschaftlichen Disziplin, die sich aus der Verstärkung des menschlichen Auges entwickelt hat.

Die Entwicklung eines neuen Gerätes endet üblicherweise mit den kompletten Fertigungsunterlagen: »Dann werden fünf oder zehn Exemplare für Leitkunden gebaut. Aus den Erfahrungen dieser Kunden und der Zahl der potentiellen Anwender schätzt der Vertrieb, wieviel Stück weltweit verkauft werden können. Und dann bauen wir eine Serie.«

Zeit spielt heute eine erhebliche Rolle, so daß sich ein solcher Ablauf auf wenige Jahre zusammendrängt: »Ein technischer Vorsprung hält heutzutage nicht länger als ein bis zwei Jahre.«

Die Spezialisierung in Wissenschaft und Technik macht die Beobachtung vieler Einzeldisziplinen notwendig. Auch in der Industrie muß man die rasante Entwicklung aufmerksam verfolgen, auftretende Bedürfnisse erkennen und darauf reagieren. In der Firma herrscht kein Mangel an Ideen. Die Kunst besteht darin, aus zwanzig Ideen die richtigen zehn auszusuchen. Viele Ideen sind technisch hochinteressant, die Auswahl hat sich jedoch vorrangig an den wirtschaftlichen Chancen zu orientieren.

Der Umbau der Führungsstruktur spielt auch eine Rolle im Gespräch mit Dr. Dieter Blennemann. Er ist verantwortlich für das Instrumentengeschäft in den USA, und er kommt häufig zu Gesprächen mit der Geschäftsleitung und den Bereichsleitern von New York nach Oberkochen. Im zehnten Stock steht ihm neben Dr. Skoludek ein Arbeitszimmer zur Verfügung.

Bei der Carl-Zeiss-Organisation in den Vereinigten Staaten* sind ins-

* Es handelt sich um die Carl Zeiss of America Holding Corporation, die Dachgesellschaft für die vier Zeiss-Firmen in Nordamerika (Carl Zeiss Inc.; Titmus Optical Inc.; Carl Zeiss Optical Inc. und Carl Zeiss Canada Ltd.).

Gustav Pieper und Neithardt von Einem.

gesamt eintausend Mitarbeiter in Vertrieb, Kundendienst und in der Augenoptik-Fertigung tätig. Die Neustrukturierung habe die Gliederung der traditionsreichen Carl Zeiss Inc. New York in vier »Divisionen« gebracht, die im wesentlichen den Instrumentenbereich abdecken, erläutert Dr. Blennemann; die Augenoptik sei Aufgabe der Carl Zeiss Optical. Jeder »Division Manager« verhandle direkt mit dem entsprechenden Geschäftsbereichsleiter in Oberkochen. Damit löse sich das früher eindeutige Verhältnis zwischen dem Vorgesetzten und seinem Untergebenen auf. Aus den vertikalen Linien werde eine Matrix und aus einer Pyramiden-Organisation eine Führungsstruktur mit sachbezogenen Arbeitsgruppen aus leitenden Mitarbeitern des deutschen Stammhauses und der amerikanischen Tochter.
Ich frage nach den besonderen Problemen und Aussichten der Firma in Nordamerika. Die große Chance liege darin, erfahre ich, daß der Name Zeiss dort ein Begriff sei für optische Qualität und technische

Spitzenleistung. Verglichen mit den deutschen Großfirmen habe das Unternehmen bekanntlich nur eine bescheidene Größe, und deshalb müsse man den hohen Bekanntheitsgrad besonders würdigen. Der zweifellos vorhandene »Goodwill« erleichtere die Arbeit. Ihn zu erhalten, sieht er als seine besondere Aufgabe an.

Im Instrumentenbereich sei der Umsatz von Carl Zeiss in Nordamerika, also USA und Canada zusammengenommen, in etwa so hoch wie in der Bundesrepublik. »Von der Größe des Marktes gesehen, ist das aber noch zu wenig«, erfahre ich. »Auf unseren Geschäftsgebieten repräsentieren die USA durchschnittlich etwa ein Drittel des Weltmarktes.«

Obwohl der Vertrieb der aus Deutschland eingeführten Waren keinerlei Einschränkungen unterliegt, haben die einheimischen Produzenten wie im Fußball den Vorteil des Heimspieles, der hier »größere Marktnähe« heißt: Amerikanische Erzeugnisse weisen gegenüber den deutschen gewisse Besonderheiten auf, an die sich der Kunde gewöhnt habe. Daimler-Benz kann und will auf diese Wünsche und Gewohnheiten nicht eingehen und bleibt daher prozentual bei seinem kleinen Anteil am Gesamtmarkt der Automobile in den USA. »Wir streben einen wesentlich höheren Anteil am amerikanischen Markt für unsere Produkte an und bemühen uns daher ständig, die Forderungen der dortigen Benutzer unserer Instrumente noch besser zu verstehen und ihnen auch in der Entwicklung unserer Geräte nachzukommen.« Das sei nicht immer leicht, denn auch Zeiss fertige in Serien und ein »Modell USA« sei wirtschaftlich oft schwierig zu begründen.

Zusätzlich gebe es noch zwei große Probleme. Das erste sei die Kursschwankung zwischen dem Dollar und der DM. »Wie soll sich ein Marketing-Stratege verhalten, wenn seine Einstandskosten für ein Produkt während eines Jahres unvorhersehbar um mehr als ein Viertel sinken oder steigen?« Das zweite sei die stärker werdende japanische Konkurrenz in der Optik: »Die Japaner haben sich die USA als Testmarkt ausgesucht und bieten ihre Produkte zu besonders niedrigen Preisen an, zum Teil bedeutend niedriger als in Europa.«

»Unser wichtigstes Ziel ist, unsere Stellung auf dem amerikanischen Markt auch für die Zukunft zu sichern. Dazu müssen wir die Wertschöpfung in den USA erhöhen«, sagt Dieter Blennemann. Wahrscheinlich denkt er daran, Instrumente in Amerika zu montieren, oder er will auf eine Kooperation mit amerikanischen Produzenten hinaus. Verkauft werden ja heute kaum noch einfache Mikroskope, sondern Mikroskopsysteme mit viel Elektronik und Software, und ebenso verhält es sich mit den anderen Produkten der Firma. Auch eine UMM 850 ist keine einfache Meßmaschine, sondern ein System aus Feinmechanik, Optik und Elektronik. Da bieten sich natürlich mancherlei Möglichkeiten der Zusammenarbeit.

Auch ihn frage ich nach seiner Vita. Er hat in Bonn 1961 in Physikalischer Chemie promoviert und wurde im Zuge der damaligen Atomeuphorie vom Ministerium Balke nach Oak Ridge in Tennessee geschickt. Dort sollte er an den großen Anlagen Isotopentrennung lernen.

Wie viele junge Wissenschaftler war er von dem riesigen Land fasziniert. Er trat in ein amerikanisches Unternehmen ein, stieg auf und kam schließlich als »General Manager – Europe« nach Brüssel.

Dort erhielt er eines Tages den Anruf einer amerikanischen Firma, die sich mit der Vermittlung von Spitzenmanagern beschäftigte. In Deutschland nenne man solche Firmen vornehm »Unternehmensberater«, in Amerika weniger vornehm aber zutreffend »Headhunters«. Was steckte dahinter? Carl Zeiss suchte einen Nachfolger für Siegfried Kessler, den Präsidenten von Carl Zeiss Inc. in New York. »Warum wandte sich Skoludek an einen amerikanischen Headhunter?« frage ich lachend: »Aus der Firmengeschichte wußte er, wie effektiv die Amerikaner dieses Metier beherrschen: We take the brain.«

In diesem Falle hatte der Headhunter herausgefunden, daß »der Mann in Brüssel« das Anforderungsprofil genau erfüllte: Er hatte Physik studiert, war in leitender Stellung in der amerikanischen Industrie tätig, brachte Managementerfahrung in Entwicklung, Produktion und Vertrieb mit und besaß obendrein die deutsche Staatsangehörigkeit.

Zwei Wochen später bin ich wieder bei Zeiss, und bei diesen letzten Gesprächen soll es um die Brillengläser gehen. Zeiss fertigt im Jahr rund zwölf Millionen Stück und gehört zu den führenden deutschen Herstellern mit einem Marktanteil von etwa 25 Prozent. Als in den fünfziger Jahren in Oberkochen der Platz knapp wurde, hat die Firma die Produktion in die Kreisstadt Aalen verlegt.

Schon früher einmal war ich bei dem jungen Mathematiker Gerd Fürter, der die neuen Gleitsichtgläser Gradal HS gerechnet hat.[17] Diese sind ein besonderer Erfolg geworden. Beim Werbeleiter der Firma habe ich den neuen Prospekt gesehen: Hauptfarbe ist ein vornehmes Schwarz, und neben der Brille und den Gläsern dienen als Blickfang gläserne Schachfiguren.

Auf dem Gelände des Aalener Brillenglaswerkes befand sich bis zum Zweiten Weltkrieg eine Schule für Militärpferde, und die Aalener sprechen noch heute von der »Remonte«, wenn sie das Brillenglaswerk der Firma Zeiss meinen.

Hier ist gerade eine »Parforcejagd« im Gange: Das Gesundheitsreformgesetz, das ab 1. Januar 1989 eine höhere Selbstbeteiligung der Versicherten vorsieht, hat in den letzten Monaten des alten Jahres zu einer gesteigerten Nachfrage nach Brillengläsern geführt. »Wir begreifen das als eine große Herausforderung«, erklärt mir Werksleiter Helmut Bittner. »Über das Geschäftliche hinaus geht es um unseren guten Ruf als leistungsfähiger und zuverlässiger Partner der Augenoptiker.«

Schon sein Großvater und sein Vater waren bei Carl Zeiss tätig. Der Großvater hat in Jena als Konstrukteur gearbeitet und kam im Juni 1945 mit den 81 Evakuierten nach Heidenheim. Sein Vater war damals in Kriegsgefangenschaft. Er ging nach der Entlassung nach Oberkochen, wo er als Fertigungsleiter in der Montage wirkte. So hat auch Helmut Bittner nach seinem Maschinenbaustudium an der Universität Stuttgart in der dritten Generation der Bittners den Weg zu Zeiss gefunden.

Mit großer Bewunderung spricht er von der Aufbauleistung der Zeissianer, und es macht ihm Freude, wie es scheint, daß nun auch er bis an die Grenze der Leistungsfähigkeit gefordert ist: Zwischen zehn- und zwölftausend Aufträge am Tag seien das Normale, sagt der Werksleiter; zur Zeit habe man fast die doppelte Zahl. Die Mitarbeiter, erklärt er, seien phantastisch motiviert. »Alle sehen, wie sich die

Bestellungen häufen, und jeder hilft mit.« Am nächsten Tag der gleiche Berg. So ginge es nun schon seit Mitte Oktober. Auch an den Samstagen werde mit Freiwilligen gearbeitet. »Von unseren 1600 Mitarbeitern in Aalen und Nattheim sind 70 bis 75 Prozent Frauen. Für sie ist die Arbeit an den Samstagen jetzt vor Weihnachten eine erhebliche Belastung.«

Die Führung beginnt mit einem Rundgang. Die Kasernen und Ställe sind umgebaut und werden als Büro- und Lagerräume genutzt. Auf dem ehemaligen Reitplatz steht eine moderne, 12000 qm große Fertigungshalle. Demnächst wird ein weiterer Neubau mit vier Stockwerken und 12000 qm Nutzfläche errichtet. Damit seien die räumlichen Möglichkeiten des Aalener Geländes »so gut wie ausgeschöpft«.

Ich bitte den Werksleiter, mich auf dem Weg zu führen, den eine normale Bestellung durchläuft. Zuerst also begeben wir uns zur »Auftragsannahme«. Es handelt sich um ein Großraumbüro mit vielleicht dreißig Telefonistinnen. Wir gehen zu einem der Plätze, zu Frau Isolde Haas, die damit beschäftigt ist, nacheinander ein paar Dutzend Augenoptiker anzurufen. Diese haben sich auf den täglich ungefähr zur selben Zeit erfolgenden Anruf aus Aalen eingestellt und geben die Daten präzise durch.

Die Bestellung wandert nun »online« zum Rechenzentrum, und der Rechner stellt fest, ob das Glas vorhanden ist. In Blechschränken systematisch geordnet sind »75000 verschiedene Ausführungen ständig vorrätig«. Hier steht auch der Drucker, der die Lieferscheine schreibt. Die Mitarbeiterinnen suchen die betreffenden Gläser aus dem Lager heraus, legen sie mit dem Lieferschein in einen Transportbehälter und setzen diesen auf ein schmales Förderband. Alles übrige geht nun wieder automatisch. »Der Versand der lagerhaltigen Brillengläser erfolgt noch am selben Tag.«

Was nicht vorrätig ist, heißt »Rezeptware«. Hier ermittelt der Computer, von welchem Halbfabrikat man ausgehen muß, berechnet die technischen Daten und schreibt den Fertigungsauftrag. Auf der nächsten Station unseres Rundganges werden die Halbfabrikate mit dem Fertigungsauftrag in die Transportbehälter gelegt. Die Halbfabrikate werden nicht in Aalen hergestellt, sondern kommen aus dem Nattheimer Werk.

Wir folgen dem Weg, den Halbfabrikat und Fertigungsauftrag nehmen und kommen durch einen Verteilerraum, wo sich die schmalen Förderbänder mit den Transportbehältern in kühnen Bögen und in Über- und Unterführungen kreuzen. Man hört leises Surren und Klicken. Ein Modelleisenbahner hätte hier seine Freude.

Drei Arbeitsgänge sind nötig, um aus dem Halbfabrikat das Brillenglas zu machen. Zuerst kommt das in der Optik sogenannte »Fräsen«, das nach üblichem Verständnis ein »Schleifen« mit Diamantwerkzeugen ist, dann folgt das Feinschleifen oder »Läppen« und schließlich das Polieren. Eine weitere Station ist das Entspiegeln, bei dem zum Beispiel Magnesiumfluorid in extrem dünnen Schichten aufgedampft wird. Vor den großen Rezipienten sagen wir beide gleichzeitig: »Alexander Smakula«. Er war es, der diese Technologie bei Zeiss 1935 entwickelt hat.

Schließlich gibt es, wie könnte es in dieser Firma anders sein, die Qualitätskontrolle. Die relevanten optischen Eigenschaften werden von Automaten gemessen. Nach den eingegebenen Toleranzen entscheidet der Rechner, ob das Glas die Kontrolle passiert oder herausfällt.

Noch eine letzte Frage an den Werksleiter: Wie lange dauert eine Sonderanfertigung? Rezeptgläser werden in der Regel innerhalb von drei Tagen fertig. Der Wettbewerb ist hart, und gerade wegen dieser Sonderanfertigungen errichtet Zeiss bis zum Herbst 1990 den viergeschossigen Neubau.

Helmut Bittner bringt mich zum Geschäftsbereichsleiter. Hans Schubert ist noch bei einem anderen Termin aufgehalten, und ich warte in seinem Arbeitszimmer. Von den drei Bildern, die an der Wand hängen, stammen zwei aus dem Zeiss-Jahreskalender, das dritte ist eine Abbildung des alten Zeiss-Werkes in Jena mit kurzen Angaben über Mitarbeiter und Produktion. »Das Zeisswerk beschäftigt heute über 5000 Angestellte, davon sind 45 wissenschaftliche Mitarbeiter, 347 kaufmännische, 390 technische Beamte.« Aus der Zahl der Mitarbeiter läßt sich ablesen, daß das Blatt kurz vor dem Ersten Weltkrieg entstanden ist.

Hans Schubert zeigt mir das Nattheimer Werk, in dem die Halbfabrikate für die Aalener Rezeptfertigung produziert werden. Die Gebäu-

Optica in Köln April 1986: Besuch des
Stiftungskommissars Professor Dr. Herbert Grünewald
auf dem Zeiss-Messestand.
Links: Geschäftsleiter Dr. Gert Littmann.

de wurden 1976 erworben. Hier arbeiten jetzt etwa 300 Mitarbeiter, zum größten Teil Frauen.

Ich sehe, wie für die Zwei- und Dreistärkengläser die verschiedenen Glasarten miteinander verschmolzen werden. In zwei Räumen nebenan stehen die von Zeiss selbst entwickelten Asphärenschleifmaschinen. Mit diesen wird die eine Seite der Gläser geschliffen. »Eine normale Brillenbude hat keine solchen Fertigungseinrichtungen«, sagt Hans Schubert. »Die Erfahrungen unserer Firma mit Hochpräzisionsmaschinen kamen unserer Brillenglasfertigung zugute: Ein für Zeiss typischer Synergic-Effekt.«

Das nachfolgend notwendige Polieren kann nicht mit dieser hohen Genauigkeit erfolgen. »Wozu haben wir unsere Drei-Koordinaten-Meßmaschinen?« Die beim Polieren auftretenden systematischen Fehler werden genau ermittelt und vorher beim Schleifen berücksichtigt. »Das Ergebnis macht uns keiner nach. Wir sind die einzigen

Hersteller, die Besuchern ihre Asphären-Fertigung zeigen. Wir führen sogar die Konkurrenz hier durch.«
Am Nachmittag habe ich einen Termin mit Dr. Gert Littmann, den für die Augenoptik zuständigen Geschäftsleiter. Ich möchte wissen, ob Zeiss der Marktführer bei Brillengläsern ist. Richtig sei es, meint Dr. Littmann, von Zeiss *und* Rodenstock als *den* Marktführern im Inland zu sprechen: Gradal HS sei ein großer Wurf gewesen. Allerdings werde es wohl die ältere Zweistärkenbrille nicht überflüssig machen. Auch er selbst trage nach wie vor eine solche.
Das bringt mich auf die Frage, wie viele Brillen er selbst besitzt. Außer der Zweistärken-Arbeitsbrille ist es eine Autobrille, eine Vortragsbrille, eine Mehrstärken-Sonnenbrille und eine Einstärken-Wanderbrille. Diese sei ein Kompromiß: »In der Ferne leicht unscharf, dafür habe ich die Möglichkeit mit ein bißchen Anstrengung im Ausflugslokal die Speisekarte zu lesen.« Später erfahre ich, daß auf seinem Flügel eine weitere Brille liegt, die er nur zum Klavierspiel benutzt.
Am neuen Gesundheitsreform-Gesetz bemängelt der Geschäftsleiter nicht die Beschränkung der Leistungen, wohl aber die Unklarheiten, die den Mißbrauch geradezu herausforderten. Der Gesetzgeber sollte sich mit einer klaren Vorgabe an die Industrie, die Optiker und die Krankenkassen wenden. »Ihr habt sechs Monate Zeit. Macht uns einen Vorschlag, der die Kosten auf x Prozent reduziert. So mache ich es mit meinen Mitarbeitern, und meistens kommen die Sachkenner mit sehr guten Vorschlägen. Das sollte der Gesetzgeber auch tun.«
Dr. Littmann steht seit über dreißig Jahren im Dienste von Carl Zeiss. Gleich nach seinem Studium der Physik und der Physikalischen Chemie und seiner Promotion zum Dr. rer. nat. ist er 1957 in Oberkochen Mitarbeiter im Entwicklungslabor für medizinisch-optische Geräte geworden. In Zusammenarbeit mit Medizinern hat er viele neue augenärztliche Geräte entwickelt und insbesondere zur Spaltenlampen-Photographie der vorderen und mittleren Augenmedien und zur Fluoreszenz-Photographie des Augenhintergrundes beigetragen.
1969 übernahm er die wissenschaftliche Leitung des Bereichs Bril-

Carl Zeiss Oberkochen.

lengläser und Fernrohre und hat das Produktprogramm wesentlich modernisiert und erweitert. Seit dem 1. Januar 1974 wirkt er als Mitglied des Vorstandes und Sprecher des Geschäftsbereichs Brillengläser und Fernrohre. Unter seiner Ägide entwickelte sich Carl Zeiss zu einer der größten augenoptischen Industriegruppen der Welt. Bei Marwitz & Hauser in Stuttgart, bei Wöhlk in Kiel, bei der Titmus Optical Inc. und der Carl Zeiss Optical Inc., beide in Petersburg (USA, Virginia) ist er Vorsitzender des Aufsichtsrates.
Im Kreis der Industrie und der Optikerschaft genießt Gert Littmann

durch seine technische Kompetenz und seine Persönlichkeit hervorragendes Ansehen. Das kommt auch darin zum Ausdruck, daß er von der Fachgruppe Augenoptik im »Verband der deutschen feinmechanischen und optischen Industrie« zum Vorsitzenden und von der Fachgruppe Augenoptik der »Fédération Européenne de l'Industrie de l'Optique et de la Méchanique de Précision« zum Präsidenten gewählt wurde.

Dr. Littmann ist auch für das Personal-, Sozial- und Bildungswesen zuständig, und wir sprechen über die Carl-Zeiss-Stiftung. Von den Pensionären weiß ich, daß sie mit der Altersversorgung sehr zufrieden sind. »Wir hatten früher sogar Mitarbeiter, bei denen das Nettoeinkommen nach der Pensionierung höher war als vorher. Das mußte 1974 geändert werden. Trotzdem sind unsere Leistungen immer noch wesentlich besser als bei vielen anderen Firmen.«

Eine besondere soziale Leistung, die auch heute noch zähle, sei die Sicherheit des Arbeitsplatzes. Wie es Abbe ausdrücklich gewollt habe, wirke der § 77 des Statuts* gegen Entlassungen ohne zwingenden Grund. »In Oberkochen haben wir ein einziges Mal Kündigungen ausgesprochen, als die Meßabteilung aufgelöst wurde. 37 Mitarbeiter waren betroffen.«

Inzwischen hat sich der nächste Besucher angesagt. »Auf der Pressekonferenz am 1. Dezember können Sie mehr über die Stiftung erfahren.«

* § 77 lautet: »Die ... Geschäftsangehörigen der Stiftungsbetriebe haben Anspruch auf Zahlung eines Ausgleichs für den Verlust ihrer Pensionsanwartschaft, wenn Auflösung des Dienstverhältnisses seitens der Firma erfolgt ...«

Vierundzwanzigstes Kapitel

100 Jahre Carl-Zeiss-Stiftung

In der Sendung »Klassik am Morgen« stehen Cello-Kompositionen von Beethoven bis Schostakowitsch auf dem Programm. In den Frühnachrichten fällt das Stichwort Carl Zeiss. Es geht um die Überstunden im Brillenglaswerk Aalen, auf die sich Arbeitgeber und Arbeitnehmer geeinigt haben. Ein Auftakt mit Paukenschlag: Heute, am 1. Dezember 1988, veranstaltet die Carl-Zeiss-Stiftung eine große Pressekonferenz. Anlaß ist das bevorstehende Jahrhundert-Jubiläum der Stiftung.

Am 3. Dezember 1888 starb Carl Zeiss. Die Gedenkrede am Grabe hielt sein Freund und Kompagnon Ernst Abbe. Schon lange hatte sich Abbe vorgenommen, mit dem Unternehmen auch das Andenken an den Gründer für die kommenden Generationen zu bewahren. Als er ein paar Monate später die Carl-Zeiss-Stiftung schuf, verfügte er ausdrücklich, daß diese für alle Zeiten den Namen Carl Zeiss führen solle, »zu Ehren des Mannes, der zu der optischen Werkstätte und dem Glaswerk den ersten Grund gelegt hat«.

Mithin löste der Tod von Carl Zeiss eine Kette von Ereignissen aus, die schließlich zur Gründung der Stiftung am 19. Mai 1889 führten. Es macht also Sinn, einhundert Jahre später das Gedenken an den Firmengründer anläßlich seines 100. Todestages mit der Vorschau auf das Stiftungsjubiläum zu verbinden. Hinzu kommt, daß am 3. Dezember 1888 das »Gemeinsame Pensions-Statut der Optischen Werkstätte Carl Zeiss und des Glastechnischen Laboratoriums Schott & Genossen« erstmalig veröffentlicht worden ist.

Ort der Pressekonferenz ist das Stuttgarter Planetarium. Die Landeshauptstadt beabsichtigt schon seit langem, dieser städtischen Einrichtung den Namen »Carl-Zeiss-Planetarium« zu geben. Die Namensweihe kann mit der Pressekonferenz verbunden werden.

Heute also versammeln sich Vertreter der Stadt Stuttgart, Mitarbeiter der Firma und Journalisten in der Eingangshalle des futuristisch anmutenden Gebäudes. Ich sehe Dr. Hans Ulrich Keller, den Direktor des Planetariums, und wir haben noch Zeit für ein kurzes Gespräch. Die technische Einrichtung im Werte von 3,5 Millionen, erklärt er mir, war eine Spende der Oberkochener. Die Firma hat zudem eine Million zu den Baukosten beigetragen. »Und wie steht es mit der Akzeptanz?« Dr. Keller lächelt über die modische Formulierung. Seit der Eröffnung im Jahre 1977 wurde das Stuttgarter Sterntheater von über drei Millionen Menschen besucht. Das zeigt das große Interesse für Astronomie. Ich bin selbst oft im Planetarium und weiß, daß vor allem junge Menschen kommen.
Vorne wird um Ruhe gebeten. Professor Dr. Hans Dieter Künne, der Technische Bürgermeister der Stadt Stuttgart, spricht passende Worte, und zusammen mit Dr. Horst Skoludek enthüllt er zwei Gedenktafeln. Auf der einen ist die Firma als Spender namhaft gemacht, auf der anderen wird Carl Zeiss gewürdigt, ab heute der Namenspatron des Planetariums. Die Photographen treten in Aktion, und ich sage zu Dr. Keller, daß er jetzt nach vorne gehen muß.
Nach dem üblichen Blitzlichtgewitter begeben wir uns zur Pressekonferenz. Bürgermeister Künne fehlt, er mußte zu einem anderen Termin. Dafür ist Frau Dr. Dorit Sedelmeier da, die Kulturamtsleiterin der Stadt Stuttgart.
Etwa sechzig Journalisten mögen es sein, die in den Kepler-Saal kommen. Hier finden regelmäßig die Vorträge der Schwäbischen Sternwarte und der Kepler-Gesellschaft statt. Auf dem Podium, wo sonst nur das Vortragspult steht, ist jetzt ein langer Tisch aufgebaut, hinter dem die Vertreter der Stiftungsfirmen Zeiss und Schott Platz nehmen. Auf der rechten Seite, vom Saale her gesehen, sind dies Manfred Berger, Horst Skoludek und Wolfgang Adolphs. Sie haben kurze Ansprachen vorbereitet. Auf der linken Seite sitzen die Experten, die im Falle einer trickreichen Journalistenfrage Auskunft geben sollen: Wolfgang Pfeiffer als Leiter der Technisch-Wissenschaftlichen Information und der Syndikus Neithardt von Einem.
Auch für mich hat MB hier oben einen Platz vorbereitet. Durch die jahrelange Beschäftigung mit der Firmengeschichte bin ich zu einem

historischen Experten geworden. Diese Einschätzung lasse ich mir gefallen.
Ich sehe die Journalisten vor mir, Klaus Dieter Oehler vom Wirtschaftsteil der »Stuttgarter Zeitung«, Wolfram Knapp von »Bild der Wissenschaft«, Thomas F. O'Boyle vom »Wallstreet Journal« und viele mir Unbekannte. Sie haben im Grunde die gleiche Aufgabe wie ich: über die Stiftung zu schreiben. Ein Wort von Niels Bohr kommt mir in den Sinn: Wir sind alle immer zugleich Beobachter wie Mitspieler im Geschehen.
Während die Veranstaltung beginnt, lasse ich meine Blicke schweifen. Das ist eine echte Überraschung! In der letzten Reihe entdecke ich, unpassend im Gammel-Look, einen meiner Studenten. »Der freche Kerl«, denke ich, »wie hat er das nur wieder geschafft?«
In meinen Vorlesungen und Seminaren sage ich immer wieder, daß nach einem Studium der Wissenschafts- und Technikgeschichte die beruflichen Chancen nicht allzu rosig seien. Konservator in einem technischen Museum könne man werden und Wissenschaftsjournalist. Gerade in der Publizistik reiche aber das bloße Fachwissen nicht aus; man müsse zusätzliche Qualitäten besitzen.
Zweifellos hat dieser junge Mann bewiesen, daß er die im Journalistenberuf nun einmal notwendige Chuzpe mitbringt. Bei passender Gelegenheit, nehme ich mir vor, will ich mit ihm über seine Zukunft sprechen. In der Zwischenprüfung hatte er einen vorzüglichen Eindruck gemacht.
Manfred Berger hat die Veranstaltung eröffnet, und nun spricht Horst Skoludek: »Was wollte Ernst Abbe mit der Stiftung und dem Stiftungsstatut?« Dr. Skoludek nennt die vier Ziele, die Abbe bei der Gründung vor einhundert Jahren vor Augen standen:

> Die Existenz der beiden Betriebe für die künftigen Generationen zu sichern,
> den Arbeitern und Angestellten ein materiell und ideell menschenwürdiges Leben zu gewähren,
> soziale Leistungen für die Bevölkerung zu erbringen und
> die Wissenschaft zu fördern.

Hundert Jahre nach der Gründung sei es Zeit zu fragen, »ob und inwieweit diese Aufgaben tatsächlich erfüllt werden konnten«. Das erste und wichtigste Ziel war die Existenzsicherung der Stiftungsbetriebe; das Gedeihen der Werke ist die Voraussetzung für alles übrige, und Skoludek spricht ein paar Minuten über diesen Punkt. Im Dritten Reich drohte den beiden Stiftungsbetrieben Zeiss und Schott die Machtergreifung durch den thüringischen Innen- und Volksbildungsminister. Durch die geschlossene Solidarität aller Mitarbeiter aber siegte über den NS-Geist der »Zeiss-Geist«.

1945 wurden die Jenaer Werke durch Luftangriffe schwer getroffen; noch verheerendere Zerstörungen richteten die sowjetischen Demontagen im Oktober 1946 an. »Zum zweitenmal innerhalb von zwei Jahren mußten die Werke von Grund auf neu aufgebaut werden.«

Die schlimmste Gefahr aber war nun die kommunistische Wirtschaftsdoktrin. Obwohl 1947 der thüringische Landtag die Überführung in Staatsbetriebe einstimmig abgelehnt hatte, kam es am 1. Juni 1948 zur entschädigungslosen Enteignung.

Nun konnten nur noch die Evakuierten im Westen den Geist Ernst Abbes bewahren. »Wenn man ihm seine Jenaische Heimstätte raubt«, sagten sie, »werden wir ihm hier in Oberkochen eine neue Heimstätte geben.« Und so geschah es. Als es später zu den rechtlichen Auseinandersetzungen zwischen Ost und West kam, haben viele Gerichte ausdrücklich bestätigt, daß die Zeissianer und Schottianer im Westen gar nicht anders handeln konnten. Skoludek zitiert den District Court of New York:

> If the founder's intention was to be respected, the proper course of action was to continue the activities of the Stiftung in the West.

So sei also die Carl-Zeiss-Stiftung nicht untergegangen, sondern sie bestehe fort in ihren Werken Carl Zeiss und Schott.

Das erste und wichtigste Ziel, die Existenzsicherung der Unternehmen, sei also erreicht worden. »Wie stand es mit den weiteren Zielen?« Dr. Skoludek geht auf den nächsten Punkt ein, die im Statut vorgesehene »Erfüllung größerer sozialer Pflichten«. Bei der Entwicklung vom Klassenstaat zum Sozialstaat seien die beiden Stiftungsbetriebe tatsächlich immer ein Stück voraus gewesen und hätten im Lande als Vorbild gewirkt. Er zählt als besondere soziale Leistungen auf:

Den Acht-Stunden-Tag, *das* Traumziel der Gewerkschaften, hat Abbe schon zur Jahrhundertwende eingeführt.
Allen Mitarbeitern standen, unabhängig von der Dauer der Betriebszugehörigkeit, zwölf Tage bezahlter Jahresurlaub zu.
Im Falle der Kündigung durch die Firma war für alle mindestens drei Jahre beschäftigten Mitarbeiter eine Abgangsentschädigung obligatorisch. Abbe wollte damit alle nach ihm kommenden Geschäftsleitungen zwingen, Entlassungen wirklich nur als »ultima ratio« vorzunehmen.
Abbe begründete den klagbaren Anspruch auf eine betriebliche Altersversorgung, was noch heute in der Industrie keineswegs selbstverständlich ist.

Die dritte Aufgabe, die Ernst Abbe der Stiftung stellte, war die »Betätigung in gemeinnützigen Einrichtungen und Maßnahmen zugunsten der arbeitenden Bevölkerung«. Wie sieht hier die Bilanz nach einhundert Jahren aus? Nach dem Zweiten Weltkrieg hat die nach Heidenheim verlegte Stiftung an die von Abbe begründete Tradition angeknüpft. An sozialen Leistungen nennt Dr. Skoludek:

In Oberkochen wurde ein eigenes Auffanglager für Flüchtlinge geschaffen.
Die Stiftungsunternehmen beteiligten sich an gemeinnützigen Wohnungsbaugesellschaften.
Durch eigene Wohnungsbaugesellschaften entstanden mehr als 3000 Wohneinheiten für die Mitarbeiter.
Beide Unternehmen richteten Erholungsheime für ihre Mitarbeiter ein.
Für den Breitensport wurden die Sportanlagen in Oberkochen großzügig unterstützt und mit dem Mainzer Turn- und Sportverein (TSV) Schott einer der heute größten Sportvereine in Rheinland-Pfalz geschaffen.

Dazu kommen noch die kulturellen Leistungen der Stiftung, so als Beispiele:

die Gründung des Kulturrings Carl Zeiss, der seit 1967 in Oberkochen anspruchsvolle Theater- und Konzertveranstaltungen anbietet,
die Unterstützung des Deutschen Museums in München, des Landesmuseums für Technik und Arbeit in Mannheim und des Glasmuseums in Wertheim.

Die vierte und letzte Aufgabe der Stiftung schließlich war und ist die Förderung der Wissenschaft. Dr. Skoludek vermerkt, daß die beiden

Stiftungsbetriebe in ganz ungewöhnlichem Umfang die Forschung stimuliert hätten, wobei man nur an die Zeißschen Mikroskope zu denken brauche, mit deren Hilfe es vor einhundert Jahren gelungen sei, die Infektionskrankheiten zu besiegen, diese schrecklichen Geißeln der Menschheit. Ähnliches gelte für die Entwicklung der Mikrochirurgie in den fünfziger Jahren.

Es sei jedoch heute nicht sein Thema, ganz umfassend die Bedeutung der beiden Stiftungsunternehmen für die Forschung zu behandeln. Vielmehr gehe es nur um *die* Leistungen, die aus den erwirtschafteten Überschüssen der Wissenschaft zugute gekommen seien. Aus der Vorkriegszeit erwähnt der Geschäftsleiter die erste Optikerschule der Welt, die aus Mitteln der Stiftung geschaffen wurde, und die sehr bedeutenden Stiftungen zugunsten der Universität Jena. Ohne diese hätten die vielen neuen Institute nicht entstehen können, die seit Ende des 19. Jahrhunderts den Rang einer Hochschule auf naturwissenschaftlich-medizinischem Gebiete bestimmen.

Nach dem Zweiten Weltkrieg habe die Sorge zunächst dem Neuaufbau und der »wirtschaftlichen Sicherung« der Stiftungsbetriebe gegolten. Sodann aber seien auch Forschung und Lehre wieder gefördert worden. Dr. Skoludek zählt auf:

> Das Gymnasium Oberkochen erhielt wesentliche Mittel für den Ausbau.
>
> Gefördert wurde auch die Fachhochschule Aalen – insbesondere für die Einrichtung des Studiengangs Augenoptik – und das Aalener Studentenheim.
>
> Universitäten und Technische Hochschulen wie Clausthal, Mainz und Münster erhielten Zuwendungen aus Stiftungsmitteln.
>
> Das internationale Fortbildungszentrum für Photogrammetrie in Stuttgart erhielt erhebliche Mittel, und
>
> Einrichtungen wie das Krebsforschungszentrum in Heidelberg oder der Stifterverband für die Deutsche Wissenschaft wurden mit Dotierungen der Stiftung bedacht.
>
> Zur Unterstützung des wissenschaftlich-technischen Nachwuchses hat Professor Schott den »Erich-Schott-Fonds« eingerichtet, ein weiterer Fonds der Schott Glaswerke unterstützt regelmäßig Studenten der Universität Mainz.
>
> 1985 haben wir gemeinsam mit einem Industriepartner das »Institut für Lasertechnologien in der Medizin an der Universität Ulm« gegründet.

Im gleichen Jahr 1985 riefen wir – wieder zusammen mit Industriepartnern – das »Laser-Medizin-Zentrum« in Berlin ins Leben.
Auch am 1986 gegründeten »Festkörper-Laser-Institut«, Berlin, ist unsere Carl-Zeiss-Stiftung als Mitinitiator maßgeblich beteiligt.

Nach diesem Rechenschaftsbericht nimmt Wolfgang Adolphs das Wort, der Vorstandssprecher der Schott Glaswerke. Sein Thema ist die innere Organisationsstruktur der Stiftung. Abbe habe eine »Gewaltenteilung« im Statut festgelegt, und es gebe drei Organe: die Stiftungsverwaltung, den Stiftungskommissar und die Geschäftsleitung. Stiftungsverwaltung und Stiftungskommissar seien für beide Unternehmen zuständig, wohingegen Zeiss und Schott jeweils ihre eigenen Geschäftsleitungen hätten:

Die Stiftungsverwaltung liegt in den Händen des Ministeriums für Wissenschaft und Kunst des Landes Baden-Württemberg. Das Ministerium vertritt hier keine Staatsinteressen, sondern wirkt nur als privatrechtliche Verwaltung und Vertretung der Carl-Zeiss-Stiftung in *nicht-industriellen* Angelegenheiten.
Dem Stiftungskommissar obliegt im wesentlichen die Aufsicht über die Vorstände der Stiftungsunternehmen. Er wirkt auch bei Grundsatzfragen mit, die beide Unternehmungen oder die Stiftung maßgeblich berühren.
Die Vorstände der Stiftungsunternehmen Carl Zeiss und Schott Glaswerke sind für die Leitung der gesamten *industriellen* Tätigkeit der Stiftung und für die Verwaltung ihrer Unternehmen zuständig. Jedes Stiftungsunternehmen hat mindestens drei Vorstandsmitglieder, darunter wenigstens einen wissenschaftlichen Fachmann.

Adolphs berichtet auch über die 1978 eingeführten beiden Unternehmensräte, die in etwa Aufsichtsräten bei den Aktiengesellschaften entsprechen: »Die Unternehmensräte bei den Schott Glaswerken beziehungsweise bei Carl Zeiss unterstützen den Stiftungskommissar bei der Überwachung der Geschäftsführung des jeweiligen Unternehmens.«
Der Schott-Vorstandssprecher geht dann auf den Anfang »fast bei Null« nach dem Zweiten Weltkrieg und auf die wirtschaftlichen Erfolge der beiden Schwesterfirmen ein. Die Journalisten haben auch diesen Text mit der Pressemappe erhalten, und einige lesen den Wortlaut während des Vortrags mit.

Die beiden Geschäftsleiter haben von ihren Plätzen aus gesprochen. Nun geht Manfred Berger mit einer großen weißen Pappschachtel zum Rednerpult. Ein solches Paket wird jeder Mitarbeiter als Jubiläumsgeschenk erhalten. Und nun zeigt er den Inhalt: einen Brief; ein Faltblatt über die Stiftung; eine silberne Medaille mit dem Porträt Ernst Abbes; eine Wetterstation. Warum eine Wetterstation? »Ob Sonnenschein, Regen oder Sturm, mit der Carl-Zeiss-Stiftung in eine sichere Zukunft.« Das erheitert die Journalisten.

Manfred Berger berichtet auch über die weiteren Aktivitäten im Jubiläumsjahr, die natürlich ganz auf der Linie der Abbeschen Intentionen liegen. Dem Stifterverband für die Deutsche Wissenschaft wurden zwei Millionen überwiesen, die dort den »Ernst-Abbe-Fonds« bilden. Aus den Erträgnissen wird jedes Jahr alternierend ein Carl-Zeiss-Forschungspreis und ein Otto-Schott-Forschungspreis vergeben, die beide mit 50000 DM ausgestattet sind.

Eine Spende von drei Millionen an die Stadt Oberkochen für den Ausbau der Sportanlagen und von einer Million an die Stadt Mainz für eine Gartenanlage fällt unter die im Stiftungsstatut vorgesehene »Betätigung in gemeinnützigen Einrichtungen und Maßnahmen zugunsten der arbeitenden Bevölkerung«.

Das Jubiläumsjahr ist auch Anlaß, einen Faksimile-Nachdruck der vierbändigen »Gesammelten Abhandlungen« von Ernst Abbe zu veranstalten. Das freut mich besonders. Jahrelang habe ich mich vergeblich bemüht, dieses Werk über den Antiquariatsbuchhandel zu erhalten.

Nach diesen Ankündigungen haben die Journalisten das Wort. Der erste schießt gleich eine ganz harte Frage ab: Wie kann es überhaupt in Heidenheim eine Carl-Zeiss-Stiftung geben? Das sei doch statutenwidrig. Später erfahre ich, daß es sich um Rainer Jupe handelt, den Chefredakteur der in Darmstadt erscheinenden Zeitschrift »Labo«, der schon bei früheren Gelegenheiten durch Kritik hervorgetreten ist. Er hat ein Exemplar des Stiftungsstatuts in der Hand und liest nun laut vor, wie mir scheint, mit einem Anflug von Empörung:

> § 3. Der rechtliche Sitz der Stiftung ist Jena.
>
> § 39. Eine Verlegung der ... Stiftungsbetriebe an Orte außerhalb der nächsten Umgebung von Jena ist unstatthaft.

Diese Paragraphen scheinen auf den ersten Blick tatsächlich dem Osten recht zu geben. Aber eben nur auf den ersten Blick, wie der Syndikus erklärt: Eine Verlegung des Stiftungssitzes und der Stiftungsbetriebe sei dann unstatthaft, wenn die Geschäftsleitung nach freiem Willen handeln kann. Im vorliegenden Falle gab es jedoch, wie der Bundesgerichtshof bestätigt habe, keine freie Wahl: entweder Verlegung oder Untergang.
Abbe habe die drei Wesenselemente einer Stiftung – Zweck, Vermögen und Leitung – in bestimmter Weise geregelt und bindend festgelegt, daß die Stiftung aufgelöst werden müsse, wenn diese Regelung nicht mehr einzuhalten sei. Durch die Enteignung der Stiftungsbetriebe in Jena sei das dort vorhandene Vermögen Staatseigentum geworden. Der Hauptzweck der Stiftung, der Fortbestand der Betriebe in ihrem Eigentum, habe also in Jena nicht mehr realisiert werden können. Die Geschäftsleitung sei funktionslos geworden. Dies habe selbst die ostdeutsche Rechtsprechung anerkannt. In dieser Situation, so die amerikanischen Gerichte, hätte auch der Stifter Abbe, um eine Auflösung zu vermeiden, der Stiftung im Westen einen neuen Sitz gegeben. Nur dort sei die Fortsetzung der Stiftung nach dem Stifterwillen möglich.
Rainer Jupe fragt weiter, ob auch in Jena eine Feier zum 100. Jubiläum stattfindet und ob eine gesamtdeutsche Gemeinschaftsveranstaltung vorstellbar sei. Über die Planungen in Jena ist man im Westen nicht unterrichtet. Was aber soll man auf die zweite Frage sagen? Die DDR hat dreißig Jahre lang Ernst Abbe als Physiker hochgelobt, als Sozialpolitiker und Schöpfer der Carl-Zeiss-Stiftung aber nach Kräften herabgesetzt. Da wird wohl bei den Feiern in Jena, wenn solche stattfinden, immer noch ein gerüttelt Maß an Dialektik notwendig sein. Später einmal mag auch in der DDR die Demokratisierung vorankommen. Dann ist die Zeit reif für eine gemeinsame Feier.
Eine Journalistin des Süddeutschen Rundfunks äußert Besorgnis, daß sich die neuen Forschungspreise zur Konkurrenz für die alljährlich von der Nobelstiftung verliehenen Preise entwickeln könnten. Ja, das sagt die junge Dame wirklich, und im Saal breitet sich Heiterkeit aus. »Ooch ein Risiko«, liegt mir als Antwort auf der Zunge. Weil man jedoch zu Damen und zu Journalisten immer höflich sein soll und

hier doppelter Anlaß besteht, erklärt Dr. Skoludek, daß die Stiftung in Heidenheim (im Unterschied zu der in Stockholm) eher an Nachwuchswissenschaftler gedacht habe.
Nun hebt auch Dr. Ulrich Fischer die Hand. Ich habe ihn mehrfach in Oberkochen getroffen, wo er sich, genau wie ich, sachkundig gemacht hat: Er schreibt das Drehbuch zu einem Film über die Carl-Zeiss-Stiftung und die beiden Stiftungsunternehmen. Als promovierten Betriebswirt interessieren ihn die spezifischen Probleme bei der Kapitalbeschaffung. Er will wissen, ob nicht ein Stiftungsunternehmen im Wettbewerb einer Aktiengesellschaft unterlegen sei. »Der übliche Weg der Finanzierung durch die Ausgabe von Aktien ist Zeiss und Schott versperrt.«
Die Frage geht an Wolfgang Adolphs, und der bestätigt, daß in der Tat gegenüber einer Kapitalgesellschaft eine Einschränkung besteht: »Die Carl-Zeiss-Stiftung kann sich nicht über die Ausgabe von Aktien oder von anderen Geschäftsanteilen finanzieren. Nach dem Statut ist jeder Einfluß von Anteilseignern auf die Stiftung ausgeschlossen.« Andererseits aber sei zu beachten, daß die Stiftung keine Gewinnausschüttungen an Kapitaleigner vorzunehmen habe, also ihre Gewinne ungekürzt zur Eigenkapitalbildung verwenden könne. Nachteile für die Stiftung seien bisher nicht erkennbar geworden. »Generell besteht jedoch kein Zweifel, daß die Stiftung stärker als andere Unternehmer von ihrer Gewinn-Erzielung abhängt.«
Bei den letzten Worten muß ich an die Kamerakrise bei Zeiss Ikon und Voigtländer Anfang der siebziger Jahre denken: Ursache der Schwierigkeiten war, neben anderen Faktoren, auch Kapitalmangel. Die Produktionsanlagen waren veraltet. Hätte man es, bei einer anderen Unternehmensform, leichter gehabt?
Die nächste Frage zielt auf Theodor Heuss und seine Bedeutung für die Carl-Zeiss-Stiftung. Hier fühlt sich der Historiker angesprochen: Im Auftrag von Robert Bosch hat sich Theodor Heuss schon in den zwanziger Jahren an Ort und Stelle über die Stiftung informiert. Als Heuss dann als Kultminister (wie es damals nach alter württembergischer Tradition noch hieß) in Stuttgart amtierte, war er über die Firma genau im Bilde und half beim Aufbau in Oberkochen. In enge persönliche Beziehung zu den Geschäftsleitern kam er durch seinen

großen Vortrag, den er am 1. Mai 1954 auf dem Firmengelände hielt.

Der Journalist will auch wissen, ob Theodor Heuss Stiftungskommissar gewesen sei. Ich staune über diese Frage: Erst kürzlich bin ich im Firmenarchiv darauf gestoßen, daß Geschäftsleitung und Syndikus tatsächlich Theodor Heuss für dieses Amt gewinnen wollten. Der Plan hat sich nicht realisieren lassen, weil Heuss für eine zweite Amtszeit zum Bundespräsidenten wiedergewählt wurde.

Jetzt ist Wolfram Knapp an der Reihe. Als Redakteur von »Bild der Wissenschaft« lenkt er die Aufmerksamkeit auf die Forschung: An der Universität werde seit Humboldt an der »Einheit von Forschung und Lehre« festgehalten. Könne man nicht, ähnlich diesem Humboldtschen Prinzip, für Carl Zeiss von einem von Abbe eingeführten Prinzip der »Einheit von Forschung und Produktion« sprechen?

Skoludek bestätigt, daß in Oberkochen die 800 Wissenschaftler und Ingenieure eng mit den Facharbeitern, den »Männern mit den goldenen Händen«, zusammenarbeiten. Eine Idee sei immer nur so gut, wie sie auch tatsächlich realisiert werden könne. Wenn die Carl-Zeiss-Stiftung demnächst ihr Jubiläum feiere, habe sie für ihr zweites Jahrhundert ein paar Vorsätze gefaßt. Dazu gehöre auch, noch mehr Forschung zu treiben. Für den wirtschaftlichen Erfolg eines Unternehmens seien in Zukunft die Innovationen noch viel wichtiger als bisher.

Es folgen noch ein paar Fragen und Antworten, und insgesamt ergibt sich, will mir scheinen, eine ungemein positive Bilanz. Auch ein Journalist vom »Spiegel«, wäre einer im Saale, müßte wohl zu diesem Urteil kommen.

Während Manfred Berger zu weiteren Fragen auffordert, dann allen Teilnehmern für ihr Erscheinen dankt und feststellt, daß die Pressekonferenz geschlossen ist, wird mir mein emotionales Engagement bewußt: Was ich im Laufe meiner Studien bei anderen mit Staunen registriert habe, ist nun auch mit mir geschehen. Durch die jahrelange Beschäftigung mit Ernst Abbe und seinem Werk bin ich zu einem Verehrer des großen Jenaer Physikers geworden. Es ist mir eine Genugtuung, daß sich bei der Pressekonferenz die von ihm geschaffene Stiftung überzeugend präsentiert hat.

Nach der Arbeit das Vergnügen. Köche und Kellner des benachbarten Interconti sind aufmarschiert, und jeder kann sich seinen Teller füllen lassen. Nur die beiden Geschäftsleiter kommen nicht zum Essen. Sie müssen den Rundfunkreportern Interviews geben.
Manfred Berger, Neithardt von Einem und Wolfgang Pfeiffer hatten viel Arbeit mit der Vorbereitung der Pressekonferenz. Jetzt sind sie erleichtert, daß alles gut gelaufen ist, und in heiterer Stimmung. Ich verabschiede mich von meinen Freunden und gehe, noch in Gedanken an das Gehörte, durch die Anlagen und die Klett-Passage zur Universität.
Was hat den stärksten Eindruck auf mich gemacht? Ganz eindeutig die Tatsache, daß sich die große Vision Abbes in der Wirklichkeit bewährt hat.
Wie ein demokratischer Staat freiverantwortliche Bürger zur Grundlage hat, so sollten seine Betriebe aus freiverantwortlichen Arbeitern gebildet werden. Siegfried Czapski, der Freund und Nachfolger Abbes in der Geschäftsleitung, hat gezweifelt, ob das überhaupt möglich ist. Die Einrichtungen und Absichten Abbes seien »auf bessere Menschen basiert als die zur Zeit vorhandenen«.
Die einhundert Jahre seit der Gründung der Stiftung haben bewiesen, daß diese Skepsis nicht berechtigt war. Die Menschen, die für Zeiss und für Schott tätig waren, sind sicher im Durchschnitt nicht besser oder schlechter gewesen als andere Zeitgenossen, aber in den Stiftungsunternehmen standen sie unter dem fortwirkenden Einfluß Abbes. Das gilt noch heute und soll im zweiten Jahrhundert der Carl-Zeiss-Stiftung weiter gelten, wie die Verantwortlichen heute bekräftigt haben: Es wächst der Mensch mit seinen größern Zwecken.

NACHWORT

Von früheren Studien über die Nachkriegszeit war mir Heinz Küppenbender bereits ein Begriff, als ich mit der Arbeit an der Geschichte der Firma Carl Zeiss begann. Jedoch ergab sich für mich erst aus dem Studium der Akten und durch die zahlreichen Interviews mit den Firmenmitarbeitern ein deutliches Bild von der entscheidenden Rolle, die der frühere Geschäftsleiter beim Wiederaufbau gespielt hatte.

Zu einer Diskussion der Ergebnisse mit ihm ist es nicht mehr gekommen. Heinz Küppenbender starb am 4. Juli 1989 in seinem Haus Römerstraße 63 in Heidenheim. So wird dieses Buch seinem Andenken gewidmet.

Wissenschaft entsteht im Gespräch. Ich habe zahlreichen Firmenmitarbeitern zu danken für die Zeit, die sie für die Gespräche mit mir aufgebracht haben. In besonderem Maße gilt dies für Dr. Horst Skoludek, den Sprecher der Geschäftsleitung, und die Herren Manfred Berger, Neithardt von Einem und Dr. Wolfgang Pfeiffer, mit denen ich viele Stunden diskutieren konnte. Große Dankbarkeit empfinde ich auch gegenüber Frau Ursula Braun, die in allen Phasen dieser Arbeit mit Rat und Tat geholfen hat.

Von den übrigen aktiven und pensionierten Firmenangehörigen, denen ich Auskünfte und Hinweise verdanke, kann ich gleichsam stellvertretend nur einige wenige nennen: Doris Baur, Fridolin Berthel, Claudia Bolsinger, Rita Brenner, Carla Discher, Elke Hergesell, Severin Hildebrand, Rita Hoops, Bernd Kratzer, Karin Mühlberger, Renate Scharf, Oskar Stark, Waltraud Wenzel, Elke Winters, Christine Wiese und Brigitte Zinser.

Hilfe habe ich auch von den Mitarbeitern des Stuttgarter Historischen Instituts, insbesondere des Lehrstuhles für Geschichte der Naturwissenschaften und der Technik, und von befreundeten Kollegen erhal-

ten. Nennen möchte ich Dr. Helmut Albrecht, Rosemarie Colberg, Friedrich Epple, Christian Haellmigk, Guido Huss, Professor Dr. Jürgen Rohwer, Margarethe Pfeiffer, Reinald Schröder, Joachim Sommer und Dr. H.-J. Uther. Erfreulich wie gewohnt war die Zusammenarbeit mit den Mitarbeitern der Deutschen Verlags-Anstalt, von denen ich nur den Cheflektor Dr. Reinhard Lebe und Frau Margot Adrion hervorheben möchte.
Ganz herzlich danke ich unserer Lehrstuhl-Sekretärin, Frau Marianne Willi, für die Sorgfalt und Geduld, die sie auf das Manuskript verwendet hat. Nach achtzehnjähriger Tätigkeit für unser Institut tritt Frau Willi fast gleichzeitig mit dem Erscheinen dieses Buches in den Ruhestand. Dieses Nachwort gibt mir Gelegenheit, auch vor der Öffentlichkeit zu würdigen, was sie in dieser Zeit geleistet hat.

Stuttgart, den 31. Juli 1989 Armin Hermann

ANHANG

Anmerkungen und Quellennachweise

1. Kapitel: »We take the brain«

1 Aussagen von Heinz Küppenbender im amerikanischen Prozeß, 6. Mai 1965. Carl-Zeiss-Archiv Oberkochen. Rechtsabteilung. Ordner 46 grün.
2 Aussagen von Hugo Schrade im amerikanischen Prozeß, 5. Mai 1965. Carl-Zeiss-Archiv Oberkochen. Rechtsabteilung.
3 Josef Dinser, Kriegsende in Jena bis zum Abtransport nach Heidenheim. Manuskript im Carl-Zeiss-Archiv.
4 Erinnerungen von Dr. Walter David. Diese Erinnerungen liegen in schriftlicher Form im Carl-Zeiss-Archiv Oberkochen. Es handelt sich dabei a) um eine Reihe von Interviews des Verfassers mit Walter David, b) um Vorträge Davids bei Carl Zeiss im Frühjahr 1980.
5 Aussagen von Heinz Küppenbender (Anm. 1).
6 The New York Times, 13. April 1945.
7 Das Kriegsende in Jena. Unveröffentlichtes Manuskript von Otto Nordt, Oktober 1982. Carl-Zeiss-Archiv Oberkochen. Hier S. 2.
8 Erinnerungen von Walter David (Anm. 4).
9 Ebd. Bei dem erwähnten Mitarbeiter handelte es sich um Josef Dinser.
10 Erinnerungen von Walter David (Anm. 4).
11 Aussagen von Heinz Küppenbender im amerikanischen Prozeß. Verhör durch Rechtsanwalt William E. Jackson. Carl-Zeiss-Archiv Oberkochen. Rechtsabteilung. Ordner 25 grün (S. 19).
12 Walter David, Die Carl-Zeiss-Stiftung, ihre Vergangenheit und ihre gegenwärtige rechtliche Lage. Heidenheim 1954, S. 103.
13 Norbert Günther, Fünf Jahre Zeiss-Opton. In: Schwäbische Post. 1. August 1951.
14 Aussagen von Heinz Küppenbender (Anm. 1).
15 Ebd.
16 Akten des Office of Military Government for Württemberg-Baden (OMGWB). Hauptstaatsarchiv Stuttgart 12/197-R/1.
17 Memorandum [der evakuierten Wissenschaftler]. Unveröffentlicht. Carl-Zeiss-Archiv Oberkochen. Hier insbesondere Anhang III.
18 Protokoll von Victor Sandmann über seine Besprechung mit Paul Henrichs in Heidelberg am 28. und 29. Dezember 1945.

19 Memorandum (Anm. 17).

20 Aussagen von Heinz Küppenbender (Anm. 11).

21 Hjalmar Schacht, 75 Jahre meines Lebens. Bad Wörishofen 1953, S. 565.

22 Brief von Oskar Bihlmaier (Jena) an Norbert Günther (Oberkochen), 4. Februar 1946. Carl-Zeiss-Archiv Oberkochen.

23 Brief von Henry Guldbrandsen (Oberkochen) an Friedrich Schomerus (Jena), 18. April 1946. Abschrift im Carl-Zeiss-Archiv Oberkochen.

24 Dorfversammlung in der Harmonie am 25. Mai 1946. Protokoll von Franz Riedinger. Carl-Zeiss-Archiv Oberkochen.

25 Dorfversammlung vom 29. September 1946. Protokoll von Walter Geffcken. Carl-Zeiss-Archiv Oberkochen.

26 Ebd.

27 Der schwere Anfang. Unveröffentlichtes Schreibmaschinenmanuskript von Otto Nordt, Mai 1985. Carl-Zeiss-Archiv Oberkochen. Hier S. 1.

28 Ebd. S. 4. – Man vgl. Willi Merté, Heinrich Keßler†. In: Optik. Zeitschrift für das gesamte Gebiet der wissenschaftlichen und angewandten Optik. Bd. 1, 1946, S. 63–65; Fritz Wolf, Erinnerung an Dr. Heinrich Keßler. In: Zeiss-Werkzeitung. Heft 20 (1956), S. 49f.

29 Der schwere Anfang (Anm. 27), S. 4.

30 Ebd. 31 Ebd.

2. Kapitel: Opton Optische Werke Oberkochen

1 Der schwere Anfang. Unveröffentlichtes Schreibmaschinenmanuskript von Otto Nordt, Mai 1985. Carl-Zeiss-Archiv Oberkochen.

2 Brief von Siegfried Thieme an Carl-Zeiss Oberkochen. 3. Dezember 1979. Carl-Zeiss-Archiv Oberkochen.

3 Der schwere Anfang (Anm. 1). Hier S. 10f.

4 Hermann Schäfer und Carl Schmitt, Ein Unternehmen wird geteilt. Freiburg 1982. Schreibmaschinenmanuskript im Carl-Zeiss-Archiv Oberkochen. Hier Anhang 17a.

5 Ebd. Anhang 17b.

6 Staatsarchiv Ludwigsburg F272/BÜ 532. Bestand Amtsgericht Heidenheim/Brenz.

7 Der schwere Anfang (Anm. 1). Hier S. 12.

8 Maschinenbestand für die Opton Optische Werke Oberkochen GmbH. Anlage zu dem Gesellschaftsvertrag vom 4. Oktober 1946. Staatsarchiv Ludwigsburg (Anm. 6).

9 Gesellschaftsvertrag. Staatsarchiv Ludwigsburg. Ebd.

10 Ebd.

11 Besprechung bei Herrn Rechtsanwalt Dr. Burk im Wirtschaftsministerium Stuttgart am 30. Oktober 1946. Protokoll von Dr. Walter David. Carl-Zeiss-Archiv Oberkochen.

12 Hektographiertes Rundschreiben der Geschäftsleitung an die Mitarbeiter. Datiert August 1946. Carl-Zeiss-Archiv Oberkochen.

13 Handzettel der Personalabteilung. Gedruckt im November 1946.

14 Der schwere Anfang (Anm. 1). Hier S. 13.

15 Ansprache von Dr. Heinz Küppenbender aus Anlaß der Hundert-Jahrfeier der Carl Zeiss-Werke, gehalten in Oberkochen am 15. November 1946. Unveröffentlicht. Manuskript im Carl-Zeiss-Archiv Oberkochen.

16 Norbert Günther, Ernst Abbe. Schöpfer der Carl-Zeiss-Stiftung (= Große Naturforscher. Bd. 2). Stuttgart 1946.

17 Gesammelte Abhandlungen von Ernst Abbe. Bd. 3. Jena 1906, S. 95.

18 Ansprache Küppenbender (Anm. 15).

19 Ansprache von Dr. Günther anläßlich des hundertjährigen Bestehens der Firma Carl Zeiss, Jena. Unveröffentlicht. Manuskript im Carl-Zeiss-Archiv Oberkochen.

20 Der schwere Anfang (Anm.1). Hier S. 15.

21 Ergebnisse der Besprechungen in Jena vom 24. August bis 9. September 1946. Protokoll von Walter David, 16. September 1946.

22 Niederschrift über die Besprechungen mit Herrn Sandmann aus Jena in Oberkochen und Heidenheim vom 24. bis 27. Januar 1947. Angefertigt von Walter David am 28. Januar 1947. Hier S. 2 (Punkt 2).

23 Beurkundung des Gesellschafterbeschlusses durch den stellvertretenden Bezirksnotar Hägele in Heidenheim am 31. Januar 1947. Staatsarchiv Ludwigsburg (Anm. 6).

24 Mitteilung der Rechtsabteilung von Zeiss-Opton an Carl Zeiss in Jena, 16. Oktober 1947.

25 Walter David, Die Carl-Zeiss-Stiftung, ihre Vergangenheit und ihre gegenwärtige rechtliche Lage. Heidenheim 1954, S. 221 und S. 232.

26 Bericht über den Besuch in München vom 22. bis 26. April 1947. Gezeichnet Mey/Vo. 28. April 1947. Bei den drei Herren aus Oberkochen handelte es sich um Paul Henrichs, Eduard Oskar Messter und Sigmund Meyer.

3. Kapitel: Die Spaltung

1 Protokoll von Victor Sandmann über seine Besprechung mit Paul Henrichs in Heidelberg am 28. und 29. Dezember 1945. Carl-Zeiss-Archiv Oberkochen. Rechtsabteilung. Ordner »USA-Examination Wien«.

2 Ebd.

3 Ebd.

4 Von Victor Sandmann nach seiner Flucht aus Jena abgegebene Erklärung. Datiert Oberkochen, 24. April 1953.

5 Paul Henrichs, Notizen zur Besprechung am 13. Juli 1946 in der Harmonie. Carl-Zeiss-Archiv Oberkochen.

6 Ebd.

7 Walter David, Die Carl-Zeiss-Stiftung, ihre Vergangenheit und ihre gegenwärtige rechtliche Lage. Heidenheim 1954.

8 Ergebnisse der Besprechungen in Jena vom 24. August bis 9. September 1946. Protokoll von Walter David.

9 Friedrich Schomerus, Geschichte des Jenaer Zeisswerkes 1846–1946. Stuttgart 1952, S. 302. Im folgenden zitiert als Schomerus (1952).

10 Protokoll von Walter David (Anm. 8). – Walter David, Die Firma Carl Zeiss. In: Zeiss-Werkzeitschrift, Jg. 1 (1953). S. 86–90.

11 Jürgen John, Faschistische Rüstungswirtschaft und regionale Industrie. Probleme der industriellen Entwicklung in Thüringen 1933 bis 1939. Jenaer gesellschaftswiss. Diss. 1969. Hier S. 227 f.

12 Friedrich List, Das nationale System der politischen Oekonomie. Stuttgart und Tübingen 1841, S. 409–419 (24. Kapitel).

13 Friedrich Schomerus, Festrede zum 17. November 1946. 19-Seiten-Manuskript im Carl-Zeiss-Archiv Oberkochen. Rechtsabteilung. Ordner Nr. 27.

14 Ebd.

15 Ebd.

16 David (Anm. 10).

17 Clarence G. Lasby, Project Paperclip. German Scientists and the Cold War. New York 1971, S. 178 f. Aus dem Englischen rückübersetzt.

18 Nach Rußland verpflichtet. Aufforderung an deutsche Ingenieure und ihre Familien. In: Die Neue Zeitung, 25. Oktober 1946; Zum Arbeitseinsatz nach Rußland. Ebd. 26. Oktober 1946; Die Abtransporte von Facharbeitern. USA, Großbritannien und Frankreich verlangen amtliche russische Erklärung. Ebd. 1. November 1946.

19 Project Paperclip (Anm. 17). Hier S. 179.

20 Brief von Friedrich Schomerus an Heinz Küppenbender, 25. Januar 1947. Carl-Zeiss-Archiv Oberkochen. Rechtsabteilung, Ordner 27.

21 Friedrich Schomerus, Festrede (Anm. 13). Leicht umgeschrieben findet sich dieser Text auch in Schomerus (1952), S. 325.

22 Brief von Friedrich Schomerus an Henry Guldbrandsen, 29. April 1946. Abschrift im Carl-Zeiss-Archiv Oberkochen.

23 Brief der »Gruppe Kiew« an die Geschäftsleitung und den Betriebsrat der Firma Carl Zeiss Jena.
24 Schomerus (1952), S. 302.
25 Niederschrift über die Besprechungen mit Herrn Sandmann aus Jena in Oberkochen und Heidenheim vom 24. bis 27. Januar 1947. Carl-Zeiss-Archiv Oberkochen.
26 Betriebs-Versammlung der Betriebe Carl Zeiss und Schott & Genossen, Jena, am 5. Dezember 1947 im Volkshaus. Abschriften der Reden im Carl-Zeiss-Archiv Oberkochen.
27 Memorandum von Victor Sandmann betr. Verstaatlichung der Zeiss-Betriebe und Argumente für eine Beibehaltung der Carl-Zeiss-Stiftung und der Stiftungsbetriebe vom Februar 1947. Zitat aus: Carl Zeiss Jena. Einst und Jetzt. Von einem Autorenkollektiv unter Leitung von Wolfgang Schumann. [Ost-] Berlin 1962, S. 641.
28 Ebd.
29 Betriebsversammlung der Betriebe Carl Zeiss und Schott & Genossen, Jena, am 5. Dezember 1947 im Volkshaus. Abschriften der Reden im Carl-Zeiss-Archiv Oberkochen.
30 Ebd.
31 Was geht bei Zeiss vor? Telegraf, 7. März 1948. Abschrift im Carl-Zeiss-Archiv Oberkochen.
32 Carl Zeiss Jena. Einst und Jetzt. Von einem Autorenkollektiv unter Leitung von Wolfgang Schumann. [Ost-] Berlin 1962.
33 Ebd. S. 5 (Vorwort).
34 Ebd. S. 646.
35 Telegraf, 7. März 1948 (Anm. 18).
36 Optik Carl Zeiss VEB Jena. Betriebsnachricht. 21. März 1949. Kopie im Carl-Zeiss-Archiv Oberkochen. Friedrich Schomerus ließ sich nicht einschüchtern. Er wurde im April 1949 in Pension geschickt.
37 Thüringer Volk, 1. Oktober 1948. Kopie im Carl-Zeiss-Archiv Oberkochen.

4. Kapitel: Ein Werk wächst aus dem Wiesental

1 Telegramm von Carl Zeiss (Jena) an Carl Zeiss (Oberkochen) und Antworttelegramm.
2 Ansprache des Herrn Dr. Günther anläßlich des hundertjährigen Bestehens der Firma Carl Zeiss, Jena. Unveröffentlicht.
3 Carl Zeiss Jena. Einst und Jetzt. Von einem Autorenkollektiv unter Leitung von Wolfgang Schumann. Berlin (Ost) 1962, S. 735 f.

4 Ergebnisse der Besprechungen in Jena vom 24. August bis 9. September 1946. Protokoll von Walter David. Hier S. 4.
5 Gerhard Hansen in Optik. Bd. 1, 1946, S. 227–267; Kurt Räntsch in Optik. Bd. 2, 1947, S. 249–265; Norbert Günther in Optik. Bd. 3, 1948, S. 517–520; Hans Littmann in Optik. Bd. 4, 1948, S. 65–88.
6 Horst Köhler, 30 Jahre Forschung und Entwicklung im Zeiss-Werk Oberkochen. Oberkochen 1983, S. 48.
7 Hans Littmann, Die Abteilung für Brillengläser berichtet. Zeiss-Werkzeitschrift, Jg. 1 (1953), S. 92.
8 Hans Sauer, Die Abteilung für Photographie berichtet. Ebd. S. 91 f.
9 Heinz Küppenbender, Über den Wiederaufbau der Carl-Zeiss-Stiftung und des Stiftungsbetriebes Carl Zeiss in Heidenheim/Oberkochen. Vortrag am Hochschulabend in der TH Stuttgart, 5. Mai 1954. Unveröffentlicht. – Man vgl. Heinz Küppenbender, Der Wiederaufbau der Carl-Zeiss-Stiftung im Westen. In: Zeiss-Werkzeitung. Heft 13 (1954), S. 52–55.
10 Protokoll der Sitzung des Ministerrates von Württemberg-Baden am 23. Mai 1946. Hauptstaatsarchiv Stuttgart EA 1/20 C1/32. Zitiert nach: Die deutsche Frage im Unterricht. Heft 9. Herausgegeben von der Landeszentrale für politische Bildung Baden-Württemberg. Hier S. 31.
11 Heinz Küppenbender (Anm. 9).
12 Brief von Paul Henrichs an Hermann J. Abs, 15. Oktober 1961.
13 Vernehmungen in Wien, 20. September 1965.
14 Persönliche Mitteilung an den Verfasser.
15 W. Schneider, Unsere Wohnungsfürsorge 1946 bis 1951. In: Zeiss-Werkzeitung. Heft 1 (1951), S. 6 f.
16 Norbert Günther, Das Herz des Betriebes. In: Zeiss-Werkzeitung. Heft 3 (1951), S. 28 f.
17 Walter David, Das Recht baut mit in Oberkochen. In: Zeiss-Werkzeitschrift. Jg. 2 (1954), S. 98–103.
18 Erinnerungen von Dr. Walter David, Carl-Zeiss-Archiv Oberkochen. Nachschrift S. 20.
19 Frank Heintzeler, Der Fall »Zeiss«. Die in- und ausländische Rechtsprechung und das Problem der stiftungsrechtlichen Identität (= Schriftenreihe zum Stiftungswesen. Bd. 6). Baden-Baden 1972, S. 138.
20 Walter David, Die Carl-Zeiss-Stiftung, ihre Vergangenheit und ihre gegenwärtige rechtliche Lage. Heidenheim 1954, S. 76.
21 Ebd. S. 20.

5. Kapitel: Die Politik ist das Schicksal

1 Alexander Mitscherlich und Alfred Weber, Freier Sozialismus. Heidelberg 1946, S. 77; Alfred Weber, Sozialisierung zugleich als Friedenssicherung. Schriften der Heidelberger Aktionsgruppe zur Demokratie und zum freien Sozialismus. Heft 1. Heidelberg 1947, S. 9.

2 Walter David, Die Carl-Zeiss-Stiftung, ihre Vergangenheit und ihre gegenwärtige rechtliche Lage. Heidenheim 1954, S. 161. Im folgenden zitiert als David (1954).

3 Carl Zeiss – geteiltes Deutschland. Die deutsche Frage im Unterricht. Heft 9. Herausgegeben von der Landeszentrale für politische Bildung Baden-Württemberg. Hier S. 38.

4 David (1954), S. 15.

5 Die Äußerung stammt vom Kreissekretär der SED in Jena. Zitiert nach dem Schriftsatz der Stuttgarter Rechtsanwälte Ernst Rupp und Genossen vom 15. November 1954, Akte blau 30.

6 Ebd.

7 Carl Zeiss Jena. Einst und Jetzt. Von einem Autorenkollektiv unter Leitung von Wolfgang Schumann. Berlin (Ost) 1962, S. 710.

8 David (1954), S. 24.

9 Carl Zeiss Jena (Anm. 7), S. 755.

10 Schwerpunktbefragung des Ministeriums für gesamtdeutsche Fragen vom 29. Juni 1953. Zitiert nach Carl Zeiss – geteiltes Deutschland. Die deutsche Frage im Unterricht. Reihe für Politik, Geschichte, Deutsch. Heft. 9. Stuttgart 1986, S. 37.

11 Ebd.

12 Paul Gerhard Esche, Die Überwindung der kapitalistischen Verhältnisse im Zeiss-Werk Jena und die Neuformierung des Zeiss-Konzerns in Westdeutschland (1945–1949/50). Phil. Diss. Jena 1962, S. IIf.

13 Mit klarer Sicht. Das Ende der Zeiss-Legende. Herausgegeben vom Zentralkomitee der SED, Abt. Propaganda/Agitation ... Pößneck 1958. Ein Verfasser ist nicht angegeben.

14 Esche (Anm. 12), S. III.

15 David (1954), S. 18.

16 Ebd. S. 22f.

17 Ebd. S. 215.

18 Ebd. S. 245.

19 »Ein Strich durch die Rechnung« und »Zeiss wahrt seine Rechte«, in: Frankfurter Allgemeine Zeitung, 24. März 1954. Auch abgedruckt in: David (1954), S. 267.

20 David (1954), S. 259–265.

21 Erinnerungen von Dr. Walter David. Carl-Zeiss-Archiv Oberkochen.
22 Ebd.
23 Ebd.
24 David (1954), S. 279f.
25 Es handelte sich um das Volkshaus, die Lesehalle mit Bibliothek, die Optikerschule, die Kinderklinik, das Kinderkurhaus Bad Sulza, Siedlungsbeteiligungen und Mietshäuser, Waldbesitz an der oberen Saale und das Gut Jena-Burgau. Insgesamt erforderte dieser Besitz regelmäßig erhebliche Zuschüsse. Man vergleiche Walter David, Das Recht baut mit in Oberkochen. In: Zeiss-Werkzeitschrift. Jg. 2 (1954), S. 98–103.
26 Ernst Abbe, Gesammelte Abhandlungen. Bd. 3. Jena 1906, S. 369.
27 David (1954), S. 19.
28 Walther Bauersfeld, Ernst Abbe 1840–1905. In: Die Großen Deutschen. Herausgegeben von Hermann Heimpel, Theodor Heuss und Benno Reifenberg. Bd. 3. Frankfurt 1956, S. 562–572. Hier S. 562.
29 Man vergleiche das Kapitel 15, S. 177.

6. Kapitel: Ernst Abbe

1 Felix Auerbach, Ernst Abbe. Sein Leben, sein Wirken, seine Persönlichkeit. 2. Aufl. Leipzig 1922, S. 96. Im folgenden zitiert als Auerbach (1922).
2 Auerbach (1922), S. 37.
3 Von der Stellung der Naturwissenschaften, besonders der physikalischen, an unseren Universitäten. Kiel 1849. Die anonym erschienene Schrift hat Gustav Karsten zum Verfasser.
4 Norbert Günther, Ernst Abbe. Schöpfer der Zeiss-Stiftung. 2. Aufl. Stuttgart 1951, S. 59. Im folgenden zitiert als Günther (1951).
5 Auerbach (1922), S. 81.
6 Stefan Zweig, Sternstunden der Menschheit. Zwölf historische Miniaturen. Stuttgart/Hamburg o. J., S. 5f.
7 Horst Alexander Willam, Carl Zeiss 1816–1888 (= Sechstes Beiheft der »Tradition«. Zeitschrift für Firmengeschichte und Unternehmerbiographie). München 1967, S. 77. Im folgenden zitiert als Willam (1967).
8 Stefan Zweig (Anm. 6), S. 7.
9 Willam (1967), S. 65.
10 Auerbach (1922), S. 81.
11 Ebd.
12 Armin Hermann, Weltreich der Physik. Von Galilei bis Heisenberg. Esslingen 1980, S. 198.

13 Brief von Carl Zeiss an Beck (Moskau), 4. Februar 1955. Man vergleiche Willam (1967), S. 76 und Zeiss-Werkzeitschrift. Heft 11, S. 2.

14 Willam (1967), S. 62f.

15 Ernst Abbe, Gesammelte Abhandlungen. Bd. 3, S. 139. – Man vgl. S. 69f.

16 Adam Smith, Inquiry into the nature and causes of the wealth of nations. London 1776. Zitiert nach Friedrich Klemm, Technik. Eine Geschichte ihrer Probleme. Freiburg und München 1954, S. 250.

17 Friedrich Schomerus, Geschichte des Jenaer Zeisswerkes 1846–1946. Stuttgart 1952, S. 33. Im folgenden zitiert als Schomerus (1952).

18 Felix Auerbach, Das Zeisswerk und die Carl-Zeiss-Stiftung in Jena. Ihre wissenschaftliche, technische und soziale Entwicklung und Bedeutung. 5. Aufl. Jena 1925, S. 26. Im folgenden zitiert als Auerbach (1925).

19 Ernst Abbe, Gesammelte Abhandlungen. Bd. 1, S. 274.

20 Ernst Abbe, Über die Grenzen der geometrischen Optik. In: Sitzungsberichte der Jenaischen Gesellschaft für Medizin und Naturwissenschaft. Jg. 1880, S. 71–109. Hier S. 79; Ernst Abbe, Gesammelte Abhandlungen. Bd. 1, S. 280.

21 Günther (1951), S. 59.

22 Ernst Abbe, Gesammelte Abhandlungen. Bd. 3. Jena 1921, S. 67.

23 Ebd. S. 138.

24 Auerbach (1921), S. 165.

25 Rudolf Eucken, Lebenserinnerungen. Ein Stück deutschen Lebens. 2. Aufl. Leipzig 1922, S. 62.

26 Eugen Dühring, Der Weg zur höheren Berufsbildung der Frauen. Leipzig 1877, S. 37.

27 Der Brief Abbes an Zeiss scheint verloren. Die Biographen erschließen seinen Inhalt aus dem Kontext.

28 Das Wort stammt von Siegfried Czapski: Brief an Anton Dohrn, 23. August 1906. Kopie und Transkription im Carl-Zeiss-Archiv Oberkochen.

29 Günther (1951), S. 54.

30 Eine erste Fassung des Vertrages mit 41 Paragraphen ist von beiden Partnern auf den 15. Mai 1875 zurückdatiert. Die zweite Fassung trägt das Datum des 22. Juli 1876.

31 August Wilhelm Hofmann (Hrsg.), Bericht über die wissenschaftlichen Apparate auf der Londoner internationalen Ausstellung im Jahre 1876. Braunschweig 1881, S. XIX (Vorwort).

32 Georg Seelhorst, Die Philadelphia-Ausstellung und was sie lehrt. Ein Weck- und Mahnruf für den deutschen Gewerbsmann. Nördlingen 1878, S. 2.

33 Es ist nur die Wahrheit, die verwundet.

34 Franz Reuleaux, Briefe aus Philadelphia. Vermehrte Ausgabe Braunschweig 1877, S. 94.
35 Ernst Abbe, Gesammelte Abhandlungen. Bd. 1. Jena 1904, S. 132.
36 Ebd. S. 159 f.

7. Kapitel: Das Mikroskop

1 Matthias Jakob Schleiden, Die Botanik als inductive Wissenschaft. 2. Aufl. Leipzig 1845, Teil 1, S. 89.
2 Horst Alexander Willam, Carl Zeiss. 1816–1888 (= Tradition. 6. Beiheft). München 1967, S. 35. Im folgenden zitiert als Willam (1967).
3 Brief von Ernst Haeckel an Karl Haeckel, 21. Dezember 1853. In: Ernst Haeckel. Entwicklungsgeschichte einer Jugend. Briefe an die Eltern. 1852/56. Leipzig 1921, S. 87–91. Hier S. 90.
4 Robert Koch, Die Ätiologie der Milzbrand-Krankheit, begründet auf die Entwicklungsgeschichte des Bacillus Anthracis (= Klassiker der Medizin. Bd. 9). Leipzig 1910, S. 11.
5 Brief von Robert Koch an Carl Zeiss, 20. September 1876. Carl-Zeiss-Archiv Oberkochen.
6 Brief von Robert Koch an Carl Zeiss, 10. Oktober 1876. Ebd.
7 Brief von Robert Koch an Carl Zeiss, 25. Dezember 1876. Ebd.
8 Brief von Robert Koch an Carl Zeiss, 10. Februar 1878. Ebd.
9 Brief von Robert Koch an Carl Zeiss, 26. Februar 1878. Ebd.
10 Robert Koch, Neue Untersuchungen über die Mikroorganismen bei infektiösen Wundkrankheiten. In: Robert Koch, Gesammelte Werke. Bd. 1. Leipzig 1912, S. 57–60. Hier S. 58 f.
11 Emil von Behring, Die Bekämpfung der Infektionskrankheiten. 1894, S. 204.
12 Johann Peter Eckermann, Gespräche mit Goethe in den letzten Jahren seines Lebens. Halle o. J. S. 324 (Eintragung unter dem 8. Oktober 1827).
13 Norbert Günther, Ernst Abbe. Schöpfer der Zeiss-Stiftung. 2. Aufl. Stuttgart 1951, S. 71. Im folgenden zitiert als Günther (1951).
14 Günther (1951), S. 72.
15 Ebd.
16 Ebd.
17 Auerbach zitiert einen Brief Abbes an Dohrn, in dem Abbe von einem »Antrag, in die hiesige Fakultät einzutreten«, berichtet. Dieses muß man m. E. als das Angebot auf Ernennung zum Ordinarius interpretieren.

Man vergleiche Felix Auerbach, Ernst Abbe. Sein Leben, sein Wirken, seine Persönlichkeit. 2. Aufl. Leipzig 1922, S. 147. Im folgenden zitiert als Auerbach (1922).
18 Ernst Abbe, Gesammelte Abhandlungen. Bd. 1. Jena 1904, S. 119–164.
19 Auerbach (1922), S. 168.
20 Man vergleiche Die Entstehung des Glaswerks von Schott & Gen. (= Ernst Abbe, Gesammelte Abhandlungen. Bd. 4). Jena 1928.
21 Auerbach (1922), S. 172.
22 Von Jena nach Mainz. Erich Schott erinnert sich (= Sonderdruck der Werkzeitschrift »Schott intern« zum 100jährigen Bestehen der Schott Glaswerke). Mainz 1984. Hier S. 5.
23 Auerbach (1922), S. 174.
24 Ernst Abbe, Gesammelte Abhandlungen. Bd. 2. Jena 1906, S. 83 f. (Fußnote).
25 Auerbach (1922), S. 175.
26 Ernst Abbe, Gesammelte Abhandlungen. Bd. 3. Jena 1906, S. 72.
27 Werner von Siemens, Das naturwissenschaftliche Zeitalter. In: Tageblatt der 59. Versammlung der Deutschen Naturforscher und Ärzte zu Berlin. Berlin 1886, S. 95 f.
28 Richard Bochalli, Robert Koch. Der Schöpfer der modernen Bakteriologie (= Große Naturforscher. Bd. 15). 2. Aufl. Stuttgart 1982, S. 57.
29 Ebd. S. 59.
30 Brief von Robert Koch an Carl Zeiss, 30. Juni 1904. Carl-Zeiss-Archiv Oberkochen.
31 Ebd.
32 Leopold Dippel, Handbuch der allgemeinen Mikroskopie (= Das Mikroskop und seine Anwendung. Erster Teil). 2. Aufl. Braunschweig 1882, S. 493 f.
33 Zitiert nach Friedrich Schomerus, Geschichte des Jenaer Zeisswerkes 1846–1946. Stuttgart 1952, S. 46.
34 Ebd. S. 45.
35 Ebd. S. 25.
36 Willam (1967), S. 130.

8. Kapitel: Die Carl-Zeiss-Stiftung

1 Brief von Siegfried Czapski an Arthur Heidenhain, 21. September 1884. Abgedruckt in Friedrich Schomerus, Geschichte des Jenaer Zeisswerkes 1846–1946. Stuttgart 1952, S. 71. Im folgenden zitiert als Schomerus (1952).

2 Ernst Abbe, Gesammelte Abhandlungen. Bd. 3. Jena 1906, S. 241.

3 Friedrich Schomerus, Werden und Wesen der Carl-Zeiss-Stiftung. Stuttgart 1955, S. 32. Im folgenden zitiert als Schomerus (1955).

4 Beiträge zur Geschichte der Mathematisch-Naturwissenschaftlichen Fakultät der Friedrich-Schiller-Universität Jena anläßlich der 400-Jahr-Feier. Jena 1959, S. 23.

5 Schomerus (1955), S. 37.

6 Ebd.

7 Ebd. S. 21. – Universitätskurator war Heinrich von Eggeling, Chef des Kultusdepartements in Weimar Adolf Guyet.

8 Ebd. S. 65 (Fußnote).

9 Ebd. S. 178.

10 Ebd. S 180.

11 Horst Alexander Willam, Carl Zeiss 1816–1888 (= Tradition. 6. Beiheft). München 1967, S. 134.

12 Schomerus (1955), S. 80. Dieser Paragraph bildet fast wörtlich auch den §2 im endgültigen Statut der Carl-Zeiss-Stiftung.

13 Ebd. S. 88.

14 Felix Auerbach, Ernst Abbe. Sein Leben, sein Wirken, seine Persönlichkeit. 2. Aufl. Leipzig 1922. Im folgenden zitiert als Auerbach (1922).

15 Schomerus (1955), S. 97.

16 Ebd. S. 103.

17 Ebd. S. 105.

18 Ebd. S. 152.

19 Ebd. S. 153.

20 Schomerus (1952), S. 114.

21 Brief von Siegfried Czapski an Anton Dohrn. 23. August 1906. Kopie im Carl-Zeiss-Archiv Oberkochen.

22 Schomerus (1955), S. 216.

23 Auerbach (1922), S. 184.

24 Walter David, Die Carl-Zeiss-Stiftung. Ihre Vergangenheit und ihre gegenwärtige rechtliche Lage. Heidenheim 1954, S. 52f. Es handelt sich um die §§ 56 und 58. Im folgenden zitiert als David (1954).

25 Heinz Lampert, Sozialpolitik. Berlin/Heidelberg/New York 1980, S. 78.

26 Theodor Hirschberg, Zwei großindustrielle Stiftungen für Volkswohlfahrt. In: Der Arbeiterfreund. Zeitschrift für die Arbeiterfrage. Organ des Central-Vereins für das Wohl der arbeitenden Klassen. Jg. 35, 1897, S. 98–110. Hier S. 98.

27 Im Reiche der Chemie. Herausgegeben zum hundertjährigen Firmenjubiläum der Badischen Anilin- und Soda-Fabrik AG Ludwigshafen. Düsseldorf/Wien 1965, S. 68.

28 Ernst Abbe, Gesammelte Abhandlungen. Bd. 3. Jena 1906, S. 131.
29 Schomerus (1955), S. 241.
30 Julius Pierstorff, Die Carl-Zeiss-Stiftung. Zur Berichtigung. In: Jahrbücher für Nationalökonomie und Statistik. III. Folge. Bd. 19 (1900), S. 540–542. Hier S. 541.
31 Ebd. S. 25.
32 Norbert Günther, Ernst Abbe, Schöpfer der Zeiss-Stiftung. 2. Aufl. Stuttgart 1951, S. 176. Im folgenden zitiert als Günther (1951).
33 Ernst Abbe, Gesammelte Abhandlungen. Bd. 3. Jena 1921, S. 95.
34 Günther (1951), S. 200.
35 Matth. 7, 16.

9. Kapitel: Die Nachfolger

1 Felix Auerbach, Ernst Abbe. Sein Leben, sein Wirken, seine Persönlichkeit. 2. Aufl. Leipzig 1922, S. 262. Im folgenden zitiert als Auerbach (1922).
2 Brief von Ernst Abbe an Heinrich Hertz, 21. September 1890. Sondersammlungen des Deutschen Museums. Signatur Deutsches Museum Nr. 2855.
3 Ebd.
4 Brief von Siegfried Czapski an Arthur Heidenhain, 14. Januar 1882. Zitiert nach einem unveröffentlichten biographischen Aufsatz von Friedrich Stier. Kopie im Carl-Zeiss-Archiv Oberkochen.
5 Auerbach (1922), S. 191.
6 Friedrich Stier, Siegfried Czapski. Unveröffentlichter Aufsatz. Kopie im Carl-Zeiss-Archiv Oberkochen.
7 Brief von Siegfried Czapski an Arthur Heidenhain, 28. Mai 1892. Zitiert nach Friedrich Stier (Anm. 6).
8 Brief von Siegfried Czapski an Anton Dohrn, 23. August 1906. Archiv der Zoologischen Station Neapel. Kopie im Carl-Zeiss-Archiv Oberkochen.
9 Brief von Siegfried Czapski an Arthur Heidenhain, 13. Februar 1891. Zitiert nach Friedrich Schomerus, Geschichte des Jenaer Zeisswerkes 1846.–1946. Stuttgart 1952, S. 72.
10 Brief von Czapski an Dohrn (Anm. 8).
11 Auerbach (1922), S. 192.
12 Ebd. S. 193.
13 Ebd. S. 192.
14 Ebd. S. 193.

15 Herbert Koch, Die kühnsten Erwartungen übertroffen. Dem Jenaer Physiker Felix Auerbach zum 100. Geburtstag. In: Thüringische Landeszeitung, 21./22. November 1956.
16 Friedrich Schomerus, Geschichte des Jenaer Zeisswerkes 1846–1946. Stuttgart 1952, S. 88. Im folgenden zitiert als Schomerus (1952).
17 Ein Jahrhundert Carl Zeiss Photomikroskope. Sonderausstellung des Optischen Museums Oberkochen. Broschüre zur Ausstellung. Oberkochen 1988.
18 Gerhard Hansen, Die Geschichte der Meß-Abteilung. Ansprache zum 25jährigen Dienstjubiläum von Dr. Hans Joachim Höfert. Werkzeitschrift »Aktueller Dienst« 3/1964.
19 Schomerus (1952), S. 88.
20 Carl Zeiss Jena. Einst und Jetzt. Von einem Autorenkollektiv unter Leitung von Wolfgang Schumann. [Ost-] Berlin 1962, S. 94. Im folgenden zitiert als Schumann (1962).
21 Schomerus (1952), S. 156.
22 Bernhard Harms, Der Maximalarbeitstag. Tübingen 1907, S. 2. – Bei dieser Angabe ist zu berücksichtigen, »daß die eigentlichen Großindustrien im Deutschen Reich von der Tarifbewegung noch wenig berührt sind, und deshalb für sie die ermittelte Arbeitszeit nicht ohne weiteres zutrifft« (Harms, ebd.).
23 Ernst Abbe, Gesammelte Abhandlungen. Bd. 3. Jena 1906, S. 241.
24 Ebd. S. 209.
25 Eduard Rosenthal, Ernst Abbe und seine Auffassung von Staat und Recht. Rede am 6. Februar 1910. Jena 1910, S. 2.
26 Schumann (1962), S. 155.
27 Ebd. S. 151.
28 Auerbach (1922), S. 366.
29 Brief von Czapski an Dohrn (Anm. 8).
30 Ebd.
31 Friedrich Franz Martens, Siegfried Czapski †. In: Verhandlungen der Deutschen Physikalischen Gesellschaft. Jg. 9 (1908), S. 741.
32 Brief von Czapski an Dohrn (Anm. 8).
33 Ebd.
34 Auerbach (1922), S. 191.
35 Brief von Czapski an Dohrn (Anm. 8).
36 Schomerus (1952), S. 174.
37 Friedrich Stier, Dr. h. c. Max Fischer. Mitglied der Geschäftsleitung der Optischen Werke Carl Zeiss in Jena von 1895–1926. Manuskript im Carl-Zeiss-Archiv Oberkochen, S. 7.
38 Schomerus (1952), S. 109.

39 Schomerus (1952), S. 170.

40 Heinz Küppenbender, Ein echter Wahrer lebendiger Zeiss-Tradition. Rede am 23. Januar 1954 in Heidenheim. In: Zeiss-Werkzeitung. Sonderheft über die Feier zum 75. Geburtstag von Prof. Dr. Ing. Walther Bauersfeld. Hier S. 4, Sp. 2.

10. Kapitel: Das Planetarium

1 Unser Jahrhundert im Bild. Gütersloh 1964, S. 51.

2 Denkschrift Adolf von Harnacks 1909. In: 25 Jahre Kaiser Wilhelm-Gesellschaft zur Förderung der Wissenschaften. Erster Band. Handbuch. Berlin 1936, S. 30–44. Hier S. 32.

3 Friedrich L. Boschke, Gästebuch der Weltausstellung Paris 1900. In: Naturwissenschaftliche Rundschau. Jg. 38 (1985), S. 237–240.

4 Weltausstellung in Paris 1900. Amtlicher Katalog der Ausstellung des Deutschen Reiches. Berlin 1900, S. 144 f.

5 Unser Jahrhundert (Anm. 1), S. 51.

6 Walther von Miller, Oskar von Miller. Pionier der Energiewirtschaft. Schöpfer des Deutschen Museums. München 1955, S. 67.

7 Franz Fuchs, Der Aufbau der Astronomie im Deutschen Museum. In: Deutsches Museum. Abhandlungen und Berichte. Jg. 23 (1955), Heft 1. Hier S. 32.

8 Ebd. S. 40.

9 Ebd.

10 Walter Villiger, Das Zeiss-Planetarium. Jena o. J., S. 5. Im folgenden zitiert als Villiger (o. J.).

11 Franz Fuchs (Anm. 7), S. 56.

12 Ebd. S. 59. Die Unterredung hat wahrscheinlich in München stattgefunden.

13 Ebd.

14 Villiger (o. J.), S. 8.

15 Franz Fuchs (Anm. 7), S. 65.

16 G. W. E. Beekman, Der Himmel auf Erden. Der lange Weg vom Riesenglobus zum Projektionsplanetarium. In: Sterne und Weltraum. Jg. 24 (1985), S. 310–314.

17 Walther Bauersfeld, Projektionsplanetarium und Schalenbauweise. In: Zeiss-Werkzeitung. Heft 28 (1957), S. 87–93. Hier S. 87.

18 Hier liegen von den Teilnehmern widersprüchliche Aussagen vor. Nach der Erinnerung von Walther Bauersfeld hat an der entscheidenden Sitzung Ende Februar 1914 (»Geburtsstunde des Planetariums«) Oskar von

Miller selbst teilgenommen. Offenbar hat Bauersfeld, als er über vierzig Jahre später darüber berichtete, diese Sitzung mit der späteren Besprechung Anfang April 1914 verwechselt. Zwar wurde auch der Bericht von Franz Fuchs erst vierzig Jahre später erstattet, aber Fuchs hatte bei der Abfassung die entsprechende Korrespondenz zur Verfügung. Außerdem ist eine Verwechslung bei Fuchs weniger wahrscheinlich, denn er war damals nur einmal in Jena. Man vgl. Franz Fuchs (Anm. 7), S. 60f.

19 Walther Bauersfeld (Anm. 17), S. 87.

20 Ebd.

21 Franz Fuchs (Anm. 7), S. 61.

22 Friedrich Schomerus, Geschichte des Jenaer Zeisswerkes 1846–1946. Stuttgart 1952, S. 140. Im folgenden zitiert als Schomerus (1952).

23 Ebd. S. 143.

24 Walther Bauersfeld (Anm. 17), S. 88.

25 Franz Fuchs (Anm. 7), S. 63.

26 Villiger (o. J.), S. 10.

27 Wilhelm Lukas Kristl, Der weiß-blaue Despot. Oskar von Miller in seiner Zeit. München o. J., S. 231.

28 Bertolt Brecht, Die Legende von der Entstehung des Buches Taoteking auf dem Weg des Laotse in die Emigration. In: Bertolt Brecht, Gesammelte Werke (= Werkausgabe Edition Suhrkamp). Bd. 9. Frankfurt 1967, S. 663.

29 Villiger (o. J.), S. 11.

30 Charles F. Hagar, Planetarium. Window to the Universe. Oberkochen 1980, S. 2.

31 The Bangkok Planetarium. The Bangkok Post. Special Supplement. 18. August 1964, S. 2.

11. Kapitel: Im Geiste des Meisters

1 Heinz Küppenbender, Die Contax-Geschichte. Interview mit Fridolin Berthel am 26. November 1981. Transkript im Pressearchiv.

2 Ebd.

3 Über Forderungen und ihre Verwirklichung beim Bau von Drehscheibenverschlüssen. Inauguraldissertation, vorgelegt von Heinz Küppenbender. Eingeliefert am 10. Dezember 1928/Tag der mündlichen Prüfung: 2. März 1929.

4 Heinz Küppenbender, Die Contax-Geschichte. (Anm. 1).

5 Ebd.

6 Wolf Wehran, Die Contax wird 50. In: Unter uns. Heft 50 (1982), S. 57.

7 Friedrich Schomerus, Geschichte des Jenaer Zeisswerkes 1846–1946. Stuttgart 1952, S. 274. Im folgenden zitiert als Schomerus (1952).

8 Brief von Albert Einstein an Max von Laue, 26. Mai 1933. Zitiert nach Albert Einstein, Über den Frieden. Weltordnung oder Weltuntergang. Bern 1975, S. 234.

9 Brief von Siegfried Czapski an Arthur Heidenhain, 26. Dezember 1884. Zitiert nach einem unveröffentlichten biographischen Aufsatz von Friedrich Stier. Kopie im Carl-Zeiss-Archiv Oberkochen.

10 Ebd.

11 Lebenserinnerungen von Gerhard Kühn. Kopie im Carl-Zeiss-Archiv.

12 Ebd.

13 Schomerus (1952), S. 275.

14 Statut der Carl-Zeiss-Stiftung zu Jena. In: Ernst Abbe, Gesammelte Abhandlungen. Bd. 3. Jena 1906, S. 262–329. Hier S. 287. – Es handelt sich um den § 56.

15 Wilhelm Lukas Kristl, Der weiß-blaue Despot. Oskar von Miller in seiner Zeit. München o. J., S. 171.

16 Schomerus (1952), S. 317.

12. Kapitel: Die Zeit des Dritten Reiches

1 Friedrich Schomerus, Geschichte des Jenaer Zeisswerkes 1846–1946. Stuttgart 1952, S. 276. Im folgenden zitiert als Schomerus (1952).

2 Ernst Abbe, Motive und Erläuterungen zum Entwurf eines Statuts vom Mai 1895. Hier § 5, Ziffer 4. Ernst Abbe, Gesammelte Werke. Bd. 3, S. 334. – Der alte § 5 des Statuts ist heute anders gefaßt, weil man nicht einen Beamten als Stiftungskommissar benötigt, sondern eine in industriellen Angelegenheiten kompetente Persönlichkeit.

3 Schomerus (1952), S. 276.

4 Carl-Zeiss-Archiv Oberkochen. Rechtsabteilung. Ordner 21 blau.

5 Ebd.

6 Ebd.

7 Schriftsatz der Rechtsanwälte Ernst Rupp und Genossen an den 1. Zivilsenat des Oberlandesgerichtes Stuttgart, 18. September 1958, S. 8. Carl-Zeiss-Archiv Oberkochen. Rechtsabteilung.

8 Carl Zeiss Jena. Einst und Jetzt. Von einem Autorenkollektiv unter Leitung von Wolfgang Schumann. Berlin (Ost) 1962, S. 662.

9 Brief von Hugo Schrade an Heinz Küppenbender, 22. Oktober 1946.

10 Protokoll. Spruchkammer Heidenheim. 9. April 1947. Beglaubigte Abschrift im Carl-Zeiss-Archiv Oberkochen. Rechtsabteilung.

11 United States District Court. Southern District of New York. Examinations in Wien, Palais Palffy, vom 17. bis 24. September 1965. Carl-Zeiss-Archiv Oberkochen. Rechtsabteilung.
12 Schomerus (1952), S. 279.
13 United States District Court (Anm. 11). Ordner 25 grün.
14 United States District Court. Southern District of New York. 62 Civ. 850. Stenographer's Minutes. Verhandlung am 14. September 1967. Ordner 69 grün. Transcript 4, S. 525.
15 United States District Court (Anm. 11). Ordner 25 grün.
16 Hitler. Sämtliche Aufzeichnungen 1905–1924. Hrsg. von Eberhard Jäckel zusammen mit Axel Kuhn. Stuttgart 1980, S. 286.
17 Das Schwarze Korps, 15. Juli 1937, S. 6. Faksimile in: Kenji Sugimoto, Albert Einstein. Die kommentierte Bilddokumentation. München 1987, S. 126f.
18 Wolfgang Finkelnburg, Der Kampf gegen die Partei-Physik. Unveröffentlichtes Manuskript. S. 3.
19 Alan D. Beyerchen, Wissenschaftler unter Hitler. Physiker im Dritten Reich. Köln 1980, S. 241.
20 Memorandum über »Abwendung einer schweren Gefahr für den Nachwuchs an deutschen Physikern«. Für den Reichsmarschall Hermann Göring verfaßt von Ludwig Prandtl, 28. April 1941.
21 Ebd.
22 Ebd.
23 Clemens Münster, Fabrik im Kriege. In: Frankfurter Hefte. Jg. 1, H. 5, S. 54–67. Hier S. 55.
24 Ebd.
25 Ebd. S. 56.
26 Robert Ley, Die letzten zehn Prozent. In: Zeiss-Werkzeitung. Neue Folge. Jg. XVII (1942), S. 87.
27 Jena im Kriege (Luftangriffe). Manuskript von Otto Nordt, September 1982. Carl-Zeiss-Archiv Oberkochen.

13. Kapitel: Die Jagd auf Gehirne

1 James B. Conant, My several lives. Memoirs of a social inventor. New York/Evanston/London 1970, S. 280.
2 CIOS bedeutet »Combined Intelligence Objectives Subcommittee«. Die Funktion wird von Clarence G. Lasby beschrieben. Man vergleiche Anm. 4, S. 19.
3 Memorandum of conversation between U.S. Military Commission and

CARL ZEISS, JENA, June 13th, 1945, 7 p.m. Carl-Zeiss-Archiv Oberkochen. Rechtsabteilung.

4 Clarence G. Lasby, Project Paperclip. German Scientists and the Cold War. New York 1971, S. 44f. Im folgenden zitiert als Lasby (1971).

5 The New York Times, 13. April 1945.

6 Hearing mit Dr. Heinz Küppenbender am 6. Mai 1965, nachmittags, 3.20 Uhr. Transkript S. 3.

7 Ulrich Kühn, Geschichte des Claim. Manuskript von 99 + XI Seiten. Unveröffentlicht. Carl-Zeiss-Archiv Oberkochen. Hier S.V.

8 United States District Court. Southern District of New York. Vernehmung von Dr. Hugo Schrade in Wien. Mai 1964. Transkript (Englisch) S. 21.

9 Lasby (1971), S. 44.

10 Dokument betitelt »Betr.: Errichtung einer Zweigfertigungsstelle des Zeisswerkes«, signiert »Jena, 9.6.45 Küp/Ra«.

11 Memorandum of conversation (Anm. 3).

12 Hearing mit Dr. Heinz Küppenbender (Anm. 6), Transkript S. 8.

13 Ebd. S. 9.

14 Ich stütze mich auf das Tagebuch von Carl E. Nelson und die Zeugenaussagen von Heinz Küppenbender im amerikanischen Prozeß. Beide waren bei der historischen Sitzung anwesend. Die Zeugen stimmen darin überein, daß auf der ersten Liste sechs Namen standen und nennen beide Joos, Henrichs und Küppenbender. Auch in der Aussage, daß die Sechserliste die Namen von zwei Toten enthielt, gibt es Übereinstimmung. Nelson nennt die Namen nicht, Küppenbender nennt (Hermann) Pistor und (August) Köhler, die beide damals noch am Leben waren. Dieser Irrtum bestätigt aber die Aussage von Nelson, daß unter den sechs Genannten jedenfalls auch Hermann Pistor gewesen ist. Wer waren also die zwei bereits Verstorbenen? Uns scheint es plausibel, dafür die beiden Geschäftsleiter August Kotthaus († 1941) und Rudolf Straubel († 1943) anzunehmen. Sollte dies so richtig sein, ergibt sich, daß Walther Bauersfeld auf dieser ersten Liste nicht genannt war. Es bestand aber kein Zweifel, daß die Amerikaner entschlossen waren, ihn mit seinen engsten Mitarbeitern zu evakuieren.

15 Raymond F. Toliver and Trevor J. Constable, Fighter Aces of the U.S.A. Fallbrook 1979, S. 119; Roger A. Freeman, The Hub. Fighter Leader. The story of Hub Zemke, America's great World War II fighter Commander. Shrewsbury (England) 1988.

16 Herbert Stumpf, Der Know-How-Vertrag. Heidelberg 1977, S. 21.

17 Heinz Küppenbender, Der Wiederaufbau der Carl-Zeiss-Stiftung im Westen. In: Zeiss-Werkzeitung. Heft 13 (1954). S. 52–55. Hier S. 54.

18 Zeiss-Werkzeitschrift. Jg. 2 (1955), S. 88f.
19 Memorandum der evakuierten Wissenschaftler. Unveröffentlicht. Carl-Zeiss-Archiv Oberkochen. Hier insbesondere Anhang III.
20 US will catalogue Nazi trade secrets. Washington Post, 8. April 1946. Der Zeitungsartikel ist reproduziert in: Hermann Schäfer und Karl Schmitt, Carl Zeiss. Ein Unternehmen wird geteilt. Manuskript im Carl-Zeiss-Archiv Oberkochen. Hier Anhang. 13.
21 Ergebnisse der Besprechungen in Jena vom 24. August bis 9. September 1946. Protokoll von Walter David.
22 Headquarters US Forces, European Theater, Frankfurt, to Robert Murphy, US Political Adviser. Berlin, 10. Juli 1946.
23 Gemäß einer Aufstellung der amerikanischen Militärregierung vom Juli 1948 handelte es sich (in der Reihenfolge ihrer Abreise) um Werner Weihe, Alexander Smakula, Eduard Gerber, Willi Merté, Gerhard Schwesinger, Georg Joos, Karl Leistner und Paul Keck. Dazu kam noch Johannes Hoffmann, der nach Großbritannien verpflichtet wurde.
24 Headquarters US Forces, European Theater, to Commanding Generals, Third US Army Area. 15. November 1946.
25 Memorandum von Major Lester H. Kyle. 27./28. Dezember 1946.
26 Ulrich Kühn (Anm. 7), S. 98f.
27 Carl Zeiss Jena. Einst und Jetzt. Von einem Autorenkollektiv unter Leitung von Wolfgang Schumann. [Ost-] Berlin 1962, S. 667.

14. Kapitel: Zeiss gegen Zeiss

1 Walter David, Die Carl-Zeiss-Stiftung, ihre Vergangenheit und ihre gegenwärtige rechtliche Lage. Heidenheim 1954. S. 105–107.
2 Brief von Carl Zeiss Jena »an die früheren Mitglieder der Geschäftsleitungen der Firmen Carl Zeiss und Jenaer Glaswerk Schott & Genossen«. 12. Januar 1946.
3 Undatiertes und nicht abgesandtes Schreiben der Stiftungsverwaltung in Weimar und des Stiftungskommissars in Gera an den »Herrn Präsidenten des Landes Thüringen«.
4 Abschrift einer handschriftlichen Niederschrift von Dr. Erich Schott vom 18. Februar 1946.
5 Anm. 3.
6 Aufzeichnung von Walter David über seinen Besuch in Jena.
7 Hans Carl Nipperdey, Die Rechtslage der Carl-Zeiss-Stiftung und der Firma Carl Zeiss seit 1945. Privatdruck 1955. Hier S. 16.

8 Übersetzungen der Transkripte. Bd. 5, S. 589–702. Fortsetzung des Kreuzverhörs von Herrn Dr. Küppenbender durch Mr. Rand. Hier S. 45 f.
9 Aufzeichnung von Walter David (Anm. 6).
10 Ebd.
11 Ebd.
12 Vereinbarung zwischen der Carl-Zeiss-Stiftung und der Firma Carl Zeiss in Jena ... und den Herren Professor Dr.-Ing. Walther Bauersfeld etc. Datiert Jena, 7. September 1946 und Heidenheim, 16. September 1946.
13 Ernst Abbe, Gesammelte Abhandlungen. Bd. 3. Vorträge, Reden und Schriften sozialpolitischen und verwandten Inhalts. 2. Aufl. Jena 1921, S. 369.
14 Walter David (Anm. 1), S. 161.
15 Arno Barth, Reisebericht. Datiert Gera, 18. September 1948.
16 Die Neue Zeitung. Eine amerikanische Zeitung für die deutsche Bevölkerung. 9. Juni 1947, S. 1.
17 Alexander Mitscherlich und Alfred Weber, Freier Sozialismus. Heidelberg 1946, S. 77; Alfred Weber, Sozialisierung zugleich als Friedenssicherung. Schriften der Heidelberger Aktionsgruppe zur Demokratie und zum freien Sozialismus. Heft 1. Heidelberg 1947, S. 9.
18 Stiftungsbetriebe als zukünftige Unternehmensform nach dem Vorbild der Carl-Zeiss-Stiftung? Vortrag in der Aula der Frankfurter Universität am 25. Juni 1947 von Dr. Friedrich Schomerus, Jena. Archiv der Rechtsabteilung Oberkochen.
19 Ebd.
20 Isaac Shapiro, Zeiss versus Zeiss – The Cold War in a Microcosm. In: The International Lawyer. Vol. 7 (1973), S. 235–251.

15. Kapitel: »Verteidigung unseres Namens«

1 Walter David, Die Carl-Zeiss-Stiftung, ihre Vergangenheit und ihre gegenwärtige rechtliche Lage. Heidenheim 1954, S. 253–278.
2 Regierung Adenauer 1949–1963. Herausgegeben vom Presse- und Informationsamt der Bundesregierung. Wiesbaden 1963, S. 184 f.
3 Theodor Heuss, Deutsche Gestalten. Stuttgart/Tübingen 1951, S. 426.
4 Ebd. S. 423 f.
5 Niederschrift über eine Besprechung mit dem Bundespräsidenten am 8. Dezember 53. Verfaßt von Walter David. Carl-Zeiss-Archiv Oberkochen.

6 Erinnerungen von Walter David. Carl-Zeiss-Archiv Oberkochen. Nachschrift S. 57.
7 Festlicher Tag für Werk und Gemeinde. In: Zeiss-Werkzeitung. Sonderheft über die Feier am 1. Mai 1954.
8 Walther Bauersfeld, Verteidigung unseres Namens und geistigen Eigentums. Ebd. S. 10.
9 Ebd.
10 Theodor Heuss, Ihr habt wieder Wurzel gefaßt. Ebd. S. 15.
11 Ebd. S. 10. – Zitiert wurde nach der redigierten Fassung: Theodor Heuss, Würdigungen. Reden, Aufsätze und Briefe aus den Jahren 1949–1955. Herausgegeben von Hans Bott. Tübingen 1955, S. 149.
12 David (Anm. 1).
13 Schriftsatz von Rechtsanwalt Ernst Rupp für das Landgericht Stuttgart, 15. Juli 1954. Hier S. 24.
14 Ebd. S. 25. Ordner 14 blau.
15 Ebd. S. 21.
16 Aktenzeichen 6 O 85/84.
17 Niederschrift über die Verhandlungen des Bundesgerichtshofs am 28. Januar 1958 in Karlsruhe. Gezeichnet RA Dad/Bck. 29. Januar 1958. Carl-Zeiss-Archiv Oberkochen. Rechtsabteilung.
18 Wir zitieren die Entscheidungsgründe des BGH nach einem Schriftsatz der Firma Carl Zeiss vom 30. Mai 1958. Das BGH-Urteil selbst hat das Aktenzeichen I ZR 122/55.
19 Brief von Walter David an Joachim Backe, 6. Juni 1958. Carl-Zeiss-Archiv Oberkochen. Rechtsabteilung.
20 Schriftsatz vom 18. September 1958.
21 Brief von Walter David an Karl A. Bauer, 18. Dezember 1958. Carl-Zeiss-Archiv Oberkochen. Rechtsabteilung.
22 Urteil vom 15. November 1960. Aktenzeichen I ZR 10/59 (Zeiss II).
23 Oberlandesgericht Stuttgart. 1. Zivilsenat. Urteil vom 29. Oktober 1958. Aktenzeichen 1 U 41/58. Hier S. 13.
24 Urteil vom 24. Juli 1957. Aktenzeichen I ZR 21/56 (Zeiss I).
25 Urteil vom 6. Februar 1959. Aktenzeichen I ZR 50/57 und I ZR 150/57 (Abbe).

16. Kapitel: Das deutsche Wunder

1 200-Jahr-Feier beim jüngsten Glied der Carl-Zeiss-Stiftung. In: Zeiss-Werkzeitung Nr. 24/1956, S. 144–146.
2 Lebenserinnerungen von Adolf Hofem. Unveröffentlichtes Schreibmaschinenmanuskript. Bd. V, S. 1153 f.

3 Ebd. S. 1154.
4 Ebd. Bd. II, S. 497.
5 Ebd.
6 Ebd.
7 Ebd. S. 498.
8 Ebd. S. 403.
9 Bericht von Karl Brandts. Archiv der Rechtsabteilung. Ordner 27 rot.
10 Paul Matussek, Die Konzentrationslagerhaft und ihre Folgen. Berlin/Heidelberg/New York 1971, S. 98.
11 Lebenserinnerungen (Anm. 2), Bd. II, 1, S. 306.
12 Ebd. S. 495.
13 Lebenserinnerungen. Bd. IV, S. 883.
14 Ebd. S. 909.
15 Lebenserinnerungen. Bd. II, S. 515.
16 Felix von Eckardt, Ein unordentliches Leben. Düsseldorf/Wien 1967, S. 233.
17 Brief von Hermann J. Abs an Heinz Küppenbender, 28. Februar 1957. Im Brief steht statt »Zeiss« irrtümlich »Zeiss Ikon«.
18 Man vgl. seinen Bericht bei einer Vortragsveranstaltung der Gesellschaft für Unternehmensgeschichte. In: Stiftung und Unternehmung. Erfahrungen und Zukunftsperspektiven (= Zeitschrift für Unternehmensgeschichte. Beiheft 14). Wiesbaden 1979, S. 21.
19 Norbert Günther, Das deutsche Wunder. Entwurf im Archiv der Geschäftsleitung.
20 Aktennotiz von Walter David.
21 Eindrucksvolle Uraufführung des Zeiss-Filmes. In: Heidenheimer Nachrichten. 25. Januar 1957. – Tatsächlich hatte die Uraufführung schon einige Tage zuvor in Zürich stattgefunden. In Oberkochen und Stuttgart handelte es sich um die deutsche Erstaufführung.
22 Made in Germany. Die Geschichte eines Films. In: Der Spiegel. 6. Februar 1957, S. 36–41. Hier S. 36.
23 Als Verfasser des Drehbuches wurden Felix Lützkendorf und Dr. Richard Riedel genannt. Riedel hatte bereits während des Krieges bei der Ausarbeitung der ersten Fassung mit Frank Thiess kooperiert.
24 Made in Germany. Ein Film über Ernst Abbe und die Geschichte des Zeiss-Werkes. In: Zeiss-Werkzeitschrift. 5. Jg. (1957) Nr. 23, S. 26–28.
25 Hugo Werner, Made in Germany. In: Deutsche Zeitung. 30. Januar 1957.
26 Ebd.

27 Heinz Spronsel, Made in Germany. Die dramatische Geschichte des Hauses Zeiss. Gütersloh 1957. Das mir vorliegende Exemplar stammt aus dem »71.–73. Tausend« der Auflage.
28 Hugo Werner (Anm. 25).
29 Brief von Siegfried Czapski an Anton Dohrn, 23. August 1906. Archiv der Zoologischen Station Neapel. Kopie im Carl-Zeiss-Archiv Oberkochen.
30 Brief des Bundespräsidialamtes (Hans Bott) an Carl Zeiss (Walter David), 25. November 1955. Carl-Zeiss-Archiv Oberkochen. Rechtsabteilung.
31 Walther Bauersfeld, Ernst Abbe 1840–1905. In: Die Großen Deutschen. Herausgegeben von Hermann Heimpel, Theodor Heuss und Benno Reifenberg. Bd. 3. Frankfurt 1956, S. 562–572.
32 Rede von Heinz Küppenbender am Grabe von Walther Bauersfeld am 2. November 1959. Archiv der Geschäftsleitung.
33 Aktueller Dienst. Werkzeitschrift für die Mitarbeiter der Firma Carl Zeiss. Heft 1 (1966), S. 4.
34 Vermerk über meinen Besuch beim Kultusminister am 15. Februar 1960. Verfaßt von Heinz Küppenbender. Archiv der Geschäftsleitung. Besondere Vorkommnisse.
35 Als Professor Gerhard Hansen zum 31. Oktober 1965 in Pension ging, trat an seine Stelle Dr. Kurt Räntsch. Erst mit dem Eintritt von Dr. Martin Ahrend in die Geschäftsleitung zum 1. Juli 1969 waren es wieder vier Geschäftsleiter. Das damalige Statut sah im § 7 entweder drei oder vier Geschäftsleiter vor.
36 Ansprache des Ministerpräsidenten Dr. Kurt Georg Kiesinger am 12. Juni 1961. Stenographisches Protokoll. Archiv der Geschäftsleitung.
37 Dank von Dr. Heinz Küppenbender am 12. Juni 1961. Stenographisches Protokoll. Archiv der Geschäftsleitung.

17. Kapitel: Der amerikanische Prozeß

1 Vorträge von Dr. Walter David im Frühjahr 1980. Nachschrift S. 58.
2 Gerhard Kühn, Der Neuaufbau der weltweiten Vertriebsorganisation von Carl Zeiss, Oberkochen, nach 1945. Auf den 29. November 1976 datiertes Schreibmaschinenmanuskript. Carl-Zeiss-Archiv Oberkochen.
3 Depositions Dr. Karl A. Bauer. Archiv der Rechtsabteilung. Amerikanischer Prozeß. Ordner 27 grün.
4 Persönliche Mitteilung von Isaac Shapiro.
5 Karl Löwith, Mein Leben in Deutschland vor und nach 1933. Ein Bericht. Stuttgart 1986, S. 95.

6 Dieter G. Lange und Stephen F. Black, Der Zivilprozeß in den Vereinigten Staaten. Ein praktischer Leitfaden für deutsche Unternehmen. Heidelberg 1987, S. 13.
7 Vorträge von Dr. David (Anm. 1), S. 60.
8 Aufzeichnung von Dr. David, 14. Oktober 1965. Archiv der Rechtsabteilung. USA-Prozeß, »Verhöre in Wien«. Ordner 46 grün.
9 Carl Zeiss Jena. Einst und Jetzt. Von einem Autorenkollektiv unter Leitung von Wolfgang Schumann. Berlin (Ost) 1962.
10 Aufzeichnungen von Dr. David (Anm. 8).
11 Ebd.
12 Judges of the United States, 1978. Published under the Auspices of the Bicentennial Committee of the Judicial Conference of the USA. Washington 1978, S. 251.
13 United States District Court. Southern District of New York. 62 Civ. 850. Stenographer's Minutes. Vol. 1, S. 171.
14 Ebd. S. 174.
15 Ebd. Vol. 2, S. 224 f.
16 Ebd. Vol. 3, S. 282.
17 Ebd. S. 283.
18 Ebd.
19 Ebd. S. 285–287. Übersetzung des Verfassers.
20 Ebd. S. 287 f. Übersetzung des Verfassers.
21 Ebd. S. 333.
22 New York Times, 16. September 1967, S. 41 und 43.
23 United States District Court. Stenographer's Minutes. Vol. 3, S. 333.
24 Ebd. Vol. 4, S. 447.
25 Ebd. Vol. 6, S. 735.
26 Ebd. Vol. 4, S. 478.
27 Eugene C. Gerhart: America's Advocate: Robert H. Jackson. Indianapolis und New York 1958, S. 417 f.
28 United States District Court. Stenographer's Minutes. Vol. 4, S. 468.
29 Ebd. Vol. 4, S. 525.
30 Ebd. S. 499.
31 Ebd. Vol. 6, S. 745.
32 Ebd. S. 783.
33 Ebd. S. 784 f.
34 United States District Court. Southern District of New York. 62 Civ. 850. Post-Trial Brief on Behalf of Plaintiffs and Carl Zeiss Inc. March 1, 1968.
35 United States District Court. Southern District of New York. 62 Civ. 850. Urteil vom 7. November 1968, S. 81 der hektographierten Fassung.

36 Niederschrift über die Firmensitzung am 8. November 1968 in Mainz.

37 Lebenserinnerungen von Adolf Hofem. Band IV. Schreibmaschinenmanuskript. S. 943.

38 Vorträge von Dr. David (Anm. 1), S. 61.

39 Frank Heintzeler, Der Fall »Zeiss«. Die in- und ausländische Rechtsprechung und das Problem der stiftungsrechtlichen Identität (= Schriftenreihe zum Stiftungswesen. Bd. 6). Baden-Baden 1972, S. 72. – Im folgenden zitiert als Heintzeler (1972).

40 Ernst Steindorff, Zur Rechtslage der Carl-Zeiss-Stiftung. In: Festschrift für Walter Stimpel zum 68. Geburtstag am 29. November 1985. Berlin/New York 1985, S. 907–922. Hier S. 911.

41 Heintzeler (1972), S. 76.

42 Otto Nordt, Der Bruch zwischen Heidenheim und Jena/Prozesse/Londoner Abkommen. Manuskript im Carl-Zeiss-Archiv Oberkochen, datiert März 1984.

43 Vorträge von Dr. David (Anm. 1), S. 61.

44 Man vgl. etwa Arnulf Baring, Machtwechsel. Die Ära Brandt-Scheel. Stuttgart 1982.

45 Der Bruch zwischen Heidenheim und Jena (Anm. 42), S. 15 f.

46 Persönliche Mitteilung.

47 Interview des Verfassers mit Dr. David am 22. Dezember 1986. Transkript S. 23.

48 Vorträge von Dr. David (Anm. 1), S. 67.

49 Interview mit Dr. David (Anm. 47), S. 23.

18. Kapitel: Die große Misere

1 »Die japanischen Ferngläser«. Aufzeichnung von Dr. Michels, wahrscheinlich Beilage der Zeitschrift Unter uns.

2 Lebenserinnerungen von Adolf Hofem. Unveröffentlichtes Schreibmaschinenmanuskript. Bd. II, S. 511.

3 Brief von Albert Rudert an Horst Skoludek, 26. März 1989. In diesem Schreiben nimmt der Zeitzeuge Stellung zur Kamerakrise.

4 Gerhard Kühn, Eindrücke von meiner Reise. In: Unter uns. Nr. 17/1962, S. 3–13.

5 Brief von Albert Rudert (Anm. 3), S. 6.

6 Ebd. S. 5.

7 Niederschrift über die Sitzung des Aufsichtsrates der Zeiss Ikon AG am 22. April 1971, S. 3.

8 Niederschrift über die Sitzung des Aufsichtsrates der Zeiss Ikon AG am 28. Oktober 1970, S. 5.
9 Brief von Albert Rudert (Anm. 3), S. 4.
10 Niederschrift über die Sitzung des Aufsichtsrates der Zeiss Ikon AG am 22. April 1971, S. 3.
11 Zeiss-Presseerklärung, verfaßt von Wolf Wehran. Freigegeben zum 17. Mai 1971.
12 Niederschrift über die Sitzung des Aufsichtsrates der Zeiss Ikon AG am 4. August 1971, S. 3.
13 Ebd. S. 4.
14 Schwäbische Zeitung, 28. August 1971, S. 3.
15 Lebenserinnerungen von Adolf Hofem (Anm. 2). Bd. V, S. 1269.
16 Die Welt. 9. September 1971.
17 Protokoll über die außerordentliche Sitzung des Gesamtbetriebsrates der Zeiss Ikon AG vom 7. bis 9. September 1971 in Braunschweig. S. 4.
18 Peter Morner, Mismanagement. Zeiss Ikon: Management mit allen Fehlern. In: Manager-Magazin. Nr. 1/November 1971, S. 28–34.
19 Ebd. S. 33.
20 Ebd. S. 34.
21 Persönliche Mitteilung von Dipl.-Ing. Albert Rudert.
22 Brief von Gerhard Kühn an Kurt Fiebich, 27. Oktober 1971.
23 Notiz vom 25. November 1971.
24 Manager-Magazin Nr. 2/Dezember 1971, S. 8.
25 Lebenserinnerungen von Adolf Hofem (Anm. 2). Bd. V, S. 1189/2f.
26 Stellungnahme von Horst Skoludek, 11. April 1989.
27 Brief von Albert Rudert (Anm. 3), S. 10.
28 Horst Skoludek (Anm. 26).
29 Träumereien an französischen Kaminen. Märchen von Richard von Volkmann-Leander. 30. Aufl. Leipzig 1904. Hier: Die drei Schwestern mit den gläsernen Herzen. S. 41–45. – Ich verdanke diesen Hinweis der »Enzyklopädie des Märchens«, Arbeitsstelle der Akademie der Wissenschaften in Göttingen (Dr. H.-J. Uther).

19. Kapitel: Generationswechsel

1 Mein Gott, warum hast Du uns nicht verlassen. In: Capital. Heft 10/1971, S. 39–42. Hier S. 40.
2 Vor dem Betriebsrat der Firma Carl Zeiss am 12. Januar 1972 abgegebene Erklärung von Heinz Küppenbender. Fernschreiben der Presseabteilung an alle wichtigen Zeitungen.

3 Gerhard Kühn, Der Neuaufbau der weltweiten Vertriebsorganisation von Carl Zeiss, Oberkochen, nach 1945. Manuskript datiert 29. November 1976 und gezeichnet Kü/Kut. Carl-Zeiss-Archiv Oberkochen.
4 In der Zeiss-Werkzeitung Heft 29/1957 sind die Seiten 115 bis 123 der Fusion gewidmet.
5 Gerhard Kühn, Lebenserinnerungen.
6 Ebd.
7 Ebd.
8 Aktueller Dienst, Heft 3/68.
9 Der § 27 Stiftungsstatut erlaubte damals die Berufung der Geschäftsleiter auf Lebenszeit. Das heute gültige Statut sieht ausdrücklich vor, daß das Amt »spätestens mit der Vollendung des 65. Lebensjahres« endet.
10 Ansprachen bei der Feierstunde in der Universität Stuttgart anläßlich der Verleihung der Ehrendoktorwürde am 12. Juli 1968. Akten der Geschäftsleitung. Hier Ansprache Kurt Räntsch.
11 Ebd. Ansprache Fritz Leonhardt.
12 Ebd. Ansprache Reinhart Schulze.
13 Ernst Abbe, Gesammelte Abhandlungen. Bd. 3. S. 85.
14 Ansprachen bei der Feierstunde (Anm. 10). Hier Ansprache Kurt Räntsch.

20. Kapitel: Besuch in Oberkochen

1 Werner Heisenberg, Eine Würdigung von Armin Hermann. In: Bild der Wissenschaft. Heft 3 (1976), S. 52–57.
2 Interview der Sources for History of Quantum Physics (Thomas S. Kuhn) mit Werner Heisenberg.
3 Ich denke dabei an Horst Köhler, 30 Jahre Forschung und Entwicklung im Zeisswerk Oberkochen. 2 Bde. Oberkochen 1983 und 1987/89.
4 Ehrenring der Stadt Heidenheim für Heinz Martin. In: Unter uns. Heft 53 (1985), S. 45.
5 Pressekonferenz »Die neue Generation der Lichtmikroskope«. Referat von Michael Hiller.
6 Klaus Herzog, Meilensteine 1962–1987. Photodokumentation von Frau Renate Scharf.

21. Kapitel: Gespräche bei Zeiss

1 Man vergleiche dazu: Horst Skoludek, Renaissance der Optik. In: Feinwerktechnik & Meßtechnik. Jg. 94 (1986), S. 273–275.

2 Man vergleiche Gerhard Hansen, Gesammelte Veröffentlichungen. 2 Bde. Oberkochen 1983. Hier Aufsatz »Das Pulfrich-Photometer – Geschichte eines Instrumentes«. Bd. 2, S. 799–814.

3 Ich folge hier dem Wortlaut eines Briefes von Gerhard Hansen an den Stiftungskommissar Herbert Hochstetter vom 23. September 1975.

4 Rainer Frenkel in: Die Zeit. 4. April 1975.

5 Brief von Gerhard Hansen an Rainer Frenkel, 28. April 1975. Ich danke Professor Hansen für die freundliche Mitteilung.

6 The Hub. Fighter Leader. The story of Hub Zemke, America's great World War II fighter commander, as told to Roger A. Freeman. Shrewsburg (England) 1988.

7 Rundschreiben von Gerhard Kühn an einen Kreis von aktiven und pensionierten Mitarbeitern, datiert »im Februar 1974«.

8 Ebd.

22. Kapitel: Zu den Quellen

1 Erinnerungen von Gerhard Kühn.

2 Entwurf einer Disposition für die »Geschichte von CZ ab Kriegsende 1945«. Signiert »Kü/Kut, 1. 8. 1975«.

3 Persönliche Mitteilung von Otto Nordt. Ich folge dem Wortlaut eines Briefes von Otto Nordt an Josef Dinser vom 23. März 1987.

4 Werner Heisenberg, Der Teil und das Ganze. Gespräche im Umkreis der Atomphysik. München 1969, S. 274.

5 Erinnerungen von Erich B. Richter, am 10. September 1975 an Gerhard Kühn übergeben.

6 Ludwig Boltzmann, Populäre Schriften. Nachdruck Braunschweig/Wiesbaden 1979, S. 269f.

7 Lebenserinnerungen von Heinz Freundel. Carl-Zeiss-Archiv Oberkochen.

8 Lebenserinnerungen von Adolf Hofem. Unveröffentlichtes Schreibmaschinenmanuskript. Bd. V. S. 1201. Stiftungskommissar war damals Ministerialdirektor Herbert Hochstetter.

9 Ebd. Bd. IV/2, S. 779.

10 Ebd. S. 912.

11 Ebd. II/2, S. 286.

12 Ebd. S. 291.
13 Ebd. S. 565.
14 Carl E. Nelson, Diary. Auszüge im Archiv der Rechtsabteilung.
15 Ebd.

23. Kapitel: The power of the eye

1 Heinrich Harms, Augenoperationen unter dem Mikroskop. Stuttgart 1966, S. 3.
2 Jörg F. Schmelzle, Die Entwicklung der Mikrochirurgie im HNO-Bereich. Tübinger Med. Diss. 1979.
3 Wolfgang Pfeiffer, Operationsmikroskope. In: Jahrbuch für Optik und Feinmechanik. Berlin 1984, S. 87–98.
4 Verfaßt von Walter H. Lang, dem Wissenschaftlichen Leiter der Abteilung für Medizinische Geräte.
5 John Fiske, The destiny of man viewed in the light of his origin. Boston 1895, S. 60.
6 Emil Du Bois-Reymond, Reden. Bd. 1. Leipzig 1886, S. 105–140 (»Über die Grenzen des Naturerkennens«) und S. 381–417 (»Die sieben Welträtsel«).
7 Ernst Abbe, Gesammelte Abhandlungen. Bd. 1. Jena 1904, S. 87.
8 Ebd. S. 152. Unter der »dermaligen Naturerkenntnis« versteht Abbe die Naturerkenntnis seiner Zeit, das heißt von 1878.
9 Ebd.
10 Augenzeugenbericht. Archiv der Rechtsabteilung.
11 Geschichte der Universität Jena. 1548/58–1958. Im Auftrag von Rektor und Senat verfaßt und herausgegeben von einem Kollektiv des Historischen Instituts ... Bd. II. Quellenedition zur 400-Jahr-Feier 1958 ... Jena 1962, S. 86 ff. Das Zitat vom »Meilenstein auf dem Wege zur sozialistischen Universität« findet sich im Organ der SED-Parteileitung der Friedrich-Schiller-Universität Jena, Festausgabe 1. September 1958, S. 1 (Faksimile in der o. g. Festschrift. Bd. II, S. 185).
12 Brief von Josef Hämel an Horst Köhler, 7. Juni 1962. In: Unter uns. Heft 18/1962, S. 29.
13 Qing Lin, Zur Frühgeschichte des Elektronenmikroskops. Magisterarbeit am Historischen Institut der Universität Stuttgart, Abteilung für Geschichte der Naturwissenschaften und Technik. 1. November 1988.
14 Fritz Haber, Aus Leben und Beruf. Berlin 1927, S. 162.
15 Herbert Wiedemann, Mitarbeiter richtig führen. Ludwigshafen/Rhein 1986, S. 383.

16 Auch bei Carl Zeiss gibt es »Unternehmensleitlinien«. Diese bilden zusammen mit dem Stiftungsstatut die schriftliche Fixierung der »Unternehmenskultur«.

17 Gerd Fürter, Optik-Konstruktion mit Splines. In: Optik. Bd. 70, 1985, S. 19–28.

Personenregister

Bildnachweis

Alle Abbildungen sind aus dem Archiv von Carl Zeiss in Oberkochen; Photos von Stefan Moses: 271, 274, 301, 307.